沙底拾貝

還原真實的近現代中國知識分子

沈寧——著

題解

歲月之沙，社會之沙，政治之沙，功利之沙。愚蠢之沙，自私之沙，淺薄之沙，謊言之沙，卑鄙之沙。一粒沙作為個體，沒有靈魂，沒有個性，沒有思想，沒有色彩，沒有力量，顆粒細微，幾乎很難被意識到其存在，但當無數沙粒聚集到一起，就變得野蠻，粗暴，瘋狂，無理性，強大無比。當聚集起來的沙粒構成鋪天蓋地的迷霧潮流，一次次，一層層，經年不止，就會吞沒一切，掩埋所有的貝。

而珍貴的貝，有的是真誠，有的是純潔，有的是人性，有的是生命，有的是正直，有的是友情，有的是歷史，有的是生活，有的是人格，有的是思想。貝是光亮的，彩色的，美麗的，真實的，但是貝也很脆弱，沒有能力同漫天遍野的沙暴抗爭，於是就被一次次，一層層，埋沒到沉重的沙堆下面，幾千年過去，幾百年過去，幾十年過去，甚至幾年過去，便似乎已經不復存在。

要做一粒沙，隨同著千千萬萬同樣的沙，覆蓋大地上善良的生命，輕而易舉。那不需要思想，不需要意志，不需要人格，不需要知識，只要冷酷無情，泯滅靈魂，就足夠了，也許還能成為一粒大沙，或者沙中的領袖。

但要做一粒貝，那就太難，至少得準備著，隨時被沙暴埋沒，甚至毀滅成粉末。但是即使被壓沒在沙底，即使被碾成粉末，貝也仍然能夠以其生命之光，戰勝沙粒，得以永恆。古往今來，每一顆貝，只要是貝，就是不滅的。

當世界被覆蓋在荒涼而厚重的沙堆底下的時候，要想尋找並且挖掘出一顆顆美麗的貝，非常艱難，需要無畏的勇氣，需要獨立的思維，需要充分的自信，需要足夠的愛。但是不論多麼難，這個世上必定有人，立志要從沙底尋找到一片又一片閃光的貝。

被挖掘出來之後，最微小的一片貝，也比最巨大的沙，更加偉大，更加光輝，更加耀眼。

自序

因為家庭出身極黑，上個世紀在中國大陸的三十年間，我在學習和工作以及生活等各方面，都不能如意。年到二十，沒有大學可進，也沒有工作單位敢接受我，似乎只能終日游手好閒。那種狀況，對於我，特別難以忍受。我的父母兩系，祖祖輩輩都是讀書人，都做事業，都獲得成功。我的祖父是滿清最後一代秀才，我的伯父沈鈞儒先生是光緒年最後一批進士，我的外祖父陶希聖先生北京大學畢業又做北京大學教授，我的父親母親都是重慶中央大學畢業，文史兼備，中英俱佳。偏偏到了我這一輩，無學可上，無書可讀，無職可就，無事可做，上不能承祖宗的傳統，下不能傳家族的文化，那是何等的悲哀。

正是在那種痛苦而孤獨的環境裡，我更加渴望了解和牢記家族的文化傳統，將之視為不容遺失的珍寶。經常在無所事事的白天，或者無所事事的夜晚，望著灰矇矇的天，灰矇矇的夜，我默默地回想自小在家裡聽到過的各種故事，家族前輩們的故事，以及世交師友們的故事。記得某位作家講過：當一個人絕對孤獨的時候，他所剩下的，就只是不斷反覆溫習的記憶。那些留在腦中的印象，每個點滴都會清晰而生動地鮮活著，幾十年不淡忘。我想這個作家講得太對了，在我一無所有的時候，記憶成了最後的財富。所幸者，強權能夠剝奪我的所有身外之物，卻無法消滅我腦中的記憶，而我的記憶力自小就強，於是許多家族歷史就這樣留存下來，在我的腦中，我的心裡。

我的外祖父是個史學家，曾對後輩人講，他小時候上學做史論，拿《三國演義》做根據寫了一篇，被老師狠罵，從此再不敢把小說當歷史來讀，只以《三國志》為據。但事實上，《三國志》也已經有了演義的筆法，特別是裴松之的小註，紀錄了許多演義故事。而《三國演義》則也是七分實三分虛，用了許多裴松之的小註故事，把《三國演義》稱為史傳，也是可以的。所以我想，古人做史都並不能絕對避免演義筆法，現今史家也沒有理由，動輒以雜有演義而否定記史的文字。雖然這樣的想法，給我自己許多安慰，對記史不再那般的誠惶誠恐，但我寫作，到底並不重在記史。我既無司馬遷寫《史記》「通古今之變」的雄心，更無范曄著《後漢書》「正一代得失」的壯志。我記錄的都是中國歷史上曾經著名的人和事，官方民間都有許許多多的記載或傳說，既已人所共知，何必再費筆墨，我只寫我親耳聽到，親眼見到，親身經歷的點點滴滴，為的是補充一些被遺失的史料，只要讀者們看到了，相信了，點點頭，我就很滿足。

不少人喜歡引用格言警句，給歷史下負面的定義。有人說歷史是個任人打扮的小姑娘，有人說歷史是個人盡可夫的娼妓，也有人說歷史是強權者的奴仆等等。照我看，那都並不是歷史之過，沒有理由去指責歷史本身。歷史就是歷史，一切已經發生過的事情，都是歷史，再也無法改變。應該受到指責的，是那些記錄歷史的人和他們的紀錄。只是一些不負責任的人，或者一些別有用心的人，把歷史當作隨他們任意打扮的小姑娘，把歷史當作任他們姦淫的娼妓，把歷史當作任他們恣意使喚的奴仆。

記得幼時母親給我講過一個伊索寓言，某國王問伊索，天下什麼東西最好？伊索回答：是舌頭。國王點頭，又問：那麼天下什麼東西最壞？伊索回答：是舌頭。國王聽了，不解其意。伊索那個時代，文字不夠發達，天下大事主要依靠口傳，所以舌頭成為記錄和傳播歷史的主要工具，因此舌頭成為天下最好和最壞的東西。現在記錄和傳播天下大事，除了舌頭，又多了紙筆和電腦影視等工具，所以伊索所說的舌頭，就是指一切紀錄和傳播歷史的工具，包括紙筆，電腦，以及影視。

人講話，毫不費力，舌頭一轉，好事可以說壞，壞事可以說好。人寫作，也可以毫不費力，筆頭一轉，好事可以寫壞，壞事可以寫好。蔣介石先生領導中國軍民英勇抗戰，做出巨大的犧牲，最後戰勝日本侵略者，到有些人的嘴裡或筆下，蔣介石先生卻成了最大的賣國賊，也還有不少人真的會相信。我在中共官方媒體上讀到過這樣的文字，「曾昭掄被劃為右派後，並沒有悲觀失望，又有機會回到熟悉的講臺和實驗室，直接為國家培養人才和發展事業貢獻力量，而使他異常興奮。」五十年過去，時至今日，仍用如此輕描淡寫的筆調，記錄迫害了數十萬中國大陸知識分子的「反右」運動，用如此歌頌化的輕薄語氣，紀錄曾昭掄先生那樣偉大科學家的悲慘命運，真乃世間最為惡劣的舌頭，是可忍，孰不可忍。

在有些人的嘴裡或者筆下，沒有任何約束和標準，根據一時的政治需要，或者一時功利需要，可以隨意編造歷史，隨意刪除或節選歷史。我查過許多中共官方公佈的史料，對胡風先生的記載，都是始於一九三一年而終於一九五五年，似乎他總共只有二十五年生命，也就是從他擔任左聯的領導，為中共革命做出貢獻開始，到他被打成反黨集團之間的一段。之前之後，都被略去不提，好像那些歷史紀錄沒有任何價值。而中國大陸的民眾，特別是一些青年，沒有機會接觸真實的歷史紀錄，只能把謊言當做事實，再以謊言為依據，義正言辭地反對真理。

英國著名歷史學家托馬斯•卡萊爾曾經宣告：「生於謊言是我們的不幸，死於謊言是我們的恥辱，結束謊言是我們的責任。」我比同齡青年稍許幸運，因為幼承庭訓，對真實歷史的了解稍多一些，深為兩三代中國大陸人的無知和狂妄感到悲哀，很想把結束謊言作為自己的責任。

因為父母兩系的家庭背景，前輩友朋也都是讀書人，而且有很多名人。查閱他們的身世，凡一九四九年後留在大陸的知識分子，似乎都有一處相同，就是在各種中共官方簡介記錄中，每個人生命中都有二十年到四十年的短缺，好像那些年根本不存在。我們都曾經歷過那個時代，自然曉得其中的原因，但太過刻意的文過飾非，就算不是對歷史犯罪，至少是對歷史的不尊重。而我所聽到過的許多故事，經常就發生在那些不被他人記憶的年代。所以我紀錄下來這些故事，只想填補一些歷史的空白，或者糾正一些歪曲和編造。但我知道，以一人之力，無法同完整而強大的中共國家文化機器抗衡。我只做我該做的，能做的。

我小時候，祖母講過她的祖先褚遂良，在唐朝任起居郎中一職，職責是記錄皇帝的言行。唐太宗自己規定，起居郎對皇帝的言行記錄，只為真實記史，不允許給皇帝過目。後來唐太宗忍不住，問褚遂良：「真的不可以給皇帝看看《起居注》麼？」褚遂良回答：「本朝所以設起居之職，就如古時的史官，善惡都記，使得皇帝檢點言行，不犯過錯。我從來沒有聽說過，做皇帝的自己要看這些記錄。」唐太宗又問：「如果我真有錯處，你一定要記錄下來麼？」褚遂良回答：「那是我的職務，皇上一言一行，我都是必記的。」真可惜那種時代，那種皇帝，那種史官，在大唐以後至今的中國社會及朝廷，再也沒有存在過。

春秋時代，齊國有個大夫，名叫崔抒，擅權亂政，殺了齊莊公。齊國的太史伯，便刻竹簡紀錄：崔抒弒其君。古時稱上級殺下屬為殺，下屬殺上級為弒。崔抒為掩蓋歷史，把伯殺了，也把他刻的竹簡燒了。太史伯的大弟弟仲，又刻了一塊竹簡：崔抒弒其君。崔抒獲知，把仲也殺了，把第二塊竹簡又燒了。太史伯的二弟叔，不屈不撓，再次刻下一塊竹簡：崔抒弒其君。崔抒氣急敗壞，把叔又殺了。太史伯的三弟季仍不停止，第四次刻竹簡：崔抒弒其君。這下子，崔抒終於害怕了，沒有殺死季。於是崔抒弒其君的歷史便留存下來，而且因為崔抒連殺太史兄弟三人，更使那亂臣賊子遺臭萬年，而且也為中國後來幾千年設下一個如何記史的悲壯標準。

我自認沒有齊太史兄弟那麼大的勇氣，不過我想，如果齊太史兄弟活在二十世紀的中國大陸，怕也不敢公開對抗中共朝廷。我們都知道一個著名的猜想：如果魯迅先生活到一九四九年之後，他要麼什麼都不寫，坐享榮華富貴，要麼關在監獄裡，繼續寫作，直到殺頭。我們的時代，連魯迅先生那樣的人物，尚且仍然不保，如果齊太史的三弟膽敢繼續刻竹簡，也將被毫不遲疑地殺死，而且恐怕砍頭之前還要先割斷喉管，不許發聲，終使暴行不被歷史紀錄。所以今天的大眾，特別是青年人，除了背誦幾句經典謊言，幾乎已經對真實歷史毫無了解。

家父生前，在北京，有過一次，中央電視臺派了一個編導組，到家裡來採訪他，計畫就父親一生經歷，拍攝一部電視記錄片。我在美國，跟家父通電話時得知，非常高興，請求家父在採訪中多講講母親的事情。過了幾天，再打電話回家，父親說，他已經婉言謝絕了中央電視臺的邀請，節目計畫作廢了。我很驚訝，不知父親何以會做出這樣的決定。父親告訴我，那幾位中央電視臺的記者編輯，年紀很輕，也都很熱心，但是對中國歷史所知甚微。父親講幾句話，他們提一個問題，父親解釋一番。然後再講幾句，他們又提一個問題，又解釋一番。父親說，那麼要我講完我們家的經歷，不是得把中國通史全部講一遍，把我累死了嗎？我聽了，無言以對。我想，能到央視做記者編輯，至少必須大學畢業吧，或者研究生畢業，怎麼會這樣？他們在大學或者研究院讀書嗎？讀的都是什麼書呢？央視記者編輯尚且如此淺薄，普通大眾會怎樣的無知，不難想像。

為什麼？因為我們沒有歷史記憶。強權為了鞏固他們的統治，肆意編造歷史，報紙、電視、教材、史書、微博、網文，冠冕堂皇、義正言辭、謊言轟炸，意圖消滅歷史的記憶。多少人記得七十年前中國大陸發生過什麼？多少人記得五十年前中國大陸發生過什麼？多少人記得三十年前中國大陸發生過什麼？而中國大陸民眾在喪失瞭解真實歷史途徑的同時，集體保持沉默，將歷史從自己的個人記憶中刪除，並且逐漸地從被迫沉默演變為自覺沉默，這是最恐怖的現實。很少人懂得，沉默就是承認謊言，沉默就是維護謊言，沉默就是製造謊言。或許你沒有意識到自己的罪行，但是你對謊言保持沉默，你就是謊言製造者的同謀，你就是真實歷史的屠殺者。當一個民族集體沉默而失憶的時候，這個民族就將沉淪。而集體的失憶，或者集體的沉默，由每一個人的意志組織而成。記得魯迅先生那句話嗎？沉默啊沉默，不在沉默中爆發，就在沉默中死亡。

中國近代歷史上，有過一位周予同先生，其國學特別是經學學問，領袖群倫數十年。中國曾經有過一位曾昭掄先生，其化學學識和創造，令國際科學界嘆為觀止。中國曾經有過一位趙敏恆先生，抗戰時期發七國電訊，領先全球，讓世界新聞界目瞪口呆。中國曾經有過一位葉企孫先生，可謂中國現代物理學的鼻祖，幾乎所有為中國製造原子彈的專家都曾是他的學生。中國曾經擁有許多極富智慧，極具學識，極有創造力，極大成就的知識分子，中國文化本來是應該能夠得到長足發展，自豪地立於世界之林的。可是不幸，中國文化在其能夠得以騰飛的時刻，失去了機會，二十世紀初中國內戰不斷，繼而日寇侵略，然後連年烽火，經年冤案。前面提到的幾位大師，全部被迫害，被屠殺。全體中國知識分子都被擱置，被封口，被消滅，被禁止思想。中國文化停頓了，倒退了，沉淪了，消失了，實在令人痛心疾首。

我出版《百世門風》之後，送呈一冊請范敬宜先生指教。范先生是早年無錫國專的學生，是我姑父王蘧常先生的弟子，可說是名副其實的國學家。范先生曾經做過《人民日報》總編輯，外文出版局局長，全國人大教科文衛委員會主任，在清華大學新聞學院院長任內去世。我向他請安時，范先生長嘆道：「現在中國到處都是大師，阿貓阿狗都可以做大師，他們知道什麼樣的人才配稱作大師麼？他們見過幾個大師，曉得大師是什麼樣子的麼？」范先生當年讀書，聽過錢穆先生，周予同先生，王蘧常先生的課。那些先生滿腹經論，學富五車，當時仍不敢居大師之位。近百年間，全中國只有章太炎先生和唐文治先生，才當得起國學大師的稱號。

聽了范先生的話，我肅然起敬，更懂得學問和學問家的尊嚴。現在中國大陸，哪個國學「大師」有膽量跟周予同先生談談經學，哪個化學「大師」有資格與曾昭掄先生比比專業，哪個新聞「大師」有本事同趙敏恆先生論論世界時事，哪個物理「大師」有能力與葉企孫先生說說力熱聲光電。雖然眼下中國大陸，「大師」滿天飛，「狀元」遍地走，可中國文化卻已經沉入歷史的最低點，若周予同先生、曾昭掄先生、趙敏恆先生、葉企孫先生地下有知，恐怕要以自己頭上中國知識分子的名號而感到羞恥了。

我不知道，中國文化還有沒有振興的可能。我但願自己不存懷疑，我但願自己充滿信心。我只是想，如果中國文化還有一次振興的機會，那麼中國大陸人首先必須先了解到，我們曾經有過什麼樣的知識分子，他們曾經有過什麼樣的成就，又曾經有過什麼樣的命運。懂得回首歷史的人，才會懂得怎麼走向未來。缺乏歷史感的民族，沒有前途。我多麼渴望，能夠在前輩大師們的光芒照耀之下，牢記歷史，成為一個真正有文化的人。我更渴望，更多中國大陸同輩或後輩，能夠有相同的願望，使中華民族再次成為一個有歷史有文化的民族。

目次

第二輯　人物與事件

第三輯　事件

附錄

第一輯　人物

陳布雷的安眠藥

略知中國現代歷史的人，都曉得陳布雷先生是蔣介石的高參。其實陳布雷先生是先獲文名，而後從政。他幾乎是中國第一代報人中的談談者，民國之前已名揚天下。聽母親說：陳布雷先生瘦高體弱，文質彬彬，不苟言笑。

我的舅舅講，抗戰時期在重慶，外祖父和陳布雷先生同在委員長侍從室任職。舅舅們到上清寺侍從室找外祖父，曾與陳布雷先生一起吃飯，發現陳布雷先生腸胃很壞，每餐飯只能吃烤焦的麵包。陳先生平時講話很少，卻為人甚為熱心，幫人辦事極嚴肅認真。

外祖父講陳布雷，則稱布雷先生是個老失眠家，每夜就寢必須吃安眠藥三片，然後也才能得到三四個小時睡眠。他的小藥箱裡，裝滿各式各樣的安眠藥，用外祖父的話說，琳琅滿目。外祖父多年寫作為生，自然也失眠，但經過香港逃難，有一陣子可以倒地便睡。到了重慶，進委員長侍從室，主持《中央日報》，每日寫文章，舊病復發，又開始失眠，需安眠藥睡覺。但他失眠，遠沒有布雷先生那麼嚴重，桌子的抽屜裡只放一種安眠藥，需要時吃半片一片，就能夠睡了。每次外祖父自己存的安眠藥吃完了，就跑到布雷先生的小藥箱裡去挑選，領取一些，補充自己的抽屜。

安眠藥不能治癒外祖父的失眠症，他找侍從室周綸醫生看了幾次，服藥打針。周醫生警告外祖父：如果不好好休息一段時間，患上腦貧血，就有致命危險。但抗戰緊張，外祖父哪能休息。實在沒有辦法，他便只好請假一兩天。可是他經常花兩三個鐘頭，從重慶過江回到南岸家裡，還沒睡下，就又有電話打來，或招去《中央日報》，或招去侍從室，最無法推託的是受招去委員長官邸。

有一天外祖父實在頭疼得沒有辦法，晉見委員長的時候，當面直陳自己惡性失眠，輕度腦貧血，請求允許休息一段時間。蔣介石自己身體強壯，從來沒有得過什麼病，更從來沒有失過眠，完全體會不到失眠的痛苦。他對外祖父說：你睡不著覺，休息幾天就好了，我叫他們給你買藥。那個時間，重慶有藥廠，可以造維他命B1，但肝精卻只有進口貨。隔了一日，便有委員長官邸醫務室的護士，每天過江到家裡來，給外祖父注射維他命B1和肝精。

一九四二年，蔣介石看到抗日戰爭已經能夠進入戰略反攻階段，決定親自寫一本書，提升民族尊嚴意識，鼓舞中國軍民士氣，凝聚抗戰勝利意志。他同布雷先生商議，準備將寫作任務交給布雷先生完成。可布雷先生因為長期嚴重失眠，腦力體力均不濟，便推薦外祖父代勞。外祖父明知替天子立傳，是吃力不討好的差事，但見布雷先生那種身體情況，也只得接受。那可真是同病相憐，拔刀相助。

不過相比於外祖父較為激進的性格，布雷先生更加謹慎穩重，那是確實的。一九四六年國民政府決定召開國民大會，實施憲政，籌備時期，國民黨吳鐵城秘書長請外祖父去上海，外祖父外祖母同行，在上海狄斯威路的房子裡住，那是當時我的父母親的家。外祖母做了幾個菜，外祖父請吳秘書長及上海各界的朋友，聚集家裡便餐，商討政治協商會議遺留下來的一些具體問題。此後，那就成了外祖父的日常工作，往來滬寧之間，與各界會商。每有什麼結果，便通過上海市政府機要室，向吳秘書長報告，或者直接報告蔣介石。

七月初外祖父接電報，馬上趕往廬山牯嶺，晉見蔣介石。然後會見布雷先生，陳述他在上海同各界商討籌備國民大會的情況。事情之多，兩個人會面了兩次，談了四個多小時。結果是布雷先生大為驚駭，對外祖父說：原來國民政府要於十一月十二日召開國民大會的決定，是根據你的報告，你的責任也就太大了。從這番話可以想見，如果換了布雷先生，他就絕對不會像外祖父那麼去做了。而且外祖父彙報過在滬寧的協商工作之後，接到命令，留在廬山辦《中央日報》廬山分版，不必再下山了，不知那與布雷先生對外祖父的關心有沒有關係。

布雷先生跟外祖父同事以前很多年，就已經相識了。早在一九二五年，五卅運動發生後，外祖父根據英國法律，撰文抨擊英國巡捕在上海槍殺中國工人的非法行為，發表在鄭振鐸先生的《公理報》上，一石擊起千重浪，甚至招致英國領事對商務印書館提出訴訟，當時外祖父在商務做編輯。因此外祖父一夜之間，成為上海名人。上海學術界十個人聯署發表宣言，抗議南京路殘案，外祖父乃其中一人。上海《商報》立刻發表社論，對那一宣言發出聲援。這個社論，是布雷先生的親筆。

北伐戰爭之後，在上海南京兩地，外祖父和陳布雷二人，同時從事教育工作。民國十八年（公元一九二九年）上海復旦大學校慶，外祖父和布雷先生同時應邀出席。布雷先生講話只幾句，外祖父講了一個多鐘頭，到吃飯還停不下來，此事給布雷先生留下很深的印象。

後來外祖父在南京中央大學做教授，布雷先生在國民政府教育部做政務次長。外祖父寫文章犯忌，上海警察局出動搜查新生命書局，密報外祖父言論違紀。外祖父聞訊，寫信給中大校長朱家驊先生，辭職謝罪。朱校長便去找布雷先生和中宣部長劉盧隱先生疏通。劉先生說他不認識陶希聖，布雷先生說：我在上海復旦大學遇見這個人，他的毛病是鋒芒太露。此次風波，最後是中組部長陳果夫先生給外祖父寫信，教訓一頓，算做解決。

日軍偷襲珍珠港，太平洋戰爭爆發，日軍佔領香港。當時外祖父一家都居住香港，僅母親一人在昆明就讀西南聯大，兩個月完全得不到家人消息，焦急萬端。因為高陶事件，日軍對外祖父恨之入骨，曾幾次派特務到香港，企圖謀殺外祖父及家人，均因杜月笙先生的嚴密保護而未得手。現在日軍佔領香港，他們馬上開始大規模搜捕外祖父，各地報紙經常發消息：日軍在某菜園捉到陶希聖；日軍將陶希聖剝皮抽筋；等等。母親在昆明經常讀到這些標題，不知真偽，驚恐萬分，日日以淚洗面。

忽然一天，西南聯大校長蔣夢麟先生把母親叫到自己的辦公室，說是重慶陳布雷先生給他發來一封電報，請他轉給學生陶琴薰，通知母親，外祖父已經逃離香港，回到國土，正在往重慶的路上，叫母親不要太心焦了。同時母親接到外祖父從廣東韶關寄來的匯款，證實了他的安全。母親後來對我說，她原來在家裡聽外祖父講過陳布雷那個人，並無印象，接到這封電報，使她感到布雷先生的親切，她曾馬上寫過一封信，感謝布雷先生，並且詢問外祖母及弟弟們的消息，那信也是請蔣夢麟校長轉寄重慶的。

母親轉學到重慶後，才知道布雷先生給蔣夢麟校長的那封電報，並非外祖父囑託他發的，而是他接獲外祖父安全逃到內地之後，了解到母親的心情，自己主動發給蔣夢麟校長的，足見布雷先生感情之細膩。為此母親在重慶期間，曾專門當面向布雷先生道過幾次謝。

事實是，外祖父化妝從香港逃出日軍魔掌，到達廣東脫險之後，做的頭一件事，是找到一家郵局，給重慶布雷先生發個電報，然後給西南聯大的母親匯了一筆款。

外祖父輾轉回到重慶，因外祖母一家還在桂林逗留，他獨自一人便先借住重慶上清寺美專校街一號，布雷先生公館的另一小院內小樓之上。從此外祖父與布雷先生一起在委員長侍從室任職，布雷先生是外祖父的頂頭上司。後來外祖母一家也到了重慶，母親也從昆明西南聯大轉學到重慶中央大學，全家團聚。那時期內，母親和舅舅們常有機會見到布雷先生，還在一起吃飯和跑空襲警報。戰後父母結婚，也是布雷先生的弟弟《申報》社長陳訓畬先生做母親的介紹人。布雷先生去世後，其職便由外祖父接任。

作為朋友，布雷先生對外祖父相當地了解，知道他寫文章用語有時比較激烈。作為上級，布雷先生也對外祖父相當地保護，化解他因文字而惹起的麻煩。一九四七年初，外祖父看到國共已無和談可能，戰爭勢在必然，便連續在《中央日報》上發表社論，籲請各界睜開眼睛，保持清醒。他甚至用了東晉時期的淝水之戰的故事，預言國共難免在淮河流域再打一場新淝水之戰，決定國家存亡。

這篇社論被當時在南京參加政治協商會議的邵立子和雷震先生看到，便找到布雷先生告狀，說那都是反共言論，妨礙政治協商和軍事調處，已經引起中共代表周恩來的抗議。然後邵力子又對布雷先生說：雷儆寰認定，《中央日報》現在是CC系辦的了。布雷先生聽了大怒，立刻派人找來雷震，痛加申斥。當時雷震任政治協商會議副秘書長，負責協商各民主黨派意見，比較接近共產黨。斥責過邵立子和雷震之後，布雷先生找到外祖父，轉告了兩位左翼民主人士的意見，外祖父堅持說：新淝水之戰就在眼前，我們不能不大聲疾呼，警告國人。後來的事實，不幸被外祖父言中，不到兩年，就發生淮海大戰，就是當年發生淝水之戰的故地。

布雷先生是浙江人，與我的父親同鄉。布雷先生的兩位女公子陳琇和陳璉，與我父親在杭州師範同學。後來父親自上海暨南大學轉到重慶中央大學，又跟陳璉同學兩年。因為夫人生育陳璉而逝，布雷先生十分悲痛，從此未續娶，並把陳璉小名叫做漣漣，以示如淚，足見其感情之深之重。

在杭州師範讀書時，父親是跟陳琇同班，但他同陳琇的妹妹陳璉卻有過一段初戀。後來雖然兩人就讀不同學校，卻似乎仍然在心裡保持著感情。據說陳璉在昆明西南聯大讀書時，她的箱底一直存著父親寫給她的信。直到後來陳璉接觸到中共學生領袖袁永熙，而後做了袁永熙的戀人，才斷絕了同父親的繼續來往。

我的母親先是昆明西南聯大的學生，那時陳璉也在西南聯大讀書，兩人同學，也是朋友。後來她們又先後轉入重慶中央大學，繼續同學。也是這時，我的父親也轉到中央大學，但此時他與陳璉已經是兩條鐵軌上跑的火車，永遠也走不到一起了。

因為兩個父親同一辦公室，身世相近，兩個女兒自然也來往密切。每逢周末，母親總迫不及待從沙坪壩趕到重慶，到上清寺委員長侍從室找外祖父，幾次相約，陳璉從不同行，似乎與其父布雷先生不大和睦。此事讓母親覺得很奇怪，她當時並不知道，陳璉那時已由袁永熙發展為中共黨員，要跟她的父親劃清階級界限。不過我想，布雷先生那麼智慧的人，一定早已覺出女兒的政治背叛，只是愛女之情篤篤，不肯點破而已。

人性遭到政治的侵蝕，便一定釀造悲劇。雖然陳璉極力躲避父親布雷先生，但中共卻要盡可能地利用她這層父女關係，從事政治軍事等等活動。抗戰勝利之後，陳璉大學畢業，到北平教書，然後與袁永熙結婚，在北平舉行盛大婚禮，利用布雷先生的地位，聯絡大批國民黨政要，開展地下工作。

很快事發，陳璉和袁永熙夫婦被國民政府逮捕，轉移到南京監獄關押。儘管政治立場不同，畢竟父女情深，布雷先生徵得蔣介石許可，親自出面，將女兒保釋出獄。之後陳璉曾回老家慈溪，隱居一段時間。袁永熙出獄後，中共安排他在南京臥底，於是陳璉又回到南京，利用陳布雷的關係，夫婦兩人繼續從事地下工作。父親告訴我，期間陳璉多次開動陳布雷的座駕，為中共輸送機密情報，因為是陳布雷的車子，軍警不敢阻擋。布雷先生自殺之後，陳璉失去利用價值了，陳璉夫婦便被許可離開南京，轉移蘇北中共根據地。

父親回憶，陳璉被捕，他和母親都聽說了，十分吃驚。這個時候，父親才終於明白，當初陳璉為什麼跟他斷了戀情，而母親也才知道陳璉居然是共產黨。北伐戰爭的時候，母親六歲，見識過湖北農民運動殺人放火的兇殘，也有過農會到家裡來逮捕外祖父的親身經歷，知道革命的味道。父親和母親都無論如何不能相信，溫文爾雅的陳璉竟然會是青面獠牙的共黨。對於母親而言，陳璉還是陳璉。所以陳璉途徑上海的時候，母親仍舊招待她在狄斯威路自己家裡，小住幾日。但是從陳璉離開之後，兩人就再也沒有見過一次面。

時局驟轉，國民政府兵敗如山倒，外祖父跟著南撤臺灣，中共隨即建政。陳璉進了北京城，任團中央少兒部長，其夫袁永熙做了清華大學黨務書記，都是中共高官。也是這時候，父親才澈底明白，當初在重慶中央大學，為什麼陳璉同他堅決地斷絕了往來。因為她是共產黨員，她的上級就是她的丈夫。

一九五三年，父親被中央政府從上海調入北京，參與籌建外文出版社。為了表示對他的重視，社裡發給他一張觀禮票。十一那天，他到天安門觀禮臺，觀賞閱兵和遊行。也是命運捉弄人，在同一個觀禮臺上，父親與陳璉意外相遇。父親說，剛一見面，陳璉十分興奮，但是瞬間即逝，冷淡下來。他們兩人，一個是中共的高官，一個是被「控制使用」的舊知識分子，地位的懸殊已如天壤。兩個人簡單地寒暄幾句，父親事後還感嘆，當時就看得出來，陳璉是迫於一種無形的巨大壓力，努力拉開同過去和家庭的距離。

因為父親母親都同陳璉是好朋友，都對陳璉表示巨大的好感和同情，所以我很願意相信父親和母親的感覺，願意相信陳璉確是個好人，是個不幸被無情的政治鬥爭所利用了的善良青年。後來母親也隨著父親，從上海搬到首都，可作為國民黨大戰犯之女，始終不敢同陳璉聯絡。雖見不到，母親仍是一直很關心陳璉的情況。特別是母親在《人民日報》上讀到一篇陳璉的講話，並且因此受到鼓舞，給周恩來總理寫了一封信，從而獲得特殊照顧，能夠在最黑暗的年代，保持同臺灣外祖父的通信聯繫。僅從此一點，我也必須對陳璉女士表示謝意。

那是一九五六年二月六日，北京召開人民代表大會和政治協商大會，陳璉作為全國政協委員，在一次大會上發表講話。講話之後，周恩來頭一個站起來鼓掌，於是受到中央關注，並在幾天後全文刊在《人民日報》上。陳璉的講話是這樣的：

我想以自己的經驗，對於知識青年，特別是社會主義敵對陣營裡的兒女們的進步問題，說一些意見。也許在座的有的同志知道，我是陳布雷的女兒。十幾年前，我也是一個懷抱著熱情和苦悶的青年學生，為了尋求抗日救亡的途徑，我找到了共產黨。黨把我引導到革命的道路上來，使我不但看到了民族解放的前途，也看到了社會解放的前途，我的苦悶消失了。我聽黨的話，工作著，學習著，前進著，我感到無比的溫暖和幸福。十幾年來，由於黨的教育，我獲得了一定的進步，我現在是青年團中央委員會的委員，並擔任著青年團中央少年兒童部的副部長。

從我自己走過的道路，我深深地感覺到：正是因為黨是以國家和人民利益為依據的，因此，它對於一切有愛國熱情的人，不管他是什麼人，都是歡迎和愛護的。可是我聽說，目前還有一些出身剝削階級和反動家庭的青年，為自己的出身感到煩惱，說什麼恨只恨閻王爺把我投錯了胎，我認為這是完全不必要的。假如說在解放以前，一個出身剝削階級和反動家庭的青年還比較不容易認清黨的話，那麼在今天，黨就像太陽一樣，普照著大地，撫育著我們每一個人。我們沒有辦法選擇我們的出身之地，但是，我們完全能夠選擇自己要走的路，只要我們認對了方向，而且肯於努力，在我們每一個人的面前，都是有寬廣的道路和遠大的前途的。

話雖然說得好聽，掌雖然鼓得響亮，現實卻終究沒有這般美麗。

儘管陳璉和袁永熙夫婦，曾為中共建政出生入死，甚至背棄自己的親生父親，他們最終還是遭到中共內部的打擊和清洗。一九五七年袁永熙被劃為右派，撤去清華大學黨委書記之職，鋃鐺入獄。陳璉因此離婚，我的母親聽說後，曾經極度難過，不肯相信。她知道陳璉很愛袁永熙，兩人從在西南聯大做學生時期開始，數十年生死與共，不可能一夜之間形同路人，他們的離婚，必是殘酷政治壓迫的結果。

後來陳璉調出北京，回到上海，消息越來越少。文革初期我借大串連之便，回上海訪故居。臨行前，母親特別囑咐我，設法打聽一下陳璉的消息。我在上海，曾到華東局去看過大字報，可惜沒有什麼收穫。後來從小道消息聽說，陳璉在上海屢遭批鬥，不堪屈辱，同其父布雷先生一樣，自殺絕世。

母親獲知那噩耗之後，許多天默默無語，神若有失，不可終日。我想母親一定想到她們各自的父親，她們兩人的同學生活，她們遭到政治污染的友情，她們共同的不幸。

那時父親自己關在牛棚裡，連這個消息也傳不進去，倒免了他傷心。

固執領袖陳獨秀

我小時候，北京城裡經常打倒這個那個，現代中國大陸實在好人不多。報紙宣布，領袖開罵，老師批判，學生們跟著喊口號，陳獨秀是其中一個被打倒的。回到家裡不一樣，不許講陳獨秀先生壞話。母親說：他是外祖父的救命恩人。

五四運動前後，外祖父才十五歲，在北京大學預科讀書。當時陳獨秀先生已是文科學長，外祖父並不認識他，更不知道他是中國傳播共產思想的第一人。二十年代初，外祖父到上海，在商務印書館做編輯，跟中共早期黨員惲代英交了朋友，開始參加社會政治活動，那時候便一定聽說陳獨秀的大名了，但外祖父沒有對後人們提起過。

北伐戰爭爆發，外祖父到武漢參加大革命，任北伐軍校的政治教官。武漢軍校校長是蔣介石，但具體校務由惲代英主持。當時葉挺率領的部隊，駐紮武漢。毛澤東領導的農民運動講習所，也在武漢。所以當時武漢基本是中共控制的天下，請參閱本書〈悲壯的北伐戰爭〉一文。那期間外祖父不滿武漢和湖北各地工會農會的許多做法，並且曾經幾次阻止農會書記為脅迫民眾服從，任意殘殺無辜農民。外祖父的作為，引起武漢農運領袖的不滿，便派人把外祖父逮捕。當時母親六歲，下面還有兩個弟弟。

本來全家以為外祖父此去一定無歸，不料過了兩日，外祖父被放出來。原來是中共內部兩派正在激烈鬥爭，以陳獨秀先生為首的一派，認為當時農民運動過火，需要糾正。武漢軍校政治部主任施存統先生是中共黨內高級幹部，同意陳獨秀先生的主張，所以當施先生獲知武漢農運領袖下令逮捕外祖父後，馬上報經陳獨秀先生批准，將外祖父釋放，留下一條性命。從此外祖父家人，永遠敬陳獨秀先生為救命恩人。

汪精衛先生在武漢分共以後，中共被迫南下，保存實力。外祖父趁機逃離軍校，躲藏起來，從此與中共分道揚鑣。後來他在上海遇見施存統先生，才知道陳獨秀先生因為反對農民運動的殘暴，在中共黨內遭到清洗，施先生自己也受到整肅，已經金盆洗手，棄政從教。三十年代初，外祖父到北京大學法學院做教授，又與施先生同事，施先生也在北京大學做教授。

第二年爆出中共建黨元勛陳獨秀先生被捕的消息，當時傳說，陳獨秀先生遭中共整肅之後，一直在上海隱名埋姓，躲避國民黨政府的追捕。後來是他自己黨內的反對派，為了澈底消滅他的影響力，私下把陳獨秀先生捉起來，祕密送給國民政府治安機關去坐牢的。此說確否，無法證實，當時是盛傳無疑。外祖父根據他在北伐戰爭中的所見所聞，相信那些農運領袖一定做得出這等卑劣而殘忍的事情。

北京各大學曾因為陳獨秀先生被捕的事，很熱鬧過一番。胡適先生跟陳獨秀先生一起辦過《新青年》雜誌，在北京大學三院大禮堂，開演講會讚揚文學革命時期的陳獨秀，聽眾不下三千人。中共為了沖淡和對抗胡適之先生的演講，同一時期也在朝陽大學開演講會，由馬哲民主講，批判陳獨秀。那個批判陳獨秀先生的馬哲民，自稱是武漢北伐時期的農民部長，曾經堅決反對過陳獨秀的機會主義。但是外祖父曾在武漢跟馬哲民認識，兩個人都在北伐軍校做教官，外祖父是中校軍銜，而馬哲民是少校。此外馬哲民當時在沈雁冰主持的《民國日報》做編輯，哪裡做過什麼農民部長，他那時的級別還遠遠夠不上去反對總書記陳獨秀先生。此等政客，竟敢如此當眾扯謊，任意編造歷史，真是駭人聽聞。不過中國老話說：人不要臉，鬼都害怕。硬耍流氓，不顧臉面和死活，也就沒人惹得起，只好讓他三分，所以流氓無賴倒是經常能夠獲得勝利。

北平大學法學院左派學生，發起一個演講會，邀請許德珩，劉侃元，施存統，和其他幾個中共幹部，講評陳獨秀先生。許德珩，劉侃元，施存統三人，在武漢北伐革命期間，外祖父都曾結識，施存統先生甚至曾是外祖父的救命恩人。演講前一日，施先生來外祖父家，說到明天講陳獨秀先生。外祖父勸他取消此約，不要去講，告訴施先生：前幾天有人來約他講陳獨秀先生，他便當面謝絕。外祖父認為，當時只有胡適之先生可以講陳獨秀先生，其他人都沒有資格。雖然施先生曾與陳獨秀先生關係很深，但在當時情況下演講，必然受到各種打擊，犯不著。

第二天演講會後，施先生又跑來找外祖父，面無人色，說是那次演講會，聚集了近三千學生。警察大批出動，預防意外發生。許德珩，劉侃元臨時不來，只施存統一人上臺。他先講陳獨秀先生在文學革命中的重要地位，大多學生鼓掌，小撮左派學生跺腳噓聲。施先生繼續講武漢北伐時期的陳獨秀先生，左派學生大起騷動，施先生怕了，只得勉強批評幾句陳獨秀先生的機會主義，左派學生安靜了，可大部學生大叫倒好，到底趕他下臺。

陳獨秀先生在國民黨監獄關了五年，始終不改唯物主義信仰，堅貞不屈。直到抗戰爆發，國民政府為團結各方民眾參加抗戰，施行大赦，才把陳獨秀先生釋放出來。那時戰情危急，上海先失守，繼而南京陷落，國民政府內遷武漢。外祖父在武漢創辦藝文研究會，陳獨秀先生也同時到武漢，二人得以相聚。

出獄之後，陳獨秀先生得不到中共任何關懷，貧病交加，難以為繼。出於對陳獨秀先生的尊敬，也為報答陳獨秀先生當年的救命之恩，外祖父聘陳獨秀先生為藝文研究會刊物寫稿，並以稿費為名，資助他的生活所需。

於是藝文研究會的周刊，發表出來陳獨秀先生文章。當時八路軍駐武漢辦事處代表周恩來先生看到，馬上發表公開講話，指斥陳獨秀先生五年來一直接受日本津貼，每月三百元。外祖父聞言，趕緊出面，當眾澄清，駁斥周恩來先生造謠，說明是藝文研究會約陳獨秀先生撰稿，按常規發稿費。藝文研究會是國民黨的文化機構，並非日本特務機關，所以陳獨秀先生接受藝文研究會稿費，絕非接受日本津貼。這樣雙方公開論戰，一時之間，成為熱點，武漢各報為之轟動。據母親講，她那時十四五歲，記得家門口經常聚集大群記者，外祖父回家出門，總要被人阻攔，有時會站在馬路上，跟新華社的記者發生激烈爭辨。

一天晚上外祖父回家，夜黑風高，剛到門口，旁邊閃出一人，高大健壯，灰色軍裝，兩手插在口袋裡，內有鼓鼓的硬物。外祖父問：找我有事嗎？壯漢說：我要問問陳獨秀先生的事。外祖父一聽，再看看那口袋裡的硬物，心想：此番休矣。那漢子說：他原是江西中共紅軍軍官，被國軍俘虜後，在開封監獄關了七年。最近獲釋，到武漢來尋找八路軍。看到報紙消息，才知陳獨秀先生曾經被捕。他根據報紙上的報導，特別來找外祖父，詢問此事究竟。外祖父便簡單地把陳獨秀先生如何入獄，又如何釋放，以及如何在武漢謀生的情況講了一遍。壯漢聽完，沉思良久，長嘆一聲，揚長而去。

那段期間，外祖父每周去看望陳獨秀先生一兩次，除送錢送糧之外，也談天說地。外祖父曾經問過陳獨秀先生，他是否有意另外組建一個共產黨。陳獨秀先生回答：一個社會不能有兩個共產黨同時存在，一個好，一個壞。如今的共產黨殺人放火，無惡不做。他另組一個真實的共產黨，也是不會成功。外祖父又問他，是否願意回到原來的共產黨。陳獨秀先生答：有人為了他回黨，奔走多次。延安方面也要求他公開悔過，然後回黨。可是他再三聲明，決不回黨。

有一次外祖父去看望陳獨秀先生，在門口見到李公朴先生從房間裡匆忙走出。外祖父進了屋子之後，談及此狀，原來方才陳獨秀先生與李公朴先生聊天，對李公朴先生說：「你們跟著莫斯科，反對國粹主義者。將來有一天，史達林與希特勒合作起來，對付英法，你們怎麼辦？」李公朴先生說：「那是可能的事。」陳獨秀先生又對李公朴先生說：「你們最抗日，甚至最最抗日，可是如果將來有一天，蘇俄與日本法西斯合作，對付英美，你們又怎麼辦？」

陳獨秀先生對外祖父說：我講到這裡，公朴紅著臉，站起來就走了。外祖父問：李公朴的臉還會紅麼？說完此話，和陳獨秀先生相對大笑。那李公朴先生的臉本是棕色，就算會臉紅也看不出來。但笑歸笑，可悲的是，陳獨秀先生果然遠見卓識，蘇聯共產黨的後來作為，都被他不幸一一而言中。

母親給我們講這些故事後，常會補充說，那些往事外祖父都有日記，所以是確實的。我來美國後，讀到外祖父的一些隨筆文章，如此的許多對話都用了引號，想必是陳獨秀先生的原話。

陳立夫突然襲擊

上個世紀中期的中國，不知從什麼時候開始，也不知始於何人，出於何意，據何事實，盛傳一說，謂之四大家族。那四大家族，就是蔣宋孔陳，一九四九年後的中國大陸小學課本，寫得清清楚楚。蔣指蔣介石，當時蔣經國尚年幼，還不算人物。宋指宋家藹齡慶齡美齡姐妹三個，以及宋子文。孔指孔祥熙。陳指陳立夫，陳果夫兄弟。

據說四大家族相互勾結，雖然從來沒有公佈過任何確鑿的證據，但中國人云亦云幾十年，大家也便都相信了，不再存疑問。再說誰都曉得，蔣介石夫人是宋美齡，孔祥熙夫人是宋藹齡，宋子文則是宋藹齡和宋美齡的兄弟，他們當然會勾結在一起。唯獨陳果夫陳立夫兄弟二人，與蔣宋孔三家均無任何親屬關係，不知何以被指控與之狼狽為奸。

陳果夫陳立夫兄弟出身浙江世家，其叔父陳其美是孫中山先生的密友，一九〇六年就在日本參加了孫中山的同盟會，曾領導過許多次反清起義和討伐袁世凱的戰爭，乃大名鼎鼎的民國革命先驅。陳氏兄弟受叔父影響，幼年便立志救國救民。哥哥陳果夫志在投軍反清，曾就讀浙江陸軍小學，年方二十便參加武昌辛亥起義，隨後又參加二次革命和討袁戰爭，為民國的建立和穩定做過不少貢獻。小八歲的弟弟陳立夫則志在實業救國，二十四歲畢業於北洋大學採礦系，赴美留學三年，獲美國匹茲堡大學採礦業碩士學位。隨即回國報效，時逢蔣介石領導廣州黃埔軍校，準備揮軍北伐，統一中國。陳立夫旋入黃埔軍校，任校長辦公廳機要秘書，開始隨侍蔣介石左右。

所謂四大家族傳言，始起於抗戰勝利之後，而在國共內戰時期最為興盛。當時蔣介石是國民大會選出的中華民國總統，宋子文受任國民政府行政院院長，孔祥熙則接替宋子文成為中國銀行董事長。因為蔣宋孔確實聯姻，所以有關宋子文執政，孔祥熙掌財，蔣介石領軍，壟斷中國的傳說，很容易被習慣於一人當道雞犬昇天觀念的中國大眾所接受，不問青紅皂白，到處傳說，深信不疑，乃至連國民黨的《中央日報》也有記者發表所謂揭發四大家族的報導。

而那個時期，陳果夫陳立夫兄弟二人，受任執掌國民黨的黨務領導工作，所以就有人編出所謂蔣家軍，陳家黨的一說。對於陳氏兄弟而言，或者因為他們主理國民黨務，剛好與蔣宋孔合掌黨政軍經四大權力。或者因為他們權傾一時，難免成為各派政治敵人的攻擊目標。或者他們最堅決地站在反共的立場，被左派視為眼中釘，必拔之不可。總之是種種因素糾集一起，有人非將陳家兄弟同蔣宋孔三家綁在一起，做為萬眾反對的靶子。所以他們雖與蔣宋孔毫無親屬關係，卻被歸入四大家族。

關於四大家族，我的父親曾有過一點可笑的小經歷。

一九四八年，國共交戰，如火如荼。美國人不懂成王敗寇不共戴天的中國政治文化傳統，出於西方人道觀念和妥協求安的社會理想，頻頻派員赴華，奔波於國共兩黨之間，調停協商。國民黨實在並非敗給了共產黨和蘇俄，而是因為美國政府的誤判和誤為，協助共產黨，抑制國民黨，終使大陸江山易色，貽害至今。

在蔣介石眼裡，外祖父也十分同意，美軍顧問史迪威將軍，從抗戰時期開始，便成為中共的大力推手，導致中共借抗戰之機壯大自己的武裝，最終奪取政權，所以贏得中共後來幾十年一直的高度贊揚。國共內戰期間，美國特使馬歇爾臨危受命，到中國來，卻未能積極推動消滅共產黨的行動，反而迫使國民黨與共產黨和談，曾經五上廬山，勸說蔣介石。而這個所謂的和談，實際上是給予共產黨和蘇俄充分時間，得以擴大實力，調兵遣將，部署內戰。

每次馬歇爾登廬山，上海《新聞報》必派人同行採訪。當時父親是該報駐南京特派記者，負責國府政治要聞，所以也曾幾上廬山，採訪報導馬歇爾會見蔣介石的新聞。父親給我講，他第一次上廬山，剛好碰上蔣介石夫人宋美齡在廬山召開中外記者招待會。父親接到請帖，欣然出席。當時他二十出頭，年輕氣盛，深信西方民主社會尊重新聞自由的風氣，認為新聞記者乃無冕之王，所以在蔣夫人講話後回答記者提問時，冒失地站起來發問：現在外面社會上盛傳四大家族的說法，請問夫人對此有什麼看法？

我以為父親當時是用英文提問，因為我們在大陸一直聽說，宋美齡從小在美國長大，完全不會講中國話，根本是個洋奴賣國賊，所以一直幫助美國，破壞中國。父親說：蔣夫人是中國人，而且是在中國人開的記者會上，他自己當然要用中國話提問題。父親又說，蔣夫人怎麼不會講中國話，她喜歡講上海話，也講得很好。我聽了才曉得，北京街頭巷尾的政治歷史流言，真是萬不可信，其中很多都是別有用心的編造。

話歸本題，那次廬山中外記者招待會上，父親提問之後，出乎意料，蔣夫人大發雷霆，提高聲音，指責父親不該問那樣的問題。蔣夫人並且一再重複，社會上所謂四大家族的說法，完全是無中生有，隨意捏造，用心險惡，意在挑撥是非，混亂民意，鼓動反對國民政府的風潮。

據父親講，蔣夫人當時面紅耳赤，一口氣講了許久。記者會上，所有人都低了頭，不聲不響。父親自然更加難堪，站也不是，坐也不是，渾身不自在。父親說，那是他做記者生涯中，最覺丟臉的一次。從此以後，他學乖了，懂得西方民主社會的那一套，在中國吃不開，講得再好聽，中國還是個帝王專制國家，新聞媒體並沒有任何自由權力。而且在官府的眼裡，記者報人不過只是些平常百姓，最好還是服服貼貼，不要惹事生非，自討沒趣。但也由此，父親堅決相信，四大家族肯定是確有其事，否則蔣夫人宋美齡沒有理由為那麼一個小問題，光火發脾氣，父親的問題必是戳到了蔣夫人的疼處。

因為外祖父從政數十年間，卻從未參與過財政經濟和金融事務，所以四大家族之中，跟孔祥熙先生聯繫不多。其他三家，則都跟外祖父有過很多來往。外祖父作為蔣介石先生的親信文膽，自與蔣介石先生聯繫密切，也會經常見到蔣夫人宋美齡。宋子文先生在擔任中央銀行董事長和中國銀行董事長期間，外祖父大概很少同他聯繫，但抗戰之後宋子文先生出任國民政府行政院院長，想必外祖父就需要同他打交道，溝通總統府和行政院的關係。但是由於陳果夫陳立夫兩位先生，多年執掌國民黨黨務，幾乎可以說一直是外祖父的頂頭上司，所以外祖父跟陳家二人，特別是陳立夫先生，來往最密切。

不過要論起來，外祖父與陳氏兄弟的關係，早在外祖父從政之前，就已經開始了。

北伐戰爭之後，外祖父的革命熱情受到劇烈打擊，便悄悄脫離政治戰場，獨自返回上海，隱居三年，求學術，做文章。那段時間裡，他寫作的書籍文章，主要在海寧路上的新生命書局發表或出版。有段時間，外祖父一家甚至借住在新生命書局的樓上。該書局的經理名叫陳寶驊，他的哥哥是陳希曾，當時做上海警察局的局長。有一天，哥哥打電話給弟弟說：你們幹的什麼事？我現在奉命，要來檢查你們書局。原來書局出版了一本書，是朱其華所著，內有批評和諷刺三民主義的文句，被報了警局。

陳希曾局長帶員到海寧路來，把新生命書局裡外檢查一番，然後下令，將朱其華的書全部收繳，不准出售。這件事鬧得大了，上海市黨部便將新生命書局的出版情況，寫了報告上交國民黨中央宣傳部。也因此，外祖父那些年的許多學術和政論文章書籍，都成了眾矢之的，被檢舉為多有非法違紀之論。

那是一九三〇年初，外祖父剛剛接受南京中央大學校長朱家驊先生的聘請，到該校任法學院教授。為了不連累學校，外祖父馬上給朱家驊先生寫了封信，請求辭職。朱校長接信一看，連忙約訪教育部次長陳布雷先生和中央宣傳部長劉盧隱先生諸人會商，希望澄清事實，爭取留住外祖父教職。

經過多方協商，最後各自妥協，由當時的國民黨中央組織部長陳果夫先生出面，寫了一封信給外祖父，教訓一番，說是：我年輕時期，也和你一樣，喜歡批評和諷刺。後來年紀大了一點，才知道一個問題或一件事情，不是那樣簡單，我的批評和諷刺，並不是完全正確。你的年紀大一點，就會了解這個道理。

外祖父對陳果夫先生的信，表示接受，於是他在中央大學的教職得以保留。過不幾日，中組部長陳果夫先生的弟弟，時任國民黨中央黨部秘書長的陳立夫先生，又專門到外祖父的南京住地來談話。陳立夫先生長外祖父一年，剛滿三十一歲，已經做了兩年中央黨部秘書長，可謂青年有為，很得外祖父尊敬。

據外祖父講，他在中央大學任教時期，三天南京教書，四天上海寫作，所以家人仍留居上海，他只在南京租了一間小屋，馬虎度日。那房子在南京大石橋街邊一個破院子裡，矮小殘破，四壁和窗戶都是用報紙糊的，土築地面到處是蜒蚰。除了一張床外，後壁立個木製春臺用做書架，前窗擺個木桌，沒有椅子，只一個木凳可坐。

陳立夫先生那次來訪，實屬突然，未經預約。他獨自一人步行，沿街找到大石橋，便進了那破院，又進了外祖父的破屋。不知那是否外祖父頭一次會見陳立夫先生，反正中央黨部秘書長到家來訪，總是讓外祖父大吃一驚。他請陳立夫先生坐在屋內唯一的木凳上，自己則坐在木床邊，就著兩杯白開水，兩人隨意談話。這一談，就談了兩個多小時，陳立夫先生方才告辭而去。

聽完那一節故事，我曾想，即使那不是外祖父頭一次結交陳立夫先生，此次談話也必是二人關係的重要一環。外祖父那般儒生，見到已屬位高權重的陳立夫先生，居然能到他一介書生的破屋來傾心相談，頗具劉玄德三顧茅廬的氣概，必定會有知遇之感。

據外祖父講，陳立夫先生這樣預先不打招呼，突然找上門來聊天，不止一次兩次。最有趣的一次，是在一九四六年夏，抗戰勝利之後，國府還都，外祖父剛回到南京的那天。本來外祖父可以拿到兩份搬家費，他是《中央日報》總主筆，《中央日報》發一份安置費。外祖父同時也是軍事委員長侍從室的長官，最高國防委員會也發了一份還都費。可外祖父只領了《中央日報》的那一份，卻把最高國防委員會發的那份退回。結果外祖父全家坐《中央日報》飛機回到南京，在田吉營找到房子安頓下來，便只剩兩袖清風，一文不名了，大家空坐屋內，四壁蕭然，不知所措。

正無奈間，突然陳立夫先生拍門而入，不是來送錢，而是來吃飯。這位中央大員剛在新街口一帶辦事，忙了半天，肚子餓了，正愁去處。有人告知，陶希聖家剛搬到附近田吉營，他便興沖沖地來了。

那天剛好是農曆端午節，街上菜市場週圍，停滿吉普車，雞鴨魚肉一提一提地買走，誰也想不到，堂堂《中央日報》總主筆家裡，會是如此地一派清淡和靜謐。陳立夫先生不宣而至，飢腸轆轆地走進來，外祖父外祖母如何招待得了。無奈之下，外祖父只好直言相告：家裡實在沒有任何飯菜可預備。那陳立夫先生貴為四大家族，傳說權勢和財富都顯赫非常，此時卻也毫不在乎，便同外祖父兩人，相對而坐，聊了一陣天，全無酒肉菜蔬，乾吃一碗蛋炒飯了事。

或許因為黨務工作所需，也因惺惺相惜的個人關係，外祖父同陳立夫先生來往密切，便有了外祖父乃CC系的傳說。一九四六年雷震先生還曾指控，《中央日報》是CC系辦的報紙。外祖父絕對否認，說那都是謠言。陳布雷先生也因此把雷震先生找來，臭罵一頓。

其實所謂CC系一說本身，先就很值得細考，尚不知是否真的存在過。用CC系這麼一個詞，聽起來就像是某個特務組織，半個多世紀以來，大多中國大陸媒體和史書，也都明確標注陳果夫和陳立夫掌握國民黨CC系特務組織。但究竟是先有陳氏兄弟，後有CC系一說，還是先有CC系，才有陳氏兄弟一說，或者CC系是否確是跟軍統一樣的特務組織等等，誰也搞不清楚，也沒有人想去認真搞清楚，或者有人不許別人搞清楚。我查閱過許多中國大陸史書，都把四大家族和CC系之類當作既成事實，講過來論過去，卻從無具體事實的證明，比如CC系怎樣結構、人員、活動等。有所謂謊言重複一千遍，就變成真理，久而久之，大家都不求甚解，以訛傳訛，信以為真。

中國大陸許多出版物都重複同一個註解，CC系是用陳果夫和陳立夫兩個姓的英文Chen開頭字母，所以叫做CC系。可是據曾任過國民黨中央組織部長的陳果夫先生自己講，CC的簡稱確實存在過，原本來自中央俱樂部Central Club的兩字英文開頭字母C，跟陳姓拼音毫無關係。民國之前，國民黨在滿清統治下開展地下革命活動，不能公開使用國民黨的名義，各地國民黨同志便使用幫會式的不同名義，報經國民黨中央組織部備案，如華北有興中會、實踐社、大同盟等，長江一帶有AB團、學術研究會等。後來雖然民國建立，但國民黨在各系軍閥控制的地區，還是難以公開身分，所以保留了幫會式的名稱，繼續地下活動。

北伐戰爭勝利以後，國家算是基本統一，國民黨可以揚眉吐氣。於是時任國民黨中央組織部長的陳果夫先生，聯合幾個中央委員，提案取消小組織的幫會名稱，全部統一在國民黨名下。這個提案獲得通過，做出決議。各地組織都執行了該決議，唯華北興中會不肯痛快接受。中央黨部秘書長陳立夫先生前往調查，發現當地有人散布政治謠言，意在阻擾國民黨統一，說國民黨中央有個小組織，叫做中央俱樂部，英譯為Central Club，簡稱CC。既然CC能存在，興中會為什麼要取消。興中會的人聽說了，當然不肯自行解散。陳立夫先生向興中會解釋清楚那是謠言之後，興中會便立刻登報宣布解散。但由此CC之稱便留存了下來，不想後來又被某些別有用心的人改編為陳姓簡稱，攻擊陳果夫陳立夫組織特務派系，以圖從內部分裂國民黨。

當時陳果夫先生是國民黨中央組織部長，陳立夫先生是國民黨中央秘書長，執掌著整個國民黨黨務，並沒有什麼必要在國民黨內再組織自己的派系。如果硬說陳氏兄弟有個CC系的話，那就是國民黨本身。雖然就歷史而言，很多謎團不容易澄清，公說公有理，婆說婆有理，陳果夫先生為擺脫在黨內組織派系的責任，當然會如此解釋CC系的來龍去脈。但CC到底是源自Central Club，還是源自二Chen，實在很有必要澄清，而且只要尊重史實，也還是有可能澈底澄清的。我相信那些重要的歷史紀錄，比如當年的華北報紙等等，還是可以找得到，關鍵在於是否有人願意去尋找，也被允許去尋找。對於我個人而言，如果國民黨內的所謂CC系本不存在，那麼指責外祖父是CC系特務，就沒有道理，我會覺得輕鬆許多。

一九四八年，國共戰爭打到高潮，不可開交。美國向國民政府施加壓力，脅迫蔣介石下臺，以為那樣就能使國共和談。國民黨權力核心尚在密商這個建議之時，美國駐華人員便先私下向媒體暗示：蔣介石已經決定下野，正在起草文告，元旦發佈。美國人想以此將生米做成熟飯，不允蔣介石有退改之空間。那年年底，外祖父家裡，電話幾乎打爆，日夜不停。中外記者輪番追問：元旦文告的要旨是什麼？外祖父百問如一地回答：元旦文告與我無關，我不知道內容。記者們又問：誰寫的元旦文告？外祖父答：裡層內閣。記者再問：誰是裡層內閣？外祖父答：你連裡層內閣是誰都不知道，那就無話可說了。

其實蔣介石宣布下野的元旦文告，確實就是外祖父親手撰寫的。從一九四八年十二月二十一日到三十一日，十天之內，文告修改了許多次。外祖父每夜改稿，至早兩三點鐘不能眠。寫畢教隨從抄寫，同時自己吞安眠藥就寢片刻。第二日上午九時左右，外祖父帶了抄好的稿子，晉見蔣介石，商討修改，然後回辦公室，重複前一天日程至午夜。

二十七日中午外祖父忽然接電話，通知說陳立夫先生就要來家看望他。外祖父心裡馬上曉得是為何事，趕緊說：不敢當，再過十分鐘，我去拜望他。對方答：就是這十分鐘的問題，陳立夫先生馬上就到。不幾分鐘，陳立夫先生便已趕到外祖父家，進門直上樓，未及坐穩，便說：聽說元旦文告主張再開和談。現在徐蚌（中共稱淮海大戰）軍事失利，如果再開和談，軍心解體，國家就無可救了。你為什麼不提意見？外祖父說：我是打字機，我的意見沒有提出的餘地。我知道大勢所趨，是無可挽回的了。

最後元旦文告是公佈了，蔣介石也下野了，但國共和談終於沒有能夠開始，一切都無濟於事。陳果夫先生，陳立夫先生，外祖父，都跟著國民黨，去了臺灣。

陳果夫先生一九五〇年任國民黨評議委員，一九五一年去世。陳立夫先生上世紀五十年代大權旁落，遠走美國，七十年代返臺，做些文化方面的事情，頤養天年，長壽到一百〇三歲。

陳麟瑞悲劇人生

上世紀五十年代初，我小的時候，還曾有過幾年時光，政治氣氛相對寬鬆，社會風尚屬淳樸，人際關係也算溫暖，還沒有人人必須自衛的危機，也還沒有形成以相互監視和告密為榮，以及為保護自己而不惜任意傷害他人的種種惡習。所以那幾年，親朋好友間的來往，還能保持正常。父母親每到周末，總會穿戴起來，領了我和弟弟，走訪他們的老師同學和朋友。或者把家裡收拾乾淨，接待來訪的老師同學和朋友。

因為父母的家庭和教育背景，他們來往的朋友，沒有市井小民或官場俗人，全部都是飽讀詩書的高級知識分子。他們聊天的題目，也都是些中國和世界歷史，文學和藝術欣賞，語言和文化演變之類。或引經或據典，或英語或中文，我小小年紀，很少聽得懂，但能感覺那種典雅，心裡充滿羨慕。

記得父親曾經去陳麟瑞先生家拜訪過，而且不止一次，他回家來講過，但是他沒有帶我們去過。也似乎記得陳麟瑞先生來過我家一兩次，大概是路過，沒有坐多久，所以我記不大清楚了。不過我們每次到外文出版社大樓去找父親，在樓道裡，辦公室裡，或者跟父親在食堂午餐時，倒是經常遇見陳麟瑞先生。我印象裡，陳麟瑞先生永遠溫文爾雅，安靜和氣，寬容隨和，飽有一派學者風度。父親很早就告訴我們，陳麟瑞先生是他的大學老師，後來又跟他同事，還是他的上級，兩人之間的友誼，已經許多年了。

講到上學讀書，父親就有許多故事。而他最喜歡講的，一是在杭州讀浙江省立師範，二是在上海考入暨南大學，三是在重慶中央大學畢業。在上海暨南大學那一段，就是父親與陳麟瑞先生相識的時候，當時陳麟瑞先生是教授，父親是他的學生，上過一學期他的英文課。

一九三六年父親十八歲，從杭州省立師範畢業，到家鄉嘉興任教，但他心裡一直要讀大學，就想辦法參加上海普通教育行政人員考試，結果以第二名獲雋，分發上海市教育局實習，又至上海租界同善小學做教員，這樣他就如願到了上海，離大學之門近了一步。一九三七年上海淪陷日軍之手，多數上海的國立大學都撤退到內地，只有兩間還留在上海租界裡，雖對外不掛牌，卻繼續著學業教育。那兩所國立大學，一所是交通大學，在法租界，一所是暨南大學，在公共租界。

父親苦於家貧，讀書不易，讀杭州師範，是靠了沈鈞儒先生的資助，現在要想讀大學，沒有別的路可走，只能設法半工半讀。當時由於抗戰，學生四處流亡，國民政府便採取緊急措施，力爭不使高等教育停頓，其中有一項規定：凡來自戰區的大學生，不僅免繳學費，而且可以領取伙食費，借以維持生活。父親家在浙江，身在上海，而浙江和上海，都是戰區，所以他符合戰區學生資格，讀大學就有經濟上的基本保證。

一九三九年，雖然抗戰正在最慘烈的時刻，日軍長驅直入，佔領大片中華國土，屠殺大批中國人民，可是國民政府為了國家戰時之需和準備戰後建設，以及為滿足青年求學的願望，在極端艱苦的狀況下，仍然堅持舉行全國大學統一招生考試。父親在上海報名參加，考國文、數學、史地三門。父親最得意的故事是，他從小學就不會算術，永遠搞不懂雞兔同籠如何計算，結果那次高考，他的數學是零分。但是另外兩門考試，國文和史地，他的分數極高。別人三門考試成績相加，所達到的錄取線，他只靠兩門成績就達到了。

不料剛巧那一年，教育部發表新規定，如有一門考試是零分，其他兩門成績再好也不錄取，於是父親的大學夢似乎又要落空。但是柳暗花明，暨南大學也是那年新設立起一個大學先修班，參加高考而未得錄取的學生，都可以去報名，參加一年的預科學習，只要成績優秀，就可免試保送到暨南大學本科。這樣父親就進了暨南大學先修班，一年後順利升入本科。

父親報考大學時，原本報的是歷史專業，因為沈氏家傳，他對歷史和國學有興趣，也有相當基礎。但是在先修班讀書時，聽同學們講，那時讀外文最吃香，畢業出來最容易謀職，留在學界做學問也比別人多一條途徑。父親覺得那些說法很有道理，於是在升入大學本科時，他就改到英文專業去了，也是因此，父親便成了陳麟瑞先生的學生。

暨南大學的外語系，到一九四〇年時，已經有了十幾年的歷史，曾有許多名家在那裡任教或工作。大名鼎鼎的葉公超，梁實秋，洪深，都曾做做暨南大學外語系的系主任。另外錢鐘書，陳達，許國璋，也都在暨南大學外語系做過教授。父親在那裡讀書的時候，陳麟瑞先生則正是系主任。

記得父親曾經很得意地告訴我，他在暨南大學讀書時，上過許多著名教授的課。他說，那時周予同先生是教務長，人胖胖的，見人不語先笑，很和氣。周予同先生是著名的歷史學家，特別在經學上造詣極深。他在上世紀二十年代時，曾與我的外祖父同在商務印書館做編輯，後來又同我的姑父國學大師王蘧常先生結為好友。父親說，抗戰時期，周予同先生不離開上海，但也不去日偽主持的學校任教，只做些家教，勉強維生。那時姑父在上海主持無錫國專，也曾請周先生到那裡去兼些課，幫助他渡過難關。抗戰勝利後，父親返回上海，還曾專門到周予同先生家去探望他，那時周先生的身體已經非常不好。

另外父親在暨南大學，還上過周谷城先生的課。周谷城先生是歷史學家，父親在改學英文以前，原是要修歷史專業的，自然會讀他授的課。父親說，周谷城先生抗戰時期，也靠了姑父的幫助，在無錫國專兼課，教中國通史。據父親回憶，周谷城先生講課，那時已經相當的左傾，讓許多青年學生聽來耳目一新，非常崇拜。後來才聽說，周谷城先生同毛澤東有不同一般的關係，所以四九年以後他的名氣越來越大。

據父親回憶，陳麟瑞教授在美國哈佛大學專攻戲劇，曾經寫了許多部戲，最著名的是《職業婦女》。但當時暨南大學學生並不曉得，陳麟瑞教授寫戲用的是另外一個名字，而且上課從來不提他寫戲劇的事情。陳麟瑞教授講課，特別認真，也特別嚴格。他人極溫厚，學問淵博，講課引經據典，信手拈來，左右逢源，但他講課總是面色嚴肅，一絲不苟，學生們看了，經常會提心吊膽，以為老師太厲害，這課無法得到高分數。

父親卻沒有那樣的印象，也許因為上陳麟瑞教授的課，只有一學期，而且還沒有期末考試和成績。父親是在暨南大學二年級第一學期，修陳麟瑞教授的英美戲劇課，那一學期還沒讀完，太平洋戰爭就爆發了。

一九四一年，日本人打仗打得眼紅，不顧身家性命，偷襲美軍珍珠港基地，正式對美宣戰，並且立刻進駐上海公共租界。暨南大學危在旦夕，便按照原先制定的撤退計畫，保護中國文化學術最寶貴的財富——教授學生，將那些人都撤往福建建陽。父親跟著學校，冒險犯難，越過日軍封鎖線，步行數百里，到達浙江金華，找到暨南大學接運站，搭車到閩北山城建陽。後來父親跟隨他的姐夫，從福建往重慶，轉入中央大學。

父親跟陳麟瑞先生再次重逢，已是八年以後的事情。一九四九年五月，父親在上海最大的報紙

《新聞報》做記者，中共軍隊進駐上海之後，立刻將該報封閉。父親失了業，勉強維持到冬天，被招入中共組織的華東新聞學院改造思想。一九五〇年結業後，由沈鈞儒先生介紹，進入中共創辦的英文報紙《上海新聞》做編輯。

當時金仲華先生是《上海新聞》的社長兼總編輯，陳麟瑞先生是《上海新聞》報的編輯部主任，同事裡還有重慶中央大學英文系前後班同學方應暘和曹忳。據父親說，跟那麼多熟人朋友在一起，在《上海新聞》工作的兩年，是四九年後，他感覺最輕鬆快樂的時光。也是在這段時間裡，父親才真正對陳麟瑞先生有所了解。

這裡又要重複改一個錯。我查閱國內出版的陳麟瑞先生簡介說：解放後，陳麟瑞先生從事新聞編輯工作，先後任新華社上海分社英文部主任，《新聞報》編輯部主任，《中國建設》副總編輯等等。其中說陳麟瑞先生做過《新聞報》編輯部主任，犯了把上海《新聞報》與《上海新聞》報混為一談的錯誤。上海《新聞報》是四九年以前上海最大的三家報紙之一，而《上海新聞》報則是四九年後中共辦的英文報紙。陳麟瑞先生在《上海新聞》報任編輯部主任，而不是上海《新聞報》，那時上海《新聞報》已經被中共軍管小組封閉了。

我曾幾次問過父親，他與陳麟瑞先生在《上海新聞》同事兩年多，有什麼有趣的故事可以講給我聽聽。父親總是想來想去，無話可說。他最後總結，陳麟瑞先生是個非常嚴格謹慎的人，他是學貫中西的學者，但從來沒有一點鋒芒，為人絕對低調，辦事絕對小心。父親是《上海新聞》報的要聞版編輯，每天夜裡要看過大樣，才能下班。陳麟瑞先生是編輯部主任，每晚跟父親一起看大樣，從不馬虎。父親說，陳麟瑞先生講話永遠慢條斯理，輕聲輕氣，即使要人改錯，也是一樣，從來不發脾氣，非常理性，表現了高度的文明修養。也就是因為他永遠這麼謹慎，倒好像在他身上從來沒有發生過什麼特別的事情，可以當作故事來講的了。

一九五三年，北京中央政府成立外文出版社，急需外文人才，便將《上海新聞》報關閉，連編輯部帶印刷廠，全班人馬搬到北京。編輯之中，一部分去新華社，一部分去《中國建設》雜誌，一部分去外文出版社。而原《上海新聞》印刷廠的人，都去了外文印刷廠。雖然《中國建設》那時是在宋慶齡先生的中國福利會名下，但編輯部也在外文出版社的機關裡。所以從上海到北京之後，陳麟瑞先生去《中國建設》任副總編輯，父親則去外文出版社《人民中國》做編輯，雖屬兩個單位，但兩人實際在同一處地點工作，抬頭不見低頭見，保持了密切的來往和友情。後來外文出版社搬到北京西城百萬莊，《中國建設》還是一道搬進同一座大樓裡。

那時候，父親告訴我們，陳麟瑞先生的夫人柳無非，是柳亞子的女兒，而柳亞子同毛澤東關係不一般，毛澤東曾專門為柳亞子寫過一首詞，全國老少都會背誦。

一九六三年，父親從《人民中國》調到《中國建設》。當時《中國建設》的總編輯是唐明照先生，當然是掛名的，唐明照先生幾乎從來沒有管過任何《中國建設》的事務。而《中國建設》的副總編輯有三位：魯平先生，李伯悌先生，陳麟瑞先生。魯平先生是中建社黨委書記，所以在副總編輯裡排第一位，《中國建設》的一切事務，實際就是魯平先生一把抓。文革之後，魯平先生做了很久的港澳辦老總。排第二位的李伯悌先生，也是老黨員。論學歷和資格，陳麟瑞先生都應排在最首，但因為他只是民主黨派人士，所以是排名第三的副總編輯。

陳麟瑞先生一生淡薄名利，從來不會跟任何人爭權奪利，所以對排名先後，毫無所謂，保持他文人學者的清高，不染世俗塵埃。《中國建設》雜誌編輯部，分為三大塊，一是經濟，二是社會，三是文化。三位副總編輯分工，魯平先生主管經濟，李伯悌先生主管社會，陳麟瑞先生主管文化。

從此也可見中國大陸媒體對此三者重要性的認識，換句話說，文化最沒有地位，最受輕視。陳麟瑞先生一如既往，完全不把自己是否握有任何實權放在心上，照舊的瀟灑脫俗。

不過也由於陳麟瑞先生的這種態度，可以肯定，父親調進《中國建設》，並非陳麟瑞先生的主張。事實上，把父親調進《中國建設》的，是另外一個副總編輯李伯悌先生，所以父親到了《中國建設》，就做社會版的編輯，由李伯悌先生主管。後來父親才知道，因為李伯悌先生重視業務，對知識分子十分尊重，還曾被黨內批評犯有業務掛帥的錯誤。李伯悌先生曾對很多人講：他費了很大的力氣，才把沈蘇儒調進《中國建設》，聽說《北京周報》一直想調沈蘇儒過去，卻總算被他調來《中國建設》。可想而知，那些早在《中國建設》工作的編輯，心裡會做何感想，人還沒到，就已經對父親有了看法。這情況下，父親到《中國建設》編輯部去上班，氣氛當然不好，多虧陳麟瑞先生表示對父親的關懷和友善，而他在眾編輯中又特別有影響力，所以才算替父親解了圍，讓父親得以安頓下來。

父親說，那時陳麟瑞先生是第四屆全國政協委員，可他仍然保持著自己一貫的小心謹慎，或許由於經歷了上世紀五十年代的許多次政治運動，陳麟瑞先生更加小心謹慎，只怕做一件稍微出格的事。所以父親能給我講的，有關陳麟瑞先生的事情，都只是些千篇一律的老生常談，沒什麼可紀錄。父親在編輯部裡，是業務骨幹，甚至被指定做稿件一審，但不被任命為組長，沒有名份。後來了解到，父親由於外祖父的社會關係和上海《新聞報》的經歷，在黨內被確定為「控制使用」人員，就是說可以讓他工作，但是必須捆緊了使用。我想，這話肯定不會是陳麟瑞先生透露給父親的，說句官話，陳麟瑞先生一向很尊重領導，不會散發小道消息。

文革爆發，同全中國大陸所有機關單位一樣，外文出版局和《中國建設》也到處大字報，打倒走資派和反對權威。當時的外文局局長羅俊先生，《中國建設》社長魯平先生，副總編輯李伯悌先生，首當其沖，被批鬥得一塌糊塗。陳麟瑞先生雖是《中國建設》編委，但他不是中共黨委成員，算不上走資派，頂多只能算是反動權威。可陳麟瑞先生幾十年處處小心謹慎，人緣很好，所以並沒有很多人攻擊他。據父親說，那時社裡貼陳麟瑞先生的大字報，還沒有貼父親的大字報多。父親既是國民黨大戰犯陶希聖的女婿，又是五七年漏網的大右派，而且還曾跟蔣介石握手談笑，照片登報，罪責實在不少。然而很可想像，一生謹小慎微的陳麟瑞先生，看到哪怕一張批判他的大字報，恐怕也已經感覺到極大的恐懼了。

後來全外文局所有的臭老九都被關牛棚，《中國建設》當然也不落後。所謂臭老九，就是指那些一九四九年後留在大陸的知識分子，四九年以後大學畢業不在其內。在我個人看來，大陸四九年以後的大學畢業生，十九缺乏獨立思維的能力，根本算不上是知識分子，僅僅識字而已。不過，外文出版局當時卻實實在在是個知識分子機關，各編輯部的基本核心，就是當年從上海遷來的《上海新聞》人員，全部是四九年以前的大學畢業生們，自然都在臭老九之列。所以父親和方應暘等，全部都關了牛棚，無一漏網。

牛棚就是中建編輯部的一個辦公室，桌椅都清空，繞牆鋪了稻草，臭老九們自帶鋪蓋，夜晚就地而臥。白天除學習《毛澤東語錄》和各寫自我批判外，就在外文局樓裡做苦力，父親是每天清掃大樓東側五層樓的所有男女廁所。

當時《中國建設》一道關入牛棚的人員，並沒有陳麟瑞先生，父親心裡還暗自替陳麟瑞先生慶幸。他想得到，陳麟瑞先生那樣一個終身小心謹慎，事事嚴格，極端自尊的學者，如果斯文掃地，清廁所，睡稻草，恐怕無法忍受。可是萬萬沒有料到，或許陳麟瑞先生看到自己難以避免的苦難，絕望已極，憤而自盡，早早離世了，真可謂士可殺，不可辱。消息傳來，整個牛棚，全體難友，都黯然神傷，不免想到自己的下場。

陳麟瑞先生研究一輩子戲劇，而且特別熱衷於喜劇。但他自己的生命，卻演出了一個巨大的悲劇。我想，陳麟瑞先生那樣一個大學者，終生與世無爭，只想寫寫戲劇、教教英文、喝杯清茶、讀點名著，對誰都不構成威脅，更說不上會推翻一個政權，如果他能生活在一個與人為善的社會，一個公正平等的國家，一個寬容平和的環境，他會生活得很幸福，也會給人民創造許多文化財富。可是很不幸，很遺憾，他沒有得到理想的生活條件，損失了他全部的才學以至生命，實在讓後人想來就不免傷心。

董寅初拔刀相助

董寅初先生雖然也是大學畢業，但不同於我父母親的大多數朋友，他沒有從事文化或教育工作，而是一直做實業管理。董寅初先生並且於一九九三年起擔任全國政協副主席，進入國家領導人之列，在父母親所熟識的友人之中，也可謂鳳毛麟角，所以給我很深的印象。

父親是一九四六年認識董寅初先生的，那年父親在上海《新聞報》做記者，被派隨同國民政府宣慰專使李迪俊先生，訪問印度尼西亞，安撫堅決參加抗日戰爭，做了傑出貢獻的南洋華僑們。三個月間，父親跟隨宣慰團，走訪了美麗的千島之國，也結識了董寅初先生。當時董寅初先生是印尼中華僑團總會的總幹事，與李迪俊專使的宣慰團，幾乎朝夕相處。

父親說，當時董寅初先生才三十出頭，個子不低，年輕幹煉。特別是他的太太，年輕漂亮，也很能幹。父親寫過許多報導，跟董寅初先生交了朋友。印尼社會情況，經濟由華僑控制，招致印尼人對華僑不友好，凡出社會問題，必向華僑尋事。所以在印尼做中華總會總幹事，不是一件容易的事情。

大概因為是中華民國宣慰團的政府地位，或者也因為董寅初先生的舉薦，父親受到當時印尼總統蘇卡諾的接見，成為印尼歷史上，蘇卡諾總統接見的第一個中國記者。我保存著蘇卡諾總統接見父親的那張照片，非常得意。我的父親，也曾出過一次風頭。

據父親講，董寅初先生並非世代印尼華僑，他出生於安徽的合肥市，中學時就讀蘇州東吳大學附中。一九三四年考入上海交通大學，讀實業管理專業。一九三八年從上海交大畢業後，分配到香港郵政匯金局任職，兼任香港《申報》翻譯和編輯。直到一九三九年，董寅初先生才應印尼雅加達《無聲日報》之邀，赴印度尼西亞任該報編輯。一年以後，董寅初先生創辦《朝報》，任經理兼總編輯，並同陳嘉庚先生所辦的《南洋商報》一起，在海外積極宣傳和推動抗日救國運動。

一九四二年，日本發動太平洋戰爭，隨即侵入印度尼西亞，並且立刻逮捕董寅初先生。直至一九四五年日本戰敗，董寅初先生才重新獲得自由。可以想見，一九四六年，國民政府派專使慰問和嘉獎印尼抗日僑領，董寅初先生會非常感動，也很感激。父親在期間，曾多次報導印尼華僑英勇抗日的報導，刊登在上海《新聞報》上，讓國內讀者了解海外華僑的一片拳拳愛國之心。

父親隨李迪俊專使，於一九四七年初回國。同年未幾，董寅初先生也回到祖國，在上海任印尼建源公司上海分公司總經理。那兩年父親任上海《新聞報》駐南京特派記者，經常往返滬寧兩地，只要回滬，仍時常同董寅初先生來往。

一九四九年國民黨戰敗，中共進駐上海，父親任職的上海《新聞報》立刻被封閉，父親失業。為生活所迫，父親到上海《密勒氏評論報》做翻譯臨時工，同時向沈鈞儒先生求救。或許是沈鈞儒先生的推薦之力，父親被招入中共主持的華東新聞學院，改造思想。訓練班結業之後，很多學員被分配了工作，但無人過問父親的去向。母親由於外祖父的背景，在中共統治的上海，根本無望找到一份工作，家裡經濟十分緊張，生活非常艱苦。父親實在走投無路，便去找董寅初先生謀職。

據父親回憶，董寅初先生人很豪爽，聽父親訴完苦，立刻告訴父親，建源公司剛好開始經營進出口貿易業務，急需英文人才，可以馬上聘請父親到公司做英文文書工作。父親聞言，自然十分高興，總算家裡生活會有著落。但是董寅初先生告訴父親，現在不同以前，建源公司雖是私營企業，也要服從中共紀律，照中共章程辦事，所以必需要有父親以前單位的介紹信。可是父親以前任職的上海《新聞報》已經被關閉，過去的老上級如趙敏恆先生，已經是被中共除名的人物，請他寫介紹信，只能壞事，沒有幫助。

怎麼辦？父親大傷腦筋。還是董寅初先生因為做生意的緣故，更了解中共官場的做法，便給父親出主意。父親不是剛從華東新聞學院結業麼？而且華東新聞學院是中共主持的機關，裡面教員，一色都是中共幹部，讓他們出具介紹信，存檔一百年，只要是中共天下，就萬無一失。

於是父親便請求董寅初先生寫了一封正式信函給華東新聞學院，表示請求許可建源公司雇用父親，華東新聞學院也正式回函，表示同意。於是父親算是經過官方同意，到私營建源公司任職。父親回憶說，那時候開始，他重新每天西裝革履，還把自己的汽車開出來，在南京路的一個大廈裡上班，很有派頭。

父親任總經理英文秘書，工作是替董寅初先生起草英文信件文稿，同時也幫董寅初先生將英文信件譯出中文。雖然在公司職位上，兩個人是老闆和雇員關係，但董寅初先生對待父親十分客氣，保持著朋友的情誼。工作不多，待遇不低，一時之間，全家大小的生活問題獲得解決。

照我們現在的思想覺悟，能在上海一個外資私營企業工作，做總經理的英文秘書，可以說是最理想的職業了。但在一個完全不同的政治環境裡，人們往往會有完全不同的想法。而在一個不易生存的社會環境，為求得生存，人們往往必須咬著牙，選擇一條近乎非理性的道路。

從一九四九年以後的生活經歷，又加在華東新聞學院接受的思想改造，父親確認，在中共的天下，只有參加「革命工作」，成為共產黨機關的幹部，才是長久之計，而只有能被共產黨所接受，心裡才能踏實。所以他始終只把在建源公司的差事，當作權宜之計，始終不能安心長期在一家私營企業裡就職，曉得在中國大陸，私營企業，早晚會被消滅乾淨。所以父親繼續不斷地給沈鈞儒先生寫信，請求二伯伯託人在中共機關裡幫他謀一份工作。最後終於成功，中央政府最高人民法院院長沈鈞儒先生，為父親寫了一封介紹信，託中共上海市委《解放日報》社長惲逸群先生幫忙，把父親派到中共新創辦的英文報紙《上海新聞》任編輯。

這下子父親心滿意足，馬上決定辭去建源公司的職務，轉去《上海新聞》報社，走上「革命工作」的崗位。從頭到尾，父親在建源公司只做了一年左右。換個常人，父親這種情況去找老闆辭職，會讓別人怎麼想？你沒有工作，家裡揭不開鍋，跑來找我，可憐巴巴地哀求，我收留了你，給你工作，給你很好的待遇。你該感恩，好好地為我做事吧，再說我們公司很需要你這樣的人才。結果可好，你吃著碗裡的，看著鍋裡的，暗地裡另找工作，才一年，你就跳槽，把我們公司的業務給撩倒了，你也太不近情理了吧。

父親是個厚道人，他去找董寅初先生辭職，心裡也很不是滋味。但是在生死存亡的關頭，他顧不得臉面了，必須拋棄一切，參加「革命」，否則妻兒的前途甚至生活早晚會保不住。在一個不正常的社會或者時代，不正常思維被當作正常，而正常行為反被認為是不正常。

不料董寅初先生聽了父親的申訴，非常能夠理解，不僅理解，而且鼓勵父親參加《上海新聞》，勉勵父親以後努力工作，接受中共的考驗，爭取做個「革命者」。父親很感激，就這樣離開了建源公司。從此以後，父親一輩子，再也沒有步入過任何私營企業或機構，終生在中共的「革命」單位裡工作，但也始終沒有獲得過中共的信任，不過幸而總算殘存下來，活過文革浩劫。

出於對董寅初先生的感激，父親在《上海新聞》工作的兩年，仍然經常與董先生聯繫來往。

一九五三年，《上海新聞》關閉，全部人員上調北京，父親才離開上海。其後幾年，父親還經常與董寅初先生通信，互相問候。直到中國大陸政治形勢惡化，像父親和董寅初先生那樣有歷史背景的人，朝不保夕，隨時可能沉沒，於是再也不敢互相寫信。父親說，那時他時常想到給董寅初先生寫信問候，每每拿起筆來，不知如何落下，只怕一字不當而下獄，另外也不願意因為我們自家的問題而拖累別人。特別是聽說董夫人去世，那麼如花似玉之人逝去，父親感到十分惋惜，想得到董寅初先生一定異常難過，所以很想慰問一下，卻終於還是沒有敢。

但是董寅初先生對父親的好處，父親是一直沒有忘記的，文革之後，父親便講給我們兒女聽，要我們也記得董先生，感激董先生。

金仲華不得善終

上世紀五十年代後期，中國大陸成為政治運動的角鬥場，父親母親整天提心吊膽，不知何時我家就會遭殃。那些年中，我雖然不敢對父母親講，心裡卻經常覺得冤枉，認為父母親犯了一個大錯誤，從上海搬到北京。據我想，任何時候，處在一個政治漩渦的中心，總是最不安全的。而對於中國大陸來說，北京就是政治旋渦中心裡的中心。

在上海大家還互稱先生太太的時候，北京已經同志來同志去，誰叫一聲先生就遭白眼，被當作資產階級看待了。當上海人還穿著西裝旗袍蕩馬路的時候，北京已經除了延安幹部裝以外，別的什麼衣服都看不到了。直到上世紀五十年代中期，上海還有人可以飛到香港去，而北京城裡給香港寄封信都已經辦不到了。

文革期間，我借串連的混亂，隻身跑到上海認祖歸宗，曾去參觀一個過去資本家的住房，叫做龍宮，發現在中共統治的二十年間，上海還有資本家一直拿著定息，繼續過著極為奢侈的生活，而且備受上海市民們的尊敬和羨慕。我就想，如果我們家一直在上海的話，絕不至於像在北京那麼倒楣，說不定父親母親早有機會跑到香港去，那我們就都完全不會再受罪了。

所以很多年來，在我心目裡，上海一直是中國大陸政治風暴中的一個避風港。特別是後來，當獲知父親在一九四九年前後，曾幾次在金仲華先生手下任職，而金仲華先生文革之前一直是上海市副市長之後，我就更相信父親選擇搬到北京是絕對的大錯誤。那以後二十年間，我曾不停地詢問父親，有關他與金仲華先生之間的往來，父親總是不肯講什麼。直到二十一世紀之後，父親才稍微講了幾句，仍舊不肯多做解釋。看得出來，雖然他與金仲華先生共事多年，但兩人之間關係並非十分融洽。父親總是說：我們應該多記得人家對我們的好處，不要去記那些不愉快的事情。於是我也不敢再多問了，只能從父親點點滴滴的述說，對比查閱到金仲華先生生平，設法了解一些父親與金仲華先生間的關係。

金仲華先生是浙江桐鄉人，桐鄉歸屬嘉興府，父親家沈氏乃嘉興人，所以可以說金仲華先生與父親是同鄉。或許因此，當父親在重慶中央大學畢業後，請他的二哥沈鈞儒先生推薦謀職時，二伯父首先讓他去找金仲華先生幫忙。當然除同鄉關係之外，金仲華先生與二伯沈鈞儒先生，在上海曾一起參加文化工作，早有深交。

抗戰期間，金仲華先生在重慶美國新聞處任譯報部主任。對於美國新聞處，大概現在已經沒有多少人知道是怎麼回事，特別對於一些憤青而言，只要是美國的，就一定都壞到家，必須打翻在地，再踏上一只腳，其實情況並非如此。抗戰期間，美國當局支持蔣介石，但對國民黨政府並非完全信任。所以美國當局儘量不讓蔣介石的親信盤踞美國在中國的機構，包括美國新聞處。

珍珠港事件之後，美國對日宣戰，發動太平洋戰爭，為此設立美國戰時新聞局，後改名美國新聞處，任命費希爾先生為該局中國辦事處主任。費希爾先生曾任美國合眾社駐北平記者，是個自由主義人士，曾同斯諾先生一起支持北平青年學生的愛國運動，並與當時蘇聯塔斯社北平分社的劉尊棋先生相識，後來邀請劉尊棋先生入盟美新處。

當時雖然有些不明內裡的人認為，把美國新聞處當作美帝國主義「文化侵略」機構，但實際上當時重慶的美國新聞處，很大程度是由中共暗中掌握的，比如劉尊棋先生擔任美新處中文部主任，劉尊棋先生是一九三一年入黨的中共老黨員。再如金仲華先生擔任美新處譯報部的主任，金仲華先生多年是中共最信任的左派進步人士，一九四九年後一直任上海市副市長。所以實際上抗戰期間重慶的美國新聞處，是由中共控制的一個宣傳機構，並非美帝國主義的特務組織。

金仲華先生負責的美新處譯報部，工作是把中文報紙上的信息，譯做英文，供美國人閱讀。父親拿了二伯父的介紹信，到重慶兩路口美新處，找到金仲華先生，那是他頭一次與金仲華先生會面。據父親講，金仲華先生個子很高，也很有領導人的派頭。但是金仲華先生沒有錄用父親，而是把父親介紹給美新處中文部的劉尊棋先生，結果劉尊棋先生錄用了父親，在中文部新聞資料組做初級翻譯，每月工資一百二十美元。

雖然如此，金仲華先生仍然算是父親的上級，他是美新處一個部的主任，而父親只是初級翻譯。不過父親只在那裡工作了一個月，日本就投降了。戰爭結束，美新處立刻派人到各大城市，籌備建點，開展工作。九月父親被派往上海，準備美新處總部返滬。

父親在大學曾先以歷史為專業，後轉修英文主科，自從進入美國新聞處，在劉尊棋先生指引下，才開始接觸新聞，並傾心熱愛，決定以此為終生職業。但美新處雖名為新聞，實際並不從事新聞工作，所以到上海之後，父親便開始另找報館，想做真正的新聞工作。那時父親母親已經結婚，父親便通過外祖父的介紹，被上海《新聞報》錄用了。

於是父親去找美新處的兩個領導辭職，當年在重慶，劉尊棋先生錄用了父親，並在兩年間培養了父親做新聞工作的基礎知識和能力。此刻父親找他辭職，劉尊棋先生很理解，還鼓勵父親努力做個稱職的新聞記者。然後父親去找金仲華先生，解釋自己的決定。雖然金仲華先生當年在重慶，沒有錄用父親，但父親終也曾求過他，臨行前必須去講一聲。不料金仲華先生對於父親的辭職，相當不滿，大加斥責，使父親心裡很難過，從此儘量避免與金仲華先生直接聯繫。

實際上，父親離開美新處兩年之後，金仲華先生自己也走了，轉往香港《文匯報》工作，主編新華社香港分社的英文雜誌《遠東通訊》，父親這才了解，金仲華先生雖然不是中共黨員，卻一直是為中共工作的文化新聞人員。

一九四九年五月，中共軍隊奪取上海。立刻派了一個軍管小組，進駐上海《新聞報》，宣布逮捕社長，封閉報館，遣散全體人員。該軍管小組，除另外兩位職業軍官之外，另外一人就是金仲華先生。我想當時父親再見到金仲華先生，想起五年前在重慶美新處的求職，四年前在上海的辭職，對比眼前，恐怕一時不知身在何處。我也相信，那場合下，金仲華先生絕對不會認得父親，而父親也絕不敢主動去接觸軍管小組的官員。同樣的境遇，我們家人在大陸遭遇過不知多少次，風頭一變，昔日好友立刻變臉，不成仇敵亦為陌路。中國人心之脆弱，實在難以想像。

當時上海有三大報紙，也可說是全中國的三大報，其中《大公報》一向左傾，一九四九年後不僅得以在上海繼續生存，而且獲得政府扶植，成為中共喉舌，更加擴大，甚至發展到香港。另外的《申報》和《新聞報》，則都被封閉。上海《新聞報》，被定性為國民黨報紙，從總編輯趙敏恆先生到父親等一眾人員，全部失業，甚至不發一分錢的遣散費。

過了一個月，原上海《新聞報》改組《新聞日報》，作為中共上海市委主管的報紙，金仲華先生任社長兼總編輯。但是父親那一班原上海《新聞報》編輯記者，都沒有被聘回《新聞日報》工作。這個《新聞日報》壽命不長，很快就終止了，個中原因任人猜想。報紙停了，金仲華先生並不失業，他同時轉而任上海《文匯報》社長，那《文匯報》也是中共上海市委主持的報紙。同一時期，父親被招入中共組織的華東新聞學院，改造思想一年，然後到董寅初先生主持的上海建源公司做英文秘書，細節請參閱〈董寅初拔刀相助〉一文。

可是父親仍舊希望回到新聞行業，所以繼續請求二伯沈鈞儒先生託人解決。一九五一年十月，中共上海市委機關報《解放日報》社長惲逸群先生寫信，約見父親面談，然後通知他到新創辦的《上海新聞》報社去上班。直到今日，父親每講起當年見惲逸群先生，還是非常地感動，非常地感激。他說惲逸群先生也是老共產黨員，卻對知識分子非常理解，也非常尊重。父親說，同惲逸群先生談話，感覺很舒暢。我聽了將信將疑，因為我自己從來沒有遇見過一個黨政領導幹部，談話之後能夠讓我感覺舒暢的。父親說，一九四九年後的兩三年，那種中共黨政軍幹部還是有一些，特別是那些過去沒有在延安住過的地方幹部。可是就因為惲逸群先生對知識分子的尊重和照顧，五十年代以後，他便不受信任，繼而遭到清洗，受了十多年的罪。這話我信，在中國大陸，好人通常不得好報。

父親新去的《上海新聞》報，是一份英文報紙，專門辦來向當時仍留在上海的外國僑民宣傳中共政策。窄路相逢，金仲華先生卻又正是《上海新聞》社長兼總編輯，但幸虧金先生那時一身兼許多要職，完全無暇過問《上海新聞》報的事情，所有編輯事務都由編輯部主任陳璘瑞先生主持。我想金仲華先生恐怕根本不到報社去，大概並不曉得父親又落在他手下任職。據父親講，那兩年是一九四九年後，他心情最感輕鬆的時期。

然後金仲華先生就被任命為上海市副市長了，而且也就離開報社，不再掛社長兼總編輯的名了。正在這時，宋慶齡先生主持的中國福利會，在北京創辦了一份外文雜誌，名叫《中國建設》，經周恩來、宋慶齡和潘漢年等幾人舉薦，遠在上海的金仲華先生，被任為北京《中國建設》英文版編委會主席。

緊接著《上海新聞》奉命停辦，全體編輯人員被調到北京，一部分到外文出版社，一部分到《中國建設》雜誌社。父親到了北京，沒有進入金仲華先生任編委會主席的《中國健壯》雜誌社，而被分配到外文出版社的《人民中國》編輯部。當年美新處的老上級劉尊棋先生，是《人民中國》的總編輯，其間親疏，顯見一斑。

金仲華先生一直被中國大陸政府尊為國際問題專家，中國大陸對外宣傳工作的領導人，但他終於不能以一人之力，對抗數十年中國大陸宣傳界的僵化意識，所以《中國建設》始終辦得不成功，在國際上幾乎產生不了絲毫影響。在一九六三年父親從《人民中國》調到《中國建設》之前很久，金仲華先生實際上早已完全不過問該雜誌的事務，而專心在上海任職了。

讓人感覺心寒而又並不驚奇的是，雖然金仲華先生從三十年代開始，忠心耿耿地為中共工作，替中共進行廣泛的宣傳推廣，影響並收羅了大批的知識分子投靠中共，實在可說是對中共建政立下過汗馬功勞。但是中共最後並不能妥善地保護他，文革一開始，就把金仲華先生逼上一條絕路，致使他終於含恨而盡。

記得聽到這個噩耗，雖然那時父親自己也在牛棚裡，難保全身，他還是很難過。我想，金仲華先生總還算是個知識分子，他遭受冤獄，父親不免惺惺相惜之感。儘管金仲華先生當年曾經多年對父親不友善，甚至還曾協從中共軍管小組，對知識分子同胞下手，封閉上海《新聞報》，造成父親很長時間的心理痛苦和生活困難，但從他最後自己仍然遭受不白之冤，乃至辭世，我覺得還是可以說，他終究還算是保持了中國知識分子的基本操守，到底沒有淪為完全不講道義的政治屠手，所以我們仍然應該尊敬他。

豐子愷子女冤案

幾乎在我還沒記事的時候，就已經看熟了父母臥室牆上掛的一幅字畫。上面是兩棵高大的松樹，長在一起。樹很高，相當直，樹幹很長，伸入天空，只在樹幹頂端，才有一些枝葉，看起來有點奇怪。如此高大的樹下面，站了兩個小孩子，非常之小，幾乎看不清臉面，一男一女，手拉著手。

到我四五歲，開始隨父母認字之後，父親就讀那字畫給我聽。字畫的右上角，寫了兩行字，豎排的，字體很有趣，好像小孩子手寫一樣，歪歪扭扭，但很好看。父親讀那八個大些的字：雙松同根，百歲長青。左側一行小些的字是：蘇儒琴薰伉儷結婚之喜。署名是：豐子愷。

年紀再大一些，我就曉得豐子愷是誰了。

豐子愷也是浙江桐鄉人，同屬嘉興府。嘉興是一塊古老的土地，始於春秋時期。宋明兩朝期間，嘉興升為府，與紹興府和杭州府齊名。嘉興府歷來管轄五縣，海寧、海鹽、桐鄉、烏鎮、平湖、鹽官。父親還很自豪地告訴我，他不僅跟豐子愷先生同鄉，而且跟豐子愷先生讀過同一所浙江杭州省立第一師範。豐子愷先生一九一九年從該校畢業，父親則是一九三九年畢業，相隔二十年，還是校友。

不過直到進重慶中央大學讀書之前，父親並不認識豐子愷先生。而因為這裡專門講豐子愷先生，必須先做一個特別說明。

在收集豐子愷先生資料時，我發現國內有官方史料公然註明：兒子豐陳寶，女兒豐一吟，長期以來致力於其父著作的整理研究，然後通篇都是兒子豐陳寶、兒子豐陳寶地繼續。這樣的錯誤，讓我目瞪口呆，哭笑不得。既然能夠了解到豐陳寶致力於研究其父著作，怎麼可能不曉得那豐陳寶並非男身，而是女子呢？我把此誤告訴給父親，他忍不住大笑數秒鐘。豐陳寶小姐跟我的父母親，在重慶中央大學同班三年。

或許有人將豐陳寶稱做公子，所以讓一些毫無文化常識的「文化人」把她當作是豐子愷先生的兒子了。殊不知，在中國舊式文人裡，為表示尊重，是用公子和先生來稱呼女士的。如尊稱宋慶齡先生，難道也該把國母當作男子不成？有人或許怕被那些不學無術之輩誤解，則用「女公子」一詞，比如豐子愷先生的女公子豐陳寶，那就清楚許多了。

不知是什麼道理，世人似乎特別與豐子愷先生的子女過不去。現在北京，有人將豐子愷先生之女豐陳寶小姐呼為兒子，五十年前重慶，也曾有人將豐子愷先生之子豐華瞻先生叫成小姐。抗戰期間，重慶的《中央日報》曾發表一篇有關豐華瞻先生參加大學生學業競賽獲獎消息，內有「令嬡」之語。那令嬡是向對方小姐的恭敬之稱，記者把豐華瞻先生當作豐子愷先生的女兒了。

當時在重慶，豐子愷先生夫婦讀過那篇報導，大笑之後對兒子說：你最好寫信請報館更正一下，否則當心將來找不到媳婦了，據說豐華瞻先生果然給報館寫了信澄清。看來，中國一眾所謂習文研史者，頗具粗心大意，不求甚解，隨意編造之傳統。四方讀者，務必小心，白紙黑字印出之物，仍須觀之而後三思，不可輕信。

事實上，豐子愷先生女公子豐陳寶小姐，不僅在重慶中央大學與我的父親母親同班，而且與她自己的長兄豐華瞻先生同班。豐華瞻先生且與父親母親是很要好的朋友，也許因此父母親在上海結婚時，豐子愷先生會專門做一幅字畫相贈。我們在家裡，都是稱豐華瞻先生為叔叔的。

抗戰期間，豐子愷先生隨任教的浙江大學，先遷廣西宜山，又遷貴州遵義。一九四二年到達重慶，在國立藝術專科學校教書。其公子豐華瞻先生，後來也從遵義浙江大學轉到重慶中央大學。同一年，父親隻身到重慶，從暨南大學轉入中央大學讀書。母親也因外祖父一家從香港逃難，到了重慶，從昆明西南聯大轉學到中央大學。這樣三個人，從三個不同的地方，都以轉學身分，聚到重慶中央大學，顯然是有緣份吧。

據我的三舅回憶，他在重慶南岸的小學畢業，要考中學。母親鼓勵他去投考南開中學，並且領了他去報名和參加考試。當時的南開中學，跟中央大學同在重慶沙坪壩。考試要連續兩天，為節省三舅往返跑來的時間和精力，報名之後母親決定不送三舅回南岸家中，就與同學豐陳寶小姐商量，借住豐子愷先生家過一兩夜。

當時豐子愷先生家，在重慶小龍坎中央廣播電臺發射塔附近的一片平地上，竹編的籬笆牆，圍住小院子，門口掛個小竹牌，上書「沙坪小屋」四字。房屋是竹架子外面塗石灰泥，屋裡家具也大都是竹子做的。豐子愷先生在家裡，穿一身中式褂褲，留著山羊胡，對母親和三舅非常和氣。三舅到在南開中學參加考試期間，在豐子愷先生家住了兩天三夜。臨走時候，豐先生還送給三舅一本自己的小漫畫冊。

又是緣份，豐陳寶小姐大學畢業之後，應聘到南開中學教英文，成了三舅的老師。然後抗戰勝利，豐子愷先生回浙江杭州，父母親回上海和南京，豐華瞻先生到美國留學，各奔東西，卻未斷聯繫。一九四九年後，豐子愷先生常年居住上海，父母則搬去了北京，豐華瞻先生雖在上海任教，但妻子在北京，所已經常北上，得與父母相聚。

我家與豐華瞻先生家那一段時間的往來歷史，下面抄錄豐華瞻先生的一篇文字。那是一九八八年，母親去世十周年，我們三個子女編一本紀念冊，寫信給母親的親友，請求紀念文字，豐叔叔寫了寄來的。

憶琴薰

豐華瞻　復旦大學外文系教授

琴薰離開人世已經十年了。回憶四十多年前的往事，以及以後我們之間的交往，不勝感慨。

我於一九四二年由貴州遵義的浙江大學轉到重慶中央大學，在外文系讀二年級。記得琴薰是同一個時候由昆明的西南聯大轉來中大的。她到了中大，我們都知道她是希聖先生的令媛。希聖先生當時在國民黨政府擔任重要職務，我們想她的女儿應該是一位「官小姐」的樣子。但是接觸下來，琴薰十分平易近人，一點也沒有「官小姐」的架勢。記得她和蘇儒戀愛成熟，肯定關係的時候，我們小班上同學們曾在中渡口的茶館中聚會一次，藉以慶祝。一九四五年夏我們畢業於中大後，琴薰在化龍橋某處工作。我畢業後因找不到工作，曾託人介紹到她那裡去。但後來事情未成。

以後琴薰和蘇儒在上海結婚時，我還在重慶，沒能去參加他們的婚禮。後來我回到上海，特地帶了禮物到狄思威路他們的住處去看望他們，但他們都出門去了。一九四八年初冬，我赴美留學之前，去看望他們，遇到了，暢談了一番。五一年初我回國時，他們住在陝西南路，我曾去看望過。

那時琴薰沒有工作，蘇儒在一家洋行做些臨時工作，景況不是太好。我離上海到廣州後，知道他們都去北京，琴薰在全國總工會工作，我很高興。

一九五四年八月，我與我相識多年的女友戚志菩在北京結婚。當時琴薰、蘇儒夫婦帶了孩子們前來參加婚禮。他們送給我們一條繡著紅色的喜鵲簦梅的綠色緞被面，說明是他們用過的，他們希望我們以後能與他們一樣生兒育女。後來，我們果然生了三個孩子，與他們一樣。因我妻的家在北京，我以後常常去北京，也有較多機會與琴薰和蘇儒見面。五七年夏，我還去看望過他們。以後我有了嬰孩，不便出門，就很少機會去北京了。

「十年浩劫」期，琴薰夫婦在京，我們在上海，未通消息。後來我聽說，琴薰在五七年和「浩劫」期間都有坎坷的遭遇。蘇儒來信告訴我，他在五八年曾下放到蘇北勞動，那時琴薰一人在家，在政治上、經濟和生方面歷盡各種艱苦，尤其後來得了病，自理生活比較困難，而家中條件又差。終於她在一九七八年含恨離開了人世。我聽到消息，心裡很難過。我想，如果不是五七年以及『文革』期的種種折磨，她肯定還在人世。一九七九年我出差到北京時，已是只見蘇儒，不見琴薰了。

在記念琴薰逝世十周年之際，回憶幾十年來的種種事，追念琴薰的一生，我感到無限的悃悵。我十分感嘆幾十年來國內的種種事，為琴薰所受的折磨十分哀傷。所幸風暴與陰霾已經過去，現在艷照大地。琴薰所鍾愛的子女三人已長大，都有才華，都已在美立業。這很可以告慰琴薰在天之靈。

一九八八年五月於上海

胡風本是張先生

記不得是幾歲頭上，讀小學幾年級，有一天在學校聽了老師的講話，回家學舌，隨口罵了胡風一句什麼，那時候胡風已經被澈底打倒，隨便誰都可以亂罵，罵得越狠越能得到黨的賞識。我原也以為罵罵反黨分子胡風，表示對黨忠誠，會得到父母表揚，當時中國大陸人人絞盡腦汁，向黨表示忠誠。不料母親聽到之後，臉色一沉，嚴厲地教訓我：「記住，別人怎麼說我不管，就是不許你說張先生一句不好聽的話，他是個好人。」

我嚇了一跳，第一不懂說胡風不好有什麼錯，學校老師是那麼教的，黨的報紙上是那麼寫的，無線電廣播裡是那麼說的。第二不知道胡風怎麼又變成張先生了，學校老師從來沒說過胡風姓張。第三不明白為什麼母親那麼尊敬胡風，還稱胡風為先生。那年頭大家互稱同志，叫先生就表示是資產階級分子，我們家裡也已經不多用先生稱呼人了，而母親堅持把反革命分子胡風稱為先生，足見對他十分尊敬。可是看見母親那臉色，我沒敢回嘴，不過從此記住了她那句話，不管學校裡說什麼，我不可以把胡風先生當作壞人。

後來我們長大了，特別是母親病重期間，自知時日不多，怕我們忘記家族歷史，便時常講些故事給我們聽。其中也有胡風先生兩段往事，於是我才明白，為什麼在整個中國大陸大批特批胡風的日子裡，母親堅持不許我們說張先生一個字。胡風先生本姓張，抗戰之後才用胡風做筆名。

聽母親說，早在北伐戰爭期間，她才六歲不到，就見過張先生了。那時外祖父在中央軍政學校（黃埔軍校）武漢分校任中校教官，張先生則在國民黨湖北省黨部主編一本周刊，叫做《武漢評論》。為此張先生幾次到武漢中央軍校，找外祖父約稿，兩人經常來往，交了朋友。有一次張先生急著要稿子，跑到外祖父家裡索取，便見到了六歲的母親，專門跑到街邊小鋪買了一枚棒棒糖，作為給母親的見面禮，於是母親便牢牢記住了張先生。

外祖父回憶，那時期張先生是用古因的筆名發表文章。我後來查過很多中國大陸出版或發表的文字，有關胡風先生生平的介紹，錄有他用過的筆名包括谷非、高荒、張果等，但沒有任何關於筆名古因的記載。也許時間太早，沒人注意到他，所以沒有紀錄。或許那時張先生在國民黨內供職，不被中共黨史重視，甚至有意刪除。我猜想，上世紀五十年代瘋狂打倒胡風的時候，一定曾有人挖出過張先生為國民黨工作的舊事，作為他一貫反黨的證據。但是胡風冤案獲得糾正之後，張先生又成了一貫正確的黨員，所以那段為國民黨工作的歷史，又不再提起了。在中國大陸，歷史確實就是個隨意任人裝扮的醜丫頭。中國大陸目前關於胡風的所有官方記錄，幾乎都從他日本歸國後參加左聯領導工作開始，那已是一九三二年的事情了。而外祖父同張先生密切交往，恰是在那之前的若干年。

北伐戰爭時期，張先生二十五歲，比外祖父小三年。外祖父從一開始，就很欣賞張先生的為人，熱情而正直，也很欣賞他的文才，於是結交為友。一九二七年春夏之際，國共分裂，外祖父脫離由中共控制的武漢中央軍校，藏匿到晚秋，然後帶了全家大小，取道九江至南昌，被國民黨江西省黨部宣傳部長劉侃元先生攔住，邀請主辦南昌的黨務學校。外祖父那時住在百花州黨務學校裡，除此職外，還應邀協助《民國日報》社長李實先生，改革該報的編輯和印刷。

張先生隨後也從武漢到了江西，找外祖父幫忙，找工作糊口。外祖父便安排張先生住在《民國日報》社，並請他主持編輯《民國日報》的文藝副刊，那副刊名叫《野火》，每月薪水六十元。於是兩人住在一起，做了鄰居，朋友之外，又成同事，那段時間因公因私，兩人免不了每天見面，無話不談，自然也常可見到母親。過了陰曆年關，為照顧外祖母身體，外祖父給江西省黨部留下一信，帶了全家，離開南昌。

外祖父回到上海，住在大沽路。沒過久，張先生也到了上海，來找外祖父。張先生在上海沒有固定工作，也沒有固定住址，到處飄泊，有時還往南京和南通等地。所以他託外祖父代做他的上海據點，替他收取來信。那段時間，外祖父在南京國民政府任職，每星期四天住南京，三天回上海，所以每日從天井裡取信，便成了母親的功課。據母親講，張先生每隔一兩天，便來家一趟，取他的信，有時還會給她帶一根棒棒糖，那年母親七歲。

據外祖父回憶，從信封娟秀字跡辨認，當時給張先生寫信最多的，是武漢一位女士。張先生也最喜歡讀她的來信，每取到她的信，告辭出門，就迫不及待，在弄堂裡拆開，邊走邊讀。後來一次，外祖父終於忍耐不住，在張先生取信之前，偷偷拆了一封武漢女士來信。信是鋼筆寫的，紫色墨水，信頭是「親愛的哥」，「哥」字前面留著一空，沒有寫張先生的名字。外祖父突然童心萌動，跑上街買了瓶同色墨水，回家在信頭空白處補了個「麻」字。張先生臉上有些麻點，加此一字，讀做怎樣，可想而知。

張先生來了，取信告辭，仍舊在弄堂裡就拆開。外祖父自窗裡張望，見他把那信一展，頸彎和兩耳後面立刻紅起來，然後不再讀，收了信，低頭急走。從此後，武漢女士來信就斷了，張先生也不再多來取信。外祖父為此心裡懊悔，又不敢向張先生承認。聽母親講，外祖母因此事埋怨了外祖父很多年。

隔一年，張先生東渡日本留學，兩人便只有書信聯繫，無法見面了。一九三二年張先生回到上海，在左聯任宣傳部長。而外祖父則到了北平，在北京大學法學院做教授。地分南北，還是沒有機會見面。一九三七年抗戰爆發，外祖父應邀參加廬山牯苓茶話會，而後隨國防參政會自南京遷武漢，創辦藝文研究會。同時張先生也從上海撤退到武漢，主編一個雜誌，叫作《七月》，並開始用胡風的筆名發表文章。

這時，兩個人才又見面。國難當頭，當時幾乎所有文人學者，都投身抗日救國活動。外祖父棄學從政，在牯嶺會議受蔣介石和汪精衛器重，很快進入國民黨高層。張先生則多年擔任左聯領導工作，與共產黨關係密切，有段時間甚至房租也由中共地下黨代為支付。

外祖父和張先生已經從知己的文友，變成兩個敵對政治營壘的戰士，可他們仍保持親密的個人情誼，依然能夠私下談心，惺惺相惜。有一次外祖父忍不住，轉彎抹角地問出，張先生一九三二年年底結婚，太太是江蘇人，小張先生十二歲。外祖父暗自計算，可以確定這位張太太不是武漢寫信的那位女士。但外祖父始終沒有勇氣，對張先生講當年上海大沽路自己幹的那樁惡作劇。

時值共產黨在延安向全國宣布：今後中共服從國民政府和蔣委員長指揮，共同抗日。張先生很高興，對外祖父講：共產黨的工作是階級鬥爭，可中國革命的要求是民族鬥爭。這多年來，我的苦悶是兩種鬥爭之間有矛盾。不只是我，一般文藝工作者的心裡，都有同樣的感覺。現在好了，兩種鬥爭合流了。

外祖父答：恐怕中共不會甘心做民族抗戰的工作吧。今天他們參加抗戰，使你的苦悶暫時解除。終有一天，他們又在抗戰陣營裡搞陰謀，那你和你們的苦悶不是更深了嗎？

據外祖父講，張先生當時聽了這話，低頭默然，良久不語。此次對話，外祖父記錄在他的回憶文章裡，並且感嘆：張先生是熱忱的左翼文藝工作者，可就因為他滿懷這麼一份民族的愛和祖國的愛，他免不了要受到中共的整肅。張先生後來幾十年的遭遇，早就被外祖父猜到，實在很可悲。

一九四九年外祖父跟著國民政府到了臺灣，張先生留在北京，自此兩人天各一方。不過幾年，張先生遭到整肅，被外祖父不幸而言中。母親說，外祖父在臺灣聽說此事，心裡一定會很難過。也因此，母親不准我跟著當時社會風氣，批評胡風先生。可是我家因外祖父的海外政治關係，泥菩薩過江，終日提心吊膽，絕對不敢同反黨分子胡風先生聯絡。後來多年，北京情況，眾所周知。文革末年，母親終於支持不住，辭世而去，就再聽不到那些真實而感人的往事了。

現在讀到許多紀念胡風先生的文章，才知道老人家其實一直健在到文革以後，真替他慶幸，但也暗自不免覺得遺憾。如果我有機會見他一面，親口告訴他老人家：他最孤獨的時候，在北京城裡，至少我家五口人，還有遠在臺灣的外祖父，是仍然非常尊敬他的，那該多好啊。

願張先生在天之靈，得到永遠的平靜。

蔣百里壯志未酬

我小學的時候，跟古今中外所有那個年紀的男孩子一樣，曾經對軍隊生活發生濃厚興趣。記得很清楚，我問過母親，中國最偉大的軍事家是誰？

那個時代，中國大陸剛設立軍銜不久，授了十名元帥，十名大將，外加上將中將少將幾百之眾。北京城裡也爭先恐後地出版各種戰爭回憶錄，比如《星火燎原》、《紅旗飄飄》等，好像從北伐戰爭到抗日戰爭到解放戰爭，只有中國共產黨的將軍，才打勝仗，只有中國共產黨的將軍，才是偉大的軍事家。而在所有偉大的中國軍事家筆下，比他們所有人更偉大的，當然就是毛澤東，他們都是因為遵循了毛澤東的指揮，所以才打勝仗。

在學校讀的課本，這麼講。在社會上看書，這麼講。聽無線電廣播，這麼講。到電影院看電影，還是這麼講。所以上世紀五十年代的青少年，除此之外，接觸不到任何其他的歷史紀錄，腦子裡自然只知道那一套，我也不例外。我問母親那個問題，心裡當然明白，古今中外，最最偉大的軍事家，第一個是毛澤東啦。但我想知道，毛澤東以下，誰是最偉大的軍事家，十大元帥裡的哪一個？或者十個大將中的哪一個？

母親幾乎想都沒想，就回答：蔣百里將軍。

什麼？我一聽就愣了，從來沒聽說過那個名字。

母親又重複一次：蔣百里將軍！語氣十分堅決，不容質疑。

我當時能夠列數中國大陸十大元帥和十名大將的名字，絕無一個蔣百里。那個年代，姓蔣本身已經夠不幸了，在學校裡都會讓同學笑為蔣介石的孫子，無地自容。我相信，中國共產黨裡如果有哪個領導人本來姓蔣，也恐怕早都想要改姓，就算不敢改姓毛，至少可以改姓周或者劉，絕不願意保留蔣姓。

但是母親告訴我：中國最偉大的軍事家，是蔣百里將軍。然後母親補充說：就是蔣和阿姨的父親。

這麼一說，我就明白了。蔣和阿姨，我們是很熟悉的。父親母親都對我們講過，他們在重慶中央大學外文系讀書時，同班有一個叫做蔣和，還跟母親同過宿舍。記得母親還好幾次講到，蔣和阿姨在中央大學讀書的時候，最喜歡跳舞，經常忽然之間就不見她了，那就是她又跑到重慶去跳舞了。而且她因為十分的活潑，所以也從來不缺舞伴。據說有一段時間，她經常的舞伴，是蔣緯國先生，委員長的小公子。母親一班同學，就經常以此向蔣和阿姨開玩笑。不過那個時代，人們之間的關係還很正常，很友善，很富人情。如果那些事情或者傳聞發生在上世紀五十年代以後，就不得了，很可能就導致殺頭之禍。

母親和蔣和阿姨一班，都是英國語言文學專業畢業。但是一九四九年之後，蔣和阿姨在石油工業部做德文翻譯。父母親帶我們到她家去的時候，她常講些出國的故事，讓母親特別羨慕，每次從她那裡回家，母親就好像要沉默幾天。

我曾經覺得奇怪，為什麼蔣和阿姨大學讀英文專業，卻做德文翻譯。這一次，因為問到蔣百里將軍，母親才解釋：蔣百里將軍因為在德國留學多年，自然是德文通，蔣和阿姨的德文，即使不是母語，也至少是自幼的家教。

光緒二十七年，公元一九〇一年，十九歲的浙江秀才蔣百里，被縣裡鄉紳送往日本留學，投筆從戎，進了日本陸軍士官學校。因學業優異，被稱為中國士官三傑之一，並獲日本天皇親授軍刀一柄。光緒三十一年，公元一九〇六年，蔣百里將軍又赴德國陸軍大學深造。再次由於學習業出眾，獲得當時世界頭號軍事強國的德軍將帥們的尊重。德軍最高統帥興登堡，破例單獨接見年輕的外國留學生蔣百里。德國戰略理論家伯盧邁將軍，也接見當時的見習連長蔣百里，談話之後講出一句震驚世界的話：從前拿破崙講過，若干年後，東方將出現一位偉大的軍事家，那也許會在你身上實現吧。

民國二年蔣百里將軍回國，任保定陸軍軍官學校校長，因為自己的主張不被北洋政府重視，曾在全校師生面前舉槍自殺。大難不死，必有後福。因住院醫療，與日本護士相識相愛，結為伉儷。因為夫人是日本人，蔣百里將軍的的女兒們皮膚都特別好，均為美人。中日戰爭爆發之前，蔣百里將軍曾身負重任，遊說歐洲，以享譽世界之中國軍事家身分，會見意大利統帥墨索里尼和德國第二號人物戈林將軍，推遲了德意日結盟，為中國準備抗戰贏得一些寶貴的時間。這些故事，都是史料有記，現在中國大陸也查閱得到，所以本文就不再重複，讀者可自己尋找閱讀。

此外蔣百里將軍在西安事變中，也曾起過非同小可的作用。因為蔣百里將軍的勸告，蔣介石才下令國民黨政府不對西安發動軍事進攻，也才最終同意見周恩來商談。事實是，西安事變之所以獲得和平解決，其中蔣百里將軍對蔣介石的勸說和策劃，如果不是最主要因素，至少是主要因素之一。這個重要環節，過去出版發表的各種史料，都有過許多詳細紀錄，只是目前中國大陸似乎仍有某種避諱，尚未得公開。

雖然中國大陸官方眼下還不能公開肯定和介紹蔣百里將軍，但社會上已有很多文字涉及到蔣百里將軍的種種傳說。比如香港寫武俠小說而聞名華人世界的金庸先生，把中國大陸導彈之父錢學森先生稱為表姐夫，因為錢學森先生的夫人蔣英女士，是蔣百里將軍的三小姐。而蔣百里將軍的第一任夫人，則是浙江查家的閨女，金庸先生是查家的小輩公子。查姓夫人目不識丁，並且不育，終生在老家服侍蔣百里將軍的母親。蔣英及其姐妹，都是蔣百里將軍第二個夫人所生養。雖然金庸先生與蔣英女士並無血緣關係，但仍遵家族規矩，稱蔣英女士為表姐。

蔣英女士，就是我們小時候所熟識的蔣和阿姨的姐姐，據說多年一直在北京中央音樂學院任教，但我們從來沒有見過。父母沒有向我們提到過她，但我想他們同蔣和阿姨聊天時，必定講到過蔣英女士和錢學森先生，因為蔣和阿姨的母親始終住在北京蔣英女士家，直到一九七八年去世，蔣和阿姨不會不常去拜望母親。蔣百里將軍有五個女兒，個個美麗，蔣英是三小姐，蔣和阿姨是最小的一個。

從上世紀五十年代至今，對於錢學森將軍的宣傳和崇拜，從來沒有停止過，甚至從來沒有降過溫，就算在幾乎人人遭殃的文革十年裡，也沒有打倒過錢學森先生。到了近年，對錢學森先生的宣傳，開始從單純的政治，轉向更多的生活紀錄，於是錢學森先生的夫人蔣英女士，就漸漸成為錢學森身世裡的主角，特別是錢學森先生與蔣英女士的戀愛故事，幾乎遍及所有有關錢學森先生的文字。與此同時，幾乎所有提及蔣百里將軍家庭生活的文字，也無不刻意渲染蔣百里將軍與其日本夫人的婚姻佳話。

所以對於中國大陸稍有些文史教育的人來說，蔣百里將軍已經不是十分陌生的名字了。但上世紀五十年代，像母親那樣向我講述蔣百里將軍的身世，還是很少見，需要特別的尊嚴和勇氣，而且只有在家裡講給子女們聽。我格外尊敬我的母親，因為她即使在異常的紅色恐怖之下，仍然保持自己正直的人格，保持對正直人們的尊敬和愛戴，保持對我們講述真實的歷史，從這些家教中，也讓我們懂得自己長大應該做一個什麼樣的人。

比如對於蔣百里將軍，中國最偉大的軍事家，既能鮮明地表現了那麼多的社會和歷史，又代表那麼深刻的人性意義，甚至還顯示中日兩國普通人之間的感情和關係，卻為什麼一直那麼諱莫如深？現在許多人經常感嘆文革後出生代們的輕狂和無知，豈不知，造成那局面的，並非子女們自己，而是他們的父母一代。

我問母親，是否因為她與蔣和阿姨同學，所以對蔣百里將軍那麼熟悉。母親告訴我，她還讀中學的時候，遠沒有認識蔣和阿姨之前，就已經經常聽外祖父在家裡講蔣百里將軍的事情了。抗戰初期，他們還曾經一起工作過。

一九三七年夏天，國民政府在南京成立國防參議會，是個戰略咨詢機關，包括各黨派和無黨派人士，包括張伯苓，蔣夢麟，胡適之，梅貽琦，傅斯年，羅文幹，黃炎培，樑漱溟，晏陽初，張君厲，曾琦，陳啟天，沈鈞儒等，蔣百里將軍和外祖父也在其中。

蔣百里將軍沒有參加國防參議會的第一次會議，第二次會議之後到會，講到學校動員的問題。當時為了開展抗日戰爭，國民政府開展運動，從全國各學校裡招募官兵。蔣百里將軍發言，則要求政府把大中學生留在學校裡讀書，以供長期抗戰中的工業生產與科技發展之用。他慷慨陳辭，聲隨淚下，在座者都為之感動。母親告訴我，那天外祖父開完會回家，給她講蔣百里將軍發言的神情，讓她終生無法忘記。而她講給我聽的時候，神色也異常的莊嚴和感動，所以我也永遠記在心裡了。

那麼說，蔣百里將軍雖然是中國最偉大的軍事家，但他首先是個偉大的文化人。也許就因為他首先是個偉大的文化人，所以才能成就一個偉大的軍事家。終生只知舞槍弄棒的武夫，就算殺人不眨眼，教天下怕之唯恐不及，也絕對成不了一個軍事家。

其實，蔣百里將軍在德國留學，曾經是很想領軍作戰，大展宏圖的。但是他從歸國頭一天起，就進入了軍官學校，成了軍事教育家。就當時的袁世凱和後來的蔣介石來說，他們認為中國傳統的軍事思想，已經無法適應現代戰爭的需要，希望借重蔣百里將軍的軍事學問，培養出更多能在現代戰爭中領軍的中國軍官，那也是不錯的。但是這麼一來，蔣百里將軍就失去了領軍作戰的機會，而那三十年間，正是中國烽煙遍地，最需能打仗的將軍了。所以蔣百里將軍在國防參議會上，是作為一個教育家而發言，卻不是作為一個將軍來講話。

父親見我對蔣百里將軍的事跡感興趣，便給我講。蔣百里將軍是浙江嘉興府人，跟我們是同鄉。他年輕時還是滿清末年的舉人。就是說，蔣百里將軍是個飽讀詩書的儒將。

只要是講起故鄉的文化人，父親總會格外興奮，如數家珍。浙江自古人傑地靈，名人薈萃。《三國演義》作者羅貫中，是浙江杭州人。《水滸傳》作者施耐庵，是浙江錢塘人。吳承恩是江蘇淮安人，科舉不第，在浙江長興做了九年縣丞，寫出《西遊記》。《拍案驚奇》作者凌濛初，《西遊補》作者董說，《水滸後傳》作者陳忱，都是浙江湖州人。《說岳全傳》作者錢彩，《剪燈新話》作者瞿佑，也是浙江杭州人。大文豪李漁，是浙江金華蘭溪人。王陽明、黃宗羲、章學誠、袁子才、龔自珍，全是浙江人。章太炎、俞曲園、周作人、蔡元培、郁達夫、許壽裳、範文瀾、俞平伯、錢玄同、梁實秋、孫伏園、夏衍、豐子愷、艾青，以及文學巨匠魯迅、徐志摩、朱自清，也都是浙江人。

國學大師王國維，是嘉興人，在嘉興啟蒙讀書，也在嘉興考中秀才。大翻譯家朱生豪亦生於嘉興，去上海工作十年之後，回故鄉定居，專心翻譯研究莎士比亞戲劇，直至生命完結，成為中國莎士比亞的最大權威。巴金雖說生於四川，但牢記祖籍浙江嘉興，曾數度回鄉揭拜李氏祠堂，住在嘉興伯祖家中。茅盾、豐子愷、張元濟、蔣百里，都是嘉興人。現代無數青年崇拜的武俠小說大師金庸，也是嘉興人。

父親告訴我，有人總結：中國近現代文學史上的領銜人物，浙江籍佔去一半以上。又有人總結，浙江文化名人之中，嘉興籍佔去一半以上。

後世中國文化人，提到上世紀二三十年代的文學創作繁榮，都曉得那時的創造社。而一提創造社，都曉得郭沫若，卻不曉得，蔣百里將軍也是那創造社的創始人之一。蔣百里將軍不是一個靠刀槍馬背而橫行世道的武夫，他終生熱衷於文學藝術，所以他才會養育出西洋歌劇演唱家蔣英女士。

父親還告訴我，蔣百里將軍一生研究對日作戰，可是不幸，一九三七年全面抗戰才爆發一年，蔣百里將軍就於一九三八年十一月就在廣西病逝了，壯志未酬呀。蔣百里將軍逝後來，就地斂葬。一九四七年蔣百里將軍的好友陳儀等人，商議決定把將軍移葬到他的家鄉浙江。他們起棺的時候，看到將軍的尸身竟然十年不朽。將軍的摯友竺可楨大哭道：「百里，百里，有所待乎？我今告你，我國戰勝矣！」一時之間，所有親友皆泣不成聲。

這樣的故事，感天動地。我從此記住，中國最偉大的軍事家，並非當時中國到處崇拜的那些元帥將軍，而是蔣百里將軍。這讓我很覺驚奇，也粉碎了我對社會思想潮流的迷信，我總是更願意相信父親和母親的話。

蔣夢麟悲天憫人

我們在家裡，從小就經常聽母親講到蔣夢麟先生的名字。上世紀五六十年代，在中國大陸，跟蔣介石同姓不是好事情，何況蔣夢麟先生跟著蔣介石，跑到臺灣去了。但母親每次提到蔣夢麟先生，仍然畢恭畢敬，乃至於我們也再不敢歧視蔣這個姓了，包括蔣介石和蔣百里兩個先生，還有蔣夢麟先生。

蔣夢麟先生，也是我們的浙江同鄉。蔣先生幼年讀私塾，少年進西洋學堂，青年考中秀才，成年後赴美留學。獲哥倫比亞大學教育學博士後歸國，曾任中華民國國民政府教育部長，及行政院秘書長等職。

從一九一九年開始，蔣夢麟先生受聘為北京大學教育系教授，在北京大學工作了二十餘年。蔡元培先生任北京大學校長時，蔣夢麟先生長期任總務長，還三度代理校長之職。那個時期，我的外祖父在北京大學讀書，度過七年時光。一九三〇年起，蔣夢麟先生正式出任北京大學校長。一九三一年秋，我的外祖父受聘為北京大學法學院教授，母親跟隨家人搬到北平，度過了她一生中最無憂無慮的六年。

雖然後來從政幾十年，被稱為蔣介石的文膽，但外祖父最喜歡對人講述的，還是他在北京大學讀書和教書的兩段時期，他非常地熱愛北京大學。

外祖父一生只得到一張畢業文憑，就是北京大學的文憑，是一九二二年的事。他還沒有領到文憑，就到安慶法政專科學校去任教。此後九年，他沒有再需要用過那張文憑。在安慶教書，於上海商務印書館作編輯，到武漢北伐軍校任教官，去南京中央大學作教授，從來沒有人問他要過文憑，證明學歷。一九三一年應聘到北京大學做教授，人事部門可偏要他的文憑存檔。於是外祖父就近到北京大學教務處，領出他的大學畢業文憑。據外祖父講，那張文憑在他的學生檔案裡存放了九年，白紙已發黃。

離開北京大學九年之後，外祖父以教授的身分，再次走進北大三院譯學館大門，那門房的老傳達，迎面走出來，看看他，居然高聲叫出來：你是陶希聖，你回來了。外祖父在譯學館上過七年學，先是預科，後是法科，日日從此經過，門房老傳達居然九年以後，還能辯認得出模樣，叫得出姓名。

北京大學法學院遷移到沙灘紅樓以後，每位教授有了一間休息室。外祖父的休息室在樓下左首，第一次走進去，發現那打掃房間的，就是他當年作學生住宿舍時的一位工友。沒想到他也還能記得外祖父。或許畢竟是北京大學，耳聞目染，連門房工友也練得好記性，不同凡響。

在蔣夢麟校長的領導下，外祖父作北京大學教授，每月薪水四百元，從無一月拖欠。他還在北京師範大學，清華大學，中國大學，燕京大學，北平大學等兼課，每兼一節課，每月就多一百元薪水。再加上寫文章書藉拿稿費，每月收入上千元不難，錢是夠用。因此他要跑來跑去講課，或演講，所以僱包月洋車。

除在北京大學教書，到處兼課，外祖父三年之內編輯出版《中國政治思想史》四卷，七十餘萬字。還創辦經濟史學雜誌《食貨》，精於學問，獨樹一幟，乃至後來中國史界和經濟界有了一個食貨學派。同時他與胡適先生一起，主編《獨立評論》，胡適先生當時在北京大學任文學院院長。教授編刊外，外祖父還經常外出演講，濟南、青島、太原、汾陽、泰山、武昌、開封、天津、南京，有時一天開講四五場之多，最後講出怔忡症，心跳急速，兩眼發直，多虧北平名醫林葆駱先生治好。也因演講，外祖父得以結識馮玉祥將軍，很覺榮幸。

一九三五年北平發生一二九學生運動，當時駐扎北平的二十九軍軍長宋哲元提出冀察自治的主張，北京大學諸教授，包括胡適、傅斯年、孟真、外祖父等，已經準備聯合反對。不料第二天發生學生遊行，宋哲元下令逮捕北京大學、清華大學、中國大學等三名教授和三十多個學生，而且軍警開進北平各大學，進行大規模搜捕行動。

外祖父聞訊，立刻寫信給蔣夢麟校長，提議校方出面與二十九軍調解。隨後外祖父專訪胡適先生，討論解救被捕師生之事。兩人商討了一夜，分析各種背景和可能。第二日外祖父前往北京市政府，面見秦德純市長，提出和解建議，包括釋放教授和學生，停止校園搜捕，學校與二十九軍將領見面商議等。秦市長接受建議，提交宋哲元軍長。第二天軍警撤離北平各大學，被捕教授學生獲釋，一場大危機才算化解。

上世紀三十年代初期和中期，在北平做大學教授，是體面又舒適的事情。當時流行一句話：做法官到杭州去做，做教授到北京去做。北平與上海有所不同，歷來尊重文化和歷史，所以大學教授在北平很受尊敬，社會地位很高。琉璃廠的書店，定期往各大學教授家裡送書，請教授老爺們坐在家裡挑選，不必傷神費時跑路。而且買書不用當時付錢，只管留下使用，過兩三個月，到個什麼節氣才送來帳單。北平各處比較好的餐廳飯莊，有大學教授喜歡，經常光臨，就會特設某某教授專座，隨到隨坐，清靜典雅，甚至有該教授的專門菜單，都是他喜愛的菜肴。

那時候北平各國立大學教授，真有那份學問資格，受得起社會的尊敬，也有那份收入，擔得起那份富貴。北平的書店和圖書館之多之大，古今中外，什麼書都看得到。眼界開得大了，也逼得教授們懂得，並不是讀一兩本書，就自以為可以作專家。

但也正是那些年間，中國內憂外患深重，一方面日軍侵略的刀斧，時時高懸北平的頭頂，一方面中共革命的鋒芒漸壯，處處破壞社會的肌體。時局動盪，風雨飄搖。可是不管當時國家面臨多大困難，各國立大學的經費，一定保證，大學教授薪水從來不拖欠，而且資歷稍高的教授，薪金相當優厚。所以北平一般大學教授，都可以住兩三進的大院，至少有上房五間，加兩側廂房，一客廳，還有兩三間下房。窗明几淨，樹綠花香，除學校授課外，大部時間可在家裡讀書寫作。家中佣人兩三個，還有包月洋車，出門代步，生活相當舒適。

外祖父創辦了北京大學經濟史研究所，組織學生收輯資料，研究編成的《唐代經濟史料》八冊，北京大學出版。

七七事變爆發，平津陷落，北京大學遷到長沙，與清華大學和南開大學合併，由北京大學校長蔣夢麟，清華大學校長梅貽琦，南開大學校長張伯苓組成校務委員會，主持工作。隨後上海和南京淪陷，日機轟炸長沙，三校合併之臨時大學於一九三八年，匆忙遷往昆明，就是後來大名鼎鼎的西南聯大。

一九四〇年，我母親十八歲，在香港九龍培道女中讀高二，她也許是有點讀得不耐煩了，便以同等學歷報名投考西南聯大，結果考取，隻身離開香港，遠赴昆明入學。本來說好，冬天寒假，母親回香港過春節。可是這個世界，注定要百姓遭難，家庭離散。

西南聯大由北大等校合並，不少教授工友都還記得北京大學當年領導社會史論戰的陶教授。也是北大這位陶教授，不久前剛把汪精衛的日汪密約公布於天下，舉世轟動。現在曉得，中文系一年級的陶琴薰小姐，便是掩護陶教授脫離日汪虎口的女英雄。而陶小姐在香港《國民日報》上發表長篇文章，連載兩日，文彩超群。如此眾多的原因，母親從進了西南聯大，就成了名人。而且陶小姐是香港來的學生，衣著容貌都比內地人時髦得多，在西南聯大大批保守又因戰爭而家境窮困的內地學生之中，格外顯眼：高高個子，披肩長髮，彎眉毛，大眼睛，說一口標準北平話，走南闖北，見多識廣，美麗動人，純真豪爽。許多高年級男生，更好像競賽追求母親。

據母親當年在西南聯大的好友許湘萍阿姨回憶，當時經常有高年級男生請母親吃飯，次數多了，母親覺得心裡不安，便決定回請那些同學一次。她到街上去買了一只雞，在宿舍裡用小爐子燉上，然後就去上課。許湘萍當時沒課，託她照看。結果許阿姨給睡著了，母親下課回去一看，雞已經燒焦。許阿姨急得掉眼淚，作學生的買一個雞不容易，買不起第二只。沒辦法，母親想了半天，只好把燒焦的雞改成紅燒，遮住燒焦的顏色。整只雞都是燒焦的味道，那幾個男生還爭著搶著說好吃。

好景不常，四一年十二月七日，日本人偷襲美國珍珠港海軍基地，太平洋戰爭全面爆發。母親不僅再不能回香港過寒假，而且與香港家人的通信也馬上完全斷絕。日本人占据了香港，不知何年何月才會被趕出去，或者何年何月外祖父母一家才能逃出，團聚彷彿遙遙無期。這樣音訊皆無，教母親如何不心碎。

連續兩個月，母親整日焦心如焚。那一日忽然之間，蔣夢麟校長派人找到母親，通知她立刻去蔣校長辦公室去一趟。母親不知為了什麼事，趕緊跑到蔣夢麟校長辦公室。蔣夢麟校長一見到母親，便立刻對她說：告訴你一個好消息，重慶的陳布雷先生剛發來一個電報，要我轉告你，陶先生已經離開香港，安全到達廣東了。母親一聽，不及講話，眼淚已經如泉般地落下。過了一陣，母親才穩住哭泣，謝過蔣夢麟校長，然後又請蔣校長給陳布雷先生回信，託他打聽外祖母和舅舅們的消息。

從蔣夢麟校長辦公室出來，母親又接到一張匯款單，落款處寫了「父字」二個，是外祖父的手筆。母親拿著匯款單，跑到銀行提款，櫃臺裡的行員看看單子，又看看母親，問：陶希聖，你父親是陶希聖麼？前幾天《上海報》說，日本人把陶先生逮捕了，剝了皮。可是他其實沒有死，匯了四百塊錢來。銀行裡的人聽見了，都圍過來，爭著安慰母親。

母親在西南聯大，聽過朱自清教授的課，上過馬約翰教授的體育，二十年後給我講起來，仍然顯得十分得意。但是因為戰亂分離的苦痛太過深刻，待外祖父和外祖母一家都到了重慶之後，母親便毅然轉學到重慶中央大學，以圖與家人團聚，從此離開了西南聯大，和蔣夢麟校長。

蔣緯國酷愛聊天

我的外祖父陶希聖先生，做蔣介石文膽多年，跟蔣家父子當然都關係密切。記得聽長輩講，在重慶的時候，有段時間蔣介石曾安排長子蔣經國，定期拜訪外祖父，聽講古今中外大事。但是外祖父從來不講他與蔣經國之間的故事，只有一次他想把我們兄妹三人接到臺灣去聚會，一九八五年親自到總統府，請蔣經國親批了一個許可，為我們辦理入臺證。但是或許由於蔣介石二公子蔣緯國沒有繼任總統的機會，外祖父倒是喜歡講他跟蔣緯國將軍的來往故事。

抗戰後期，蔣介石決定親自署名寫一本書，分析抗戰形勢轉折和勝利前途，鼓舞中國人民的必勝決心和意志。這本書的撰寫，交由外祖父執筆，就是《中國之命運》。那段時間，外祖父每天上午晉見蔣介石，修改以前文字，商討新寫章節。中午外祖父回到辦公室，將蔣介石之口授寫成文字。下午草稿完成，交隨從用小楷抄清，同時外祖父就為《中央日報》寫社論或者署名評論等。第二天上午，外祖父拿了隨從抄好的《中國之命運》文字，再去晉見蔣介石。

如此周而往復，從一九四二年十一月到十二月，四十餘天，日夜兼程，完成初稿。然後校閱排版，印刷二百冊樣書，交黨政要員閱讀提意見。眾所周知，蔣介石是一介武夫，自協助孫中山創立黃埔軍校起，北伐抗戰，率軍二十年，何曾聽說他寫過什麼文章。現在突然之間，蔣介石居然說是親自寫出一本書來，不免讓人生疑。於是人們很自然地就猜出，那是其文膽陶希聖的文字。滿重慶城裡，到處是責問外祖父的喧囂。

忽然一天蔣緯國跑到上清寺委員長侍從室，大步走進外祖父的辦公室，舉著一本《中國之命運》樣書，連聲說「寫得不對，寫得不對」。那時蔣緯國只有二十六歲，軍銜不過上尉。卻因為父親是中國最高軍事委員會委員長，竟敢來責問少將軍銜的外祖父。蔣緯國滿面怒色，責備外祖父把自己的理念強加到他父親的名下，致使黨國元首遭天下人非難，憋住勁頭，要對外祖父發一頓脾氣。

外祖父在寫作時便料到，書成之後定會發生這等事情，所以早有準備。他只是沒有想到，最先打上門來的，會是蔣介石的小公子。他站在那裡，等蔣緯國發過一陣火之後，不聲不響，從上鎖的辦公桌抽屜裡，一本一本拿出《中國之命運》的原稿，攤在桌上排列好，然後對蔣緯國講：「這是全部初稿，請你仔細過目。上面每一頁文字，都經過委員長親自改寫。大部分章節都曾改寫過七八次，有些甚至改寫過十幾次，原封不動，都在這裡。你可以看到，初稿本裡，很多都是委員長親自寫出來的文字。」

蔣緯國上尉站在桌邊，一本一本翻看，過了好半日，幾次的修改稿上，每頁稿紙上，讀到的都是父親的親筆手跡，也就無話可講，悻悻地走了。

不過據外祖父說，蔣介石的這個小公子，其實人很和氣。《中國之命運》那次，大概是他唯一對外祖父發脾氣的一次。其他時候凡他見到外祖父，總是很有禮貌，和顏悅色。特別是抗戰勝利，國府還都之後，外祖父住在南京田吉營，蔣緯國經常獨自跑來他家，跟外祖父談天說地。那年蔣緯國二十九歲，升為中校，一九四八年他三十二歲，升為上校。到蔣緯國三十四歲的時候，已經做了少將，但那是後話了。

一九四六年，我的父母結婚不久，父親出國印尼南洋之後，一九四七年奉調任上海《新聞報》駐南京特派記者，專責國府政治要新聞報導。所以他們二人保留著上海狄斯威路的小洋房，以備回上海時小住，其他時間則在南京城左營的上海《新聞報》分社居住。那兩年時間，是父母一生中最安靜和快樂的日子。母親在總統府任秘書，協助外祖父做些文書工作，除往總統府報到之外，多在田吉營外祖父家工作，那恰是母親最歡喜做的事情。

我的三舅那時剛入初中，才學會開車，正是萬分著迷的時期，看見汽車手就發癢。父親曾告訴我，那時為了跑新聞，報社給他一部吉普車，由他每天開了到處跑。所以他能夠經常開了車，送母親到外祖父家去。而凡到外祖父家，只要碰上三舅在，父親前腳進門，三舅後腳就把他的吉普車開走，到明故宮或者中山陵去繞上幾圈。

有一天蔣緯國將軍又獨自開了車，跑到外祖父家來談天。三舅放學回家，看見門外停了一輛亮閃閃的軍用吉普，心就跳起來，忍不住摩拳擦掌，過去摸了一遭。待他輕手輕腳進了門，看到是蔣緯國將軍在座，那麼門外那吉普車，顯然就是將軍的了。他見外祖父和蔣緯國兩人邊飲茶邊談天，興致勃勃，完全沒有馬上結束的意思，便下決心開將軍的車子去過一回癮。

三舅放下書包，躡手躡腳溜出大門，一躍跳上那部吉普。蔣緯國將軍到了外祖父家，車停在門口，連鑰匙也不拔下來，三舅大喜過望，腳一踩，手一轉，車子發動起來，眨眼之間，就開出了街。三舅洋洋得意，左掄右閃，在馬路上風馳電掣，沒幾下子就到了常去的中山陵。不料這一次，他還沒繞過幾圈，就被值勤憲兵攔住，問他是什麼人，開車在這裡做什麼。三舅那時雖然只是個中學生，但自己心裡也曉得，不管是不是犯了什麼路規，無照駕駛一條，已經夠麻煩，所以很害怕，緊張得講不出話。憲兵便把三舅連車子帶人一起，送進憲兵隊總部查問。

原來蔣緯國將軍開的車子，掛了特別車牌，馬路上巡邏的憲兵們都有數，能夠認得出來，看見車上是個十幾歲的孩子開著，又沒有蔣緯國將軍在旁邊，自然要攔住了盤查。三舅開始怕給外祖父惹麻煩，不肯講自己的身世。到了憲兵隊總部，他真的怕了，只好老老實實報出自己的家門。憲兵隊長官照著三舅給的電話號碼一撥，就打到外祖父的家裡。然後問蔣緯國將軍是否在，沒料到坐在外祖父對面的蔣緯國將軍一聽，抓過電話答應，嚇得憲兵隊長跳起來，對著電話敬禮，報告一聲沒事沒事，趕緊放下。

打過電話，憲兵隊長擦掉頭上的汗，且羞且惱，卻又曉得陶家的公子不能輕易得罪，祇得忍住脾氣，把三舅好言教訓一番，警告他不許再私自開家裡來客的車子到處亂跑。卻沒罰三舅一塊錢，其實就算要罰，三舅身上也沒有，還得回家去取來才繳得上。然後那隊長派了一個憲兵，開了那輛蔣緯國將軍的特別吉普，連車子帶三舅，一起送回外祖父家裡。

一路上三舅又急又怕，心裡七上八下，自知闖了大禍，外祖父如果曉得了，絕不會輕易饒過他。那個憲兵開車到了田吉營，並不敢進外祖父家門，或許是怕見到蔣緯國將軍，匆匆放下車子，自己先走了。三舅按住心跳，顛了腳尖，輕輕蹭進家門，順著牆角邊，偷眼看見客廳裡面，外祖父和蔣緯國兩個，還是原樣坐在桌邊，邊飲茶邊談天，好像剛才並沒有憲兵隊打來電話，什麼事情都未曾發生過。

三舅這才放下心來，走上樓去。他那天是沒有挨外祖父罵，但是後來我母親知道了情況，卻把三舅好罵了一頓，從此以後三舅再也不敢亂開家裡客人的車子了。但我父親開了車去外祖父家，三舅還是忍不住要開出去過過癮，好在父親的車子不掛特別軍用牌照，只有一張記者證，沒有憲兵會攔住他了。

聽舅舅們講，到了臺灣之後，蔣緯國將軍還是經常到外祖父家裡來談天，討論天下大事，而且仍舊一談就是半天，興致勃勃。不過那都是後話，我的母親沒有到臺灣去，就不知道，也不會講給我聽了。

特立獨行馬約翰

我小學的時候，有過一段時間，特別地迷西裝。我的父親曾在上海《新聞報》做記者，出席過蔣介石和宋美齡的招待會，他有好幾套非常講究的西裝，到我讀中學，已經是文革初期，紅衛兵來抄家之前，我還在大鐵箱底，看到過父親的幾條西裝褲，父親說那是英國嗶嘰，很貴重的。

還在上海的時候，父親平時的衣服就是西裝。上世紀五十年代中期，我們搬到北京，發現政治中心裡的人，穿的都是四個大口袋的制服，有些人稱之延安幹部服。記得到了北京，第一次去給二伯父沈鈞儒先生請安，看見他小小的個子，穿著延安幹部服，四個口袋顯得格外巨大，我們都很覺吃驚。

到北京的前幾年，父親仍然經常穿西裝。雖然他每天去外文出版局上班，照例也穿延安幹部服，跟大家都一樣。可是每次我們去聽音樂會，或者看畫展，或者看望親友，或者周末去公園，他就都會穿起西裝。特別是碰到父親母親晚上外出，參加聚會或舞會，不僅父親穿西裝，母親也會穿旗袍或連衣裙。

那時候在我小孩子的眼裡，穿西裝成為一種高尚的標誌，顯示文明和自尊，表現精緻的生活態度。確實的，父親穿起西裝來，就是特別的帥，難怪他的大學同學，都說他像美國影星葛利高利畢克。每次父親穿上西裝，我走在他身邊，自己也覺得精神抖擻。有兩次我在學校指揮大合唱，要穿白褲子，父親還借我穿他的白色西裝褲，挽了褲腳，走上臺去，覺得是我最輝煌的時刻。

那個五十年代過了一半之後，中國大陸社會，形勢每況愈下。六億人民越來越統一，最後只穿一種樣式的服裝，就是延安幹部服。顏色只有兩種，軍裝的草綠和市民的鼠灰。服裝成了政治問題，父親再也不敢穿西裝了，都壓到大鐵箱的底下。不光父親的西裝，母親的旗袍連衣裙，家裡所有稍具色彩和樣式的衣服，連我和弟弟的拉鎖捷克衫，都藏到箱底，不見天日。

明明是高尚美好的東西，偏偏要罵做低賤醜惡，我心裡不服氣，所以就更加著迷於西裝。忽然之間，有一天我在《人民日報》上看到一張照片，有個老人，穿著西裝，扎著領結，站在那裡。一看之下，如閃貫眼，大喜若狂。六十年代初，他大概是當時六萬萬中國大陸人裡，唯一一個還公開穿西裝的人。不管他是誰，只憑這一點，他就可以被稱之為偉大，我對他充滿崇敬。

那是馬約翰先生。

我拿了報紙，去找母親，對她說：還是有人穿西裝的。母親看了，笑起來回答：他跟我們不一樣，他是有名的體育家，是清華大學的教授，是中華全國體育總會的會長。然後母親就講起幾個馬約翰先生的故事，我真沒想到，母親居然跟如此之多的名人們有過交往，對她肅然起敬。

抗戰時期，母親在昆明西南聯大讀書的時候，馬約翰先生是她的體育老師。馬約翰先生從一九一〇年受聘做清華大學的體育教師之後，就再也沒有離開過清華一天，直到一九六六年去世。

母親講，在西南聯大時，馬約翰先生教女生體育課，規定每星期兩節，可以由學生自己決定什麼時候去上。功課忙的時候，可以兩個月不上一節，功課鬆的時候，可以一天上四節，反正只要一學期上夠體育課時，就算過關。母親就是這樣，剛開學，趁著功課還不緊，趕緊先上體育。

因為戰爭年代，西南聯大的體育設施很有限，馬約翰先生顯然無法大展抱負。母親講，那時她上馬約翰先生的體育課，除了練習一些基本體育技能之外，做得最多的是貓捉老鼠。馬約翰把上體育課的學生分做兩隊，一隊做貓，一對做老鼠。然後貓捉老鼠，滿操場的奔跑。跑過一陣以後，略事休息，兩隊換過，做老鼠的變貓，做貓的變老鼠，調過頭，又是一陣奔跑。這樣運動，雖然沒有太多技巧之類，但是身體的運動量卻是相當的大，每課下來，個個學生都是汗流浹背，而且心情也很舒暢。

記得母親還講過，馬約翰先生有個生活習慣，每天要沖澡。那時聽這種故事，以為母親在說天書，難以相信。上世紀五六十年代的中國大陸，有洗澡條件的住宅房屋，恐怕達不到千萬分之一。不過母親撇撇嘴，輕描淡寫地說：我們以前在上海南京的家裡，都有淋浴設備。你一歲的時候，也每天洗澡。我聽了，心裡很受用，覺得自己到底還是文明人出身。

馬約翰先生每天淋浴，卻非僅僅生活習慣而已，那是他的一個健身活動。聽說馬約翰先生每次淋浴，先開熱水，沖一陣子，身體站在原地不動，突然關掉熱水，全放冷水，再沖一陣子。然後仍舊站在原地不動，關掉冷水，再開熱水，繼續沖。如是冷熱相間，互換若干次，才算沖畢。馬約翰先生總結，這樣的洗澡，可以讓全身毛細血管增強擴張和收縮能力，有助於身體健康。

我聽了哈哈大笑，母親說：你不要笑，那不是容易的事。身體必須有極強的適應能力，才能經受得住。她聽說馬約翰先生這種淋浴法之後，曾經自己試過一次，熱水沖還好辦，剛換冷水，她就受不了，馬上逃出淋浴，哇哇大叫。後來一次，我隨父親到洗澡堂去洗澡，也偷偷試過，真如母親所說，絕對受不了。由此我可真是佩服馬約翰先生的體質，無愧體育大師之稱。

母親還告訴我，像我看的那張報紙上刊載，穿西裝扎領結，並不是馬約翰先生的全部裝束特點。他最喜愛的穿法，還是英國傳統，上身深色西裝，深色領結，下面一條淺色肥大馬褲，扎在齊膝的白色長襪中，然後腳上穿皮鞋，好像是騎馬裝一樣。母親說，馬約翰先生那樣裝束，頭上再戴一頂方格軟帽，手裡柱一根高爾夫球桿，一腿略彎，叉在另一腿前，悠閒地站在綠草地上，那才真叫瀟灑，如同一幅英國貴族風俗人像。

聽這些故事的時候，北京乃至整個中國大陸，崇尚骯髒，破爛，粗野，和愚昧。穿打補丁的衣服表示革命，穿稍微有點樣子的衣服就是資產階級。打游擊奪天下，進城坐了龍椅的農民領袖們，幾輩子都是隨地一坐，站起就走，連土都不拍的。現在看見城裡大學生花枝招展，講究衛生，他們心裡就老大不自在。公園裡遊玩的小姐，累了休息，拿塊手帕鋪在地上再坐，回到單位也要被黨委領導批評，說是改不了資產階級小姐的臭毛病。

那種恐怖的社會狀況之下，我聽母親描寫馬約翰先生，心裡跟隨著勾畫出馬先生的形象，真是覺得快樂極了，就好像在黑沉沉的荒野之夜，忽然看見了一彎明月，於是生活便重新顯示出光芒和彩色。我幻想，那就是我，我也穿著筆挺的西裝，扎著領結，腳登皮鞋，站在草地上，高大，自尊，文明儒雅，風度翩翩。

我很羨慕馬約翰先生，他能夠在上世紀六十年代初期，仍然穿著西裝領結到處走，而且居然也沒有人敢去指責他，鬥爭他。我想，他必定曾經留學英國，受到過良好的文明教育，把人格和尊嚴看得重於身體和生命，所以才有那樣的勇氣和膽略，敢逆潮流而獨行。

但是母親告訴我，馬約翰先生並沒有到英國留過學。他在上海聖約翰大學讀書，讀了七年。大學時代他參加全國運動會，八百碼賽跑獲得第一名，四百碼賽跑獲得第三名。大學一畢業，就受聘到清華大學做教員，先教化學，後改教體育。其後他曾到美國去進修過兩次，每次一年，算不得留洋。

聽母親這麼介紹，我對馬約翰先生的敬仰就更加深了。原來要具備人格和尊嚴的意識，保持獨立思想和個性，並不一定要出國留洋才學得到，一輩子待在中國，上中國的學校，讀中國的書，過中國的日子，也能夠同樣地悟到生命的價值，生活的意義，做人的標準。馬約翰先生，就是永遠的榜樣。

從此以後，我有了一個更加牢固的思想，就是崇拜與眾不同。中國傳統文化講究的是中庸，萬事不在人前，也不在人後。生命最理想的位置，就是在一百個人的隊伍裡，排第五十名。東西南北，不管走到哪一個點，都希望前有二十五人，後有二十五人，左有二十五人，右有二十五人。這樣自我就得以淹滅得無影無蹤，任誰也看不見自己的相貌，聽不到自己的聲音，識不得自己的性格，辯不出自己的思想。那是求生最佳形式，自我保護最佳方法。不是麼？既然已經沒有自我的存在，還有什麼需要保護的呢。

但是我天生看不起那樣的中庸，因為我堅決相信自己不是一只螞蟻。雖然上世紀五十年代中期以後，因為家庭出身的關係，我已經懂得自己社會地位低下，萬事不如人。而且父親母親為了保護我們，也經常不斷地教訓我們在學校必須「謙虛謹慎」，我理解就是裝孫子。所以我從小一直在努力地學裝孫子，心裡一百個不情願，還是到處對人裝孫子。但結果並不理想，在學校仍然交不到朋友，我很願意跟別人交朋友，可是沒有人願意跟我交朋友。不難理解，沒有人願意跟我這樣家庭出身的人來往，誰也不願意因為跟我交朋友而給自己的政治身分染上些黑色和白色。所以從小學開始，我就習慣了忍受孤獨和寂寞。而且每學期的操行評語，各年級老師都記得要寫一句：驕傲自滿，群眾關係不好。為這，我不知挨過父親多少批評，真是苦水只好自己嚥在肚子裡。

但我心裡，確實從來沒有把中庸當作自己追求的生活理想，我始終崇拜一切與眾不同的意識和行為，至今如此。所以那一段時期，我最佩服的中國人之一，就是馬約翰先生。因為在六億全體相同身穿延安幹部服的人堆裡，他能保持獨一份，穿西裝打領結。他就是他，他是他自己。他的儀容，他的愛好，他的文明，他的修養，他的人格，他的尊嚴，他的思想，他的生活，他的自由，與任何他人都毫無關係，哪怕皇帝老子也管不著。人的生命意義是什麼？人與豬狗的區別，在於人有思想，有尊嚴，有自我。如果沒有思想，沒有尊嚴，沒有自我，人便無所謂人。如此說來，與其喪失自我和尊嚴，不如喪失肉體和生命，因為沒有自我和尊嚴的生命，只是豬狗而已。我相信，馬約翰先生是這樣看待自己的生命，這樣看待自己是不是堅持穿西裝的問題。

天馬行空，獨往獨來，乃是人生最高的境界。我真希望，我也能夠做出馬約翰先生那樣的事情，哪怕只有一次。

馬寅初的大悲哀

我從小就經常替父親母親抱不平，因為一九四九年以後的中國大陸人，只知道抗日戰爭期間昆明有個西南聯大是好學校，不知道重慶有個中央大學，也是好學校。我的父親母親是中央大學畢業，一九四九年以後在大陸說出去不響亮。特別是我母親，曾經在西南聯大讀書，後來為與家人團聚，轉學中央大學而後畢業於此，把朱自清學生的名頭也丟了。

西南聯大是好學校，自不必說，那是抗日戰爭期間，北京大學，清華大學，南開大學三間名校的合併。那之前，我的外祖父曾在北京大學做教授和法學院政治系主任。中央大學也是一間好學校，先在南京，後到重慶，因為一直地處國家首都，故稱中央大學，現在改叫南京大學。到北京大學任教之前，我的外祖父也曾做過中央大學的教授。我想之所以一九四九年後中國大陸人不多提中央大學，是因為抗戰期間在重慶的中央大學，由蔣介石任校長。中國大陸人的政治意識特別強，經常連孩子帶澡盆一起扔掉。

我的母親一九四〇年在香港培道女中二年級，以同等學歷考取昆明的西南聯大，卻因戰時交通阻隔，延遲至一九四一年才得以到校入學。她自幼熱愛文學，讀書寫作當教授曾是她的夢想，所以進西南聯大以後，讀的是中文系。她曾經很驕傲地對我講，她在西南聯大時，聽過朱自清先生的課。她寫的文章，也由朱自清先生親筆改過。

一九六六年文革剛開始的時候，北京城裡猛烈批判三家村，傳唱一棵樹上仨苦瓜，吳晗鄧拓廖沫沙。母親經常搖頭，對我說：吳晗先生是非常好的歷史學教授。在西南聯大讀書的時候，只要吳晗先生講大課，她一定要去聽，而且要早去講堂，才有座位。每次吳晗先生的大課都會超滿，去得稍晚，就得擠在人群裡站著，經常還有男學生爬到窗臺上坐，景象很熱烈也很壯觀。吳晗先生講課所以那麼受學生歡迎，不僅僅因為他博學，演講有激情，而且因為他總是站在一個獨立知識分子的立場，毫不留情地批評當權者。古今中外，凡有學識有思想的知識分子，都以不與當權者同流合污為榮，而母親讀書那時期的學生，也是受那種教育長大的，所以特別喜歡吳晗先生那樣的教授。

我聽著母親講的各種過去教授故事，總會特別地羡慕母親。她曾經上過那麼多名教授的課，而我那時則連讀大學都是不可能實現的夢。

很奇怪的是，我至今清楚地記得，母親在歷數她在西南聯大和中央大學所聽過課的名教授時，不止一次提到過馬寅初先生的名字，而且對馬老表示極度的尊敬，對他後來幾十年受到的不公平待遇非常憤慨。母親認識馬寅初先生，是可以肯定的，馬寅初先生的女公子馬仰蘭曾在重慶中央大學跟母親同班，後來又同事。可母親在西南聯大或中央大學讀書時，馬寅初先生是否在兩處講過課，卻未可考。

根據目前中國大陸可以讀到的官方資料，馬寅初先生因一九四〇年公開發表反對國民黨政府的演講，惹惱蔣介石，遭軍警逮捕，關進貴州息烽軍統集中營。一九四二年獲釋後，繼續被蔣介石軟禁。一九四六年抗戰勝利後回上海，在中華工商專科學校任教，後出任浙江大學校長。從一九四一年到一九四六年的那六年中，沒有關於馬寅初先生工作及生活的具體史料公佈，不知他那時是否在西南聯大或中央大學講過課。

臺灣資料裡很難找到有關馬寅初先生的記載，而中國大陸關於馬寅初先生的資料，這段時間總是略帶一筆跳過，很不詳細，甚至互有矛盾。比如有的說他一九四二年獲釋，有的則說他一九四四年獲釋。有說他從一九四〇年起，被監禁一年的，兩年的，三年的，四年的，而後繼續被軟禁重慶歌樂山上。一九四九年後的中國大陸人，都知道重慶歌樂山是中美合作所的所在地，所以此說似在暗示馬寅初先生被關在重慶中美合作所內。可是一九四四年馬寅初先生卻出版了一本專著《通貨新論》，他什麼時候寫的，又在哪裡寫的呢？

我聽母親講馬寅初先生故事的年代，無處獲知馬寅初先生曾坐過國民黨的監獄，那個時期流行於世的官方說法，一律是馬寅初先生反社會主義，反共產黨，反毛澤東，恨不得說馬寅初先生原本就是蔣介石心腹，哪裡還會重提他曾被國民黨下獄的歷史。母親沒有對我講過馬寅初先生曾遭國民黨逮捕，她也許不知道。從年代上看，她與馬仰蘭同學的時候，馬寅初先生已經出獄。是否還被軟禁歌樂山，母親看來也不知道，因為馬仰蘭上學回家似乎很正常，母親並沒有感覺到她家有什麼不自由。後來馬仰蘭阿姨給我寫的信裡，也提到當年許多同學單身到重慶，沒有父母在身邊，生活比較苦，言下之意，她有家在重慶，生活好得多，不像她父親被軟禁的樣子。

但母親確實告訴過我，一九四九年以前，馬寅初先生確以敢於公開批評蔣介石政權而著稱於世，國民黨對他是又恨又怕。我就不明白了，記得曾經問過母親，一九四九年後的中國大陸人，一直罵蔣介石獨裁專制，無惡不做，馬寅初先生那麼公開反對國民黨政府，怎麼他的女兒還能讀中央大學呢？根據我自己當時的經驗，只要跟政府作對的人家，子女絕無可能升學，別說大學，我認識的人裡，許多子弟連中學都不能讀。

母親聽我問這樣的問題，微笑著沉默片刻，然後說，當時蔣介石領導的國民政府，還是基本按照憲法執政，相當開明和民主的，並不像後來幾十年所渲染的那樣。二伯伯沈鈞儒先生最反對國民黨政府，整天在議會裡罵蔣介石，外祖父還跟他做朋友甚至結親，蔣介石碰也沒碰過二伯伯一指頭。還有章乃器先生，章伯鈞先生，儲安平先生，當年都是公開罵蔣介石獨裁的好手，國民黨沒把他們怎麼樣，照樣自由自在，日子過的舒舒服服，倒是後來共產黨把他們一棍子打入十八層地獄。母親講過以後，馬上補充：這話是家裡自己講的，出去不許亂說。

有一次談及這些，她嘆口氣說：如果那時像現在這樣子，馬仰蘭是無論如何不能讀大學的。我知道她是在為我們三個孩子難過，我們沒有馬阿姨那麼幸運。我讀中學時，大陸發生文革，大學都不召生。七十年代後，有些學校召工農兵學員，弟弟在內蒙改造表現好，被農墾兵團推薦進北京大學考古專業，最後因家庭出身不好，被北大除名。一九七七年大學恢復高考，我和弟弟同時參加，成勣都高過北大錄取線幾十分，可是因為家庭出身的政治問題，北京大學又一次把我們兄弟二人拋棄了。

我相信母親講的故事都是真實的，她沒有任何理由不對我們講真話，而且母親因為不肯做昧良心的事，受了幾十年政治迫害，可她到底還是不會講假話。但我仍然很多年無法證實，蔣介石國民黨政府究竟是獨裁還是不獨裁。一九七九年馬寅初先生被官方「平反」了，於是中國大陸有關馬寅初先生的歷史資料就漸漸公佈出來，特別反覆強調他當年被蔣介石逮捕的事情，極力把馬寅初先生描繪成一個反對國民黨的大英雄。

雖然我對這種翻手為雲覆手為雨的做法非常不恥，不過我倒也從這些資料裡，證實了母親對國民黨政府的總結。根據中國大陸官方資料，馬寅初先生從一九四〇年到一九四六年，被國民黨逮捕入獄或軟禁，但顯然那期間他在繼續讀書寫作，還在被監禁期間（一九四四年）公開出版新著作。

也是他還在國民黨獄中的時候，重慶各界公開集會慶祝馬寅初六十大壽，並沒有被國民黨指控為反動集會，也沒有遭到警察局的禁止或者破壞，更沒人因此被捕。對比馬寅初先生後來二十餘年的經歷，他在重慶期間簡直是太自由了。再比較上世紀五六十年代在大陸被關押殺害的文化名人的命運，馬寅初先生那時簡直太幸福了。

有一點我很存疑，就是我的外祖父從來沒有講過一句有關馬寅初先生的回憶。從年代上查對，一九一九年馬寅初先生任北京大學教務長時，外祖父在北京大學讀法學院。可在外祖父有關北京大學學生生活的回憶裡，包括五四運動的前前後後，有許多蔡元培校長的詳細紀錄，卻從未見提及馬寅初教務長的名字。順便說一句，我所見到的其他有關五四運動的文獻，似乎也沒有提到過馬寅初先生的。一九二九年馬寅初先生任南京國民政府財政委員會委員長兼南京中央大學教授，而外祖父一九三〇年初受聘為中央大學教授，在其回憶中仍然從無有關馬寅初先生的紀錄。若論起來，馬寅初先生當時是中國頂尖級的經濟學家，外祖父是中國經濟史學界的一派領袖，兩人無論如何不至於互不相識吧。

到四十年代初，史料上記載馬寅初先生被蔣介石逮捕的時候，外祖父剛脫離日寇魔掌，逃出香港，到達重慶，所以應該並不知道有那事發生。但不論馬寅初先生獲釋是一九四二年還是一九四四年，那時外祖父已經進入蔣介石的權力核心，並且主持國民黨文化宣傳工作，碰上馬寅初先生那樣響噹噹的銅豌豆，繼續到處批評國民黨政府，外祖父絕不會無所知或無所為。可是遍查外祖父所有的回憶文字，我始終沒有找到一處提到馬寅初先生的文字。

我懷疑是否外祖父不夠尊敬馬寅初先生，但是我知道，外祖父尊敬一切真有學問的人，可能因為馬寅初先生曾得罪過蔣介石，外祖父避尊者諱，所以不能講他的好話，又不願意講昧心的話，所以乾脆一字不提。可是在外祖父的回憶裡，並不忌諱提及當年曾激烈反對國民黨蔣介石的人物，如郭沫若，許德珩，甚至中共領袖周恩來董必武等。外祖父在廬山會上，曾專門拜訪周恩來，林祖涵，秦邦憲三人，並稱讚他們言行溫文爾雅，頗得眾人好感。外祖父也曾具體地紀錄了他在北平與延安代表凱豐先生的密談，好像並無禁忌。所以外祖父不提馬寅初這個事，總是一個解不開的謎。

不過，不論馬寅初先生與外祖父是否相識，相敬，或相仇，他們的兩個女兒卻是同學，同事，好友。也因為馬寅初先生是母親非常尊敬的人，馬仰蘭阿姨又是母親異乎尋常的閨蜜，我們後輩甚至願意尊稱她為恩人，因為馬阿姨在我們家受迫害最深重時，從美國回國還特別來我家看望過母親。所以我們對於馬老的身世特別關心，同時對於中國大陸史界對馬老生平所表現的選擇性記憶，那麼多輕率的忘卻，那麼多粗暴的歪曲，既理解也不滿。

記得我還在小學時候，父親母親曾帶我們三個子女，到北京大學去過幾次，拜訪他們的老師俞大絪教授。我想那是一九五七年以前，因為我的母親被打成右派以後，就不大敢同親友來往，以免給別人添政治麻煩。一九五九年後母親的右派帽子被摘掉，六十年初父親參加《毛選四卷》英文版翻譯，似有再受重用的跡象，父親母親才又帶了我們重返北京大學，再訪俞大絪教授。那時我已讀中學，就記得很清楚了。

我記得小時候有一次去北京大學，拜訪過俞大絪教授後出來，在北京大學校園裡走路，母親忽然提出：我們是不是順便去看看馬老？好幾年了，也不知仰蘭情況如何。不記得父親當時怎麼作答，反正我們沒有去看望馬寅初先生。當時馬老是北京大學的校長，很多人特別是知識分子們，也都聽說他幾次向共產黨中央和毛澤東本人，提出關於人口問題的看法。

一九五七年血雨腥風，數十萬知識分子做了階下囚，母親捐了門檻，也不得超生，終於沒有逃脫悲慘的結局。我們家裡自身難保，也就顧及不到別人。但是我記得運動過後，母親獲知馬寅初先生沒有被劃做右派，還是很覺慶幸。她說：馬老那樣的學問家，如果從此不能著書立說，就太可惜了。但那只是母親那種知識分子們的願望，大批中共領袖所希望的，就是不讓馬寅初先生那樣的學問家們開口講話。僅一九五八年下半年間，《人民日報》、《紅旗》、《解放軍報》、《光明日報》、《文匯報》、《中國青年報》等全國重要報刊，發表批判馬寅初先生「反動思想」的文章，就有二百多篇，上綱上線，措辭激烈，恨不得將馬寅初先生千刀萬剮的架勢。

凡中國人都知道，毛澤東個人極為痛恨馬寅初先生的人口理論，將之斥為馬爾薩斯人口論翻版，所以才會有全國上下一片對馬寅初先生的殺伐之聲。後來幾十年間盛傳的「馬爾薩斯姓馬，馬寅初也姓馬，馬爾薩斯是馬寅初的外國祖父」，「馬寅初是個很好的反面教員」，「馬寅初是茅坑裡的石頭，又臭又硬」，「對馬寅初不可手軟」等等，都是毛澤東當年親口講出來的話。順便提一句，到二十一世紀以後，我讀許多中國大陸官方有關馬寅初先生的資料，居然會堂而皇之地稱，馬寅初先生的人口理論曾獲得毛澤東的大力支持，只是康生等人在迫害馬寅初先生，可真是太卑鄙，也太可悲了。

既然毛澤東親下罪詔，馬寅初先生絕無翻身的機會，北京大學校長撤了，人大常委也撤了，中央並且具體規定，馬寅初先生不得發表文章，不得公開發表講話，不得接受新聞記者訪問，不得會見外國人士和海外親友。就是說，馬寅初先生在被國民黨監禁之後，又被共產黨軟禁起來。國民黨關了馬寅初先生兩年，共產黨軟禁了馬寅初先生二十年。而且那時馬寅初先生已經七十多歲高齡，就算僅僅出於尊敬長者的中國傳統，也不該那麼對待他吧。政治鬥爭實在是毫無人性可言，太過殘忍。

那種高壓狀態之下，母親還是曾經悄悄告訴過我一些馬寅初先生講過的話，記不清當時母親所用的每個字，但後來證實她講的話，還是全部屬實。比如馬先生講：為了國家和真理，我不怕孤立，不怕批鬥，不怕冷水澆，不怕油鍋炸，不怕撤職坐牢，更不怕死，無論在什麼情況下，我都要堅持我的人口理論。又如馬先生講：我對我的理論有相當的把握，不能不堅持，學述的尊嚴不能不維護。再如馬先生講：我雖年近八十，明知寡不敵眾，自當單槍匹馬出來應戰，直到戰死為止，決不被專制壓服，不對不以理說服的那種批判者投降。母親當時轉告馬寅初先生這些話，不知是為講給我聽，還是講給她自己聽，增強她鼓足勇氣度過難關的信心。

母親沒有講過，她從什麼地方獲知馬寅初先生講的這些話，但後來從許多其他來源證實，母親當年所言，大致不錯。從在中國大陸政治旋渦裡打轉二十多年的經驗，我可以想見，中央和上級經過挑選，把馬寅初先生提交的某些報告中的只言片語摘出來，一級一級下達到全國各地機關或社會上，用以組織群眾無情批判。馬寅初先生早已是死老虎，繼續批判又有什麼意義？其實項莊舞劍，意在給批判者們心裡製造深度恐懼，唯上級之命是從，不敢越雷池一步。而母親則從那些被歪曲的引文中，獲知了馬寅初先生的心聲。別人罵做死不改悔，母親就理解成堅強不屈。別人罵做執迷不悟，母親便解釋為堅持真理。於是我們便也獲知馬寅初先生在那種非人的迫害下，始終沒有屈服，我們對他是極為尊敬的。

我特別記得母親轉告馬寅初先生的一句話：吾愛吾友，吾更愛真理。為了國家和真理，應該檢討的不是我馬寅初。因為家庭出身的壓迫，我自小就懂得夾緊尾巴裝孫子，聽任身邊那些無知無恥之徒裝模作樣盛氣凌人。但即使我並沒有犯什麼錯誤，仍免不了要經常寫思想彙報或思想檢查，因為我家庭出身不好，已經是人生最大的錯誤，就必須多寫檢查。自從聽母親轉述馬寅初先生那句話後，我就再不肯寫思想檢查和思想彙報了。也因此，進中學我入不了共青團，以後更入不了共產黨。但我對自己說：我可以不做共產黨，卻不能不做馬寅初先生那樣的人。

馬寅初先生一輩子受的冤枉，可謂不少。但是老天有眼，當初驕橫跋扈的強人，一個一個都死了，而馬寅初先生卻頑強的活下來，而且親眼看到文化大革命的完結。一九七九年馬寅初先生獲得「平反」，回到北京大學做名譽校長。可惜我的母親沒有那麼幸運，偏偏前一年因病不治。我相信如果母親仍活著，她一定會帶我再去北京大學，拜訪馬先生一次。

事實上，在北京的許多年間，我們家住得離馬寅初先生家不遠。馬寅初先生家住在東單東總布衚衕裡，我家剛從上海搬到北京以及文革後期，都是住在北帥府馬家廟，跟東總布衚衕只隔一條豬市大街。一九七二年尼克松總統訪華，中美建交以後，之後馬仰蘭阿姨終於得以回到北京，探望父親馬寅初先生，她從自己家走路到我家來看母親，我也曾陪馬阿姨走路，從我家送她回家。

母親從西南聯大轉學到重慶中央大學，同時也改了專業，從學中國文學改為學英國文學，進了英文系。據父母親回憶，當時他們那一班，始於一九四一年，故稱四一班，全班不到二十名學生，女生多於男生。後因政府在大學生裡徵募英文翻譯，男生中有三人應徵從軍，到畢業時全班只剩四個男生，包括我的父親和豐子愷先生的公子。班上女生許多出身名門，我的母親算一個，另外還有豐子愷先生的女公子，馬寅初先生的女公子，蔣百里將軍的女公子，國民政府考試院院長的女公子，青島警察局長的小姐，無錫榮老闆家的千金等。

中國很久以來就有一說，讀大學的多出身書香門第，讀英文系的更多是闊家子弟，都是準備將來出國留洋，然後歸國做大事業。就當年母親那個班看，此說似乎是很有些道理。我的父親雖出身世族，但因他的祖父英年早逝，家道中落，到他父母親，都只做小職員而已，那個社會地位和經濟情況，在中大英文系那個班裡，就是最差的一等。

馬仰蘭阿姨五十年後，寫信給我說，有許多同學（大多是男生），隻身赴重慶就學，父母都不在，他們的生活比較苦，好像就是靠政府發的一點生活費。我最記得你爸爸的一件事是，他似乎總是穿著一種灰色長袍，冬天把棉花（或絲棉？）塞進去，夏天又拿出來。至於你們的媽媽，有家在重慶，生活就舒服得多。

不弱於昆明的西南聯大，重慶中央大學也是師資雄厚，名家如雲。僅父親母親所就讀的中大英文系而言，就聚集了范存忠、樓光來、俞大絪、俞大縝、初大告、徐仲年、許孟雄、楊憲益、葉君健、孫晉三、丁乃通等學界大名鼎鼎的教授。

古所謂名師出高徒，中大英文系裡，更是名師加高徒，可想父親母親在那個環境裡，學習會是如何地刻苦，生活又是如何地幸福。母親曾經不止一次自己總結，她的一生苦難遠多於快樂。而她生命中真正可算幸福快樂的，有四個時段：一是北伐戰爭後回到上海，她讀小學的頭幾年。二是外祖父在北京大學做教授，她小學畢業進中學的那幾年。三是在重慶中央大學讀書的三年。四是跟父親結婚後在南京度過的四年。

母親在重慶中央大學讀書時，結交的朋友就有一個馬仰蘭。一九四五年夏初，父親母親那一班畢業。母親由外祖父介紹，進中國農業銀行研究室工作。父親則經沈鈞儒介紹，被劉尊棋先生錄用，進了重慶的美國新聞處，就是現在美國新聞總署的前身。馬寅初先生的女公子，父親母親的同學朋友馬仰蘭阿姨，也同時一起進入美國新聞處任職，跟父親成了同事。

八一五光復，父親馬上被美國新聞處派往上海籌備新辦事處，隨後母親辭去中國農業銀行工作，跟著回到上海。一九四六年初他們結婚以後，母親在上海的行政院善後救濟總署編譯處找到一份工作。同年馬仰蘭阿姨也從重慶回到上海，就住在父親母親在狄斯威路的家裡。然後也到行政院善後救濟總署找了份工作，又跟母親成了同事。

但馬仰蘭阿姨那時並沒有準備長期在上海工作，她已經聯繫好了美國學校，正在辦理出國留學手續。不久她就一切就緒，登船出海。母親曾經對我講過好幾次，馬仰蘭阿姨出國的時候，是她和父親兩個人送到輪船上去的。那時父親已經轉入上海《新聞報》做記者，有一部黑色的奧斯汀汽車，把馬仰蘭阿姨連行李一起運到碼頭。後來父親到南京做特派記者，另外有一部吉普車，但在上海仍保留著這部黑轎車。我的弟弟出生，母親抱著他照相，家門口背景還有那部汽車。文革期間，因怕被當做資產階級生活證據，把人像留下而將背景上的汽車剪掉了。

母親對我講過，本來他們三個在重慶中央大學讀書時，都曾決心畢業後要出國留學的。母親曾獲得英國一所私立女子大學的錄取，父親也曾獲得美國密蘇裡新聞學院的錄取。但是他們當時正處熱戀，不肯一歐一美，遠隔大西洋。而且父親也沒有那麼多錢，出洋留學。所以最後兩個人都不出國了，寧願廝守上海。這情況下，馬仰蘭阿姨出國，自然十分引動父親母親的傷感。

父親只好自我安慰，說是上海《新聞報》也許會到美國開設一個通訊處，那麼他或可努力爭取，被派到美國去工作一段時間。那麼三個同學同事朋友，又可以在美國相聚了。分手的時候，他們莊重地約定，不論天涯海角，他們一定再見面。我至今仍能記得母親跟我講這段往事時的表情，神往而淒涼。

誰也沒有想到，馬仰蘭阿姨的這個承諾，經過了三十年的曲折磨難，才終於實踐，而兩個老同學的再度見面，給母親的心裡造成多麼巨大的震動。我們從上海搬到北京，已經跟不少親友失去了聯繫。一九五七年母親成了右派，更不敢跟別人聯絡。到了文革，我家被抄幾次，父親被關牛棚送幹校，期間我家又被趕出舊居，幾乎再也不會有人還找得到我們。但是馬仰蘭阿姨卻找到了。她後來講，中美建交後她頭一次回國，便打聽到父親在外文局工作，可是沒來得及打聽出我家住址，便返美了。隔了一年再次回國，就決心打聽出我家地址，從西城找到東城，終於成功。

我清楚地記得馬阿姨一九七四年頭一次來我家的情況，我那時本已下鄉陝北插隊，剛好回京，所以碰上馬阿姨。我們那時住在一個極破舊的小閣樓上，狹窄的木樓梯沒有燈，黑洞洞的，所以馬阿姨走上樓的腳步，猶猶豫豫，走一步停一停。我聽到了，便開門出去。看到是一位中年婦女，瘦瘦小小，頭上蒙一塊花頭巾，一副大眼鏡佔去臉的大半。她穿的那件半長不長外衣，那雙淡黃色小巧玲瓏的皮鞋，當時中國不生產。長臉，嘴唇很紅，顯然塗了口紅。在七十年代中期的中國大陸，是看不到的，我便猜她從海外來，但我並不認識她。

聽說是馬仰蘭阿姨到了，母親掙扎著從床上起來，張著兩手，迎接她的朋友。她們擁抱在一起，兩個人的身體都在劇烈抖動。馬阿姨的肩頭上，母親乾澀的眼睛，流出不斷線的眼淚，沖刷她布滿皺紋而浮腫的臉。母親說：你回來了，又見面了，真想你啊！馬阿姨說：又見面了，二十七年了，我也真想念你啊。母親說：很多年沒人來看我了。馬阿姨說：我答應過你，一定回來看你，可惜來得太晚了。母親說：是，你答應過，我記得。再晚，我也等著。

聽她們簡短的對話，我心裡難過得要命。馬阿姨從口袋裡取出一塊手絹，輕輕替母親擦去臉上的淚，然後又輕輕擦去自己臉上的淚。母親說：你萬里迢迢來看我，我站不起來，不能招待你。馬阿姨說：我們老同學，還講客氣嗎？你們當年在上海，讓我住在你家，待我那麼好，送我到碼頭上船，就夠了。我會記得一輩子。聽了這話，母親哇哇放聲痛哭起來，張開兩條彎曲的胳臂，搭在馬阿姨肩上，猛烈抽搐，說：有人記著，有人記著。母親一生，經受多少苦難，付出多少心血，蒙受多少冤曲，承擔多少離別，她都無怨言。她只希望得到別人一點理解，一點尊重，一點記憶。

我悄悄離開母親的屋子，給她們留一片屬於自己的天地。兩個人在母親屋裡坐了一下午，沒有叫過我一次。我在外面獨自坐著發呆，羨慕母親一輩人的真誠友情，也為自己這輩人的孤獨和薄情而悲哀。

天暗淡下來，我送馬阿姨回家。黃昏之中，我們走出院門。馬阿姨把手插在我臂彎裡挽著，邊走邊說：你母親年輕時會唱崑曲，活潑得很。我們約好，她到美國去找我的。真沒想到現在她會這樣子。我說：我知道，天災人禍。天災並不可怕，可怕的是人禍。馬阿姨說：母親常跟你們說她的往事嗎？她有很多故事可講。我說：有時候講一些。我們這樣家庭的人，都怕接觸過去，太痛苦。馬阿姨說：你們應該記住母親的一生，她是很偉大的女性。我說：我會永遠記住。不是母親，我們這個家早就沒有了。馬阿姨說：真可惜，她當年多麼有才華，她立志要做冰心一樣的人。

我心想，冰心自己又怎麼樣了？還不是倒楣到家。然後我說：馬阿姨，謝謝你今天來，姆媽可以吐一吐自己心裡的感覺。馬阿姨說：我懂。沒有多少人能夠理解她的歡樂，她的痛苦。我們再沒說什麼話，默默走到東總布胡同馬老先生家門口，在蒼茫中告別。我說：謝謝你，馬阿姨，二十多年了，今天大概是姆媽最快樂的一天。馬阿姨說：寧寧，請你替我好好照顧母親。會有一天，她能夠到美國來。她會看到她的父親和弟弟們。我沉默著點點頭，跟馬阿姨道了別，獨自一人走回家去。

隔了一年，馬阿姨第二次來我家，我沒有在，是妹妹接待的。後來她講給我聽，她送馬阿姨回家，馬阿姨請她進去坐了一坐。也許那時候普通中國大陸人住宅都十分窄小，我家情況更糟，所以妹妹說馬寅初先生家裡大極了，走進去這裡一間屋那裡一間屋，好像在迷宮裡。大概當時剛好馬老的孫子們準備出國，幾間屋子和走道裡都放了箱子行李。幾個年輕男孩子，奔來跑去，講著帶些上海口音的普通話，個個志得意滿的樣子，毫不理會我的妹妹。

我聽妹妹這話，就想起來文革剛開始的期間，據說因為周恩來的特別保護，馬寅初先生的家暫時沒有遭多大殃。可是為了恐懼紅衛兵的肆虐，馬寅初先生的親孫兒自己動手，把馬老收藏數十年的大批文物古董，都偷偷堆起來，一把火焚為灰燼。那個故事在當時北京城裡我們這些「反革命狗崽子」圈裡，廣為流傳。當然誰也不敢傳給高幹子弟紅衛兵，否則馬家的公子們都得大遭殃。聽到那故事，我為馬寅初先生的不幸而傷心，對馬家孫子的作為又十分理解。我絕不責備他們，只有我們同樣家境的子弟之間，能夠相互了解對方的悲痛。

我們沒有辦法，我們得保護自己和自己的家庭。我自己也曾設法銷毀掉家裡保存的書畫唱片，也曾想盡辦法把外祖父刻了字留給母親的一個墨盒丟進紫竹園的湖底。秦始皇焚書坑儒的慘劇，三千年後在馬寅初先生的家裡，再現一次。我能想像，馬家的公子望著熊熊大火中燃燒的珍貴字畫，心裡會如何的無奈和痛苦。

而更永遠銘刻在我心裡的是，妹妹告訴我，她在馬阿姨陪同下，走在那大房子裡，左看右看，總想有個機會能夠看一眼著名的馬寅初先生。最後真被她看到了，通過一個走道的時候，她看見一間屋子裡面，一個瘦弱老人的側面，滿頭稀疏的白髮，深駝著背，坐在一部輪椅車裡，旁邊空無一人。他一動不動地坐著，孤孤零零，安安靜靜，沒有聲息，沒有生意，完全好像一座白玉石的彫像。

妹妹相信，那一定就是馬寅初先生了。她略略站了一站，心裡掙扎了片刻，終於沒有敢過去打擾他老人家，就輕輕地離開了。妹妹告訴我，她回家把所見講給母親聽，母親未及聽完，就痛哭失聲。母親萬萬想不到，當年中國的第一教授，美國的經濟學博士，北京大學的校長，居然會被折磨到如此地步，那確是人類最無可忍受的悲劇。同時那對於中國的建設和發展，又造成了無可彌補的損失。可惜的是，沒有馬寅初先生那樣的文化思想水平，中國大陸即使有十三億人口，也幾乎無一人能夠了解他，而且不僅不能了解他，還要反過來迫害他，結果害了國家和後代。我想，馬寅初先生的最大悲哀，莫過於此了。

萬墨林兩肋插刀

對中國抗戰歷史不夠熟悉的人，可能根本沒有聽說過萬墨林這個名字。而在中國抗戰史的常識上受到欺騙的人，也可能對萬墨林嗤之以鼻，罵他是上海青幫流氓，杜月笙的門下。

但是母親在家裡告訴我們，萬墨林先生是抗戰期間留在上海，領導上海地下抗日運動的義士，更是曾經親自從日汪魔掌之中，救出母親和兩個舅舅的大恩人。母親並且曾詳細地講述過那段經歷，令當時還很年幼的我，把萬墨林先生想像成雙手提槍，飛檐走壁的綠林大俠，對他充滿神往和崇敬。

外祖父脫離汪偽集團，成功出走上海，到達香港之後，上海的日汪集團惱羞成怒，七十六號對外祖母和母親姐弟幾人的監視，更加嚴密。

所謂的七十六號，是指當時的駐滬日軍特務機關，因為設在極斯非爾路七十六號，故成代指。這裡院落廣闊，除日本特務機關以外，院後一棟小樓，還駐扎日本憲兵隊。另外左右兩鄰樓房，則由丁默村、李士群的一百多名日偽武裝特務居住。因為是日偽警特的大本營，汪精衛集團的人，如需極度保密，就會到七十六號的樓上去開會商討。

外祖父曾講過一件事，有一天汪精衛先生等幾人，在七十六號二樓休息室商討幾份名單，李士群帶了四五個部下，都持了槍，走進房間，要求在中央委員裡增加特工人員，好像不答應，他們就要當場槍斃人。所有在場的人見了，無不面容改色，相顧無言。李士群是個魔頭，殺人不眨眼，被稱為狠客，他手下七十六號那些人，個個都心狠手毒。

外祖父逃出上海，到達香港之後，外祖母就開始謀劃如何帶領兒女偷渡。母親十幾年後在北京，曾經興致勃勃地講給我聽，當年她和外祖母怎麼機智勇敢地同日汪特務鬥法。記得母親講那些故事，真是神采飛揚，仿彿很輕鬆，但我相信，當時她們一定是緊張得不得了。

那些天，只要外祖母家有人出門，七十六號的特務一定會緊跟著。母親和舅舅們每天上學，都是七十六號派的司機，開車從家門送到校門，又從校門接到家門。家門外面的巷子裡，也有許多便衣特務，日夜巡邏，跟蹤外出。外祖母決定設法脫逃之後，那天帶了母親，先去買菜，又去買肥皂。走到一個電車站邊，母親忽然轉身跑起來，鑽進旁邊一條小巷子。身後七十六號的特務一陣忙亂，指手劃腳，分成兩組，一組追趕母親，一組跟蹤外祖母。趁他們忙亂，外祖母便人群裡擠上一輛電車，擺脫掉七十六號的特務，到郵電局取出存的錢。母親跑了一陣之後，悠閒地進一家電影院，看電影去了。

又過一天，母親穿上一件鮮亮的黃色大衣，陪外祖母到附近的百貨公司，上下五層樓，跑來跑去。店裡人很多，擠擠撞撞，七十六號特務緊盯著母親那件黃色大衣，在人群裡跟著。跟了兩個鐘頭之後，發現只跟了母親一個人，外祖母早已不知去向。跟母親分手，擺脫七十六號特務以後，外祖母趕到十六鋪碼頭，買好過幾日離滬的船票。

眼看就到了偷渡的日子，母親心裡越來越急。外祖母，母親和舅舅們，白天若無其事，東逛西蕩。母親每天蕩馬路逛商店，什麼都不買，只是逛，然後去看電影。母親後來告訴我，當時她覺得，只有在電影院裡，才不會讓人看出她有多麼緊張。大舅和三舅兩個，每天跑無線電商店，買零件裝收音機。四舅和五舅兩個年小，整天跟著外祖母在家裡轉。

到了晚上，外祖母把窗簾遮起，大大小小就開始忙，各自收拾東西，把要帶的綁起來，看看太多太大，又拆開再挑揀，綁小些。外祖母說，這次是逃命，比以前的逃難更危險，所以連被子也不帶，隨身東西越少越好。到危急時刻，也許要從船上跳水，什麼都可以不要，只管跳海。

五天過去，幾個人的東西都收好了，按買好的船票，一月十三號一早動身。外祖母對母親和大舅三舅講好，他們三人那天各自行動，找法子帶自己的行李，甩掉七十六號跟蹤，獨自繞到十六鋪碼頭上船，外祖母不管了。外祖母要想的是，帶著四舅五舅，怎樣從家裡到十六鋪碼頭，帶兩個小孩子，要擺脫七十六號的跟蹤監視，不大容易。

還有一天了，一月十二號，沒有人出門，都在家裡。中午時候，愚園路忽然打來一個電話，通知外祖母立刻搬家到愚園路裡去。愚園路是汪精衛集團首腦人物居住的巷子，內外都有日本軍警看守。愚園路並且通知，七十六號已經派出人和車，馬上就到環龍路來搬家。外祖母心急萬分，她曉得，如果一家人搬進了愚園路，那就絕對再無辦法，能夠擺脫日汪的控制，她們再也沒有機會逃離上海。急中生智，外祖母突然間抓起電話，直接打到汪精衛公館，找汪夫人陳璧君講話。她想見她一面，向他們討命，把兒女送出虎口。陳璧君接了電話，外祖母說：我有事要找你商量。陳璧君回話：現在就來。外祖母說：我要帶大女儿一道來。陳璧君答說：可以。

於是外祖母帶著母親，坐了七十六號的車，到愚園路汪公館去。母親雖然天天聽外祖父講愚元路，卻從來每來過。那條弄堂並不大，當中有一片草地，周圍種些常青樹木，便是冬季一月，也仍然有深淺不同的綠色，顯出一派春光。五座小洋樓，灰色，綠色，黃色，白色，都是看了很舒服的淡顏色。左手一座洋樓最大，四五層高，左右兩個半圓角樓，都是玻璃窗組成，樣式別致，裝飾講究，做工精細，那是汪先生住的。右手一座洋樓是陳公博先生住，弄堂底三座洋樓，是周佛海、梅思平，外祖父，一人住一座。如果外祖母一家搬來，大概也就是住在那座樓裡。

見到陳璧君，外祖母便提出，自己可以帶了兒女到香港去，勸說外祖父重返上海。陳璧君說，可以派他的學生，到香港找他回來，不必外祖母親自跑路。外祖母說：派他的學生去，恐怕做不到。聽說希聖現在在香港，跟高宗武先生住在一起，還有一位黃先生也住在那裡。他的學生去，可以見到他，但是不能把希聖跟他們兩人分開，所以也不能商量什麼事，更不能想辦法把希聖引出香港。只有外祖母自己去，才可以讓外祖父搬離其他人，跟家人一起住，然後才能慢慢勸他回上海。陳璧君便將汪精衛從樓上叫下來，商量此事。

汪精衛聽了外祖母的提議，沒有立刻表示反對。外祖母便又說：勸說希聖回來之前，有幾件事要說明白。汪先生忙問：只要他回來，什麼條件我都可以答應。外祖母說：他提過，他與別人爭執得厲害，不願住愚園路。汪精衛立刻說：可以，只要他回上海，就住在你公館裡，或者另外找一個住宅都可以。外祖母說：今天我接到七十六號電話，他們派了人，要把我們搬到愚園路。汪精衛說：陶先生就要回來了，還住環龍路公館，不搬家。外祖母說：希聖聽說七十六號要殺他，殺了以後再開追悼會。汪精衛馬上大聲說：沒有的事，他們不敢。你們如果不相信，我派我自己的親信衛隊保護希聖兄。外祖母最後說：還有一條，他說過他不要在條約上簽字。聽見這話，汪精衛有些作難，陳璧君則說：只要陶先生回來上海，其他一切都可以再商量。

這時候副官走進來，遞給汪精衛一封信。汪精衛站著，打開信看，不過兩三秒鐘就讀完，臉色大變，告訴外祖母說，那是希聖從香港發來的電報，要求汪先生保護他家人的安全，否則他只有走极端。外祖父公開講話，說出上海的事情，是日汪最覺恐懼的情況。外祖母見機就說：如果這樣，事不宜遲，我最好馬上去香港，勸他回來。若是遲了幾日，他一句話講出去，收不回來，那時我去也無用了。汪精衛接口說：好，我派你馬上出發，去香港。你到香港以後，一個星期之內，給我個准信。說著還批准給外祖母帶一千大洋，作為路費。但是外祖母只能帶兩個小的舅舅同行，母親和大舅三舅須留在上海，不能去香港。也就是說，扣為人質了。

這樣結果，當然母親和兩個舅舅很傷心，但也沒有其他辦法。那形勢下，能走一個算一個，否則全體都是死。外祖母對兒女們講：她先帶四舅五舅兩個去香港，找到外祖父之後，再想辦法救出母親和兩個舅舅。第二天一早，愚園路派了兩輛汽車，送外祖母一家到十六鋪碼頭。母親站在碼頭上，眼看外祖母的船離去，把母親、大舅和三舅留在背後，留在上海灘。那年母親十八歲，大舅十四歲，三舅九歲。

等待是萬分炎熱的，母親和舅舅們雖然每天如常上學，但沒一人的心思在讀書上。盼到第五天，汪公館派人送來口信：外祖母已有電報發到愚園路，他們母子三人安抵香港，見到外祖父，外祖父已同意盡快回上海。

事實上，這一切都是杜月笙先生的運籌帷幄，緩兵之計。外祖父聽說三個兒女被扣留在上海之後，便立刻找到杜月笙先生求救。為了援救母親和兩個舅舅，杜月笙先生從香港親飛重慶，直接同蔣委員長面商，然後布置留在上海進行地下抗戰活動的萬墨林直接安排和主持。萬墨林先生接受任務之後，親自乘車在母親所居住的環龍路附近勘察了幾天，然後細密地制定了援救母親姐弟三人，偷渡出上海的計畫。

頭一條，萬墨林先生派出來幾輛推土車，到環龍路來，好像準備開工修馬路。同時萬墨林先生從內線打探清楚，汪精衛收到外祖母從香港發的電報之後，就放心到青島去開會。愚園路大大小小也都懶散起來，正是展開行動的好時機。於是按照萬墨林先生的策劃，那天晚飯時，三舅開始發脾氣，說是外面推土機通夜的吵，沒法子睡覺，頭疼得要命。大舅也便跟著抱怨，提出到別處去睡覺。母親作為姐姐，便向七十六號特務們要求，把兩個舅舅送到滬西表姨母家去睡一夜，那表姨母在滬西開一座煤球工廠。

七十六號的特務，向機關報告，獲得同意，便開車將大舅和三舅送到滬西表姨母家。講好第二天早上，由表姨送兩個舅舅去上學，下午則還由家裡的司機到學校，接兩個舅舅回環龍路。母親送兩個舅舅走了之後，當晚仍然在自己家裡住，以免引起疑心。

第二天，一九四〇年一月十八日，母親早上起床，跟往常一樣，吃過早飯，坐了家裡的汽車，由七十六號派的司機，開到學校。她從學校正門走進去，卻不去自己教室，而是穿過學校大廳，從後面走出去，直接走到學校後面的霞飛路。一部黑色的小汽車，在霞飛路上等著，見母親從學校樓門出來，便發動起來。母親一到，車門打開，讓母親鑽進去。車門一關，車子便飛快地開動起來。

母親坐在後排座位上，車裡有兩個保鏢，手提短槍，警戒車窗。母親曉得，那是萬墨林先生手下最優秀的槍手，遇有危難，絕對不計自己個人生死，而要保衛母親的安全，但他們自始至終，沒有開過一次口。看起來，他們各人行動都很保密，七十六號沒有任何察覺，後面馬路上沒有一部車子跟隨。車子開到杜美路，街兩邊突然人多起來，三三兩兩，分了幾批，走的走，坐的坐，看見車子過來，都站起，望著車子的後面，想來都是萬墨林先生布置在這裡的二十幾名槍手。萬墨林先生的計畫，如果後面有七十六號的車子追趕，他自己便與車內兩名槍手且戰且走，直到杜美路上，這裡埋伏的槍手們就會拔槍阻擊，生死不顧，掩護母親所乘的汽車脫險。

萬墨林先生本來在杜美路上的杜月笙公館派了兩部車子接應，如果遇有槍戰發生，他就帶領母親換車，繼續衝出七十六號包圍。但因為一路安靜，他們也就不必換車，只需打個掉頭，轉而駛往滬西，母親曉得，他們是去接兩個舅舅了，心裡很高興。車子一秒不停，急駛到表姨母的煤球廠。

根據萬先生的安排，今天一早，表姨母便將兩個舅舅送到煤球廠，說是另有同學家裡的車子，會接兩個舅舅到學校去。實際上，接兩個舅舅的車子，就是萬墨林先生安排的。在煤球廠門口，萬墨林先生也埋伏了二十幾名槍手，都是煤球廠工人打扮。看見車子來到，揮手讓車子進門。然後這些人都站在車子後面，臉都朝廠門外警戒。廠裡面漆黑一片，工人們滿臉煤灰。如果七十六號追兵仍然跟著的話，這裡埋伏的弟兄就會開戰，堵截追兵。煤球廠終日煙霧騰騰，咫尺不辯面目，正好作戰。

母親乘坐的汽車，從煤球廠前門進，換上在那裡接應的另外一部車子，還是萬墨林先生坐前門，後排座位上，兩個保鏢分坐母親身邊，車子便又從後門開出。這時候前面有兩部汽車也開動起來，那是大舅和三舅分坐的車。萬先生的計畫，母親和兩個舅舅，每人坐一部車，分頭開去十六鋪碼頭。如果一路沒有閃失，自然最好，三個一起走。如果七十六號追兵不止，一路槍戰，那時候只有逃出一個算一個，他絕不能讓陶先生的三個男女公子全部犧牲在亂槍之下。

總算萬先生計畫周全，行動機密，一路有驚無險，三部車子，無聲無息，到了十六鋪碼頭。萬墨林先生後來對母親講：託天之幸，那一路平安無事。

碼頭上也有幾十個弟兄，散布週圍，實行保衛。母親三個要上的，是一艘意大利郵輪，叫做康悌威爾第號，船票早買好了。按照萬墨林先生的安排，他們不走碼頭舷板上船，而是由船上萬先生的人，開三個舢板，一人一條，把他們一個一個送到船邊，爬繩梯，從舷窗進船。

三條舢板，前前後後，繞過大船，駛到船靠外海一側。遠遠的十六鋪碼頭上，可以看見許多日本兵在入口處檢查上船客人。母親到大船邊時，三舅已經在空中，沿繩梯向船上爬了一半。第二條舢板上，大舅正往繩梯上攀。繩梯不是從甲板上放下來，而是從一個圓形艙孔中放下。三舅到了艙口，孔裡有人伸出兩只手，把他拖進去。這時大舅已在半空中了，母親等不及了，急忙就往繩梯上爬，把那繩梯搖動起來，半空中的大舅本來緊張萬分，繩梯這一搖，嚇得他險些鬆手落水。

按照萬墨林先生的安排，母親三人上船之後，不許相互說話，裝做不認識，各在自己鋪位上，等候開船，不許亂動。以防船上有人認出，將他們姐弟三人一網打盡，壞了大事。大舅和三舅住同一艙房，但在兩處，可望見不可講話。忽然之間，大舅因為過度緊張，一腿抽筋，兩手抱住，滿鋪亂滾，不敢出聲。三舅在自己鋪上看見，心裡焦急，卻又不敢去問。這樣鬧了好一陣，才安穩下來。此事母親不知道，她另住一間艙房，否則她一定忍不住要去照看大舅。直到下午，郵船啟動，出了公海，母親姐弟三人，才終於可以自由行動，聚到一處，抱頭痛哭。

靠了杜月笙先生策劃，萬墨林先生指揮，我的母親和兩個舅舅，終於逃脫日汪魔掌，離開上海，到達香港，與外祖父和外祖母團聚了。母親說，萬墨林先生對我家的救命之恩，是我們世世代代不能忘記的。

母親姐弟脫險之後，外祖父和高宗武先生在香港《大公報》公佈日汪密約全部文件，揭露日寇滅亡中國的狼子野心，增強中國人民的抗日意志，也使得國際社會更團結到中國政府一邊，積極援助中國的抗日戰爭。為此，上海日汪對杜月笙，萬墨林，外祖父恨之入骨，曾派人潛伏香港，企圖暗殺杜先生和外祖父，都沒有成功。

一九四〇年十一月三十一日，萬墨林先生在上海大馬路金山飯店門口被捕。他被帶到極斯菲爾路七十六號汪精衛組織的特務總部，又被送進虹口日本憲兵隊，連續數日，遭受嚴刑拷打。但萬墨林先生始終不開口，沒有泄露當時國民政府駐滬代表蔣伯誠先生的情況，沒有講出任何一個抗日同志的姓名和住址，保護住了上海地下抗戰的力量。七十六號也三番五次派人到萬墨林先生家搜查，但終於沒有找到一份機密文件，暴露上海地下抗日活動的信息。

消息傳到香港，杜月笙先生馬上派人給上海七十六號送信，談判條件：一、總有一天大家要見面，請留下見面之情；二、你們要幹的話，大家幹；三、要錢，好講。這三條果然有效，頭一筆錢送進去，拷打就停了。然後由相關人士奔走說項，交由五十三家商號聯保，才算將萬先生釋放出來。

但是日本人仍然不肯放過萬墨林先生，一九四二年冬天，萬墨林先生第二次在上海被捕。當時國民政府駐滬代表蔣伯誠先生中風，住在福履利路。蔣太太首先被捕，然後萬先生和曹俊及王先清等十幾人同時被捕，關押在貝當路日本憲兵隊審訊。當時萬墨林先生患著慢性腹膜炎，所以被送進大西路宏恩醫院診治，再轉西浦石路，與蔣伯誠等在一起，兼關押兼養病，直過了六個多月，才獲釋放。

八年抗戰，杜月笙先生在上海淪陷區，營救地下抗日義士，或者護送重要人員進出，以及輸送各種機密情報和物資武器，不計其數，全是靠了萬墨林先生在上海的周密策劃和布置而獲成功。萬墨林先生對中國的抗戰，可說是豐功偉績，對我母親一家，也可說恩重如山。可是他毫不居功自傲，到處渲耀。高宗武先生受其恩，三十年後才獲得機會，同萬先生聚會一次，可知萬墨林先生神龍見首不見尾的狹義身段和行事作風。

萬墨林先生自謙，在自己的《滬上往事》中寫道：「我在上海為地下工作人員跑腿，隨時都有被捉殺頭的可能，我的兩度牢獄之災，並不一定就是為了高陶二位先生的事件所引起。而且彼此都為國際民族，引頸一快，死而無憾。時在美國的高宗武先生，刻在臺灣的陶希聖先生，和他的公子千金，對我來說，只有讓我分享一點點光榮的大德，絕對沒有欠我的情。我的兩度被捕跟高陶事件稍有關聯的，充其量，不過是敵偽雙方早曉得我沾過高陶事件一些光，想起當年他們自己的狼狽情景，修理我的時候，手腳來得重一點罷了。」

一九七一年我的外祖父曾發表一篇文章說：適逢墨林先生七十壽，我無以為敬，謹作本文，並為祝詞，以代一觴。詞曰：

求劇孟之一言而不得，敵軍遂敗衄河濱。
慨鄭莊之門下，危難頻仍，至今猶見墨林。
七十曰老，墨林不老，抱一片報國之赤心。
他日義旗西指，重返上海，客滿座，酒盈樽，再申祝賀之忱。

外祖父在此詞中，把杜月笙和萬墨林兩先生，比作西漢時代的兩個大俠劇孟和鄭當時。對於我家人來說，萬墨林先生的恩情，是永遠不敢絲毫淡忘的。哪怕是上世紀五六十年代，北京城裡鼓吹階級鬥爭最激烈的恐怖時期，母親仍然堅持給我講述萬墨林先生的事跡，不容我們子孫後代被當時社會潮流所毒害，變做忘恩負義的小人。

文化名人劉尊棋

由於我所敬與所愛的親人們的種種不幸，從小我就有了一個很明確的概念：在中國大陸，被公眾冷落，被社會拋棄，受當局批判，受組織整肅，受政治迫害的人，十之九都是好人。當然好與壞，是一種價值觀，見仁見智，並無一致。對於有些人而言，忠君愛黨，不論是非，政治第一，大義滅親，否定獨立人格，消滅思想能力，無視大眾生命，是好的最高境界。可對於我，人性親情，熱愛生命，獨立思想，正直真誠，尊重自我也尊重別人，才是好人的起碼標準，政治只是最末位甚至可以略去不論的部分。

劉尊棋先生，就是我所敬重的一個好人，我小時候稱他劉伯伯。我的父親是個做了六十年新聞工作的老記者，他對我說：他走上新聞事業的道路，有兩個恩師，一個是趙敏恆先生，一個是劉尊棋先生。

父親出身浙江嘉興一個古老的書香門第，自小飽讀詩文經史，我小時候還曾聽他拉著長音，歌唱般地抑揚頓挫，用南地古音，吟誦唐詩宋詞，確能讓人聽得三月不知肉味。那已經幾乎真是絕學，現今十三億中國大陸人裡，恐怕找不出五幾個來了。我也曾跟父親學過，但終於沒有完全學會，很是遺憾。父親從浙江杭州高等師範學校畢業後，教了兩年書，十九歲考入上海暨南大學，在預科讀歷史專業，到本科轉英美文學。

因為國學與英文兩方面的深厚基礎，父親成了一個能夠大展宏圖的青年。當然那也要取決於其身處的社會環境，父親沒有那份幸運，所以終生未得如願。抗戰最後一年夏天，父親從中央大學畢業。通過他的二哥，我的二伯父沈鈞儒先生介紹，到當時重慶的美國新聞處（美新處，後來美國新聞總署前身）謀職。他先見到二伯父的好友金仲華先生，金仲華先生當時在美國新聞處的英文部任主任，關於金仲華先生，我另有專文〈金仲華〉記述，此處不重複。

金仲華先生把父親介紹給美新處中文部主任劉尊棋先生，那是父親頭一次見到劉先生。劉尊棋先生收留了父親，派在中文部做翻譯。當時父親所在小組的組長，名叫于友，後來是《中國時報》總編輯。

據父親講，那時他是個剛走出大學校門的青年，雖然國學和英文都有些底子，但對於新聞事業卻毫無所知。劉尊棋先生是當時中國的名人，特別在中國新聞宣傳出版界，更是領銜的人物。他便成了父親後來終生從事新聞事業的啟蒙恩師，為父親打開了眼界，展示了一個遠大而光明的新世界。也是劉尊棋先生，在父親的頭腦裡根植了新聞自由，新聞獨立，新聞公正等等觀念，樹立起真正無冕君王的新聞記者形象。

父親說，劉尊棋先生個子不是很高，但永遠精神飽滿，樂天開朗，加上他喜歡運動，所以顯得身體很壯實，走路都是通通通地響。一九四九年後，劉尊棋先生在中共政務院新聞總署下屬國際新聞局任職，一九五二年新聞總署撤銷，國際新聞局改為外文出版社，劉尊棋先生先任副社長，後任社長，兼《人民中國》雜誌總編輯。但他既然生活在中國大陸，因為是好人，所以必定挨整。上世紀五十代末，他被撤除外文出版社社長職務，一落千丈，做個小翻譯。可父親說，劉先生在北京西城百萬莊外文出版社大樓裡，照舊精精神神處世，認認真真工作，快快活活度日。每到工間操時間，劉先生還是跑出辦公室，與同事們說笑，嘻嘻哈哈，一起打乒乓球。

雖說是領進新聞事業之門的恩師，劉尊棋先生並沒有每天給父親講授新聞課，他對父親的指導和培養，隨時隨處，邊幹邊學。而更重要的，是表現了對父親的重視和信任，啟用父親的才能，培養父親的自信。父親一九四五年七月進入重慶美新處工作，八月十五日日本宣布無條件投降，九月美新處決定將總部遷回上海，中文部主任劉尊棋先生把才工作三個月的父親列為第一批返滬籌建美新處人員，十月份坐飛機到達上海，足見劉尊棋先生對父親的器重。

父親後來笑說：那時他到上海，身穿美軍卡其布制服，佩戴美國新聞處USNS的徽章，開了美軍吉普車，在南京路霞飛路跑來跑去，讓剛從日軍手裡接管過來的上海人看來，實在是派頭十足。只是父親從來不存騙人之心，也不通騙人之術，否則哪一陣子他好好騙幾根金條，輕而易舉。

兩個月後，母親作為美新處員工家屬，也回到上海，同父親團聚。一九四六年一月他們結婚，在上海金門飯店舉行婚禮。當時國府尚未返都南京，外祖父以軍事委員長侍從室第五組組長身分，專程從重慶飛到上海，備受各界重視。婚禮上，劉尊棋先生做父親的介紹人，上海《申報》總編輯陳訓畬先生做母親介紹人，上海市長錢大鈞將軍做證婚人。金門飯店門口車水馬龍，八樓大讌會廳貴客如雲，蔣委員長甚至差人送來親筆賀幅一幀。當時禮儀，多以關金二十元為一封，價值高於法幣。婚禮之後，各種禮品堆積如山之外，只關金禮封一張長桌尚容不下，流落四周地上。

數月之後，父親反覆思考，最後決定離開美國新聞處，轉到上海《新聞報》做記者。接到上海《新聞報》聘書之後，父親去向劉尊棋先生辭職，心裡有些緊張，也有些歉意。不料劉尊棋先生很理解父親的心思，對父親講：你在美新處，建立不起自己的事業。劉尊棋先生當時是用英文講的這句話：Don't think to build a career here，父親至今記得清清楚楚，對我復述過這句英文。那就是指示父親，想從事新聞事業，不能在美新處做一輩子翻譯，還是要到真正的報館，去做真正的記者和編輯。這個想法，也就是父親之所以轉去上海《新聞報》的動機。

父親到了上海《新聞報》，師從總編輯趙敏恆先生，兩年之內成為當時中國新聞界最明亮的三顆記者新星之一，那是後話，請參閱〈趙敏恆與上海《新聞報》〉一文，此處不重複。

一九四九年上海政權易手，上海《新聞報》立刻被封閉，父親失業，而後受命入中共組織的華東新聞學院學習，改造思想，畢業後分配英文《上海新聞》報做編輯。那《上海新聞》報的總編輯，是金仲華先生，父親當年在重慶美新處的老上級。這個時候，劉尊棋先生已經到北京，在中央政府任職了。

一九五三年北京成立外文出版社，急需外文人才，一道令下，將《上海新聞》報人員，包括編輯部和印刷廠，全部調進北京，父親也在其中。這批上海外文編輯人員進了北京，分為三處任職，一批去了新華社，一批去了宋慶齡創辦的《中國建設》，另一批去外文出版社的《人民中國》編輯部。父親給分配到外文出版社的《人民中國》編輯部，該刊總編輯正是劉尊棋先生。我不免要猜想，是否劉尊棋先生當時專門點名，把父親調到自己手下的呢？

劉尊棋先生與父親，既有老師學生之情，又有領導部下之誼，還有介紹婚姻之親，後來在外文出版社工作期間，父親更受了劉尊棋先生一次救命之恩。

對那次事件，我自己也還有一些記憶。我大約小學一二年級，某天晚上，我們剛睡下，忽然聽到外面院門敲得砰砰響，全院大人小孩都出來看，幾個壯漢跑進來大喊：沈蘇儒在哪裡？父親連忙迎上答應：我在這裡。那幾人二話不說，拉了父親就走出院門。祖母和母親都嚇壞了，不知出了什麼事，也不敢上前阻止，拉著我們三個小孩子，站在屋門前發抖。

同院鄰居，本都是外文出版社同事和家屬，平時和顏悅色，相互來往，此刻都不講一句話，各自關門躲避，形同路人，生怕牽連上點滴關係，害了自己。我們一家，相對而坐，熬過一個漫長的不眠之夜。第二天大早，母親趕到外文出版社，才打聽出來：昨夜是外文出版社保衛科幾人，奉命來家把父親捉走了，原因是剛出的一期《人民中國》有了差錯。

那期《人民中國》雜誌裡刊登一篇有關中印關係的文章，附了一張地圖。不幸的是，父親錯用了一張舊地圖，其邊界劃分被印度學界發現問題，指為中國對印度保持侵略野心，鬧到印度議會政府去了。當時的印度總理尼赫魯，對中國非常友好，便親自同周恩來總理通電話，詢問此事。一張小小的地圖，引發出一場外交糾紛。

周恩來總理放下電話，非常惱火，立刻把外文出版社社長兼《人民中國》總編輯劉尊棋先生召到中南海問話。同時外文出版社黨委也便連夜把責任編輯沈蘇儒扣押起來，準備隨時送交有關機關處置。為平息國際糾紛，或者解決國家危機，捉個百姓開罪，棄卒保帥，在政治遊戲裡是常見的事情。

卻沒想到，父親給關在外文出版保衛科一夜一天，就給釋放出來，毫髮未損，安然回家了。原來劉尊棋先生面見周恩來總理，陳述整個編輯過程，說明刊物所用乃當年中國地圖出版社發表的地圖，而且經過編輯部領導層層審查，直到他總編輯手上，都做了批註。所以如果真出差錯，應該由領導負責任，首先是他社長總編輯的責任，不能全都責怪下面具體辦事的人。這樣，劉尊棋先生便把這場國際糾紛的責任，都擔到他個人的身上，如果必須做什麼處份，那就是他自己去承受。

事實上，最後周恩來總理批評了劉尊棋先生幾句話，要求他以後更加注意，防止同樣錯誤再次出現，然後表示該次事件由總理自己去設法處理，然後就讓劉尊棋先生走了。後來周恩來總理用了些什麼手段，終於化解了這個事件，未使發作為一場更大的國際衝突。

回到外文出版社，劉尊棋先生在一個小範圍裡開了個會，由父親詳細報告該期刊物的編輯過程，並且做了檢討，就算結束，從此再沒有人重提此事，同院鄰居也彷彿沒發生過這場意外，照舊的說笑往來。只有我家自己人，永遠忘不掉那一場驚嚇，父親因此警告我們，嚴禁任何一個子女長大再吃文字飯。同時父親和我家人，終生對劉尊棋先生抱著一種感恩之情。

我家和劉尊棋先生家，都住外文出版社的宿舍，不在一處，但不很遠。兩個宿舍院，都在北京西四地段，我家在頒賞衚衕，劉尊棋先生家在羊市大街，相隔不過電車一站半路。羊市大街那個院子比我們家住的院子大得多，我家小院一共住五家人，羊市大街宿舍住的人家就多了。原來住我們院的人家，有後來搬去羊市大街宿舍住的，所以放暑假的時候，我經常到那院裡去找舊夥伴們玩耍。

父親騎自行車到阜城門外百萬莊上班，每天都要經過羊市大街宿舍門口。逢年過節，父親也經常到那裡去拜望劉尊棋先生。特別是劉先生遭到整肅，被撤了社長職務之後，父親還冒了被同社人員看到的危險，專門到羊市大街去問候劉尊棋先生。劉尊棋先生因曾是社長，在羊市大街宿舍院後面的一個單獨小花園居住，要去看他，必須從幾乎全院所有鄰居的眼皮底下走過。只要一個人去匯報一聲，像我父親那樣的家庭背景，立刻就有反革命串連，甚至結黨翻天的嫌疑。父親平時素來膽小怕事，整天提心吊膽過日子，只是探望劉尊棋先生，他真是大義凜然，似乎將生死置之度外，讓我很崇敬。

講到五十年代後二十餘年間，劉尊棋先生所遭受的迫害，父親總是長長地嘆幾口氣，不願細說。劉先生遭的罪太大了，太多了，一言難盡，父親說完，就沉默。我從自家的遭遇，完全能夠想像劉先生那些年的境況，也不用父親再講多少。然而幸運的是，劉尊棋先生保持了樂觀的生活態度，健壯的身體，所以終於熬過了二十年的災難，活到改革開放的年代。

上世紀八十年代，他獲得平反，然後又做了許多事情，包括父親贊為偉大的一件，主持完成大英百科全書中文版的編輯出版。那些事跡，社會上已有許多詳細記錄，我就沒有必要再重複了。

難逃黑運馮亦代

前些時讀到一篇回憶馮亦代先生的文章，才知道馮伯伯去世好幾年了，心裡一時很覺得難過。最後一批有文化，有學問，有修養的中國知識分子，一個一個都悄悄地走了，剩下三代無知無識之輩，在今日中華大地為非作歹，怎個了得。

從什麼時候就在家裡聽到馮亦代這個名字，已經記不得，反正我們家剛從上海搬到北京，我在小學讀書。父親跟隨著上海報紙的一批英文編輯人員，先獨自一人調進首都，籌建外文出版社。父親被分配在英文《人民中國》編輯部做編輯，那時馮亦代先生是外文出版社的行政辦公室主任，專門管理全社後勤工作，包括幹部及家屬的安頓。因此與父親認識了，據說後來父親接母親和我們一家到北京來團聚，也經過馮亦代先生的關照。

也許是生性使然，也許是工作需要，父親說，馮亦代先生待人很和善，喜歡交朋友。見面就笑，講幾句話，便好像已經熟識多年的老朋友了。但是在到外文出版社之前，父親並不認識馮亦代先生。抗戰時期，他們兩人同在重慶，但父親那時是中央大學的學生，馮亦代先生是有名的文人，得與郭沫若和夏衍等一起喝茶聊天，稱兄道弟，而且做了被郭沫若戲稱為二流堂的堂主。可惜的是，重慶時期這批文人的聚會沙龍，日後卻成了一條罪狀，將馮亦代先生打倒在地，再踏上一只腳，教他永世不得翻身。

但馮亦代先生對父親似乎特別關照，還另有一層原因，就是父親的二哥沈鈞儒先生。馮亦代先生從早年開始，就跟沈鈞儒先生結為好友，後來同是民盟的盟員，沈鈞儒先生是民盟主席，所以馮亦代先生在外文出版社，就像看待一個弟弟一樣地關心父親。

一九五三年秋天，父親把母親接到北京之後，就開始想辦法給母親找工作。這情況下，在辦公室裡見到馮亦代先生，自然免不了談到此事。當時外文出版社各刊物編輯部的英文編輯，很大一批都同父親一樣，從上海遷到北京，都有家屬工作安排的迫切需要。馮亦代先生做為外文出版社行政主管官員，對編輯們的家屬安排，當然隨時掛心，因為那牽扯到幹部能否安心工作的大局。

聽了父親的話，馮亦代先生便很仔細地詢問了母親的學歷背景，然後表示，既然母親也是中央大學外文系畢業，在當時北京急需外文人才的形勢下，工作安排應該不是什麼太難的事情。過了兩天，馮亦代先生便找到父親，告訴他全國總工會國際部正在招聘英文編輯人員。馮亦代先生的夫人鄭安娜阿姨，當時就在全總國際部編譯處工作，馮亦代先生是回家講起父親和母親的情況，鄭安娜阿姨告訴他的，鄭安娜阿姨並且表示願意代為介紹母親求職。

於是在馮亦代先生和鄭安娜阿姨的熱心幫助之下，母親獲得了全國總工會國際部編譯處的編輯工作，開始每天到全總機關上班，與馮亦代先生夫人鄭安娜阿姨同一個辦公室。當時全國總工會在六部口，白石頭蓋的樓，頂上鋪了綠色的瓦，中西結合。臨街有高大的鐵欄杆，門口有持槍的衛兵站崗。我們經常去，也都認識了，不用通報，就可以進門。國際部不在大樓內，而要走出大樓東門，經過一個操場，在操場另一側的一座獨立小樓的二樓上。

聽說馮亦代先生原本是學習工商管理的，大學二年級時觀看學校英文劇社演出莎士比亞名劇《仲夏夜之夢》，看上劇中的學生演員鄭安娜，便開始熱烈的追求。他們在一九三八年結婚，按照馮亦代先生自己的話說：和一個英文天才結婚，不搞翻譯才怪，所以馮亦代先生才走上文學和翻譯的事業道路。

因為介紹工作的關係，又由於馮亦代先生和父親同事，再加上馮亦代先生與沈鈞儒先生的友情，總而言之，母親在辦公室同鄭安娜阿姨比一般同事更親近許多。我們每次到母親辦公室，都會見到鄭安娜阿姨，她也曾到我家來過好幾次。鄭安娜阿姨個子小小的，講話細聲細氣。我對她印象最深的，是她的名字安娜，經常懷疑那是她自小的名字，還是她讀外文系以後自己起的，因為那確實就是一個外國人的名字，中國古人從來沒有叫做安娜的。

和善寬松的日子，不過三年，中國大陸就變了天。一九五七年，中國知識分子全體遭殃，其中數十萬被打成右派，沉淪地獄。那其中就有母親，也有馮亦代先生。母親是全國總工會國際部的第一個右派，馮亦代先生是外文出版社的第一個右派。據說，先是整風運動，中共號召知識分子給黨提意見，知識分子幾乎個個都講了些話，後來一夜之間，風向全變，改成反右鬥爭，知識分子人人恐懼萬分，個個千方百計自保，民盟作為知識分子的組織，充當了反黨急先鋒，右派數目不能少，於是馮亦代先生就成了槍打出頭鳥的第一個犧牲者。

當時毛澤東講中國知識分子有百分之二十反黨反社會主義，於是全國所有單位都照此比例，分配右派人數，甚至層層加碼，力求超額完成指標，以表示對黨的忠誠。本來國際部並沒有上報一名右派，全總主席劉寧一和副主席賴若愚兩位，擔心達不到右派指標，自己烏紗不保，便在大會上宣布：就憑她是陶希聖的女兒，陶琴薰也已經夠格是個右派。於是母親便成了右派，全憑編譯處長陸象賢先生一力擔保，才沒有送到勞改農場去，倖存一條性命。

母親做了右派之後，在編譯處裡便不被當作人來看待了。她必須每天比別人早到辦公室，清掃地板，擦淨桌椅，給每個同事打滿暖水瓶，甚至星期天還要到辦公室去擦玻璃窗。同事們來上班，見到她愛理不理，不僅從來不稱讚或感謝母親的勞動，反而倍加歧視。每次處裡一說開會，母親便必須收拾桌上的紙筆，搬到辦公室門外的走廊裡去，把門在身後關緊。因為她是右派分子，不屬人民之列，處裡開會她就不能參加甚至旁聽。辦公室門外走廊上，擺了一張小木桌，是專門給母親用的。可以想見，每當母親孤獨地坐在那裡，會有怎樣的心情，她被這個社會拋棄了。

鄭安娜阿姨或許由於跟宋慶齡先生有交情，她到全總國際部任職，是宋慶齡先生推薦給周恩來，然後轉薦給劉寧一的，所以全總上下，沒有一個人敢去碰她一手指頭。但是她自己的家裡，先生就是一個右派分子。而在辦公室，她介紹進全總的人，我的母親，又是一個右派分子。不難想像，鄭安娜阿姨那時候的日子如何個過法。她一定格外的敏感，如驚弓之鳥，提心吊膽，而且不得不極力撇清自己，與天下所有右派分子劃清界線。從此之後，我們在家裡，就再也沒有聽父親提過馮亦代先生的名字，也再沒有聽母親提過鄭安娜阿姨的名字。

兩年之後，母親調出全國總工會，到北京市教師進修學院做英文教研員，便與鄭安娜阿姨完全沒有了來往。接踵而來的文革，更把整個中國大陸社會翻了個，好的都成了壞的，壞的都成了好的。其後種種，更不堪回首。馮亦代先生和鄭安娜阿姨都去了幹校，鄭阿姨患了青光眼，得不到治療，一眼失明，另一眼視力微弱，晚年很不幸。但那都是許多年後聽說的了，我的母親沒有熬過文革的折磨，早於一九七八年就離開了這個殘酷的世界。

至於鄭阿姨去世，馮亦代先生續弦黃宗英，以及最後馮亦代先生去世，我都毫無所知。在我心目裡，馮亦代先生的夫人，始終只是那個母親的同事鄭安娜阿姨。

我讀的那篇回憶文章裡寫，馮亦代先生曾對黃宗英女士講過：我想修改我的遺囑，加上：我將笑著迎接黑的美。讀到這句，我忍不住滿眼湧滿了淚。馮亦代先生，鄭安娜阿姨，我的母親，中國大陸所有正直善良的知識分子，都在黑的美裡掙扎了一生，然後回歸到黑的美之中去。而能夠笑著走過來，又走過去的人，實在是太稀少了。我想，馮亦代先生也許不是最後一個笑著迎接黑的美的中國知識分子，但他是那一代還能夠笑著迎接黑的美的中國知識分子，在他那一代之後，中國大陸可以說再沒有產生出過夠格的知識分子，更談不上誰能夠笑著迎接那黑的美了。

我為馮亦代先生惋惜，我為鄭安娜阿姨惋惜，我為自己的母親惋惜，我為所有遭受磨難的中國大陸知識分子惋惜，我為已經沉淪沒落的中國文化惋惜，深深的惋惜。

補記：

馮亦代先生逝世幾十年後，傳出一個說法，馮先生是中共的臥底，坑害優秀知識分子。我遠在美國，無法核實這個傳說。但我從自己在國內的多年經歷，完全能夠理解當時的狀況，上級黨組織找到你，要求你去臥底，去引蛇出洞，匯報朋友的反黨言行，表達你對黨的忠誠，你會怎麼辦？你是抵制然後進監獄，還是接受並完成任務？我願意相信，作為一個普通人，擁有一顆善良軟弱的心靈，馮先生沒有勇氣抵制黨組織的要求。而且他還頂著一個右派分子的帽子，黨組織要他戴罪立功，將功折罪，他有其他選擇嗎？鄧小平先生尚且老老實實按照組織上的要求，三次寫出深刻檢討，宣誓永不翻案。那麼多曾經殺人放火不眨眼的元帥將軍，多少年來一律按照黨組織的要求，犯下無數禍國殃民的罪行。全國十多億人，除非自殺或被殺，在幾十年凶殘的專制統治之下，不是都委曲求全，忍辱負重，苟延殘喘，甚至為虎作倀，助紂為虐，才得以存活下來。我們有什麼理由，幾十年後，用當今開放社會的立場和觀點，苛求馮亦代先生等手無寸鐵的文人？

文人官僚羅俊

父親生前曾這樣教訓我們：一個人一生中可能沒有仇人，但必有恩人。首先是父母的養育之恩，其次是老師的教育之恩，然後是尊長的培育之恩。此外還有親戚朋友以至一面之交或素不相識者的援助，鼓勵之恩。至於夫婦之間的恩情，更是銘心刻骨。總之，沒有這些恩人，一個人不可能生，不可能活，不可能有幸福，更不可能有任何成就。所以我們中國人的傳統，知恩圖報是為人的基本品德之一，忘恩負義則為人所不恥。我（父親）現已年逾八五，回首前塵，我應知恩圖報的人是很多的。可惜他們多數已經作古，我過去無力圖報，現在也只能靠寫些文字來寄託我的感恩之心了。

父親說，在他的一生中，上世紀的五六十年代，是處境最為複雜困難的時期。那是千萬不要忘記階級鬥爭的年代，每次政治運動的主要對象幾乎總是知識分子，因為在知識分子的檔案裡，總能找到一些材料，可以作為整肅的根據。父親說，那些年間，如果不是有人提攜照顧，恐怕那段苦難的歷程就很難渡過。

雖然父親有個兄長是沈鈞儒先生，他也一直在劉尊棋和金仲華等中共信任的先生們的領導下工作，而且父親一九四九年拒絕去臺灣，留在上海迎接中共建政。但在整人為先的時代，一百個「進步」關係，也絕抵不過一個「反革命」關係。而父親有個特別大的「反動」關係，就是他的岳父陶希聖先生。

一九五四年大陸鬥爭胡風反革命集團之後，一九五五年全國繼續開展肅清反革命分子運動，簡稱肅反，主要對象就是知識分子。父親馬上發現自己成了懷疑對象，焦點就是他為什麼留在大陸，為什麼沒有去臺灣？那些患了政治瘋狂症的中國大陸人，實在是沒有邏輯和理性可講。似乎父親那樣的知識分子，一九四九年去臺灣才是應該的，留在大陸反倒不正常，可當年中共公開發表約法八章，是動員知識分子留下，不要跟隨國民黨過海的。

父親正是聽信了中共的宣傳，留在上海，看來是錯了，反倒有了嫌疑。他感到十分委屈和害怕，跑到當時的外文出版社黨委書記孫衷文家，向他哭訴。孫書記聽了，面無表情，對父親說：有問題就交代，沒問題不必害怕。父親沒有獲得任何同情，只好離開。回到家裡，又怕惹祖母和母親擔心，什麼也不敢講，默默地一個人忍著。過了幾天，編輯部副主任、黨支部書記徐敏忽然通知父親出差濟南，採寫一篇山東博物館的報導。那是一個訊號，表示父親已經不在「被審查」之列了，當時真讓父親高興得不得了。

後來從別人那裡才了解到，在那次肅反運動中，徐敏先生確實保護了父親。他認為，對父親的懷疑沒有事實根據，不能憑主觀臆測來整人。徐敏先生當時才調進外文出版社不久，能堅持原則，成了父親在外文出版社的第一個恩人，父親非常感激。父親說，徐敏先生是個學者，對史學哲學都很有研究，後來多年，徐敏先生同父親一直是很好的朋友。我那時還年幼，但仍記得父親在家確實經常提到徐敏的名字，許敏叔叔而且也到我家來過幾次。「文革」之後，徐敏先生調到《歷史研究》去做主編，父親同他仍然保持著聯繫。

逃過那一劫之後，父親在辦公室裡更加謹言慎行，把劉少奇提出的「做黨的馴服工具」那句話，寫了紙條，貼在自己辦公桌前面的牆上，提醒自己時時處處照做。可是樹欲靜而風不止，中國大陸知識分子始終逃不出中共整肅的陰謀，一九五七年開始更瘋狂的「反右」運動。父親雖然膽小，但為響應毛澤東的號召，給黨提意見，便寫了一張小字報「請把知識分子當自己人看」，貼在一個不起眼的角落裡。反右之後，父親也跟隨大流，參加運動。到運動快結束時，社黨委的王農，叫父親寫了一份深刻檢討，承認自己那張小字報有「右派言論」的錯誤，就算了事，沒有戴右派帽子。可母親運氣沒有那麼好，她是被全國總工會主席劉寧一下令定為右派分子了。

「反右」運動之後，像父親一樣沒有被鎮壓的大陸知識分子，更要加緊「改造」思想，於是掀起一場下鄉勞動的熱潮。父親也積極報名，一九五八年跟隨大隊人馬到江蘇高郵農村，和貧下中農同住同吃。父親參加創辦了車邏鄉農業中學，他在破廟改成的課堂裡教課的情況，被拍了照片，放得很大，送到文化部下放幹部彙報展覽會展出。父親覺得那是他的光榮「革命史」，但後來發現對他的政治處境其實毫無積極作用。中國大陸似乎從來都是這樣，你做一千件好事，沒有人會記得，可你只要有一點不是，包括你自己無法選擇的家庭出身，誰都忘不了，而且會隨時隨地千方百計地翻出來整你。

那年年底，父親和下放人員被調回外文出版社，接著一九五九年大陸又開展「反右傾」運動，外文出版社社長兼黨委書記吳文濤，副社長兼黨委副書記李千峰，黨委委員孫柬文等，都成了「反黨集團」分子，罷官流放，更多高層幹部受批判。隨之而來，組織和業務上都拚命的走向極左。一九六〇年全外文出版社進行「書刊檢查」，業務和技術上的問題一律上綱上線，被稱為「階級鬥爭」。大批業務幹部被定為「不符合條件」，下放北京郊區大興縣安定鄉和南口，勞動改造，父親自然也在其內。

可是不久，這批「不符合條件的業務幹部」又都被召回社裡，參加對已經出版的外文圖書逐頁逐字的檢查，因為外文出版社裡，最「革命」的政治幹部全部不懂業務，懂外文的幹部都是「不符合條件」的知識分子。那顯然讓稍有頭腦的人感到啼笑皆非，讓一批「不符合條件」的人，查看出版物是否有「不符合」中共言論管制的問題。在一個缺乏理性的畸形社會，真是什麼無理性的畸形事情都做得出來，還居然會被某些人當作合理，振振有辭，不知天下有羞恥二字。

連年的國內和國際政治鬥爭，終於造成上世紀六十年代初的全國「大饑荒」，北京城裡人人為吃飽肚子而奮鬥，於是所謂「書刊檢查」和幹部整頓也匆匆結束。父親重新回到《人民中國》法文版編輯部工作。那時候，父親接觸到他在外文出版社最大的恩人羅俊先生。

我對羅俊叔叔是很熟悉的。我們住在北京西四頒賞衚衕的時候，羅俊叔叔經常到我家來。那條衚衕裡當時還有一個國務院宿舍的院子，裡面有羅俊叔叔的親戚，所以他常常星期天會去看他們，每次去也就路過我家的院子，便會來家裡坐坐。我們住的那個小院子是外文出版社的宿舍，住了外文出版的六家幹部。羅俊叔叔每次來，就直直地走進我家來，喝些茶聊聊天，然後就又直直地走出去。院裡鄰居當然都認識那是羅俊社長，但他從不理會別人，自然惹得很多人不高興。每次羅俊叔叔來過一趟，院子裡的人至少會好幾天不跟我家人講話，好像我們得罪了他們。「文革」期間，那也成了羅俊先生和我家的一條罪狀，在外文出版社裡貼了許多大字報，在衚衕裡也貼一些大字報。

羅俊先生一九一三年生於江蘇崑山，一九三二年就讀上海大夏大學，不久加入中國共產黨。次年被捕入獄，一九三五年獲釋，赴日本九州帝國大學農業合作系留學，一九三七年回國。抗戰期間，羅俊先生在重慶上海等地，以銀行工作為掩護，從事統一戰線工作。一九四九年後，在人民銀行等地工作。一九五八年開始，擔任國務院對外文化聯絡委員會（簡稱對外文委）副主任。正是那個時候，外文出版社經過幾次領導體制變化，歸由對外文委領導了，而文委幾位領導中，具體分工由羅俊先生負責外文出版社的工作。

羅俊先生是部級領導，有幾十年黨齡。而父親是從舊社會過來的知識分子，正在改造之中，並且還有可怕的海外關係，被中共定性為「控制使用」人員。顯然兩人之間，地位懸殊，有如天上地下。父親甚至不知道，他們兩人是從什麼時候開始有接觸，或者羅俊先生是從什麼時候開始，聽說了父親的名字。據父親猜想，可能是副社長閻百真先生最初向羅俊先生提到父親的名字，而且是因為翻譯《毛澤東選集》第四卷的工作。

父親參加毛選四卷的翻譯工作期間，利用自己的業餘時間，編了一本《毛澤東選集一至四卷註釋索引》，送呈社編輯委員會。當時父親以及一批做文字工作的知識分子，日夜戰戰兢兢，萬事如履薄冰，一字一句都必求做到有據可查，以便事後可以保護自己。而在所有的根據之中，毛選文字（包括其中的註釋）是最可靠最權威的「據」，父親就是為此編了那本索引，也成了全社知識分子找根據自保的有用工具。

究竟當時是出於什麼政治需要，父親願意從好處出發，認為是當時大概領導也感到前一段時間做法過火，想糾正一些知識分子政策，重上「團結，教育，改造」的軌道。我對此很有保留，因為那個「團結，教育，改造」政策本身，已經就不合理，就是對知識分子的歧視和不信任，五十步笑百步，最後還是要整肅知識分子。但不管出於什麼原因，外文出版社領導很重視父親編毛選索引這件事，當作典型，以社編委會的名義，對父親做了公開表揚，那在外文出版社是空前的舉措。而主持此事的領導，是副社長閻百真先生，所以父親猜想閻百真先生因為此事，而首次向羅俊先生提到父親的名字。

從一九五五年以後，經過五七年「反右」，到五九年「反右傾」，至六〇年「書刊檢查」，外文出版社的業務思想完全混亂，許多新聞傳播業的真理，如「讓事實講話」、「讓讀者自己下結論」等等，都被當作「資產階級新聞觀點」、「修正主義思想」而澈底否定。一九六一年三月，對外文委黨組決定，由副主任羅俊先生兼任外文出版社社長。同年七月，羅俊先生在全社大會上，發表《關於對外宣傳工作》的報告，並由此開始長達一年的「澄清業務思想」大討論，設法扭轉社裡的極左思潮。

羅俊先生自始至終親自領導這場討論，花費了許多心血。組織討論的具體工作由編委會下屬的業務學習委員會負責，但該委員會並非常設機構，沒有專職人員，社裡本有一個「研究室」，人員也很少。可這麼大一場思想大討論，材料的整理，綜合，起草，修改工作很多。有一天編輯部領導通知父親，說是羅俊社長要調父親臨時去幫助工作。那是父親第一次走進社長的辦公室，並認識了羅俊先生。

根據父親的回憶，他對羅俊先生的初次印象，是一位平易近人的領導，一位和藹可親的長者。羅俊先生問了父親的工作和家庭情況，介紹了他關於進行大討論的部署，以及關於父親具體工作的要求。也為了便於父親的工作，羅俊先生專門要求行政部門，為父親在中樓安排了一個辦公室，那也是外文出版社從來沒有過的事。那段期間，凡社編委會有關「澄清業務思想討論」的會議，父親都列席，擔任紀錄。社領導的許多相關文件，均由父親起草，參與討論，以及修改潤色。甚至羅俊先生自己的一些文件提綱，也有父親來整理和補充，再由他親自審定發出。

父親還在羅俊先生指示下，起草關於討論的彙報，上交對外文委黨組。一九六二年八月，父親也參加起草《關於調整外文出版社機構體制的意見和建議》，上報對外文委黨組，提出外文出版社昇格為國務院直屬的外文出版發行事業局。這份建議獲得對外文委和國務院的批准，外文出版社從此成為外文出版局，任命羅俊先生為局長兼黨委書記，閻百真先生為副局長。

在所有這些工作之中，羅俊先生和父親建立起了個人間的友誼。他們討論工作之餘，有時也會講些比較輕鬆的話題，有幾次羅俊先生甚至在父親面前，從衣服口袋裡掏出一個扁平的小酒壺，喝上幾口，不再把父親當作下屬或者外人。可惜羅俊先生的嗜酒，最終傷害了他的身體。羅俊先生那時住在王府井小甜水井衚衕，曾邀請父親到他家裡去小坐。甚至有段時間，羅俊先生讓父親每天早上七點半鐘左右，在西四十字路口南側等候，他的專車經過，接了父親一起到局裡上班。本來很多年，父親一直是騎自行車上班，那些日子每天局長的車子在局門口停下，跟隨局長一起下車，總是讓父親萬分惶恐，感覺得到週圍眾多發綠的眼光盯著他的後背，那種日子並不好過。

最後終於有一次開全局黨委領導會議，羅俊先生再次命父親列席做紀錄。會後黨委領導就向羅俊先生提意見，質問那麼重大的高層黨員幹部會議，讓父親那麼一個非黨員，而且是「控制使用」人員參加。眾怒難犯，羅俊先生只好通知父親，思想大討論的工作已近結束，他可以回到《人民中國》編輯部去了。

一九六三年《人民中國》法文版停刊，改由《中國建設》（現名《今日中國》）接手，於是父親被調到《中國建設》編輯部。當時在外文局領導裡，羅俊先生分工負責《中國建設》。一九六四年全國開展「四清」運動，外文局成立兩個「四清」工作隊，赴河北衡水的一隊，羅俊局長親任隊長兼《中國建設》小分隊隊長，魯平先生為副隊長，父親則被任命為小分隊「材料組長」。

「四清」運動還沒有完全結束，「文革」就暴發起來。轉眼之間，羅俊先生就成了「走資本主義道路的當權派」，首遭批鬥。那些年間，中國大陸就是如此，一天到晚，你整我，我整你。羅俊先生的眾多罪名之中，就有重用父親那種反動知識分子的一條。在驚人的瘋狂之中，父親嚇蒙了，為了自保，也跟著貼大字報，揭發批判羅俊先生。我還記得，好幾次晚上，父親從局裡回家，黯然失色，甚至默默流淚，他告訴我們，他對不起羅俊叔叔，可是他沒有別的辦法，他得掙扎著活下去。

直到四十年後，進入了二十一世紀，年已八十五的父親，還給我們寫道：羅俊對我這樣一個素未平生的知識分子能不顧「物議」，賞識起用，而我卻扛不住一點政治壓力，「反戈一擊」，忘恩負義，實在可恥。這樣的負罪心理，久久不能消弭。以後在「五七幹校」，羅俊和我曾同受「勞改」，我們有時會相遇，當然彼此不敢招呼，我更沒有勇氣面對他那依然和藹的目光。十載苦難，家破人亡。一九七八年「文革」總算結束，統戰工作重新開始，不幸母親受夠了苦，卻未能過一天好日子，剛在那時去世。有關部門在八寶山革命公墓為母親舉行追悼會，萬沒想到，羅俊先生居然協同魯平先生一起，聞訊趕到。當時羅俊先生剛剛恢復工作，任國務卿港澳辦公室副主任。

第二年，一九七九年，父親滿六十歲，他的正常生活才開始了。那年時任中宣部長的胡耀邦先生，把羅俊先生從國務院港澳辦公室調出，回外文出版局任局長。一上任，羅俊先生就調整各單位領導班子，父親被任命為《中國建設》編委會成員，次年被任命為副總編輯。一九八一年父親率中建代表團訪問泰國，一九八三年又參加中國外文出版代表團出訪美國。羅俊先生還曾舉薦父親任全國政協委員，由於名額有限，父親改做北京市政協委員。自此之後，父親還任許多相關協會的理事。

我一九八三年到了美國，至今三十多年，其間回國四次，而且每次都不過兩星期。聽說的故事也不多，但父親卻仍舊經常告訴我，有關羅俊先生的事情。羅俊先生退居二線之後，父親同他的接觸機會少了，但仍保持著經常的聯繫。每次父親寫作有關對外傳播的專業著作出版，都會先送羅俊先生過目，聽取他的意見。連續多年，每年春節，風雪無阻，父親必要去給兩個人拜年，一個是梅益先生，一個是羅俊先生。直到父親八十幾歲，仍然如此，他永遠牢記著這兩個恩人的恩情。

聽父親說，羅俊先生晚年多病，父親最後一次去北京醫院看望他，是二〇〇三年，父親隨外文局副局長彭健飛先生同往。羅俊先生顯得很虛弱，身上插了許多管子，兩眼緊閉，但是父親仍然能夠感覺，羅俊先生還是有知覺的，當父親俯身到他耳邊呼喚他的時候，似乎看到羅俊先生微微露出一絲笑容。那年十二月，羅俊先生去世了，享年九十歲。父親沒有去醫院參加告別儀式，他告訴我們，他不能看到已經停止呼吸的羅俊先生。對父親來說，羅俊先生是永遠活著的。

楊憲益兄妹翻譯家

父親先是楊憲益先生的學生，然後又與楊憲益先生同事幾十年，我們在家裡一直稱他做楊伯伯。

楊憲益先生一九四〇年英國留學歸來後，就在重慶的中央大學英文系做教授，教一年級英文。當時重慶中央大學一年級，不在沙坪壩中大校園裡，而在一個叫做柏溪的分校。因為太平洋戰爭爆發，日軍佔領上海租界，暨南大學內撤，我的父親輾轉而到重慶，一九四二年進入中央大學，直接入讀二年級，所以並沒有在柏溪分校讀過一年級，沒有聽過楊憲益先生的課，但既是中大學生，仍然要算是楊憲益先生的學生。

當時父親就曾聽說，楊憲益先生教課之外，還在業餘時間把《儒林外史》翻譯成英文，使得父親非常的敬佩。翻譯中國古代文學作品，是一件十分艱難的事情。做此事者不僅英文要好，更首先必須國學底子深厚。如果讀不懂中文原作，翻譯只能是胡說八道。由於家教關係，父親自小研習國學，深知其淵其博，中國大陸人裡十之八九不過略知皮毛而已，特別是學外文的青年，精力都花在外文上面，顧不得其他，結果對中文更是一竅不通。父親生前有機會到大學講課時，也總是反覆告戒學外文的學生們，必須注重學習中文，楊憲益先生是最出色的例子。

楊憲益先生一九四三年就離開沙坪壩的中央大學，到重慶北碚梁實秋先生主持的國立編譯館任職去了。自從鴉片戰爭之後，中國人發現，中國並非天下唯一可以住人的地方，世界上除中國之外，還存在著許多其他國家和其他人種，而且很多其他國家和民族都比中國更加強盛，於是中國的外文翻譯工作，就一直注重把外文著作譯成中文，至今似乎仍然如此。但實際上，早在抗戰時期，梁實秋先生就想開闢一個反向領域，把中文經典著作翻譯成外文，介紹到世界上去。而行此事，無出楊憲益先生之右者。

聽父親說，楊憲益先生之所以能夠成為中國翻譯界第一人，令人敬佩，他的訣竅就是中文好，國學好，對中國文學著作深刻理解，才能妥帖地翻譯成英文。

楊憲益先生在中央大學任教時，他的妹妹楊靜如在中央大學英文系讀書。一九四二年，我的母親從昆明西南聯大轉學到重慶，進入中央大學，同楊靜如住同一宿舍。母親雖然低楊靜如兩班，但成了好朋友。聽母親說，楊靜如在大學裡，一直把母親叫做陶陶，很特別。那個叫法，我覺得很好聽，很有文學味道。楊靜如後來到歐洲留學，歸國後用筆名楊苡發表文章，成為著名作家，一九四九年後在南京大學外文系做教授。我們至今仍然稱她靜如阿姨，改不過來，就像楊靜如阿姨的女兒，至今仍然稱呼我的母親陶陶姨一樣。

楊靜如阿姨在中國，不是個陌生的名字。現在流行中國的一本譯作，英國作家勃朗特寫的《呼嘯山莊》，就是楊靜如阿姨譯的。勃朗特姐妹，是母親特別鍾愛的英國作家，我相信她與楊靜如阿姨在重慶中央大學時，肯定同是勃朗特姐妹迷。我小時候，家裡的書架上放滿書，其中有《呼嘯山莊》的中譯本。記得小學時讀過一次，不大懂，中學時又讀一次，懂得多些。接著就是文革亂起，紅衛兵幾次抄家，家裡帶字的紙張全部毀滅，那本《呼嘯山莊》也不得幸免。最近，我請靜如阿姨簽字送我一本她譯的《呼嘯山莊》，因為我曾親身面臨過魔鬼，確實曉得恐怖是一種怎樣的感受，讀起來自是另一番滋味。

靜如阿姨曾對我講，她自己已經大學畢業，而且結了婚，母親才讀大學三年級。靜如阿姨生第一個孩子的時候，有一天母親突然匆匆跑到醫院來，找靜如阿姨密談，原來是我的父親向母親求婚了，母親不知該怎麼辦，找靜如阿姨商量。結果當然顯而易見，所以我有了這樣一對父親母親。可惜從一九五七年以後，她們之間的通信來往就減少了。到上世紀六十年代，階級鬥爭越搞越烈，兩人就斷了聯繫。只有靜如阿姨講陶陶的故事給她女兒聽，母親講靜如阿姨的故事給我們聽。

文革之後，靜如阿姨同我家終於恢復了聯繫，可惜母親已經不在了。靜如阿姨聽到噩耗，非常難過。直到如今，我從美國給她打電話，每一次她都要重複講，一九七二年她剛從牛棚裡出來，到一個中學教書，同年楊憲益先生獲釋出獄，她就跑到北京會見哥哥。她在北京住了一個月，千方百計打聽母親的下落。雖然楊憲益與父親都在外文出版局，但從文革開始，楊先生坐了四年監獄，父親則蹲了更多年的牛棚和幹校。在當時殘酷的社會狀況下，正常人相互之間都不敢來往，更別說被關押和打倒的「反革命」。楊憲益先生如果到外文局找人打聽沈蘇儒，恐怕馬上要被質問：問他幹什麼？反革命勾結？說不定又要把楊先生關監獄，或者乾脆把楊先生和父親一起關監獄。

雖然剛從牛棚受苦受難出來，到了北京，終於自由，吃喝不愁，同休養一般，但靜如阿姨不滿意。除了沒有找到母親的失望之外，她也受不了北京城裡的那套虛偽和欺騙。楊憲益先生能夠出獄，是因為他的夫人戴乃迭的英國家人要到北京來，了解楊先生的情況。西方人到底也弄不明白，中國大陸人為什麼那麼仇恨文化，那麼殘暴地迫害知識分子。一夜之間，楊憲益先生從階下囚，搖身變成大花瓶。天天出入廳堂賓館，坐席吃讌，政府官員日日簇擁前後，喜眉笑眼，講述中國之偉大，中國人民生活之幸福。似乎楊憲益先生無辜坐牢的冤案，靜如阿姨無辜蹲牛棚的迫害，不值一提。不僅不值一提，甚至好像根本從來沒有發生過。在中國大陸，普通人，特別是知識分子的生命，就居然如此的低賤，如同牛羊一般，可以任意宰割，屠夫們連眼都不必眨一下。

我家從上海搬到北京以後，父親跟楊憲益先生同事，經常來往。母親有時也會跟父親同往，談談靜如阿姨近況等等。一九五三年成立外文出版社，楊憲益先生從南京調入北京，父親從上海調入北京。楊憲益先生在外文出版社下屬的《中國文學》雜誌任職，父親在外文出版社下屬的《人民中國》雜誌任編輯。據說，楊憲益和父親兩人，都是劉尊棋先生化了很大力氣，才調到他手下工作的。劉尊棋先生當年的雄心壯志，是把外文出版社辦成一個像商務印書館那麼規模的出版社，對外介紹中國文化。

記得有幾年，我常去外文出版社父親的辦公室，見過楊憲益先生好幾次。六十年代初，父親也曾帶我到楊先生家裡去過幾次，那時楊先生住在西城百萬莊外文出版局的宿舍樓，是一個普通的公寓單元，雖然比起外文局一般幹部來，面積稍微大一些，但還是小得可憐。特別是楊先生家裡，四壁立滿書櫃，再加沙發，屋子裡面可以讓人活動的空間就更小了。

我記憶裡，父親帶我走進去，屋子裡並不明亮，楊先生坐在屋角的沙發上，幾乎像是蜷在裡面，旁邊的茶几上放了幾本打開的書。楊先生當時瘦瘦的，抽著香煙，有一點無可奈何的神情。楊夫人戴乃迭，倒是蠻高大，朗聲說笑，給我們端茶送點心，絕對是個盡職的主婦。記得最清楚的一次，戴阿姨給我們端來一盤金黃的桔子，非常甜，我從來沒有吃過那麼甜的桔子。

那時期，中國大陸還與世界隔絕，北京城大街上很少見到金髮碧眼的洋人，但外文局裡還是可以常遇見，外國專家局裡當然外國人更多，所以我到楊憲益先生家，看見戴乃迭女士，並不覺得奇怪。而且他們夫婦兩人，確實非常融洽和諧，就像天造地設的一對，絲毫不讓人感覺他們中間，一個是中國男人，一個是英國女人。

照我的家教，大人在一起談天說地的時候，小孩子只能坐在一邊聽，不許隨便插話。所以我聽父親跟楊憲益先生交談，實在沒什麼意思，何況他們大多時間都是講英文，我那時才小學生，一個英文字也沒學過。戴乃迭阿姨忙過之後，也坐下來，參加談天，那就更是全盤英文了。

父親跟我說，他同楊憲益先生特別有話講，是因為他們對翻譯有相同的看法。幾十年來，父親一直遵從嚴復先生的翻譯理論：信達雅。近年父親還寫作了一本翻譯理論專著，書名就是《論信達雅》，此書由上海和臺灣兩家商務出版社出版。楊憲益先生也是同樣的看法：翻譯不能做過多的解釋，譯者必須儘量重視原文，否則就不是翻譯，而是改寫了。翻譯第一要義，是信，譯文不能離原文太遠。當然光信不達，譯文沒人讀得懂也不行，但不能為了達而忽略信。至於雅，那就全看譯者的文化修養了，外文中譯能做到雅者，已屬鳳毛麟角，而中文外譯能做到雅的，可說楊憲益先生之後，無一來者。

記得有一次從楊憲益先生家出來，父親笑著對我說：他發現自己同楊先生除了對翻譯理論的相同之外，還有第二個相同處。楊憲益先生自小在家裡讀私塾，所以他國學底子那麼好，直到十二歲才到外面讀教會學校。可是他從來不肯用功讀書，每年考試都是第二名。很多人勸他，只要稍微多用一點心，就可以考第一，可是他仍舊總考第二名，從來不去考第一名。父親在浙江省立二中初中畢業時，是全校第二名。後來參加上海市普通教育行政人員考試，又是第二名獲雋。所以父親說，他和楊先生是第二名階級。不過父親說：他自己還是很用功讀書，很想考第一名的，只是沒有考到，不敢跟楊憲益先生比。楊憲益先生是根本不把考第一名放在眼裡，絕不肯用功去爭取第一名，所以才考第二名。

我印象裡，楊憲益先生講話聲音並不高，也沒有舉手投足的大動作，十分沉靜。可父親說，楊憲益先生確是典型的文人，而且是個風流才子，與人交談，幾口酒喝下，便會海闊天空，才華橫溢，出口成章。雖然不敢說他也能斗酒詩百篇，喝幾杯酒，吟出個把篇來，是很經常的。父親常感嘆說：楊先生這樣的人，在中國大陸實在是鳳毛麟角，可惜沒有逢到盛世，辜負了他的才華。

同許多中國大陸學者文人一樣，查閱楊憲益先生的官方生平，也跳過二十餘年空白，那生命的浪費，精神的苦痛，可以想見。期間，父親同楊憲益先生的來往也斷絕了。我只記得，文革剛結束時，有一次父親對我說：楊憲益先生又回到《中國文學》去工作了，老先生竟然敢公開講，刊物裡的文字，包括小說、詩歌、評論、文章，全是垃圾，毫無價值。父親說完，搖搖頭，笑了，補充：到底還是楊先生。

于右任不忘師恩

我小時候熟知于右任先生的名字，並非因為他是國民黨元老，當時中國大陸公眾對於國民黨，除了盲目仇恨，其他一無所知。我在家裡經常聽說于右任先生的名字，是因為他年輕時是我的一個祖伯父的得意學生。家裡長輩敘及祖伯父的往事，時不時就會提到于右任先生的名字。

那個祖伯父名諱一個衛字，字友霍，號淇泉，我們稱他十一公公，是浙江嘉興沈氏家族近代光宗耀祖的一個驕傲。十一公公光緒十五年已丑恩科中舉，赴京入禮部應試，榜發連捷。不料適逢母喪，遂回鄉守孝三年。甲午年復入京補殿試，取一甲一名進士及第。因非當年考生，而是補考，不能做狀元，降為二甲二名。年三十三，授翰林院編修，歷任武英殿協修、國史館協修、功臣館纂修。光緒二十六年五月，十一公公放甘肅正考官，赴任途中，義和團拳匪亂起，八國聯軍進京，兩宮西狩，詔命西北考事作罷，就地迎蹕，護送西太后到陝西。潤八月，十一公公受命陝西提學使，俗稱學台，主持陝西學政。

十一公公看到中華國破家亡，為重振民族雄風，受事後毅然以崇實學，端士習為職志，改革學政，興辦學堂。他把當地原來的宏道、味經和崇實三個書院合併，創設宏道大學堂，改定規程，廣建校舍，遴選陝西各府州縣的高材生入學。被選入宏道大學堂的首批學生裡，有于右任先生，還有張季鸞先生。

于右任先生，原名伯循，字右任，後以字行，號髯翁，筆名神州舊主、騷心、太平老人等。祖籍陝西涇陽縣斗口村，一八七九年生於陝西三原縣東關河道巷。時家道衰落，困苦貧寒，未滿兩歲，慈母離世，由伯母房太夫人攜至外祖家撫養。七歲入學，讀騷史，學詩文，被譽為西北奇才。

聽我家老輩人講，于右任先生就讀十一公公的宏道大學堂以後，開始接觸開明思想教育，從而走上革命救國之路，所以他非常感激十一公公，尊為恩師。據我的外祖父陶希聖先生講，後來在臺灣，兩人會面，于右任先生還曾講述當年在陝西十一公公學堂裡讀書的事情。

戊戌變法時候，于右任先生在十一公公的學堂裡讀書。百日維新失敗，他萬分悲痛，奮筆疾書，著文憤時排滿，對慈禧太后尤多諷刺。他的《半哭半笑詩草》首頁，印上自己一張赤膊圖片，旁題一聯曰：愛自由如髮妻，換太平一頸血。當時三原縣令滿人德銳得此詩草，密呈陝西總督升允。總督斥之「逆豎倡言革命大逆不道」，嚴令追捕，就地正法。

十一公公得知消息，連忙通知于右任先生東往躲避，並將自己的梅花名札交付于右任先生，囑其沿途逢官兵盤查，便呈示此名札通關。就這樣，于右任先生憑著十一公公的學台名札，得以闖過重重關卡，逃出陝西，到達上海，易名劉學裕，入震旦學院，後赴日留學。一九〇六年于右任先生在日本結識孫中山，加入同盟會，投身民國革命，先後在上海創辦《神州日報》、《民呼報》、《民立報》等。一九〇九年主持建立震旦公學，乃今復旦大學前身。一九一二年在南京臨時政府任職，一九一八年回三原任陝西靖國軍總司令。後任國民政府監察院長多年，一九六四年八十五歲逝世於臺灣。

因為教育和救命兩大恩德，于右任先生對十一公公很敬重。後來十一公公對清廷失望，深感國事已無可為，任滿後堅請退居林下，高臥海上，流寓不歸。那時于右任先生已在國民政府擔任要職，位高權重，卻對恩師畢恭畢敬，使十一公公很快成為上海名士，人稱太史公。再加另一陝西門生張季鸞做《大公報》總主筆，文章天下，也對沈學台很崇敬，遂令十一公公名氣更大。

張季鸞先生是陝西榆林人，被十一公公收入宏道大學堂讀書，畢業後決定赴日留學，行前特別登門拜別恩師。十一公公很高興，同時也知道當時十九歲的張季鸞先生，還從來沒有出過陝西省地面一步，頭次出國，心裡必定很緊張，便仔細向張季鸞先生講解去日本有兩條路，一走天津，一走上海。十一公公又主動向張季鸞先生建議，自己的侄兒衡山（即沈鈞儒先生）也準備去日深造，這後一條路他走過不少趟，與他同行，一路可以得到他的照應。不過衡山還要先回嘉興料理家務，估計要秋後才會上路。十一公公安慰張季鸞先生說，你可放心，到上海以後，衡山會介紹其他熟人，帶你一起出國到日本的。現在蘆漢鐵路已全線通車，途中也方便了，你獨自一人到上海不必擔心。

張季鸞先生聽了，件件記在心裡，感激恩師對他如此關心，替他周密安排。隨後，由十一公公安排，張季鸞先生在陝西學署住了半個多月。期間十一公公親自為他辦妥一切出國的手續。當時赴日不需護照，官費生只要各省學署致駐日公使發一個帖子，就行了。而且十一公公決定，張季鸞先生赴日的旅費和頭一年的全部學習費用，也都由陝西學署發放。也就是說，張季鸞先生留日，實際等於託了十一公公的照顧，成了官費資助，難怪他歸國之後，成就了大事業，卻絲毫不敢忘記十一公公的恩典。

一九二二年，于右任先生在上海閘北青島路（今青雲路）青雲坊創辦上海大學，如同他當年在陝西宏道大學堂所受教，向更多有志青年傳授革命道理。那是國共合作的蜜月期，于右任先生邀請了很多中共黨員到上海大學任職，如邵立子，鄧中夏，瞿秋白，陳望道諸先生。中共黨員如李大釗，蔡和森，惲代英，沈雁冰等先生，也都先後在上海大學任教。我的外祖父一九二四年到上海商務印書館做編輯，經同仁介紹，到上海大學教授一門法學通論，從此結識于右任先生。

據外祖父回憶，當時上海大學設備很簡陋，但洋溢革命精神和熱情。時值北伐革命前夕，上海大學成為中國國民黨的前哨，向廣州革命大本營源源不斷，輸送青年學生。不少人後來致力黨務，更多學生則到廣州投身黃埔軍校，成為後來國民革命軍的中堅。

外祖父還講過一個于右任先生的故事，一九四八年舉行行憲國民大會，于右任先生在會議期間寫「為萬世開太平」的條幅，到會代表每人一幅，人人奉為至寶，外祖父也得到一幅。大會閉幕典禮，于右任先生做主席。他請外祖父擬閉幕詞的草稿，另寫了一個條幅給外祖父做酬謝。

于先生當時說：實在太忙，匆匆寫來，不盡滿意。待日後稍閒時，再另寫一幅贈送。他這一諾，就是十五年過去。等到兩個老人在臺灣見面閒聊，外祖父重新提起國民大會閉幕典禮上的諾言，于右任先生聞之，馬上動手，另寫了一幅字，送給外祖父。那幅字我沒有看到，外祖父說是七言絕句一首，寫得生氣勃勃，有如龍蛇飛舞。

於是我才曉得，于右任先生不僅是個大革命家，而且是個大書法家。我岳父孫定國先生的收藏裡，有一幅于右任先生的條幅，上聯「神龍何能狎」，下聯「天馬不可羈」，正是他所最擅長之行楷，筆力雄健，變化豐富，融篆隸行草於一爐，大氣磅礴，沉著痛快。這條幅偶然被我看到，便索討了來，保存至今。

我的祖父五十年代在上海去世，祖母和母親送祖父的靈柩回浙江嘉興，安葬沈家墓地。那時父親已經調到北京去了，我作為長孫，跟隨送葬。在嘉興我們沈家的墓地陵園入口，築有踏步，立著一塊石碑，上面刻著「沈氏墓道」四個字，是十一公公去世安葬的時候，于右任先生專門寫下，作為對恩師的敬意和懷念。

末代皇帝後半生

我父母兩系的祖先，都有不少人中過進士，就是說他們都曾經過殿試，都曾面見過皇帝。但這篇大清宣統皇帝的文章，並非要說我家曾是皇親國戚，我祖母的娘家是大明皇帝朱家的宗親，但就我目前所知，我家並無一人跟滿清皇族有親，我也從沒聽任何家人敢說他是皇上的朋友。

我的父親出生時，已是民國，宣統皇帝雖然還住在紫禁城裡，卻已經宣布遜位。但我的父親卻曾真的曾見過中國歷史的最後一個皇上，但那是在一九六三年，也不是在紫禁城裡。那年，父親從外文出版社的《人民中國》雜誌社，調到《中國建設》雜誌編輯部，立刻接受一個重要任務，採訪一九五九年剛被釋放出獄的溥儀先生。

那個年代，中國大陸文藝界還在拚命努力，爭先恐後製造無產階級革命英雄的種種神話故事，尚顧不得末代皇帝或者末代皇后的逸聞趣事，清宮秘史之類文字紀錄，只有對文史感興趣的知識分子們會讀讀，市民俗眾忙於追隨革命潮流，沒功夫享受娛樂，而且也不把讀書當作娛樂，再說中國大陸媒體對宣統皇帝的勞改和特赦也不做報導，大眾既不曉得也不關心。《中國建設》只做對外宣傳，與中國大陸百姓無關，所以今日末代皇帝是個好話題。

父親做那件工作的情況，我還記得一些。他那幾天回家，經常給我們講大清皇上的故事，也給我們看過許多皇宮裡的圖片。那時候溥儀的自傳《我的前半生》一書，只是內部讀物，沒有公開發行，父親帶回家來研讀，是個薄薄的小本子，記得是灰色的封面，我也曾偷著看過一些。父親對那本書，很不以為然，認為替溥儀執筆的人，水平太差，末代皇帝那樣的身世，寫出來竟然毫無文采，讓人讀不下去，實在糟糕至極。

我因為早早就看過了內部讀物，待那本書公開上市之後，就沒有再去讀。現在仍然還記得的是，他和若干舊臣一起關在撫順監獄裡，他還是用不著自己穿衣吃飯，那些舊臣照舊地跪著服侍他，不敢站著跟他講話。我當時非常敬佩那些臣子們有修養，講禮數，守規矩，實在是一眾義和團蠻勇所無法相比的。

父親講，《中國建設》雜誌社先跟全國政協聯繫，獲得許可之後，他才能去見中國的末代皇帝。當時溥儀先生剛從撫順監獄釋放出來四年，還沒有被任命為全國政協委員，他那時的頭銜是全國政協文史資料委員會的文史專員。但他畢竟身分特別，仍然不是任何人都能去見，也不是任何人都能得到全國政協的批准而去見他的。

那是一個秋天，並不很冷，父親準備好之後，就正式去拜見溥儀先生。我記得那些日子，父親每天專門穿上最好的深色嗶嘰中山裝，還理了髮，刮了鬍子。早上臨走，總要跟祖母說一聲：我去晉見皇上了。祖母一聽，便垂下頭，畢恭畢敬，送父親出門。

現在想想，我很能理解當時父親誠惶誠恐的感覺。我能想像，如果是個未經教育的市井俚民，或者一個狂妄淺薄的憤青流氓，他們對仁義忠勇毫無所知，將中國傳統的尊嚴禮法都視為糞土，自然不把晉見皇上當做回事。事實上，後來文革發生，紅衛兵們就曾經殘酷地虐待過溥儀先生。而且直到今天，仍有許多人，或自己心理變態，或見利忘義，以潑髒水為樂事，繼續肆意侮辱末代皇帝及其夫人，實在令人齒冷。

我的父親出身書香門第，從小就見過他的父輩和兄長們，用怎樣的神情口氣來談論朝廷和皇上，他知道如果沒有民國革命成功，他仍將繼續父兄走過的科舉道路，進宮殿試，蒙皇上垂愛，得中三甲，耀祖光宗。所以晉見皇上，哪怕是已經落魄的皇上，也應該有一種尊敬。其實會見任何一個人，如果把對方當作一個人，就都應該抱著一種尊重的態度。特別是對於那些當時遭受社會歧視的人，也用同樣的對待人的尊重態度去交往，確實不容易，不具高度文明絕對做不到。糞土當年萬戶侯，楚王之威，到底逃不過掘墓鞭尸。韓信受胯下之辱，卻終有一天登元帥之尊。不以一時成敗榮辱論人，敬人自尊，謹慎溫厚，是世家子弟接受的基本家教。我看到父親晉見末代皇帝的樣子，就知道如果以後有同樣機會，我也會用怎樣的態度去拜見那些曾遭受過不幸的人。

父親最開始，到全國政協辦公室去見溥儀先生，那是新修建的一座灰白色的大石頭建築。文史委員會的辦公室很普通，溥儀先生的辦公室也很普通。一個不大不小的簡陋房間，光板牆壁，水泥地板，擺若干辦公桌，若干木椅，茶杯暖瓶，紙張鋼筆，所有那些穿著延安幹部服，後腰打皺，褲腿沾泥，布鞋開線，趴在辦公桌上寫字的人裡面，有一個就是中國的末代皇帝。實在難以想像，他當年如何獨居紫禁城，高坐太和殿龍椅，接見百官群臣。

自我介紹，問候寒暄之後，父親便提議到樓外的花園裡去走走。溥儀先生同意了，在辦公室裡，隔桌有耳，他們無法講任何話。據父親說，就是那幾次在政協的花園裡散步閒談，使他取得了溥儀先生的信任。父親不是個毛頭青年，比較老成持重，而且一九四九年前做過新聞記者，與所謂舊人員有些共同經歷，溝通起來也較少隔閡，更重要的是父親知書達理，以禮待人，並且對溥儀先生抱著一種尊重而又平等的態度，所以他們之間很快就無話不談了。

父親說，溥儀先生很喜歡講話，學問淵博，經歷豐富，聊起天來，是很有趣的。我聽了就搖頭，替父親可惜，如果當時還是大清紀元宣統五十四年的話，父親不是可以做一品太傅，天天陪皇上談天麼。

那年末代皇帝五十七歲，父親說他個子不高，身體瘦弱，戴副眼鏡，一天到晚穿著四個大口袋的延安幹部裝。皇上的特點是喜歡戴帽子，在屋子裡自然是不戴的，但只要出門，哪怕就是在院子裡散散步，他也一定要戴帽子。後來父親提出到溥儀先生家裡去拜訪他的新夫人，也獲得同意。末代皇帝住家離辦公室不遠，下班之後溥儀先生拎個小包走回家，完全跟北京普通機關幹部一模一樣。

父親曾告訴我，溥儀先生最不願意別人把他當作一個怪物，一個外星人那樣的看待，而每逢有官方人員去看他，或跟他談話，總不能夠以平等的態度，把他當作一個普通公民。這沒有什麼可奇怪的，那些自己抱有帝王或者奴隸意識的人，見到末代皇帝，當然就心理失衡，不知該怎麼辦了。那種人，如果他們自己做了皇帝，那必定會比歷史上任何一個皇帝都更加專制和獨裁，草菅人命，毀滅中華。

當時溥儀先生住在北京城很普通的一條衚衕裡，環境很安靜。皇上夫婦兩人，住一個獨院，父親記得，當時還好像有一個佣人服侍。皇上住著一個平常的四合院，平房，也不大，總共只有三四間屋子，溥儀先生甚至曾邀請父親去看過他的臥室。父親說，那臥室很小，光線也很暗。同時父親也告訴我，溥儀先生告訴他，即使民國以後，末代皇帝在禁宮之中，仍有一千名太監，一百多御醫，兩百名御廚，伺候著他，還有幾百名御前衛士。只要他想，可以花三萬大洋買一顆鑽石，或者兩千大洋買一條警犬。每頓飯六十道菜，天天都穿新衣服。相比之下，他眼下的日子，簡直說不成是生活。

父親的採訪，有幾次時間較短，有幾次時間久，還在溥儀先生家裡吃了飯。父親回家來講笑話，他在皇上家裡吃飯，並不是御宴，甚至沒有北海公園仿膳的栗子面小窩頭，全是北方家常飯，花卷饅頭。父親說，溥儀先生的夫人原是護士，為人很安靜，從容貌到舉止，都很平常，並無嬌驕二氣。有客人來，她很盡家庭主婦的職責，端茶倒水，招呼客人，就是同桌吃飯，也很少講話。近年看到國內許多文字，從人格到政治，對李淑賢女士極盡辱罵，實不知為何？父親一九六三年之後，或許出於對溥儀先生的尊重，始終沒有講過一句對他夫人不恭敬的話。

記得我問過父親幾次：溥儀真的沒有任何皇帝的氣概和派頭麼？我實在無法想像，一個皇帝會跟我們百姓一樣。我家裡做過四品官的祖輩，都已經大不同凡人了。父親每次都堅決地回答：沒有，他沒有絲毫皇帝的遺跡。他的樣子，他的舉止，他的言談，他的態度，都跟我們普通人沒有什麼兩樣。

我也問過父親，溥儀先生家裡，有沒有什麼特別的東西，像在故宮裡常見的如意啦，字畫啦，或者一個會唱歌的小座鐘之類。父親說，什麼都沒有。溥儀先生的客廳裡，掛有字畫，但只是一般的裝飾，並非名貴珍品。父親告訴我，溥儀先生對他講，民國之後，宣統皇帝從皇宮裡外運珠寶文物無數，直到他關在撫順監獄，還上交過近五百件珍貴首飾。等到他特赦出獄，已是澈底的兩袖清風，身無分文。我聽了，很覺得溥儀先生可憐。但再比較一下，中國過去所有的改朝換代，前朝君主個個都跟著朝廷一起，死無葬身之地，而宣統皇帝則總算還留下了一條性命，所以也就相當不壞了。

也許因此，所以溥儀先生經過長期改造之後，還產生了一種感恩思想。父親反覆跟我說，據他觀察和了解，溥儀先生最不願意表現出自己曾經做過皇帝的痕跡來，他確實地認為自己過去做皇帝，是一段可恥的歷史。他所最希望的，是能夠做個普普通通的中國人，跟所有普普通通的中國人一樣，哪怕再貧窮，再屈辱。不過我相信，溥儀先生是真誠的，並非世俗的好死不如賴活著的觀念作祟，既然大明崇禎皇帝能夠吊死煤山，宣統皇帝眼看自己王朝滅亡，也不至於會那麼珍惜自己的性命吧。

溥儀先生跟父親談了幾天話之後，對父親完全消除了戒備，有一次對父親講：他從撫順監獄釋放出來之後，曾經被毛澤東接見過一次。毛澤東那天派了人來，把溥儀先生接進中南海毛澤東自己的住處，聊了一陣天，然後又陪皇上在中南海院子裡散步。那中南海裡專門給首長們照相的攝影師，給他和毛澤東散步朝了一張像。我聽了這故事，覺得有趣，真不知溥儀先生那次進中南海，看見過去自己的花園，如今成了他人的家居，會做何感想。

因為講起這件事，溥儀先生邀請父親到他的臥室裡去，看到那張他同毛澤東在中南海花園裡散步的照片，掛在他的床頭邊。溥儀先生很神祕地告訴父親：毛澤東見溥儀這件事，並沒有公佈，所以還屬於國家機密，因此他那張照片，也絕不敢輕易給人看。但父親後來在採訪錄中，把這事給寫出來了，反正《中國建設》是對外刊物，外國人看了沒關係，只要境內百姓看不到就無礙，否則父親就得戴個泄露國家機密的罪名，吃不了兜著走。不過我倒是不懂，毛澤東見個人，怎麼就是國家機密，中國大陸的國家機密也太多了吧。

父親還對我講過，有一次溥儀先生曾對他提了幾句最隱私的事情。皇上說，自己還很年輕的時候，身體就已經受到傷害，所以終生無法生育。聽了這樣的話，父親覺得很驚奇，不知該如何對應，只有保持沉默。父親說，他很感激皇上能信任他，把這麼隱私的話講給他，但這事他卻絕對不能寫進採訪錄裡去。看來做皇上，不見得是件好事情。宮裡美女如雲，皇帝又可以為所欲為，小小年紀就傷了身體，自不難想像，難怪兩千年來，皇帝生個兒子是多麼重大的一件事，太不容易了。

我記著父親講的這些故事，記了幾十年，所以一直保持著對溥儀先生的尊敬和同情。最近幾年，國內一些無聊文人，為了幾個臭錢，大做媚俗噱頭文章，肆意侮辱末代皇帝，說他是同性戀等等，實在讓我感到憤怒。我想，如此垃圾文字，只說明了作者自己陰暗骯髒的變態心理，他們品格意識的低賤，他們的缺乏同情心，對於溥儀先生是無損的。至少我家的大小，早於一九六三年就已知道了溥儀先生的生理痛苦，而且是他自己對父親講的，帶著一種苦痛和遺憾。末代皇帝是光明磊落的，是現今中國大陸那些市井刁民所無法理解也無法望及的。

從父親講的那些溥儀先生的故事裡，我可以想像，溥儀先生的一生實在充滿苦難，做皇帝的時候苦，做公民了還是苦。他從來沒有獲得過做一個正常人的權力，他不能有自己做人的尊嚴，別人也從來不尊重他做人的尊嚴。過去把他當作神像，後來把他當作怪物，反正都不是一個人。

父親晉見過溥儀先生以後，寫了一篇報導文章，題目是「從皇帝到公民」，登在《中國建設》英文版一九六四年第一期，向全世界報導，非常成功。過了幾年，溥儀先生的自傳《我的前半生》，終於不再是國家機密，走出內部的界線，成了大眾讀物，轟動一時。外文出版社把此書翻譯成若干外文，發行全球。譯成外文的書名，不叫《我的前半生》，而仍然使用父親給自己文章起的名，叫做《從皇帝到公民》，至今在網上，還可用這個短語搜索到宣統皇帝的身世。父親覺得很得意，只要此書繼續存世，就會永遠把父親同中國末代皇帝聯繫在一起了。

我真有點嫉妒父親，為什麼那幾天他沒有帶我去晉見一次皇上呢。

左翼文化領袖沈雁冰

我少承庭訓，自幼習文，喜歡讀書，年紀尚幼，就知道茅盾和夏衍二公都姓沈。對於一些年輕到連此二公都不知是何人的中國大陸青年，需要解釋，茅盾先生是上世紀三十年代著名的作家，代表作是長篇小說《子夜》和短篇小說《春蠶》，後來做過大陸文化部長。夏衍先生是上世紀三十年代著名的電影家，代表作有《上海屋簷下》和《祝福》等，後來一直是中國大陸電影事業的領導人。而對於一些或許聽說過茅盾和夏衍名字，但不知他們姓沈的中國人，需要解釋，茅盾是沈雁冰先生的筆名，夏衍先生的原名叫沈端先。

因為知道這兩個中國文化名人都姓沈，記得曾問過父親，他們跟我們是不是一家人。小時候以為，能跟茅盾夏衍做親戚，是件光榮的事。父親笑笑說，茅盾先生跟我們一樣，都是浙江人，以此而論，可說是同鄉。沈雁冰先生是浙江烏鎮人，烏鎮古今都隸屬於嘉興府，所以也是嘉興府人，那麼就跟我們嘉興沈家更是同鄉。但我們兩個沈家，只是同鄉而已，不是一家。聽了父親的解釋，我失望了好一陣子。

大概是小學時候，我剛認識幾個字，就裝模做樣，抱起厚厚的《子夜》來讀，以為會得到父母親的誇獎。不料母親看到，嗤鼻一笑，搖頭而去，一副大不以為然的模樣。於是我就鬧不懂了，為什麼外面公眾拚命要打倒的很多人，比如胡風陳獨秀先生，在我家受到父親母親的讚揚，而很多社會上極力推崇的人，比如沈雁冰郭沫若先生，在我家卻常常不受到父親母親的尊重。

我問過母親很多次，每次都得出同一個結論。那些讓人聽起來了不得的名字，在民眾眼裡神祕得不得了的人物，其實母親曾經見過不少。據母親說，他們沒有什麼神祕，更沒有那麼了不起，不過都是些普通人，跟我們一樣的。為此我倒覺得母親才了不起，因為她對任何人都從來不盲目地崇拜，而沒有個人崇拜意識的人，在中國大陸太難找到了。在我看，廟裡的神像，本身不過一個泥胎，只是因為萬眾崇拜，才抬高其價值。

據母親說，外祖父同沈雁冰先生的交情開始得很早，也持續了許多年。外祖父北京大學畢業後，在安慶法政專科學校任教。一九二四年到上海，進入商務印書館編譯所做編輯，就與沈雁冰先生成了同事。當時上海商務印書館群英雲集，鄭振鐸先生和沈雁冰先生等，都是商務印書館編譯所的編輯，並組織了文學研究會，推動新文學創作。

外祖父雖然新到，但喜好相投，很快便同文學研究會的人來往密切。直到幾十年後，外祖父仍然津津樂道，當時他們那一班文人，經常聚在上海北四川路的新雅餐廳，吃茶談天。但我不知道，當時外祖父是否了解，沈雁冰先生竟是中國共產黨的創始人之一，屬中共的第一批黨員，而且身負重任，已經在商務印書館內發展了好幾個中共黨員。據說中共第一屆代表大會在上海召開，就是沈雁冰先生參與組織的，但他何以沒有參加中共成立大會，相關資料現在開始在大陸慢慢披露出來，不難找到。

五卅運動發生後，外祖父著文抨擊英國軍警對中國市民開槍，屬於嚴重違法，文章在《公理報》上發表，轟動上海灘，致使英國公使扯下臉面，把商務印書館小編輯陶希聖告上法庭，必欲治罪方休。那《公理報》的主編是鄭振鐸先生，他也是《小說月報》的主編，《小說月報》還有葉聖陶和周予同諸先生。據外祖父自己說，相比而言，當時他更喜歡給《東方雜誌》寫文章，因為《東方雜誌》給的稿費最多，每篇可到五十元。而沈雁冰先生正是《東方雜誌》社的人，另外還有樊仲雲和胡愈之先生等。據外祖父後來回憶，當年《東方雜誌》是最喜歡發表社會名流寫的文章，或者名流們介紹的文章。

北伐戰爭爆發，外祖父應邀從上海偷渡到武漢，參加北伐軍，任中央軍政學校（黃埔軍校）武漢分校教官。同時沈雁冰先生也在武漢，投身北伐革命，擔任著左派刊物《民國日報》的總編輯。當時武漢是中共的大本營，葉挺指揮的獨立師在武漢，毛澤東領導的農民運動講習所在武漢，武漢軍政學校則由惲代英主持，蘇共代表鮑羅廷也坐鎮武漢。許多中共早期高級領袖如施存統，鄧初民，鄧中夏等，都在武漢，工農兵各掌一方，每天遊行罷工，天下大亂。

時過新年，自元旦到元宵節，從江邊碼頭到三鎮工廠，沒人做事，處處怠工。大街小巷，踩龍舟耍獅子，歌舞升平。因為他們是無產階級，沒有人敢出面干涉，連北伐軍也要讓工農三分。哪個膽大，發句議論，傳到工會農會耳中，立刻逮捕坐牢，甚至殺頭示眾，以實施所謂紅色恐怖的統治。我的外祖父就曾遭武漢農會逮捕，幸得死裡逃生。

那《民國日報》印刷廠裡的工人，也都參加了鄧中夏領導的工會組織，跟著別家工會一起停工，報紙印不出來。總編輯沈雁冰先生自己本來是共產黨，見到這種狀況，也忍不住大發脾氣。他趕到印刷廠去，召集全體工人訓話，厲聲宣布：我們的報紙，是工農革命的宣傳工具，努力工作就是參加革命，怠工就是反革命。這麼大一頂政治帽子扣下來，印刷廠的工人哪個不怕，只好老老實實做工，報紙才算能夠按時印出來。

當年四月十二日，蔣介石在上海發動政變，清肅共產黨。汪精衛從法國回歸，到達武漢，也宣布與中共分裂。武漢中共力量被迫分散撤退，沈雁冰先生也奉命倉皇離開漢口，經九江至南昌，準備參與組織南昌起義。中央軍政學校師生，由惲代英做主，編入第二方面軍南下集結，準備參加毛澤東策劃的秋收農民起義。外祖父因為不滿中共許多作為，決定脫離武漢軍校，所以趁亂離校潛藏，沒有跟隨第二方面軍到湖南。躲避了一些時，外祖父覺得危險已經過去，便重出江湖，應邀轉至南昌，主持國民黨黨務學校，並協助改版《民國日報》。這時沈雁冰先生已經不在南昌，也不做報紙了。

許多年以後，有關史料才披露出來。武漢汪精衛分共之後，沈雁冰先生按照中共指示，到了九江，不料當時從九江去往南昌的交通斷絕，無奈之下，沈雁冰先生便獨自回到上海，因而與中共脫離了直接的組織聯繫。於是這個參加創辦中共的黨員，就成了黨外左派民主人士，直到一九八一年逝世，到底也沒有恢復中共黨籍，不過那是後事了。

後來外祖父從南昌回到上海，潛心中國社會史研究，開始賣文為生的歲月，並且領導了一場中國社會史大論戰。未幾，上海商務印書館總經理王芸五先生考察美國後，回到上海，到外祖父住處，動員外祖父再回商務任職，做總經理中文秘書，負責書信及法律事務。經不起老友勸說，外祖父答應了。

王總經理考察美國企業經營，頗有感受，便想在上海商務印書館進行改革，實施現代化管理。他草擬了一個新章程，請外祖父從法理方面進行了一番論證。新章程公佈出來之後，員工們不喜歡。就醞釀組織罷工，派了三個代表，找到外祖父家裡，動員外祖父撤銷新章程。那三個代表中，有一個就是早年的老朋友沈雁冰先生。他雖然已經脫離共產黨，但還是總站在工人立場上，跟當局作對。

外祖父解釋，新章程是王總經理決定的，他只作了解法理方面的論證，實在無法作主撤銷新章程。於是沈雁冰先生等三代表提出要外祖父辭職，然後他們便可以宣布罷工。外祖父不肯，代表們講：現在我們以朋友身分，請先生辭職。如果先生不辭職，我們罷工時舉出打倒陶希聖的標語，就不好看了。原來沈雁冰先生還是顧及多年與外祖父的友情，先來跟外祖父打招呼的。

事實上，外祖父確實也聽從了沈雁冰先生等三代表的勸告，第二天就辭了商務印書館的職，轉而到南京中央大學去做教授了。但以後很多年，外祖父似乎仍然一直無法想通，那次沈雁冰先生等到家裡來，如此威脅利誘一通，到底是善意還是惡意，外祖父應該是感激他們，還是厭惡他們？

聽母親講這些陳年往事，我也很想不通，外祖父雖然後來與沈雁冰先生政見不合，各奔西東，甚至還有過那麼一場面對面的鬥爭。但沈雁冰先生的文名，還是應該受到尊敬吧？早年沈雁冰先生已經成名，外祖父才剛到上海，開始寫作生涯。外祖父的文章，最初還是在沈雁冰先生主持的雜誌上發表。

母親聽了，告訴我，外祖父不止一次對她講：中國只有兩個半人會寫文章，一個是陳布雷，一個是他自己，剩下的半個是誰，不知道，大概天下所有寫家加在一起，也不過半個而已。我聽了，很覺吃驚，萬想不到外祖父如此狂妄自大，目中無人。沈雁冰先生名聲如日中天，在外祖父眼裡，居然還是不會寫文章的一個。

但也從那時起，我對中國大陸學界的盲目信仰淡漠下去，名人崇拜也日趨消亡。心靈震撼，便啟動獨立思索。我暗想，如果沈雁冰先生不那般熱心政治活動，他本當是能夠成為一個大文豪，令外祖父和母親都肅然起敬的。

儒將孫定國的結局

他是我的父輩，但不是我父親母親的師長或朋友，也非我家的世交。他是我的岳父，但我從來沒有見過。我的妻子才六歲的時候，他就去世了。

但卻是因為仰慕他的大名，所以我才想結識他的女兒。上世紀七十年代，中國大陸還處在階級鬥爭的紅色恐怖之中。如同我這樣家庭出身的青年，幾乎毫無前途，甚至毫無友情，沒有人會願意受到我們家庭的牽連，所以更談不上愛。我體會到父親母親所經歷的苦難，所以早就決定，放棄戀愛和結婚的權力，我自己已經夠不幸了，不能再拖累任何一個女孩子，更何況如果是我愛和愛我的女孩子。再說那個時代，我的身邊太少有文化的女孩子，不交女友也無遺憾。

那些年中，我十分孤獨，儘量躲避一切紅色或粉紅色家庭出身的青年，包括男青年和女青年，甚至躲避一切非黑色和白色家庭出身的青年，而只敢去跟一些同樣屬於家庭出身不那麼好的青年接觸，知道這些人至少沒有理由五十步笑百步，過份嫌棄我的家庭出身。因此當我偶然聽見一些同事出言不遜，攻擊孫定國先生的時候，我才知道這位中共哲學家的女兒，當時居然是我的一個學員，而我從來沒有注意過她。

哪一年聽說過孫定國的名字，已經不記得了。他在北京城裡走紅的時候，做中共中央黨校黨委委員兼哲學教研室主任的時候，我還太年幼，對哲學毫無興趣。所以想必那是因為毛澤東發動批判楊獻珍合二為一論的政治運動，孫定國先生是楊獻珍反黨集團的重要幹將，堅持哲學真理，同毛澤東唱反調，倒讓他名氣更大，連我小孩子都知道了。

孫定國先生，一九一〇年在山東牟平出生，其父母家境都非常貧寒，母親十三歲到孫家作童養媳。孫定國先生上面有三個姐姐，他是家中頭一個男孩，所以肩負孫家厚望，起名儒熙。

小儒熙出生的七天頭上，姐姐們在炕上玩，砸在他身上，當時他就窒息而死。家人掘墓，準備埋葬。只有他的祖母不答應，仍將孫兒留在家裡，嚎哭呼喚，不料那小嬰兒夜半忽然甦醒過來。起死回生，命不該絕，大難不死，必有後福。他成了家裡的寶貝，八歲送入本村小學讀書。

學校校長是個前清貢生，見他聰慧異常，便用小聖人三字來稱呼他，立刻名揚鄉里。他十二歲跟同學打架，被老師罰寫九九表。他寫完之後，又在黑板上書寫：現乃共和國家，主張自由平等，如此處罰，我不服。校長得知，為彰校規，三次用戒尺毒打，直打得孫儒熙皮開肉綻，夜不能眠，但他仍然不肯屈服，後來又被罰站七日，他仍說：不服。

後來因為家裡實在付不出學費，他才離開學校。十三歲就進一家私塾教書，半工半讀。孫儒熙十六歲自辦私塾，收學生十幾人，自此教書謀生。他教學得法，用心努力，成績卓著，遠近聞名。十七歲時，孫儒熙應聘到外村任教，連年長薪水。十九歲他再次自辦學校，專門教授窮人子弟，學生多達百餘人。

一九三一年九一八事變發生，日寇入侵中國。孫儒熙怒而出走，決定投身救國。一九三二年春他到海陽縣小學任教，同時四處打探，尋找抗日救國之路。日寇向關內進犯，中華民族危在旦夕。孫殿英率部挺進熱河，兩度擊敗日軍，乃發布告，徵募青年從軍。一九三三年夏，孫儒熙聽到孫殿英招兵的消息，立刻出發，長途跋涉，從山東趕到北京，又北往綏遠，終於找到孫殿英部，那年他二十三歲。不料孫殿英招到兵馬之後，不再東進抗日。反在一九三四年春率部西轉寧夏。孫入熙見跟隨孫殿英部，抗日無望，乃冒死逃離，風餐露宿，四處流浪。就在這時，他把自己的名字改為孫定國，表達立志報國之意。

同年，孫定國在山西加入當地駐扎的晉綏軍。當時中國的所有軍隊，都多武夫而少文人，孫定國知書識字，很快就升做軍中的幫寫副官。不久孫定國看到一則通知，晉綏軍軍官教導團招收學員，他遂即報名，而且順利考入。在接受軍官培訓的兩年裡，孫定國節衣縮食，刻苦攻讀，博覽兵書，特別研習步兵組建和訓練，以及作戰方略指揮等。也是在那個學員隊裡，孫定國開始與一些共產黨學員交上朋友，不過當時共產黨員身分不公開，他並不知道那些人是共產黨。一九三六年從教導團畢業，孫定國受任太原中學做軍事教官，後又任山西學生軍訓總隊教官，授銜上尉。

一九三六年十月，日寇向華北節節進逼，延安共產黨中央派薄一波赴山西，組建犧牲救國同盟會，分化閻錫山的部隊。那時孫定國擔任山西國民軍團教導團副官，被薄一波發展為犧盟會會員，但他只知該組織是抗日群眾組織，並不了解其共產黨的背景。

七七事變發生，華北危機，太原陷落。孫定國被調到山西軍政委員會，在閻錫山為校長的第二戰區隨營學校做軍事教官，負責全校軍事課程和訓練。稍後山西建立新軍民族革命政治保衛隊，孫定國任參謀主任，負責軍事指揮。同年五月調任第二戰區民族革命青年軍官教導團任營長，後任汾南地區教導第三總隊總隊長兼十三縣自衛隊總教練，直接對日作戰。

這年秋天孫定國率領第教三總隊，多次出擊或伏擊日寇軍隊，屢戰屢勝，名揚山西。同年十二月，閻錫山任命孫定國兼任第二戰區第七區保安司令。同月犧盟會組建政衛一支隊，又任命孫定國為支隊長，率領部隊，反擊日寇圍剿，消滅投敵漢奸，爭取偽軍反正，英勇作戰，廣受人民擁戴。

當時孫定國並沒有參加共產黨，一九三九年閻錫山按國民軍建制，整編新軍為晉綏軍獨立二一二旅，任孫定國為旅長，下設三個團，近五千官兵，英勇抗日，戰績輝煌，被汾南人民稱為子弟兵。二一二旅在山西頑強抗戰，牽制住日軍西渡黃河的計畫，保衛了中共陝北根據地的安全。

抗戰期間，山西情況特別複雜，很多共產黨在閻錫山政府裡任職，所以孫定國跟共產黨來往很多。他率領的部隊，同林彪率領的八路軍一一五師和聶榮臻指揮的八路軍一二九師都曾協同作戰。同時閻錫山終於不再容忍中共在其軍政內部的分化活動，決定發動清洗。十二月間，閻錫山祕密派出部隊，準備圍剿由共產黨人直接指揮的新軍二一三旅。孫定國將軍獲悉內部軍情，立刻率領二一二旅部分官兵，星夜奔襲，將閻軍中途截回，保護二一三旅的安全。但他萬沒料到，與他領軍保衛二一三旅的同時，二一三旅卻接受了延安密令，認為孫定國沒有明確表示反對閻錫山，所以決定將他當作頑固派嚴厲打擊，逮捕甚至當即處決。二一三旅派出重兵，包圍二一二旅駐地，下了警衛班的槍，眼看就要衝進孫定國將軍營房。千鈞一髮之際，二一三旅突然接到一份新命令：立刻停止。這四個字救了孫定國將軍的性命，也救了許多二一二旅和二一三旅官兵的性命。

一九四〇年二月，柴澤民送來中共中央北方局和八路軍總部發給孫定國將軍的一封電報，任名孫定國為總指揮，率二一二和二一三兩個旅，以及一些地方抗日游擊隊，近萬官兵，組成南路軍，轉移到八路軍太岳軍區。孫定國服從了這個命令，指揮著這支部隊，行軍九晝夜，征程七百里，打退日偽蔣閻大小十二次進攻，粉碎敵軍圍追堵截，終於到達太岳軍區。

戰鬥中最驚險的一次，孫定國將軍在前線伏案簽署命令，敵軍子彈四面飛來，甚至打到他簽字的桌子上。身邊警衛戰士有中彈者，唯他依舊站立彈火之中，從容鎮定，繼續發布各種命令。戰士們說：敵人子彈認識孫總指揮，不敢碰他。當時孫定國帶領這麼多英勇善戰的官兵加入八路軍，對中共軍事力量是很大的支持。八路軍總部專門舉行盛大的歡迎會，宣布二一二旅保持建制，孫定國將軍繼續任旅長。隨後朱德、彭德懷、薄一波、楊尚昆、傅鍾等中共黨政軍領導，也都會見了孫定國將軍，表示對他的尊重。

一九四一年一月，孫定國將軍加入共產黨。同年五月，八路軍太岳軍區命孫定國將軍率軍南下，開闢抗日根據地，接連粉碎蔣閻大軍圍剿，俘虜數百，殲敵無數。太岳縱隊通令嘉獎二一二旅創造新軍殲敵新記錄，譽之為能戰鬥的部隊。可是一年以後，二一二旅就被解散，孫定國將軍則被調到一個新部隊任副旅長，降一級。一九四三年孫定國將軍又被調任太岳軍區第三軍分區司令，任務是保衛根據地，進行大生產，開始離開軍事指揮崗位。一九四四年，孫定國將軍再次調任第五軍分區司令，最後從野戰軍轉到地方，沒有了軍隊的直接指揮權。現在再來觀察這些職務調動，就不難看出那是因為孫定國將軍和二一二旅部隊，並非中共嫡系力量，中共始終對他們持有嚴重的戒心，有計畫地一步一步削弱孫定國將軍的軍權。

一九四五年，日寇投降，抗戰勝利。中國沒有贏得和平，而更加慘烈的國共內戰卻迫在眉睫。中共晉冀魯豫軍區發出命令，太岳軍區改編為野戰四縱隊，由王新亭任司令，聶真任政委，孫定國任副司令。一九四六年，孫定國將軍又奉命兼任中共太岳軍區軍政學院院長。之後，內戰全面展開，中共同國民政府正式決裂，八路軍改稱人民解放軍。一九四七年太岳軍區、太行軍區和三十八軍合編為陳（庚）謝（富治）兵團，挺進大別山，轉戰中原。這當口，以用兵著稱的孫定國將軍，被任命為兵團後勤司令，遠離戰鬥指揮系統。據說一方面還是因為孫定國非中共嫡系，難被信任，另一方面是因為有一次孫定國將軍與陳庚在討論作戰方案上看法不同，爭執過幾句，所以立刻被調出作戰指揮部。

一九四八年，陳謝兵團並入劉（伯承）鄧（小平）大軍南下，參加淮海大戰。正在此激戰前夜，孫定國將軍忽然奉命調離部隊，回到河北西柏坡，參加中共中央馬列研究學院學習。孫定國將軍自二十三歲從軍，十五年來用兵如神，英勇善戰，忽然之間被迫掛劍，結束戎馬生涯。

一九四九年，孫定國將軍隨馬列研究院進入北京。該學院便改名為中共中央高級黨校，孫定國將軍擔任研究員，後任哲學教研室主任，中央黨校黨委委員，中國科學院學部委員。因為戰功卓著，他仍然保留軍藉，一九五三年授有中將軍銜。一九五五年解放軍高級軍事學院成立，葉劍英元帥出任院長，曾專門到中央黨校找孫定國將軍，請他到高級軍事學院任教。孫定國將軍在當時中共黨內，特別是軍內算是個了不起的秀才。據說毛澤東曾在北京親自會見過孫定國將軍，對他做出相當高的評價。孫定國將軍是軍官教導隊任教出身，又曾歷經百戰，文武雙全，正是高級軍事學院的高級教官之材，可是孫定國將軍拒絕了，終於沒有重新披掛，返回軍隊。

中國大陸經過一九五七年反右和一九五八年大躍進，元氣大傷，民不聊生。毛澤東不承認錯誤，更不讓人民休生養息，反而借階級鬥爭之名，變本加厲，實施高壓。作為階級鬥爭的理論基礎，毛澤東提出一分為二之說，強化敵對情緒。而當時的中央黨校校長楊獻珍從學術出發，提出一分為二與合二為一均為哲學要義。於是龍顏大怒，欽定合二為一即階級調合，掀起一場由哲學而政治的大迫害。孫定國堅持站在楊獻珍一邊，被打成反黨集團，非置死地而後快。過去學界友人，如陳伯達，康生，艾思奇等，非但無一人出來保護他們，而且紛紛反目，落井下石。

一九六三年，孫定國先生被調離中央黨校。背著一個反黨分子的罪名，諾大中國，無人收留，無處可去。孫定國將軍當時作何感想，無從而知。但我揣測，他面對這曾為之棄筆從戎，浴血奮戰，從日寇手中救出，又從蔣家王朝奪取的江山，一定會感到非常難過和失望。除去這個祖國，他此生豈曾何有所求？到了北京，他一直住在黨校的小樓裡，與艾思奇為樓上樓下的鄰居，算是高幹，享有一些特權。但是他的五個孩子，都從小學開始年年住校。我的妻子出生剛滿月，便送託兒所全託，每周只回家一天。這樣家庭四分五裂，每人被褥都在託兒所學校機關，周末團聚，家裡甚至被褥短缺，只能到黨校總務處去租用公家棉被使用。孫定國將軍一家在北京住了十五年，統共只下飯館吃過兩次飯。同時孫定國先生一家也從來不在家裡做飯，一日三餐都在黨校食堂買，包括十五頓年夜飯，那真叫清貧如洗。

最後中共西北局書記劉瀾濤開口，接受孫定國先生到中共西北局黨校作教員，降了不知多少級，但他一家總算有個落腳之地，一九六四年舉家搬往大西北。都說天高皇帝遠，但那是指古代，現在的中國大陸再遠也跑不出北京的手心。孫定國先生的家，在西安剛剛安頓好，一道聖旨又將他宣回北京。當時我的妻子才只有六歲。她還記得，父親最後離開家的那天，她正在家門口院裡跳橡皮筋。父親出門時，把她抱了又抱，親了又親，連聲說：再見。年幼的妻子不知發生了什麼事，以為父親如常出差。但誰料孫定國先生此去京城，一別經月，只有飛鴻傳信，再不見人歸來。

半年以後，春節的前一天，中共西北局派員到孫定國先生家，通知家屬：孫定國一九六四年十二月十八日在北京中共中央黨校的湖中淹死，屬於叛黨自殺。至於他究竟怎麼死的？沒人知道。那麼他的尸體何在？早已經火化了，甚至沒有通知家屬，連起碼的一點中國傳統都不遵守。那麼他的骨灰呢？沒有保留，讓家人甚至無法下葬，對中國而言可謂最殘忍的懲罰。就這麼幾句話，一個中國將軍，一條正直生命，就消失得無影無蹤。一個家庭，妻子兒女，就這樣被粉碎。而且似乎是專門有意挑選在除夕之夜送達，為了粉碎孤兒寡女的喜慶。中國大陸政客們迫害人，可真是太刻毒，也太有手段了。

了解到這些悲哀的故事之後，我有一次回北京，便提出陪當時的女友，到西郊頤和園旁邊的中共中央黨校，去追憶她的父親孫定國將軍。我們借口找一個朋友，走進了中央黨校南院的大鐵門，裡面景色幽美，綠樹成陰，灰色的兩層小樓在樹影中露出一角。湖邊樹叢環繞，湖水清澈，微波漣漪。中央黨校從不對外開放，門衛森嚴，普通中國大陸公民不得入內。我從來沒有來過，不知此處竟如世外桃源。

我們走到那樹影中的小灰樓前，觀看一會。女友就在這小樓裡出生，可是現在人去樓非，我們不能走進一步。然後，我們走到那樓後面微波漣漪的湖邊，久久站立，默默緬懷那位我未曾有幸謀面的孫定國先生。他曾在這所森嚴的大院裡工作，曾在那樹影中灰色的小樓裡居住。據說，他最後在這微波漣漪的湖水中結束生命。

默默站在那個微波漣漪的湖邊，我忍不住想像，孫定國先生曾在這小徑上散步，曾在這湖邊冥想，曾在這裡挽惜戎馬生涯的失卻，也曾在這裡感嘆政治生涯的險惡。那一個嚴冬的夜晚，他或許坐在這湖邊，回首自己英勇剛烈的一生，終於無法再繼續忍受，縱身躍入那結冰的湖底。

但真的是這樣嗎？從無數事實的揭露，我們可以確信，中國大陸到處都是政治冤案，許許多多所謂的自殺或病故，實際上都是殘酷的迫害致死甚至謀殺。雖然也許永遠也得不到確切的答案，上世紀六十年代的殺手們現在也都老了甚至死了，但我堅持自己對孫定國先生之死的疑問。

依我想像，那麼一條強壯的山東漢字，那麼一個威武的常勝將軍，他要結束自己的生命，也必會像一個真正的軍人，要麼用手槍，要麼用戰刀，不見得會像一個女人那樣悄悄地去投水吧。再說既然是自殺，為什麼他死之後，要像有什麼見不得人的陰謀，不通知家屬，急急忙忙地火化了，而且連骨灰都不留，而且過了兩個多月之後，才通知家屬呢？那不完全是偷偷摸摸，做賊心虛的證據麼？如果這些問題都得不到答案，我就要繼續問下去，誰會殺害他呢？為什麼要殺害他呢？我還要問，孫定國先生是真的死在冰凍的湖底麼？我甚至懷疑他並不是被淹死的，而可能是被什麼活活打死的，或者毒死的。我要問：兇手當時在哪裡，現在又在哪裡？

女友站在湖邊，默默地流淚。我幫著她，從湖邊拾起一把泥土，包在手帕裡，然後默默轉身離去，把一個永遠沒有答案的問題，留在中共中央黨校那空曠而冰冷的湖面。

永生的俞大絪教授

從我懂事開始，在家裡聽到最多的人名之一，是俞大絪。父母都是做英文工作的，經常聽他們提到：俞大絪教授當初是這麼講的，俞大絪教授當初是那麼講的。如果他們在英文方面遇到問題，就更會爭論，然後結論是：我們去問問俞大絪教授好了。

我們從上海搬到北京之後，父母帶了我們兄弟，第一個去拜訪的，也就是俞大絪教授。說明一下，俞大絪教授是真正的名門之後，她是曾國藩的曾外孫女，陳寅恪先生的表妹，國民政府交通部長和國防部長俞大維的妹妹，中國化學大師曾昭掄教授的夫人。

俞大絪教授和她的姐姐俞大縝教授，都曾留學英國牛津大學，主修英國文學。抗戰時期都在重慶中央大學英文系做教授，那時我的父母兩人都是她們的學生。俞大縝教授英國文學史，很嚴格，一概歷史年代，作者生平，代表作介紹，文學風格等，都要一字不差地背，學生們都有些怕。俞大絪教授英國小說和英國詩歌，講的生動逼真，引人入勝，學生們都很喜歡上她的課，也記得比較迅速和牢靠。

父親曾經告訴我，他最喜歡的課，是英美詩詞，俞大絪教授教他們唱美國民歌，如《蘇珊娜》等，要求學生們背熟。後來曉得那很有好處，歌詞容易背，記了單詞，句型，語法，還有美國人的講法習慣。四十年後，父親到美國訪問，跟美國朋友一起唱這些歌曲，能記的歌詞比美國人自己還多，使美國朋友非常敬佩，後來對我提過許多次，稱讚父親英文了不得。父親說，那當然都得歸功於俞家姐妹教授。

俞教授兩姐妹個子都不高，身體都胖胖的，俞大縝更胖一些，而且體弱多病。一九五三年父親獨自一個先調進北京工作，聽說俞大縝教授生病住院，馬上到醫院去看望她。過了些時，母親帶了我們兩個孩子搬來北京，父母一道再次拜望俞大縝教授，又是在醫院裡。她的身體實在是很糟，經常要住院。

俞大絪教授的身體好一些，多年在北京大學英文系做教授。中國大陸曾經最流行的英文教材之一，是許國璋和俞大絪教授編寫的。我記得，小時候曾跟隨父母到北京大學去看望過俞大絪教授好幾次。俞大絪教授至今留在我記憶裡的模樣是，頭髮梳得很整潔，在腦後扎個髻，滿臉是笑。她身上穿著對襟的深色絲棉襖，繡著暗花紋，雍容華貴，又平易近人。

每次去，父母仍像學生去見老師一樣緊張，父親通常要穿上西裝，母親則換好旗袍。我們小孩子，也都要換衣服，梳頭洗臉，格外裝扮。父母親說：俞大絪教授是名門後代，又曾留學英國，生活態度非常嚴肅和精緻。如果我們容貌衣著隨隨便便，是表現得對她不尊重。

父母總是帶我們到北京大學的燕南園去看望俞大絪教授，燕南園在北京大學校園的南邊，是個清靜秀麗的教授住宅區，都是一幢一幢的小洋房。我印象裡，俞大絪教授住平房，不記得上過樓。那房子裡不很明亮，暗暗的，書房四壁都是頂天立地的玻璃書櫃，裡面塞滿了書。

記得每次去俞大絪教授家，父親就會特別熱切地察看他們書房裡的大書櫃，然後回家就會發一通感慨：如果有一天，我也有一間書房，也能安放這樣的大書櫃，此生足矣。但是我們家總是房子太小，沒有空間給他做書房，更沒地方讓他放大書櫃，就是有地方，我們也買不起大書櫃。父親母親本來都是俞大綱教授的優秀學生，都有足夠的才智和能力，卻沒有趕上一個能讓他們大展宏圖的理想時代。

我們到俞大綱教授家，雖是學生拜望老師，俞大綱教授仍會像招待朋友一樣，請父母兩個喝茶，坐在客廳裡談天。我的印象裡，俞大綱教授是個開朗快樂的人，比較喜歡講話。或許因為父母都是她的得意弟子，所以她特別樂意跟他們談天。但是俞大綱教授的先生曾昭掄先生，卻非常沉默。

我記得去看望俞大綱教授家好多次，卻只見到過曾昭掄教授一兩次。曾昭掄教授是曾國藩的嫡後，庚子賠款的留美學生，原本也是北京大學教授，一九四九年後任北京大學教務長兼化學系主任。一九五一年又任教育部副部長兼高教司司長，一九五三年成立高等教育部，便任高教部副部長，直到一九五七年。我想，就是那幾年裡，我們去俞大綱教授家，見到過曾教授。

記得我們到了之後，曾昭掄教授在門廳裡，跟父母打個招呼，握握手問問好，寒暄幾句，然後俞大綱教授招呼我們一家進入客廳，他就不見了。母親告訴我，曾教授一定是鑽在書房裡讀書，或者寫作。父親後來也回憶說：除了見面打打招呼，他似乎不記得曾經與曾昭掄教授談過什麼話。當然他們只是俞大綱教授的學生，並不是曾昭掄教授的學生。

母親在西南聯大讀書時的好友許阿姨，專業化學，則是曾教授的親傳弟子。許阿姨曾告訴我，一九五〇年曾昭掄教授應周恩來總理召喚，從英國回大陸服務，途經香港，召開了一個西南聯大校友集會，向他過去的學生們發表激情萬丈的演講，動員青年們回歸大陸，為中共建政服務。許阿姨就是受到曾教授的鼓舞，當場報名，毅然帶了全家回到北京的。

可是好景不長，一九五七年曾昭掄教授被打成大右派，不光丟了高教部的官職，甚至連北京大學化學系的教職也丟了。南開大學楊石先校長數次努力，想把曾昭掄教授調去，但校黨委始終不答應。最後是武漢大學李達校長，把曾昭掄教授請去湖北任教。從此曾昭掄教授常年在武漢，所以我們再去俞教授家，當然就見不到他了。

我的母親一九五七年也被劃做右派，父母兩人就不再敢多與友人來往，免得給別人惹不必要的麻煩。但我們還曾到北京大學燕南園去過幾次，看望俞大絪教授。母親說，俞大絪教授一個人孤孤單單，需要有人表示關心。父親說：那兩年俞大絪教授明顯地變老了，心情非常不好。

後來中國大陸政治運動一次接一次，毫無間隙，而且日益殘酷，正常人之間，壁壘越加森嚴，稍有不慎，就可能粉身碎骨。按父親的話：那些年，終日提心吊膽，忙於自保過關，甚至沒有時間經常去看望別人，而且我們家的那種自危狀況，還怎麼再去安慰別人。但是父母親在家裡，還是會經常提起俞大絪教授，叨念不知她近況如何，很擔心北京大學的極左潮流，會傷害俞大絪教授。

不出所料，史無前例的文革終於從北京大學發作起來。我家很快就沉了船，難以自救，不敢也無法顧及他人。過了些時，我因為會拉小提琴，參加了北京一個中學文藝宣傳隊，到北京大學去集訓幾個月。有時騎自行車往返，有時就住在北大教室裡。母親悄悄囑咐我，想辦法打聽一下俞大絪教授的消息。

我曉得在北京大學極左氣氛中，不可能公開打聽俞大絪教授下落。我曾經趁著月黑風高，偷偷跑去燕南園。可是沒有找到地方，父母拜望俞大絪教授家的時候，我年紀還小，而且只是跟隨，從來沒有想到要記路，有一天會獨自來探聽她的安危。此外，燕南園也已經面目全非，到處是標語大字報，門窗殘缺，庭院荒蕪，一派破落，成了廢墟，再看不出原是教授學者們居住的地方了。

後來我想方設法，找到英文系所在，從那裡的標語大字報裡，發現對俞大絪教授的辱罵，她已經「自絕於黨」。記得我當時讀到打了大紅叉的標語，頭腦麻木，手腳冰涼，一時不知身在何處。之後我打聽到，文革發作之後，俞大絪教授家先後被紅衛兵抄過多次，書籍文物都遭毀滅。北京大學紅衛兵抄家時，強迫俞大絪教授下跪在地，紅衛兵剝除她的上衣，用皮帶狠命抽打得鮮血淋漓。俞大絪教授終於不堪侮辱，悲憤難抑，服藥自盡，年僅六十歲。

記得我曾費了很多心思，琢磨如何將俞大絪教授的噩耗告訴母親。現在回想，惶恐之間，我記不得最後是怎麼告訴母親的了。只記得她聽說了以後，獨自關在小屋裡，痛哭了很久，以後連續幾日，什麼話也不說。父親後來告訴我，俞大絪教授因為出眾的聰明才智，加以學術方面的成就和能力，一直特別要強，又特別的高傲。曾昭掄教授受辱，已經給她許多打擊，她能堅持下來已經很不容易，後來直接迫害到她自己身上，她就絕對無法繼續忍受，士可殺，不可辱，那心情父母親都是能夠想像得到的。

曾昭掄教授早在一九六一年就患了癌症，可他一直堅持研究和教學工作，甚至還在重病期間組織學生，完成《元素有機化學》叢書。但他的癌症擴散，隨後文革開始，曾昭掄教授不僅得不到醫護治療，反要被批鬥被隔離，加以俞大絪教授的辭世，曾昭掄教授終於支持不住精神和肉體的雙重折磨，於一九六七年十二月八日，離開了他曾貢獻畢生精力卻難以贏得尊重的祖國，他才六十八歲。

從此我在家裡，再沒有聽父母親提到過俞大絪教授。我想，是因為他們心裡忘不掉她，提起她會引起太多的傷感，所以避免再提起她來。直到一九七七年，文革過去，高考恢復，我和弟弟兩人都報了北京大學，而且我們兩個的考分，都高過北大錄取線數二十餘分，有幾天我們自以為能夠一起進北京大學讀書了。那時候有一次，母親突然之間，嘆了口氣，說：如果俞大絪教授還活著，你們一起去看看她，就好了。

於是我們都知道，俞大綑教授，還有曾昭掄教授，將會永遠地活在我們大家的心裡。而且我還要把他們的恩情和遭遇，告訴我的兒女，讓子孫一代一代地記住他們。

第二輯　人物與事件

蔡元培與北京大學

上世紀五六十年代，整個中國大陸，六萬萬民眾，所需要或者所必須知道的名字，只有一個。只要記住那個名字，只要能夠整天把那個名字掛在嘴邊，就萬事大吉。而且誰喊叫那個名字喊得最響亮，誰就能夠升官發財。

但是在我家裡，母親經常會提到另外一個名字，而且每次提到，都表現出巨大的尊敬和虔誠。所以從我很幼小的時候開始，就曉得這個名字，比那個外面強迫我們每日歡呼的名字，更加偉大，更加不朽。

那個名字，就是蔡元培，蔡元培先生，蔡元培校長。

最早聽說蔡元培校長的名字，是聽家裡人講五四運動。在那個每人的嘴巴都被管制的年代，講講五四運動還是可以的，被人聽見也沒什麼小報告可打，也不至於會挨批鬥下牢獄，所以不必萬分地提心吊膽。

五四運動的時候，外祖父是北京大學的學生，親自參加了遊行，也到了趙家樓。他雖然沒有去放火，但也看見警察捉拿學生，嚇得半死。我想外祖父一輩子沒有忘記過那場學生運動，給母親講過許多次，所以母親幾乎記得每一個細節。但是外祖父和母親所講的五四運動，跟當時外面社會上強迫我們記住的五四運動不大一樣，家裡聽到的許多故事，外面都聽不到，而外面宣傳的事情，家裡從來不提，好像從來沒有發生過。

在我聽到的五四運動的故事裡，有一段記得很清楚，就是五四運動發生後的第二天，五月五日。那天早上，北京大學學生集合在法學院禮堂裡，商討應該怎麼搭救昨天被捕的教授和學生。有的學生主張結隊到國務院去要請願，有的學生主張去衝警察廳救人，議論紛紛，莫衷一是。忽然間，蔡元培校長來到禮堂，鐵青著臉，走上講臺，學生們都安靜下來，望著蔡校長。

蔡先生看看臺下，問道：昨天有多少人受傷？臺下沒人回答，太多同學都受了傷，難以統計。蔡先生又問：有多少人被逮捕？這次臺下有人喊：昨晚我們大概數數，至少有三十多人。蔡先生像是自語，又像是對大家說：三十多人，三十多個我的學生，三十多個未來國家的棟梁，他們怎麼下得去手。說到這裡，蔡先生停了話，臺下靜極了，能夠聽到輕輕的抽泣聲。

蔡先生靜默了一會兒，又說：現在，這不再是學生們自己的事了。現在，這是學校的事情，是國家的事情了。我做校長的，有責任保護我的學生。我要救出這三十幾個學生來。你們現在都回教室，我保證盡我最大的努力。學生們聽了，靜靜地走出禮堂，都低著頭，沒有人說話，走回教室去。蔡元培校長站在臺上，一動不動，直到最後一個學生離開禮堂。

蔡元培先生的理念是，學校是教育機構，不是政府部門，更不是政府的附庸或者奴才。所以學校並不必須服從政府的命令和指示，學校必須成為自由思想和獨立學術的溫床，學術必須獨立於政治和強權。他的思想，在上世紀二三十年代，還是能夠生存，並且獲得社會特別是文化學術界的擁護，可惜沒有能夠繼續到一九四九年之後。

當時的段祺瑞政府，把五四運動的責任，全部推在北京大學和蔡元培先生身上。五月九日，蔡元培校長突然離開北京，留下一張聲明：我倦矣，殺君馬者道旁兒。民亦勞止，汔可小休，我欲小休矣。北京大學校長之職已正式辭去，其他向有關係之各學校各集會自五月九日起，一切脫離關係。特此聲明，惟知我者諒之。五月十一日，蔡先生又給北大去信，說明他保釋被捕學生後，如不辭職，更待何時？

於是北大學生運動，轉而成為挽留蔡校長，五月二十日北京大學聯合北京各大學和中學，同時罷課。這情況下，北京政府才停止拘捕，並釋放被捕學生，至此五四運動方告結束。

五四運動的時候，外祖父的哥哥，我的外祖伯父在天津北洋工學院讀書。外祖伯父本來也是北京大學土木工程系的學生，因為學校改革，北京大學把本校土木工程系並進了天津的北洋工學院，所以外祖伯父成了北洋工學院學生，跟茅以升先生同學。大概因為曾經做過北京大學學生，外祖伯父成為北洋工學院的學生領袖，在天津響應北京的五四運動。復課之後，北洋工學院宣布開除外祖伯父的學籍。

外祖伯父無法可想，只有回到北平，投奔蔡元培校長。結果蔡先生再次到北洋政府去鬥爭，終於把外祖伯父收回北京大學，繼續學業，所以外祖伯父後來也是北京大學的畢業生。記得外祖伯父有兩年到北京開政協會，還帶我們小孩子到沙灘老北京大學的紅樓，指著那門檻，對我們講：我們家的人，世世代代要感激蔡元培先生的恩德。

蔡元培先生對中國教育和文化所做出的貢獻，確實偉大而卓絕，值得後世萬代的景仰和學習。而對於我們家人而言，對蔡元培先生的尊敬，還不僅僅在於那些普世皆知的事跡。我們更將蔡先生當作一個人，一個有獨立意志，有高尚人格，一個無私無畏的人，因此而愛戴他。

北伐戰爭期間，一九二七年，蔣介石率領的北伐軍攻入上海。同時北伐軍中的中共力量，也加大展開奪權的行動。一方面以中共領導的武漢，公開建立對抗蔣介石總司令的政府，一方面周恩來領導的上海工人，積極準備武裝起義，向蔣總司令開戰。這情況下，中國國民黨中央監察委員會做出一項決議，要求蔣介石在北伐軍中展開清洗共產黨的行動，就是史稱的四一二清黨。當時參與做出此項決議的國民黨中央監察委員裡，除吳稚暉、李石曾、林森、張靜江、張溥泉等幾人外，還有蔡元培先生。

對蔡元培先生的紀念，至今在中國大陸如火如荼，但似乎從來找不到一紙一字，提及蔡元培先生曾參與此次國民黨中央監察委員會的決議，指示蔣介石發動四一二清黨。蔡元培先生為國為民，毫不考慮一己榮辱成敗，而且面對是非邪正的辨別，也絕無半點含糊，敢做敢為。抗戰初年，汪精衛主掌行政院和外交部的時候，多次露出親日態度，蔡元培先生曾一力勸阻，甚至聲淚俱下，要求汪精衛以大局為重，與蔣介石同心同德，堅持抗戰。蔡先生真誠耿介的人格和意志，實在堪稱後世萬代之楷模。

陳望道與復旦大學

孤獨既然有個獨字在內，就表示不合群，不入俗。不管是主動的有意識獨立於世，還是被迫的遭社會人群的拋棄，總之是沒有跟著大潮流而漂流擺動，是為孤獨。

因為家庭出身的關係，我從小就是一個孤獨的人。一方面是學校和社會都不接受我，沒有同學願意跟我交朋友，逼迫我度過孤獨的少年和青年時代。另一方面是我個人持才自傲，心比天高，不屑與週圍那些碌碌俗眾同流合污。

我讀初一的時候，有段時間，父親參加翻譯《第三帝國興亡》。他每日裡白天照常上班，晚上在家翻譯，有時通宵達旦。那期間家裡桌上櫃裡，到處放滿有關德國法西斯和二次大戰的文字和圖片資料，而且不斷更新補充，我和弟弟每天做完功課，就會趴在桌上翻看一陣。我們那時讀不懂英文和德文，只有看那些圖片。父親怕我們看不懂，反而「中毒」，所以有時指著圖片，給我們講解一些。於是我們聽說諾曼第登陸的悲壯場景，看到英美戰俘在德國集中營中的不屈不撓，知道了珍珠港偷襲，硫磺島激戰，轟炸東京等等，了解到第二次世界大戰的偉大勝利，是英美等西方國家英勇犧牲所換取的。這些真實故事，是當時的北京絕對聽不到，也不允許傳播的。

那時剛好是紀念戰勝法西斯二十周年，北京城裡到處一片歌頌蘇聯的宣傳，報上天天發表文章，還出版許多書籍，小說詩集擺滿書店。電影院更是排滿蘇聯影片，什麼《攻克柏林》、《條頓劍在行動》、《史達林格勒保衛戰》之類，好像第二次世界大戰，是蘇聯一手取勝，殘暴兇惡的希特勒法西斯，是史達林一個人消滅的。借宣傳蘇聯個人崇拜，推動中國大陸的個人崇拜運動。學校裡課本寫的，老師講的，也都是同樣的一套。

那跟我們在家裡看到的資料不一樣，跟父親講給我們聽的事實不同。對我們而言，那也是經常的事情。一次又一次的經驗告訴我們，外面社會和學校老師如唸經一般反覆的說教，都是編造的謊言，不能信任。久而久之，在我頭腦裡，就形成了一個固定的模式，越是當局高度歌頌的人物和事件，我就越是存疑或者看不起，比如史達林和郭沫若。而越是當局極力否定或批判的人物或事件，我就越生出敬意和愛戴，比如胡適先生和陳獨秀先生。

那反其道而觀之的其中另外一個人，是陳望道先生。許多年來，中國大陸報紙反覆歌頌陳望道先生是第一個中文全譯《共產黨宣言》的人，曾主編過中共機關刊物《新青年》（引自中共官方文件，不知此說何來），也是中國共產黨的發起人之一，還到處傳說毛澤東多麼尊重陳望道先生，用以證明他的光榮，所以我就很有些看不起他了。說起來，陳望道先生與我的父母兩家還都有些老交情，他做復旦中學教務主任的時候，聘了我的外祖父去教歷史課，那是一九三〇年的事情。

那個時期，外祖父在上海領導中國社會史大論戰，風頭正健，同時也在上海許多間大學兼課，宣講自己的理論和看法，有上海暨南大學，上海大學，勞動大學，上海法學院，中國公學等。外祖父也在復旦大學中文系和新聞系兼中國文化史的課，此外還在立達學園和復旦中學教歷史課。

期間最有戲劇性的一幕，是同陳望道先生合演的。那時外祖父主要在商務印刷館任職，在復旦中學只講一節歷史課而已。當時陳望道先生任復旦中學主任，有一天他忽然匆匆跑進歷史教研室找外祖父說：學生起了風潮，要驅逐我這個主任。我已經宣布請假，今天離開。你在商務那樣大公司作過管理工作，就代理一下本校主任之職吧。不等外祖父點頭應否，陳望道先生從口袋裡取出校章和校款存摺，放到外祖父桌上，說一聲：謝謝幫忙，轉身大步走出去了。

外祖父坐在桌邊，對著面前的校章和存摺發呆。沒有辦法，第二天下午，外祖父只好到陳望道先生辦公室坐下。聽說學校佈告欄裡已經貼出通告，當日下午三點鐘開學生大會，討論驅趕陳主任的問題。外祖父馬上發通知，把發起此次學潮的四個學生叫到主任室，對他們說：我不是復旦中學的教師，更不是主任，學生要開大會，與我無關，我沒有意見。不過下午三點鐘，許多班級還在上課，學生恐怕不願意耽誤學業，不一定會誤課而出席大會，最好換到四點鐘，全體學生都上課完了以後，再開大會。那四個學生領袖同意了，又貼出佈告，把開大會時間推遲一小時，四點鐘召開。這一來，三點鐘放學的學生等不到開會，走掉了。四點鐘放學的班級，下課後看看，沒多少人到會，也就都回家了，大會沒開成。

外祖父又把那四個領袖請到主任室，告訴他們：今天會沒開成，沒關係。我決定明天一早八點鐘開學生大會，討論主任問題，幾個領袖高高興興走了。外祖父想，幾個中學生哪裡想得出風潮這種事情，他們背後一定有其他人。外祖父隔著窗，看到那幾個學生剛出主任室的門，沒走幾步，就讓幾個復旦大學的學生擋住。那幾人聽過說明之後，大聲罵他們：你們上當了。開大會罷課，必須一鼓作氣，怎麼可以延期。一小時推遲，把大會搞散了。

第二天上午八點，外祖父召集全校學生大會，首先對全體學生說明：我代理主任，不過是維持你們的學業。關於主任問題，你們自己討論解決，我不參加意見。學生們鼓掌歡迎。外祖父又說：你們討論主任問題之前，先表決是否同意我來維持你們的學業。學生們沒有反對意見。外祖父宣布進行表決，大聲問：反對我維持學校的舉手。會場裡沒有一個人舉手。外祖父就說：全體通過，那麼在解決主任問題之前，由我維持學校。學生們都同意。外祖父又說：既然全體通過，服從我負責，那麼現在我宣布，全校繼續上課，同時大家互相醞釀主任問題的解決，然後適當時候我們再開大會討論。學生們都默默無語。外祖父說：沒有否決，就請執行。五分鐘後，學生們都退出會場，各回教室上課去了。

當天晚上，外祖父約了復旦中學全體教職員，在北四川路新有天吃晚飯，請他們推舉出一個校務委員會，移交出校章和校款存摺，由委員會維持現狀。第二天一早，外祖父把學校東西一提，趕緊跑到南京，去做中央大學教授去了。後來復旦中學聘請外祖父作復旦中學主任，他也沒有接受。他說，他熱愛教書，但不會作官。逼上梁山，不得不作，頗費了些心思去苦想，才做得出此一件。做這種事，並非他天性使然，也非他興趣所在。沒有辦法時，勉強學著做一次兩次。要他天天在政治人事漩渦裡轉，時時刻刻需要隨機應變，要滑頭，絕計做不成功。讀書，思想，辯論，立說，乃他之真愛。

我知道了陳望道先生的這段故事，知道他碰見學生鬧事也怕，而且會逃之夭夭，就明白陳望道先生不過跟我們一樣，也是個普通人而已，又有什麼必要拚命給他鍍金身，將他塑做成神仙呢。可是有一次，我因為在家裡口出對陳望道先生的不敬之詞，被父親好罵了一頓，然後父親告訴我，陳望道先生並不同於當時社會上那些到處可見的黨棍官僚，他是個正直的人。

於是我才了解到，陳望道先生雖是中共的發起人之一，但因不滿其領導層的獨斷專行，曾公開宣布脫離中共，並且拒絕參加中共第一次代表大會。只是因為他實在社會聲望太高，中共組織才沒有對他動粗，否則他也免不了陳獨秀先生的下場。這些史實，上世紀中期的中國大陸，是絕對不會公開的，所以沒有人知道。大概因為父親一九四九年以前做記者，又是當時中國新聞第一人趙敏恆先生的三大得意弟子之一，還是陶希聖先生的乘龍快婿，所以自然聽說過一些有關陳望道先生的故事。

抗戰勝利後的幾年，趙敏恆先生在上海甚至中國新聞界呼風喚雨，很不可一世。那時陳望道先生在上海復旦大學做新聞系主任，請了許多社會名流到復旦新聞系任教，如于右任先生，邵力子先生，顧頡剛先生，還有趙敏恆先生，左右兼顧，百家爭鳴。

因為陳望道先生對中國革命事業的貢獻，中共建政之初，任他做華東區文化部長。但是陳望道先生不屑於做官，掛冕而去，回到復旦大學，繼續做他的新聞系主任，而後升任復旦大學校長。父親特別著重給我講的是，上海剛解放沒幾天，中共軍管小組就宣布上海《新聞報》是國民黨的報紙，隨即予以關閉，趙敏恆先生和父親都立刻失業。而趙敏恆先生作為美國留學歸國的人，頗有美蔣特務的嫌疑，又是主持國民黨報紙的主要負責人，不光生活，就是生命也岌岌可危。

這個時候，陳望道先生找到趙敏恆先生，以校長之尊，誠心誠意聘趙敏恆先生回復旦大學新聞系做教授。記得父親講到這裡，語氣充滿激情，聲音幾乎抖動，連連搖頭。他說：你要曉得，那種境況下，對國民黨要員稍露一下笑臉，就要當作反革命關牢房，甚至槍斃的。當時對趙敏恆先生不落井下石，已屬不易，陳望道先生居然冒中共之大不諱，於危難中救趙敏恆先生一把，對他那麼尊重，實在是非常了不起。

那幾年中，父親還曾經到復旦大學去看望過恩師趙敏恆先生，因此也得以遇到陳望道先生。他說陳望道先生穿著普通長衫，拎個皮包，提條拐杖，旁無所顧，只走自己的路，顯出他強烈的獨立精神。另外一次，父親去趙敏恆先生家拜望他，發現恩師守著一臺無線電，收聽英美電臺的短波新聞廣播。那在當時，叫做收聽敵臺，是反革命行為，被人發現，是要入獄殺頭的。

趙敏恆先生嘆說：他做了一輩子新聞事業，現在完全得不到一點新聞，實在身心無法安寧。父親很驚恐，告誡趙先生要小心，被當局聽到風聲，可是了不得的事情。特別在復旦大學新聞系教課，千萬不能露出自己在家收聽英美電臺廣播的馬腳。趙敏恆先生點頭，表示接受，又說：望道先生應該還是能夠理解我，也會保護我的。

可惜的是，陳望道先生一人之力，終於無法回天。中國大陸瘋狂的革命潮流，終於還是把趙敏恆先生吞沒了。一九五五年，趙敏恆先生就被扣上「西方特務嫌疑」而關入黑牢，從此再無音訊，直到在江西勞改營裡飢寒交迫，貧病象加，淒然死去。對此，陳望道先生再愛材，也只有獨自暗嘆，完全無能為力。

對於父親來說，從他對趙敏恆先生的極端崇敬，就可知凡有人能對趙敏恆先生有一點點好處，父親就會認為對他自己有恩情，那就是父親之所以敬重陳望道先生的緣由。雖然陳望道先生最後沒有能夠保護住趙敏恆先生，但父親說，如果沒有陳望道先生伸手相助，趙敏恆先生可能一九四九年就做了中共的階下囚，早就死於非命了，所以他還是要感激陳望道先生的。

父親的故事，澈底改變了我對陳望道先生的態度。他對趙敏恆先生那一個點滴的人性關懷，確實比他曾經幫助中共進行過政治宣傳的事實，要高貴得多，重要得多。因為我自己改變了態度，所以後來聽到許多有關陳望道先生的傳說，比如他拒絕按照毛澤東要求改動他寫的書，拒絕把復旦大學新聞系並入中國人民大學，還有陳望道先生親自委任的復旦大學新聞系主任成了毛澤東親點的大右派，以及陳望道先生反對大躍進，反對批判資產階級學生思想等等，便也覺得可信了，並且逐步構造出一個具有獨立人格，值得我尊敬的陳望道先生來。

杜月笙與高陶事件

中國大陸人，對杜月笙的名字並不陌生。小學生就被告知，蔣介石從政之前，是個小流氓，參加上海青幫，而幫主杜月笙，是個大流氓，是蔣介石的老頭子。學校裡老師那麼說，書裡那麼說，報上那麼說，大家都那麼說，也都那麼信。

可不管社會上怎麼說，我在家裡只許尊稱他為杜先生，不得直呼其名。母親反複告訴我，杜先生對我家有恩，特別對她自己個人，更有救命之恩。

我的外祖父陶希聖先生，一九二四年到上海商務印書館做編輯，杜先生那時早已在上海灘呼風喚雨。因為參加五卅運動，跟英國領事對簿公堂，外祖父一夜間成了上海名人。我估計，也從那時候起，外祖父結識了杜先生。

不過母親一家對杜先生所以极度崇敬，還是因為高陶事件發生。一九三九年秋天，汪精衛帶領陳公博周佛海梅思平等幾人，自重慶出走，到達上海，試圖與日方舉行和平談判，儘快結束中日戰爭，我的外祖父經過汪精衛多次要求，後來也到了上海，參加中日談判。日方的主要聯絡人，是日本陸軍大佐影佐禎昭，他在日本侵華初期任駐華使館武官，後升任日本參謀本部中國課課長，也升為少將了。

戰爭初期，日本軍閥揚言三個月內滅亡中國。可是開戰一年多之後，中國軍民的抵抗日益頑強，速戰速決滅亡中國的夢想完全落空，於是日本政府改變策略，采取誘和攻勢。日本近衛首相於一九三八年十一月和十二月，兩次發表聲明，對中國試探和談可能，均遭蔣委員長公開拒絕。汪精衛則堅持，不應放棄以和平方式解決中日爭端的可能。於是影佐便與中國外交部亞洲司接觸，安排司長高宗武及第一科科長董道寧等密赴東京，與日本諸高級官員會晤，鋪平了汪日上海會談的道路。

日本與汪精衛的正式談判，於一九三九年十一月一日開始，會議地點在上海虹口六三花園。日方代表是影佐禎昭，犬養健，須賀彥次郎海軍大佐等。汪方代表是陳公博，周佛海，梅思平等，汪精衛本人並不出席日常談判。那時我的外祖父還滯留香港，直至將近年底才終於到了上海，補為汪方談判人員之一。在那些談判會議上，日方分發《日華新關係調整要綱草案》，要求汪方代表逐條討論。由於草案條款廣泛苛刻，遠不同於以前雙方協議與近衛聲明宗旨，汪方代表均頗感意外和驚愕。汪方諸人，在自己的討論會議中，曾經屢次發生爭論，外祖父幾乎每次會議都要對日方條件提出激烈批評。

因此短短十天之內，汪日雙方在六三花園開會七次，並有多次會外私下商談，但日方毫不讓步，以為已經吃定汪方，不論同意與否，汪方只能接受所有條件。後來談判地點改到滬西愚園路一一三六弄六十號，日方仍繼續堅持強硬立場，軟硬兼施，脅迫汪方接受日方全部條款，並要求在年底簽約。此期間，外祖父數次提出，因為身體不適，請求退出會議談判，都為汪精衛婉言勸止。自一九二七年北伐時期開始，外祖父就與汪精衛建立了私人友情，無奈之際，只得繼續敷衍。

談判期間，汪精衛、周佛海、梅思平等原住虹口。虹口是日本軍區，到處日軍警備森嚴。外祖父後來自港抵滬，最初也是住在虹口，兩三日後便與汪周等一起，搬到滬西愚園路。上海人當時稱滬西為歹土，乃因此地原為公共租界越界筑路的區域，屬於三不管的混亂之地，眼下則全部由日本憲兵戒備，公共租界巡捕並不能來此執行警務，所以是日本的地盤。

愚園路一一三六弄樓房不多，但都很講究，其中之一為前國民政府交通部長王伯群的私邸。巷內左側是汪公館，右側是陳公博公館。弄底三棟樓房，分住周佛海、梅思平，和外祖父。弄堂口上是日本憲兵隊辦公室，一方面保護汪方談判要員，一方面也軟禁監視這幾個人。直到外祖母帶領一家大小，到上海去之後，外祖父才搬出愚園路，住進環龍路自己家裡。

在愚園路的那些日子，因為單身獨居，外祖父每天早上到汪公館用餐。日方把他們的綱要交給汪方那天，早餐完畢，汪夫人陳璧君留外祖父談話，要外祖父把綱要一條一條詳細解釋給她聽。次日早餐時，陳璧君又告訴外祖父，她把外祖父的解釋，轉告了汪先生，說得不完全，也不詳細。她說，自己一面講，汪先生一面流淚。汪先生聽完之後說，日本如能征服中國，就來征服好了。他們征服不了中國，要我在他們的計划上簽字。這文件說不上是賣國契，中國是我賣不了的。我簽了字，不過是我的賣身契而已。他們夫婦因此商量，要搬出愚園路，到法租界福履理路去住，然後發表一個聲明，停止一切和平活動，立刻轉往法國。

不想這個消息，傳到日本人那裡，影佐禎昭立刻到愚園路來見汪先生。汪先生直接講明自己的想法，據後來汪先生對外祖父復述，汪先生當時說一句，影佐在本子上記一句，記到最後，影佐兩行眼淚滴落在本子上。待汪先生講完，影佐說：我協助汪先生遷居，並請法租界捕房布防，然後我立刻回東京，報告近衛公，請求其出面干涉。那一天，法租界真的出動二百名巡捕，準備保護汪先生遷居。但汪先生沒有搬家，而是繼續留在愚園路。他召集所有代表們開會，說明他與影佐的那次談話，還專門提到影佐流淚。他說：看來影佐還是有誠意。外祖父很不以為然，告訴汪先生，影佐流的是鱷魚的眼淚。但是汪先生相信了日本人的欺騙，外祖父便曉得大勢已去。

外祖父親眼見到，汪日之間除《日支新關係調整要綱》之外，還有《關於日支新關係調整的基本原則》、《關於日支新關係調整的具体原則》、《祕密諒解事項》等八份文件。那些文件的條件非常苛刻，日本所要勒索的中國地域，從黑龍江直到海南島。日本所要掠奪的中國物資，下至礦業，上至氣象，內至河道，外至領海。從東南至西北，一切中國的權益，都要讓日本持有或控制，日本軍閥是要吞並中國，滅亡中國，中日之間斷無和平可言。

而且自六三花園至愚園路，在與影佐機關談判之中，外祖父還發現，中國存亡之關鍵，還不僅僅在日本划分中國東北、內蒙、新疆、華北、華中、華南、海南等六個地帶，或決定於日軍控制中國的方式與壓迫剝削的程度，更在於日本要與蘇俄一起，根本瓜分中國的圖謀。日本所預計之中國國土划分，以潼關為西面界線，亦即以新疆、西北、華西、西南與西藏為餌，釣取北海之巨鯨蘇俄，二分東方世界。於是外祖父便生出逃離上海，脫離汪精衛的想法。

高宗武先生本來是國民政府的一顆外交新星，從一開始他就和周佛海一起，把汪先生的和平運動向日本方面提出。但從跟隨汪先生到上海後，在對於在南京建立和平政權的問題，高宗武先生與周佛海發生激烈的衝突。高先生的理想方案，由於形勢，無法實現。於是汪方其他人在決定重要政策的時候，就逐漸疏遠了他，高先生因此也就對和平運動喪失了熱情，有了退出汪集團的念頭。

一九三九年十二月二十六日晚上，月明星稀，大地上人們慶賀耶穌圣誕的狂歡還正濃厚。汪精衛召集汪方全体開會，聽取整個談判經過報告，然後審查全部文件，隨即宣布，談判已告結束，日方條件全部接受，三十日雙方簽字。外祖父馬上曉得，如果他決心不簽字，那就只有死在上海。他還聽說，日本特務機關已經計划好，殺了外祖父，再開追悼會。但是如果外祖父在日汪密約上簽了字，做了賣國的漢奸，甚至比死更糟，此事斷不可為。

當天下午三點多鐘，高宗武先生到外祖父家，兩人關了門密談片刻。外祖父對高先生說：我聽說，他們早已監視你，現在你有生命危險。高先生聽了，對外祖父說：我們走了吧！外祖父說：這事很機密。我有幾個學生很親近，靠得住，能幫忙接應。高先生說：我發求救電報給香港的親戚。外祖父說：我想最好能請杜月笙先生幫忙，我跟他有過一面之交，估計他不會不伸援手。高先生說：杜先生也在香港，我這就去辦。外祖父說：小心，小心。然後高先生茶也不喝一口，匆匆告辭而去。

據外祖父計畫，當時中國還有些一人，仍對日本人抱有幻想，就如外祖父過去一樣，而且國際上也還有不少人以為，日本並沒有完全滅亡中國的意圖。如果高宗武和外祖父兩人，把那些日汪密約公布於世，天下人便都會明白日本的狼子野心。那麼中國人民抗戰的意志，就會更堅強，而國際上也就會更加支持中國反對日本的努力。這麼做，高陶二人對國人敲響警鐘，喚起警覺，也算是懸崖峭壁，將功補過，只不知那樣夠不夠抵銷他們脫離重慶政府之罪。但當時情勢之下，外祖父也顧不得日後被重慶政府如何處置，他只想逃出上海，不在日汪密約上簽自己的名字。

第二天開始，外祖父稱病在家，大門不出，二門不邁，再不去愚園路開會。過了三天，十二月三十日，汪方與日方簽署密約，外祖父也沒有到場，因此沒有在那些條約上簽字。陽歷一月一日元旦，外祖父不得不出門，到愚園路去敷衍，沿家拜年。外祖父後來回憶，他到汪府，進門才坐下，陳璧君就要他馬上補簽密約。外祖父說：我是抱病拜年而已，這幾日頭痛得很，連筆也拿不住，最好現在不看文件，不談公務。陳璧君不肯答應，非逼外祖父簽字不可。幸虧那時汪先生走下樓來，聽到了便說，此刻不必勉強，過幾日等病好了再補不妨。這樣算是救了外祖父，否則他只有當場自盡了結。

一九四〇年元旦前後那幾天，外祖父和一家人，在生死線上徘徊，焦急地等待香港通知，同時杜先生也在緊張的策劃和安排之中。那不是一場兒戲，從日軍佔領的上海偷渡出海，而且是高宗武和陶希聖兩個汪方高層人物，日汪特務日夜緊密監視，先不說如何出走的行動，就連保密都很難周全。

元月三日。外祖父終於接獲密報，立刻到南京路華懋飯店。外祖父借口看朋友，叫日汪派來監視他的車伕開車，連手提箱也沒有提一個，兩手空空，乘車到了華懋飯店。當時的華懋飯店，有九層樓房，很是氣派，正門上面又高出兩層，還有個高高的尖頂。沒有多少人進出，裡裡外外的人都是西裝革履，昂頭挺胸。外祖父下了車，從前門大步走進去，穿過門廳，一直走到後門，迅速穿出，飛奔到馬路邊，坐進街邊一部計程汽車，一路開到十六鋪碼頭。

那裡有杜月笙安排好的人員接應，二話不說，就將外祖父領入船艙。不多時，輪船起錨，外祖父總算安全逃離上海，到達香港。日汪獲知高陶二人出走之後，惱羞成怒，又怕外祖父泄露日汪密約，便放外祖母到香港勸說外祖父返回上海，並把我的母親和兩個舅舅扣留上海，做為人質。

外祖父在香港，暫時未將日汪密約公佈，再次請求杜月笙先生幫忙，救出三個兒女。杜先生認為事情嚴重，馬上專程飛往重慶，同蔣委員長面談。蔣先生則親口拜託杜先生，盡力搭救我的母親姐弟三人。杜先生從重慶趕回香港，坐中國航空公司飛機，途中遇日本空軍阻截，用機槍猛烈掃射，緊緊追趕。幸虧中華航空機師沉著鎮靜，技術高明，把飛機一路升高，最後甩掉日機。當時飛機設備簡陋，飛至八千尺，空氣稀薄，供氧不足，杜先生呼吸困難，幾乎窒息。機師打電話給香港機場，準備醫生擔架。杜先生下飛機，被擔架抬回家，經醫生急救，才喘過氣來，躺在床上，便著手安排援救母親三人的計划。

杜先生委託留守上海的部屬萬墨林先生，組織人馬，周密設計，終於將母親和兩個舅舅偷運出上海日寇魔掌。母親三人到達香港，同家人團聚，第二日外祖父和高宗武先生一起，聯名在香港《大公報》公布了日汪密約全文，向世界揭露日寇吞並中國的狼子野心，激發中國人民的抗日決心。以美國為首的國際社會，立刻宣布堅決支持中國的抗日戰爭，並撥出巨款援助中國軍民。

母親到達香港當晚，外祖父曾帶她同往杜先生公館致謝。那時外祖父家住上九龍塘，杜先生公館在下九龍塘。因為杜先生的氣喘病一直不好，母親只道過謝，沒有久留。因為搭救外祖父和母親一家，杜先生還曾受到香港警局盤查，索取外祖父住家地址。杜先生為保護外祖父一家，不僅拒絕交出外祖父地址，而且親自派人，日夜保衛母親一家的安全。

日汪密約公布，自然讓上海日寇和汪精衛氣急攏坏。汪精衛講：我與杜月笙有什麼難過，他竟這麼來對付我。周佛海咬牙切齒說：將來捉到陶希聖，誓必殺之。日汪特務機關派人到香港，企圖暗殺外祖父一家。沒想到被派之人是杜先生的門生，一到香港，就把計劃全部報告了杜先生，外祖父一家才免於一難。

日汪當然不甘心失敗，又買通香港差館，到杜公館搜查，終使杜先生發了脾氣，此事被俞鴻鈞先生曉得了。俞先生原是上海市長，跟杜先生自然熟不過。當時俞先生在香港，做中央信託局局長。俞先生便出面，以國民政府代表之名，向香港總督提出一份備忘錄。說明杜先生是中國政府高級官員，中外知名的社會領袖，警告香港警察，不得無禮取鬧。港督接了，連忙親自跑來向杜先生賠不是，保證以後絕不再犯。

外祖父到香港以後，辦了個國際通訊社，以為生計。後來杜先生飛到重慶，對蔣委員長一力擔保，得到蔣委員長同意，把外祖父召回重慶政府任職。剛在此時，香港淪陷，日軍進占，斷絕交通。杜先生通知外祖父，當夜趕到杜公館，坐杜先生專車到機場，杜夫人還託外祖父帶件毛衣到重慶。不料汽車沒油，無法成行。後來外祖父隻身化妝，逃出香港日寇魔掌，另是一段惊險故事。再後來外祖母帶一家大小，逃出香港，一路又是杜先生派的大俠，前後照料，多加保護，逢凶化吉，才算到了桂林，最後脫離險境，更是一段難忘往事。

母親曾向我歷歷細數，杜先生救過外祖父和母親一家多少次性命，又幫外祖父和母親一家多少次度過難關。母親說，如果杜先生沒有在蔣委員長面前說情，把外祖父接到重慶。她們一家留在香港，必是死路一條。日軍占領香港以後，曾經嚴密搜捕外祖父，報紙多次刊出日軍捉到陶希聖，抽筋剝皮的報導。

母親說：這樣的救命恩人，我們不可以忘記，不可以不尊敬，不可以不感激。感恩圖報，是做人的本分。中國人說：點水之恩，湧泉相報。杜先生於我們一家大小的救命恩情，豈止點水，我們今生今世，無論如何是報答不完的。我們眼下情況，能對杜先生做的報答，就是保持對他的尊敬。

母親的話，我永遠記得，所以對杜先生保持著永遠的感恩和尊敬。

附錄

原載香港《國民日報》，一九四〇年一月三十日

我家脫險的前後

陶琴薰

從陶希聖離港赴滬時說起
由女孩子寫出來更見真切

「本報特訊」我的父親陶希聖先生，在去年八月廿六日上午離港赴滬，今年一月三日離滬返港，計算起來他在上海只逗留了四個月。但，這短短的四個月的時日，在我們和他自己卻已感到太冗長太難挨了。

我雖是一個稍大的孩子，但父親從來不和我談什麼政見。不過自出國到香港以後，父親和母親優愁悲傷的情緒，卻是我看得出的，尤其是在他離港的前夕，向我說的那一段沉痛的談話，是我永遠不能忘記的。他說：

春秋時代，楚國有兩個人：一個是伍子胥，一個是申包胥。他們兩人是好朋友，但他們的志向卻完全相反。伍子胥對申包胥說：「我立志要亡楚」。申包胥發著誓的回答道：「我立志要存楚」。這是一個有名的故事。現在，我要到上海去，為的的什麼呢？周佛海，梅思平兩先生立志要送汪先生進南京，我立志要去阻止他。我留在香港沒有用，一定要到上海救出汪先生去。我要保存中華民國的體面，要去把「主和」與「投降」兩件不同的事分開。

我是一個書生，過去幾十年，本著祖傳的家教，研究了十幾年的法律，我不曾作過一件對不起人的事。然而從前我把周佛海梅思平引見汪先生，現在竟成我良心上的苦痛，這是我跟隨汪先生十餘年來唯一對不起他的事。現在我便是想賭著生命到上海去糾正他們，以盡我心。

我早已告訴過你們；我的生命安全是絕無保障的。今天我活著，也許明天我就死了。上午我是和你們在一起，下午或者就會遺棄下你們。這一次的走，尤其是可悲的。以後我四周的危機會更多些，更密些。你們是知道我的，留下的那一束我的日記等我不幸的死後，你們再細細地讀吧！

果然，在他到上海後，最初他忍受一切刺激，並不感到意外的苦痛，只盡可能的向他們陳說一切的利害關係和阻止他們的組府。他曾將偽政府的成立期拖延了兩次——十月十日拖至十一月十二日，又拖至今年一月一日，眼看著一月一日又被拖延過去了。這種舉動，竟使周梅等由公怨而引起私仇了。他們不但在他的四周又另增了些舊的刺激和新的恐怖，並且決定如果這一次組府再因他而不能成功的話，他們一定要以暴力處決他了。

所以後來父親的每一封家信中都含有大量的沉痛之語，不過當時我們這些小孩子並不十分明了其中的許多內幕，只在他十月二十日的信中到：「我自投到山窮水盡的境地，又不肯作山窮水盡的想頭。譬如污泥中的一粒黃沙，自己不想作污泥，卻已經是污泥中的一分子了。有時一兩個好朋友在一起，談起我們所處的環境，總覺得只有研究如何的死法：投水呢？觸電呢？自戕呢？然而這一粒黃沙還有留戀著不能死的必要。我的名譽地位，是我自己從千辛萬苦中奮斗出來的，為什麼我要讓它們埋沒在污泥中，自尋毀滅！」十一月五日他的信卻寫到「現在前途已有曙光，斷不至落於奸人之手，故我心漸有生機，只要良心自問可求適當方法以無愧，不必求人諒解，終被人所諒解。一天陰霾或可由此而散也。兩三日後，行縱可定，望忍一切痛苦以待之。此行不虛矣。」十一月十二日信又云：「你們欲來滬，極安慰歡欣。我月底以後，個人生恐有大變動，然此變動全合於你們之心意，故你們之來，不但可堅定我心，且可從中幫忙。」

那時我和母親便知道他想回港而不能，所以我們便計划著到上海去將他搬回來，不過其具體辦法當時尚未想到。直至十一月廿五日，朋友某君自滬來港，告知我們父親在上海的生活是如何的苦悶，如何的受刺激之後，我們便決定將全家大小六口性命搬到上海換父親出來了。十二月十三日那天，我們便出人意外的全家到了上海。

在那裡似乎很快樂很鎮靜地住了兩個星期，我們所期待的一日終於來到了。

那是去年十二月廿七日，上午父親出席幹部會議，晚上父親面色蒼白的回家來，告訴母親，日本所提的亡國條件都已談好，自廿八日起便要開會作最後的結束了。參加這結束談判會的人，汪先生已指定陳公博，周佛海，梅思平，林柏生和陶希聖——我的父親。而陳公博先生已定於廿八日上午乘輪返港，避開這結束會談。父親也是決意不參加不簽字的。經過了一夜的磋商，第二天清晨起，我們便開始實行我們的計畫了。

廿八日的早上，母親持著父親寫給汪先生的請假信，向家人宣告父親生病了。一月二日以前的數日中，來的客人都被擋駕。父親自己也只出去了兩次：一次是在一月一日早上到汪公館去賀新年；一次是二日下午汪夫人約他去談話。然而這幾天內，母親卻真忙得不亦樂乎：一方面要盡可能地假作鎮靜，什麼買東西呀，上公園呀，請太太們來玩呀，一方面卻要擔心父親旅途的危險和以後我們的生命安全。一月三日的上午，父親便與高宗武先生在人不知鬼不覺中離開了鬼門關——上海了。

父親走後，我們坐在屋中，說不出心裏是悲是喜，是苦是樂，只是在他「安抵香港」的電報尚未到達我們手中以前，我們確曾懼怕得坐臥不安呵！尤其是知道了周佛海等已在起疑心，我們更不能安寧。

五日的中午，我們將父親留給汪周等人的信分發去了。立刻，那些曾想到過的恐怖，便罩滿在我們的四週甚至於父親的幾位學生。他們一方面命令手下將高宗武先生的親屬多人捕去，一方面使人通知我們即搬入愚路一一三六弄漢奸集中營，想對我們這幾個吃盡辛苦的可怜孩子施行扣留的手段。幸虧朋友某君在汪先生面前力陳：「如此應付。實為汪先生之恥」。我們才未被遷去。可是住宅四周特務員的看守，卻夠嚴密的呵！

八日晚上，汪特派某先生來見母親，強迫母親拍電促父親歸滬，被母親理直氣壯的拒絕了。當時雖明知我們的性命完全要由他們支配，可是父親已走，即使我們真會被處死刑，又有什麼關係呢？所以，看到某先生掃興而去後，我們也不過嘻嘻地笑一陣罷了。恐怖密蓋著我們，我們卻泰然地過著。這是不是可以算一群大膽的孩子呢？哈！哈！

第二部分

原載香港《國民日報》，一九四〇年一月三十一日

陶希聖女公子

縷述全家脫險經過

陶琴薰

「本報特訊」此陶希聖先生女公子琴薰女士送給本報發表者。全文計五千字，昨日本報已登其前半。大意是說：乃父欲救汪精衛，勉強去滬，後知事無可，因邀全家到上海，藉作掩護。抵滬後兩星期，乃父潛離上海，乃母於日偽監視下，亦計划追蹤赴港。

母親究竟是母親，看到我們嘻嘻哈哈的無憂面孔，真是心痛極了。所以九日，十日，十一日三天內，她獨自去把船票購好，準備祕密帶我們再冒一次險，跑回香港去。可是，十一日的晚上，朋友某君忽然跑來，神色蒼忙的告訴我們：『愚路的人都知道你們十三號要走了。不是好玩的呵！這個險冒不得的，被日本憲兵抓到虹口去，可就沒有路了』。商量了一夜，不得已才想到只有到汪先生面前去討命。十二日上午，我與母親和汪先生夫婦談了兩個鐘頭，最後才蒙準母親攜帶兩個小弟弟去香港勸父親返滬。但以我和大弟三弟不走為條件。於是，十三日下午，母親便帶走了兩個弟弟。遺留下我們，在特務人員周密監視中過日子。

從碼頭上回到家中，我不知道我的心中是如何的一種滋味。危機布滿的住宅裡，如今只剩下我們姊弟三人。唉！真可恨！漢奸們把我的好爸爸好媽媽弄得不能看護我們了，卻要我照看兩個弟弟！

當然羅！那種軟禁生活，誰也過不慣的，連吃夠苦頭受夠折磨的父母親都耐不住，何況我們？而且我又不敢擔保兩個弟弟的生命安全，就是我自己的生命安全也是很險的呢！所以在接到母親「安抵」電報後，我反心慌起來。馬上出去打聽船期，知道二十一日有一意國郵船由滬開港，心裡先就放下了一塊石頭似的。扳起手指算算，十八，十九，二十，嘿！還有三天功夫，慢慢地辦吧！

真可謂「天無絕人之路」，十八日下午，那位隨父親同行的某君忽然祕密返滬了。我得知他住在某飯店中後，就偷偷摸摸地跑去找他，和他嘰哩咕嚕地商量了半點多鐘，才又偷偷摸摸地跑回家。汽車夫問我到那裏去了？我說：「出去走走，不要你管。」真的，咱們的事，你配管麼？

晚上持著醫生證明書，到某君處去，當我請代購票時，他忽然告訴我：「留神一點吧！你們的汽車夫被七十六號收買了，知道麼？」一句話，像個大霹雷般，將我嚇得呆了半天才緩過氣來。這才明白什麼汽車夫要問我到那裡去了的？回家時，在大門口站住，從燈光下朝四方一望，呵！那兒不是幾個大男子漢直朝這邊瞪眼麼？嚇得我一口氣跑上樓去。這還了得，外面那麼樣守住，裡面還有著一個作內應的探子，瞧我們三口小命怎麼逃得出他們的「天羅地網」？一夜照例失眠。白日落下去的石塊，猛地又壓上心頭。

第二天便不敢再獨自出門了。只設法請了親戚某太太來，用一篇假言語，騙得她將我收拾好的一包衣物帶回她家去。晚又設法使人送去一大包。竟沒有一個人對我的行動稍有猜疑。心中似乎又感到輕鬆了一點。

二十日早上，我鎮靜地乘汽車到某女中去投考。下車時吩咐汽車夫——那個密探：「下午兩點鐘來接。」他得意洋洋地將車開走，我也得意洋洋地喊了一部人力車跑去找某君，商議了一陣，再出來時，風雪已經載途了。獨自個蹣跚地在雪地裡走了半天，才乘車到公司裡去買了一口小皮箱，攜到某太太家中，又向她說了一套假話哄得她一點也不疑心地幫我把兩包衣物盛好，然後我再到某店中將某君購來的船票拿回。仍是得意洋洋地回家去。門外徘徊的幾個人，雖也在驚奇我的早歸，但他們怎能知道我究竟曾幹了些什麼事呢？

下午和大弟在樓上「咚！咚！咚！」的將些行李箱件齊備，晚上九點多鐘才把一個老仆喚來，依樣畫葫蘆地將那兩套假話向他訴了一遍，又把家事託付了一陣。於是，事情就辦得差不多了。夜裡雖然沒有整夜失眠，半夜不曾合眼卻是真的。

二十一日清晨，還是坐著汽車到某女中去考試，告訴車夫：「下午有口試和體格檢查，四點鐘來接。」他嘻嘻地將車開走了。我呢？也匆匆地往外便跑，剛要喊人力車的當兒，「嗚！嗚！」兩聲，那汽車夫卻又把車子開回來啦！我慌忙一轉身，躲入一個小弄堂裡，偷眼望著汽車真的開遠了，才鬼鬼祟祟地鑽出來，踏上一部人力車便趕到某太太家中。好在那會兒風雪很兇，某太太也就不覺詫异。不然的話，我這麼個戰戰兢兢，話也說不出來的神情，算是怎麼一回事呢？可憐！

休息到九點半鐘時，兩個弟弟才冒著風雪來到，提著唯一的行李——一口新箱子。我們默默地踏著雪走了。會見某君後，一塊兒去到碼頭，設法躲避了檢查與盤問，心懷鬼胎地上了船，找好房間，這才噓出一口氣來。三弟已經是凍得發抖了！

在船上，相依為命的姊弟三人，竟被安置在三個不同的房後，而且用了三個不同的姓氏，這也是一件值得苦笑一聲的事吧！

船未開出吳淞口以前，我的心簡直跳動得太厲害了。我幻想著我們會被日本憲兵　查出來。捕到虹口去；或者丁默村的嘍羅們會把我們解往極斯非而路的七十六號裡，「砰！砰！」兩響就斃死了我們。那個地方，嘿，聽說害死了不少無辜的人。再不然的話，也許汪先生又會叫我們住在一一三六弄裡，等父親母親回滬才放出來。但父親若回上海，我們自由了，父親就死了。唉！想來想去，頭都想昏了，只是沒有一件比較和平安靜的事。這世界，真可怕！真可恨！

像做了一場離奇而又險惡的夢般，現在我們已脫離了那些魔鬼一樣殘酷的漢奸的手掌了。我們回到了溫暖的「家」，不但會見了父母親，而且見到了父親公布的日本滅亡中國的條件。不過，我們雖已走出死路，父親的二十幾位同志卻還沒有方法走出呵！我們能因歡樂而忘掉那些和我們同樣不幸的人麼？

兩三年來，我和五個弟弟隨著母親，從北平逃至南京，武漢，又走至重慶，成都；更轉道昆明來到香港；這一次又自香港冒險地跑到上海。現在，歷經千辛萬苦，我們已感到：日本人的手段毒辣，漢奸們的手段更毒辣；日本人可以亡中國，漢奸們更可以亡中國！只有祖國的一切是可愛的，可敬的，可留戀的！

注：時陶琴薰年十八歲。

胡適之與《獨立評論》

胡適的名字，我從小就聽，不記得是幾歲開始。也許因為那年代，北京城裡隔三隔四就要翻出胡適的名字，當作落水狗來痛打一通，借以不斷推廣人人自危的局面。或者也許因為母親在家裡凡講些舊事，就免不了要提起胡適之先生的名字來。胡適是其名，適之是其字，我們在家裡，自小習慣跟隨母親，以字尊稱他胡適之先生。

記得很清楚的一次，說是胡適之先生在美國日子過得不順心，再沒有那麼前呼後擁的熱鬧了。母親說，他在中國再有名，到了美國就什麼都不是，沒人那麼捧他，甚至沒多少人認識他，就算聽說過他的名字，也不知道他是誰。他病了住院也沒人理會，整天孤零零地躺在病床上，靠回憶自己往日在中國的風光，聊以解悶。正那時候，不知為哪件理由，北京政府忽然又把胡適之先生揪出來，公開地猛烈批判一陣，鋪天蓋地，好像他是中共頭號仇敵，他講一句話出來，就能把中共政權推翻了似的。

因為北京那麼一鬧騰，美國媒體報導出來，胡適之先生的名字在美國又突然熱乎起來。原來知道他的，都想起來了，原來不知道的，現在也知道了，紛紛打聽出胡適之先生生病住院，便急忙送了鮮花去問候他老人家。據說幾天之內，鮮花擺滿病房，乃至排出樓道去了。此番盛況把胡適之先生感動得熱淚盈眶，眼瞅著滿地鮮花，連聲說：感謝中共批判，希望以後多批判幾次。

母親當時是當作笑話來講的，我那時讀小學，辨別不出她到底是把胡適之先生生病當笑話講，還是把中國大陸批判胡適之先生的事情當笑話講。我也想不出，母親能從哪裡聽到這種故事，那時中國大陸的報紙和廣播，絕對不會報導這種事情。也許是她在北京圖書館讀外國報紙的外文報導，從中得知的吧。顯然她非常關心胡適之先生，所以會注意到那種消息。

據母親講，我的外祖父與胡適之先生的關係，十分密切，而且外祖父一直說自己是胡適之先生的學生。胡適之先生長外祖父九歲，他已經在美國留完學，歸國做教授時，外祖父才讀大學二年級。不過胡適之先生在北京大學是任文學院教授，而外祖父是在北京大學法學院讀書，所以外祖父當時並沒有真的聽過胡適之先生的課。但出於中國傳統的師生禮法，也出於對胡適之先生的尊敬，就算後來兩人成了教授同事，外祖父仍一直尊稱胡適之先生為「適之師」。

但從外祖父自己的回憶看，他在北京大學讀書時，對胡適之先生並非那般地景仰。胡適之先生推動《新青年》雜誌和白話文運動，後來許多年出於政治需要，被過份地夸大。外祖父則說：在五四運動前後，北京報紙在學生中最流行者為《晨報》，總編輯是陳博生，副刊編輯是孫伏園。《晨報》的新聞是同情學生的，副刊更明白地為學生愛國運動做鼓吹。但《新青年》和《每周評論》，白話文革命，和新文化運動，還未發生多大影響。當時的學生們，對於學派或者政派之類，不甚敏感，尤其是社會上未曾發生什麼分派系，談內幕的風氣。至於北京大學，那是一個各種學派兼容並包的大學。學生們喜歡聽哪一個教授講課就去聽，不喜歡聽也就不聽。黨同伐異的風氣，還未興起。《新青年》和《每周評論》固然倡導白話文，但同時《國民雜誌》使用文言文，黃建中是主要撰稿人，他的哲學論文亦頗受同學們的推重。五四運動的起因，與白話文或文學革命，沒有什麼關係。

外祖父在北京大學讀書時，沒有進過胡適之先生的課堂，畢業之後才跟胡適之先生有了直接來往。但其後外祖父對胡適之先生產生的尊敬，保持了一生。胡適之先生去世前兩年，對於外界某些不利胡適之先生的傳說，外祖父在臺灣曾以中國媒體最高領導的身分，對各地報刊明白表示：我們應該維護北大這位大師的尊嚴，不使其沾污於謠言製造者之手，現在關於胡先生的謠言是太多了，我們對於謠言的辦法，就是不理。

北伐戰爭之後，胡適之先生和徐志摩等人創辦《新月》雜誌，風行一時。而外祖父那時在上海創辦《社會與教育》雜誌，有時撰文批判新月派文章，還甚至打過一兩次筆墨官司。卻也因此，那個時期外祖父與胡適之先生倒經常見面了。但兩人成為同事，卻是一九三一年以後的事。而外祖父喜歡講的有關胡適之先生的故事，也大多在他們北大同事以後。其中很重要的一件事，有關外祖父與胡適之先生一起，解救一二九運動被捕的學生，我在另文「蔣夢麟」詳述，這裡不再重複。

外祖父還在北伐戰爭期間，便已是國民黨黨員。胡適之先生則出於對西方民主社會的景仰，終生不黨，堅持有一點獨立精神，能夠自由自在講幾句真話，為此甚至拒絕出任行政院長的邀請。從古至今，高官送上手而不接受的中國人，大概數不出幾個來。但是雖然不肯到政府去做官，胡適之先生並非沒有社會觀念，他是個人文科學教授，具有社會思想乃其本份。據外祖父所見，胡適之先生的政治理念是很分明，也很堅定。

西安事變發生，南京國民政府做出三條決定，派何應欽率軍討伐張楊，一時中原戰雲密布，風聲鶴唳。駐守平津的二十九軍軍長宋哲元告病不露面，北平各界惶惶然不可終日。北京大學教授在王府井大街新開的豐澤園聚餐，外祖父特別說明，那裡原是莫利遜博士圖書室舊址，所以北大教授們去慣了。在聚餐中，胡適之先生對外祖父說：你們國民黨有人。國民政府發討伐令，證明了國民黨有人。有的是讀書人。我一向反對國民黨，今天我要加入國民黨。外祖父聞言，馬上答說：你若要加入，我做介紹人。當然那只是表明胡適之先生反對西安事變的態度，他到底並沒有真的加入國民黨。

隨後在騎河樓另一次聚會中，有個東北大學的金先生替張學良講話，一再說：漢卿先生見中國無法兩面作戰，向委員長建議抗日不反共，未為委員長接受，故有兵諫等等。胡適之先生聽完，立刻駁斥：什麼叫做兵諫，這在軍紀上是犯上，是不當的。蔣委員長如有差池，中國要倒退二十年。在此之前，胡適之先生已經以北平各大學校長的聯合名義，發電報告誡張學良：陝中之變，名為抗戰，實則自壞長城。西安事變和平解決的第二天，北京大學開慶祝會，胡適之先生頭一個上臺，發表演講。

外祖父自己是個演講迷，曾有因演講過多而致病的紀錄。他也愛講有關演講的故事，包括胡適之先生的幾個。陳獨秀先生被國民政府逮捕，消息傳到北平，引起很大的浪潮。擁陳和反陳兩大派別，整天爭論吵罵，打得不可開交。特別因為陳獨秀先生是北京大學畢業，北京大學的師生更是激動萬分，要討個公道。此情之中，胡適之先生首當其沖，在北大三院的大禮堂，舉行文學革命時代的獨秀專場演講。臺下聚集了三千多學生聽眾，無不對陳獨秀先生同情景仰。

為了抵抗胡適之先生對陳獨秀先生的褒獎，北平的左派學者也召開幾次演講會，一次也在北京大學，原定由許德珩，劉侃元，施復亮主講。臨到開會，只施復亮一人到場，許德珩劉侃元則缺席，他們曉得論聲望和演講才能，自己不是胡適之先生的對手。外祖父曾笑說：演講陳獨秀的題目，不那麼容易，恐怕中國只胡適之先生最有資格，其他人輪不上講。外祖父酷愛演講，也曾跟陳獨秀先生有過很深的淵源，但人請做有關陳獨秀先生的演講，他都自認資格不夠而婉拒上臺。

但也有許多不知自量的左派。胡適之先生在北大演講陳獨秀的前後，北平朝陽大學也舉行演講，反對胡適之先生，批判陳獨秀。主講人馬哲元自誇在北伐時期任過農民部長，也曾反對過陳獨秀的機會主義。外祖父搖頭說，天下竟有如此不知羞恥之人，膽敢當面扯謊，編造歷史。北伐時期在武漢，馬哲民是沈雁冰主持《民國日報》的編輯，也任中央軍校少校校官，軍銜比外祖父還低一級，哪裡做過農民部長，連陳獨秀先生的面也見不到，更無資格去反對陳獨秀先生。

七七蘆溝橋事變的當日，北平市長秦德純在中南海宴請一批文人學士，有胡適之先生，蔣夢麟先生，也有外祖父，共商國是。

外祖父清楚地記得，他們那一批人，包括胡適之先生和羅隆基等，到牯嶺開過茶話會後，不能再返華北，便都東往南京，參與國民政府抗日活動。蔣介石曾專門召集華北教授們談話，胡適之先生歷來為人極為厚道，確實就把那次中南海餐會上，秦德純市長所託的相信二十九軍是抗日的等話，都轉告給了當時抗戰的最高統帥，並且得到蔣介石的認同。

幾次國難當頭時刻，胡適之先生都明確表達立場，很為外祖父所敬重。但事實上，兩人之間的不同多於相同。當時胡適之先生做北京大學文學院院長，而外祖父受聘為北京大學法學院教授，後任該學院政治系主任。照外祖父自己的話說，兩人雖同校，卻不同專業，在治學方法和講學精神乃至社會認識等方面，都很不一致。儘管如此，兩人卻始終相處得彬彬有禮，「各守各的分際」，我經常想外祖父所說的這句話，覺得裡面意思很深。

那個時代，兩人思想有別，仍可以做師生，同事，朋友，仍可以和睦相處，相敬如賓。人與人之間的關係，除社會政治之外，還有人性和人情的存在空間。為此我特別尊敬外祖父和胡適之先生的寬容氣概，大度心懷。我想，那也是因為他們博學而自信，所以容得下不同議論。古今中外，凡自知理虧者，最怕被戳破假像，便只得粗暴蠻橫，不容他人講話，甚至消滅他人的存在。

胡適之先生是歐美兩地留過學的，深受西方文化的教育。同世界上所有的各種文化一樣，西方文化也存在許多陰暗和罪惡的層面，但是西方文化又一點很了不起的，那就是允許不同意見的存在。有句著名的話，概括了這個偉大的思想：我可以不同意你的看法，但是我要保衛你發表自己看法的權力。因為西方文化堅持這個信念，所以資本主義的歐洲才產生了以推翻資本主義為基本核心的馬克思主義理論。很難想像，馬克思那樣以現政權為敵的著作，會在文字獄盛行的東方社會獲得公開出版和發行。

外祖父沒有出過國，沒有西方文化的直接體驗。但是他細研過中國古代的歷史文化，而春秋戰國時期的中國文化精華之一，與上述那條西方文化思想幾乎相同，所以才有百花齊放，百家爭鳴的輝煌，才給萬世後人留下那許多的驕傲。很難想像，如果中國歷史上從來沒有過堯舜和周文王，而是始於秦始皇，那會是什麼結果。恐怕世上就根本沒有中國文字的產生，更談不上文化的發展，中國人至今還茹毛飲血，住在山洞裡。可惜的是，千古行秦制，秦朝雖然只活了短短十三年，但其焚書坑儒的暴行，卻引領中國走上禁固思想，消滅文化的漫長道路，而且越來越瘋狂。

接受了西方文化精華的胡適之先生，接受了中國古代文化精華的外祖父，兩人思想雖然如此不一致，卻仍然能句成為相互最為信任的知己朋友，順理成章，也讓後世人汗顏。

抗戰期間，外祖父參加汪日祕密會談，身不由己，內心苦悶，無處訴說，唯一可以寫信表述真情者，就是遠在太平洋彼岸的胡適之先生，足見他對胡適之先生的信任。那時外祖父處在日汪魔掌之中，萬一言論泄露，被發現他身在曹營心在漢，必定是要殺頭的，還要連累全家大小。

一九四七年實行憲政，蔣介石在國民大會當選總統，任命翁詠霓先生做行政院長。一九四八年外祖父到北京公幹，期間與胡適之先生見面，然後回到南京，向蔣介石報告：「胡先生有一句話，要我只能報告你一人，不能對任何人說，那就是翁詠霓不能做行政院長。我當時問他，你同翁先生是幾十年的老朋友，為什麼說這話？適之先生說，蔣先生謬採書生，用翁詠霓組閣。翁詠霓自在長沙撞車以後，思想不能集中。同時他患得患失，不知進退，他對朋友嘻嘻嘻的一笑，沒有誠意，而對部下，則刻薄專斷，他不能做行政院長。」

有史家論及此言，胡適之先生一貫待人極為寬容，他對多年老友做出如此評語，而且明說要轉達給蔣介石，就是要敲掉翁詠霓的飯碗，於私於公，都相當嚴重。如果他不是對外祖父有充分了解和信任，絕對不可能對外祖父講。

有趣的是，蔣介石聽完外祖父轉告胡適之先生的意見之後，對外祖父說：你現在就去北平，請胡先生出來擔任行政院長，所有政務委員與各部會首長名單，都由他來開，我不干涉。外祖父領命，當日下午飛返北平，見到胡適之先生，說明來意。胡適之先生忙說：那是美國大使館和三兩個教授的主張，萬萬做不得的。你看我這裡滿地書籍，沒有收拾，我根本不能動，我一動，學校裡人心就散了。兩人繼續談了一會，胡適之先生又說：我可以做總統，但不能做行政院長。現在這部憲法，既非總統制，也非內閣制。如果我做總統，就任命蔣介石做行政院長，那麼就能確定一個內閣制的憲法了。外祖父聽了，回答：你若是做了總統，我謀個小差事。胡適之先生笑問：想做什麼差事？外祖父答：做總統府副秘書長。胡適之先生說：你就做正的嘛，何必屈就副秘書長。外祖父說：正的太忙。談笑一陣後，外祖父告辭。

第二天胡適之先生到北京飯店回拜外祖父，外祖父曉得飯店不是談話之地，新聞記者太多。胡適之先生點頭：你這次來，是背著黃包袱，我非來拜望不可。我們就走，到我家去。兩人再回胡府，繼續談話，最後當然胡適之先生還是不肯下南京組閣。外祖父深知胡適之先生的想法：不願放棄獨往獨來的自由，也希望國家能留一兩個敢獨立講話的人。於是外祖父打電話給華北區空軍司令徐康良將軍，請他派人來胡府取發給蔣介石的電報，報告胡適之先生的決定，就這樣胡適之先生終於沒有做行政院長。

此事的前前後後，表明了胡適之先生與外祖父之間的高度信任，甚至蔣介石都能看出二人間的密切關係，所以專派外祖父去說服胡適之先生。

在外祖父與胡適之先生的數十年交往中，有關《獨立評論》的一段經歷，既有人用來證明胡適之先生與外祖父之間的矛盾，也有人用來證明胡適之先生與外祖父之間的融洽。同樣一件事，居然得出完全相反的兩種結論，確也是中國學界的一個特色，可知意識形態和政治陰影之於史學研究的重壓，先結論而後史料，以觀點而操弄事實。

與外祖父有關的《獨立評論》雜誌，有兩份。一在二十年代中期，一在三十年代初期。先說時間早的，一九二五年外祖父在上海商務印書館編譯所做編輯，熱心社會政治活動，曾在何公敢先生主持的《孤軍》雜誌上寫文章，又很讚同陳啟天的《醒獅》雜誌上的國家主義思想。後來何公敢組織獨立青年黨，創辦《獨立青年》月刊和《獨立評論》周刊，便請外祖父做《獨立評論》的主編。外祖父為此刊物，嘔心瀝血，自籌經費，自寫自編，甚至自己校對。直至一九二六年，北伐戰爭爆發，獨立青年黨解散，全部加入中國國民黨，那個《獨立評論》才告結束。這個《獨立評論》的存在，時間既早又短，知之者不多。

第二個《獨立評論》，知者就眾多了。那是三十年代由北京一批學者文人，出於國難當頭，匹夫有責的思想，創辦起來的一份政論刊物，由胡適之先生主編。創刊號引言，就是胡適之先生親自撰寫。他強調：我們叫這刊物《獨立評論》，因為我們都希望永遠保持一點獨立精神。不依傍任何黨派，不迷信任何成見，用負責的言論來發表我們各人思考的結果：這就是獨立精神。

當時北平城裡，經常在胡適之先生家裡聚會的學者教授，有十一人之多，都曾留過洋，均為歐美同學會的成員，也就自然都做了《獨立評論》社最初的一批社員。外祖父雖也是北京大學教授，與胡適之先生等那批學者來往密切，但因為他沒有留過洋，仍不算《獨立評論》的社員。關於這一點，母親後來曾對我講過許多次，沒有留過洋是外祖父終生的遺憾。所以他做了黨國要員之後，仍然一直盼望能獲得出國機會，而且因為出不成國而對蔣介石不滿意。也因為外祖父自己沒有出洋留學，所以特別希望兒女能留洋，曾經從小就鼓勵母親樹立此一決心。後來母親大學畢業，因為跟父親戀愛，決定放棄英國留學機會，外祖父曾經相當不高興。那是題外話，不多講。

雖然沒有成為《獨立評論》社的社員，外祖父還是先後在《獨立評論》上發表了二十二篇文章，其中半數有關民主政治與憲法問題。而其有關開放黨禁之建議，深得胡適之先生的讚許。為此胡適之先生寫信給外祖父，問他雖然沒有名師益友，但為文所向無敵，是不是運氣使然？外祖父回復：武松打虎走滄州路，打盡天下無敵手，但遇見張青和孫大娘，忽然心生感激與親切。而我見您的批評，亦生類似的感覺。

特別在一九三六年《獨立評論》面臨停刊的危機中，外祖父曾鼎力相救，更對《獨立評論》立下大功。本來《獨立評論》是由胡適之先生主編，一九三六年他到美國去參加太平洋學會，《獨立評論》便暫由張奚若代理主編。那期間《獨立評論》上發表了一篇文章，攻擊二十九軍。宋哲元看到，立刻下令北平市警局陳希文局長，派員進駐《獨立評論》社，封閉停刊。

胡適之先生從美國歸國，剛到上海就聽說此事，連忙趕到北平，第二天就把外祖父叫到家裡，詢問停刊之事的前前後後。外祖父問：胡先生願意復刊麼？胡適之先生答：當然是復刊的好。外祖父說：如願復刊，我立刻辦這事，明天上午回話。胡適之先生表示同意。

那時已經下午五點多鐘，外祖父離開胡府，直接到絨線衚衕高等法院，找鄧哲熙院長。鄧院長一見外祖父，便說：你這麼晚來找我，必定有什麼事。外祖父答：我為《獨立評論》的事來的。然後外祖父告訴鄧院長：《獨立評論》每期銷一萬二三千份。平津一帶不過三千份，其餘一萬份都銷南方。這個刊物一停，南方一萬定戶，包括傳閱的人們，大約有三四萬知識分子，對宋先生和二十九軍有什麼批評，是可以想見的。

鄧院長聽完，說：這樣好了，請胡先生寫封信給宋先生，只說他出國之後，彼此少聯絡，致生誤會。現在他回來了，以後不至有誤會再生。這封信到了宋先生那裡，他請胡先生吃飯，席面上不必再談這件事。《獨立評論》也就照常發刊，只不必說是復刊。

第二天上午，外祖父到胡適之先生家，說明那個辦法。胡適之先生問：此信要不要說一句道歉的話？外祖父答：不必。胡適之先生說：就說一句也無妨。於是在外祖父的斡旋之下，《獨立評論》得以恢復出版發行。

一九四九年初，蔣介石宣布下野，外祖父萬分痛心，連代總統李宗仁的電話也不接，同胡適之先生和葉公超三人，去登紫金山。外祖父說，他們直上山頂，俯瞰南京，一時百感交集，無話可說。又過兩個月，胡適之先生認為國內已無可為，決定遠走美國。蔣介石獲知消息後，從奉化打電話給在上海的外祖父，轉請胡適之先生赴美前到奉化去一趟。

胡適之先生見到外祖父，說：抗戰初期，我由南京往美國，你到上海來送行。今天我打算去美國，你又來送行。十四年了，人還在，山河已改。外祖父講明蔣介石的邀請，胡適之先生答：我應該去溪口，拜望蔣先生。我想了一下，還是不去的好。我就是這樣一直往美國去，能不能替國家出一點力？總是盡心去看著做。請你把這個意思轉達蔣先生。外祖父聽了，心裡自是無限地淒涼。過一日，胡適之先生就離開了上海，從此再沒有回過大陸。

講到胡適之先生，外祖父的總結是：一個人在任何一個場合，一舉一動，恰好適應這個場合，無論是演說，或是談話，總有不失自己立場，而又適應這個場合的一番意義。胡先生就是這樣一位學者。這話說起來容易，做起來卻是少而又少。再從反面設想，假如一個人無論在什麼場合，一言一行，總有些不適應，無意義。這便可以反證胡先生為人行事，立言作文，真是「極高明而道中庸，斷乎不是尋常的人可以想見和做到的。」

這話顯示了外祖父對胡適之先生的高度尊敬，表達了外祖父對胡適之先生的高度理解，也體現了兩位學者共同的做人理念和標準。

蔣介石與《中國之命運》

雖然從剛進小學，就天天聽老師講蔣介石是中國人民的仇敵，應當叫他蔣該死。雖然稍長大些，知道了我的外祖父是蔣介石的文膽，母親年輕時也在南京做過國民政府總統府秘書。雖然在報上書裡，見過蔣介石許多漫畫，都是尖耳猴腮，獐頭鼠目，天生惡種。但蔣介石在我心中造成巨大震盪，還是因為看到父親同他握手的一張照片。

那是文革初期，父親被關進外文出版局《中國建設》雜誌社牛棚，我那時讀中學，給機關送父親的每月糧票（那時候城裡人個個吃飯定量，要糧票，做囚犯也無免票餐）。有一天去外文局機關，走上樓梯，迎面看見樓廳牆上並排貼著幾張巨大的黑白照片，張張對角劃鮮紅的叉。頂端標語赫然寫著：打倒蔣介石！打倒陶希聖！打倒沈蘇儒！三個名字都顛倒，也打了紅叉。陶希聖是我的外祖父，沈蘇儒是我的父親。那張放大的照片，是父親跟蔣介石握手。父親年輕英俊，望著蔣介石微笑。蔣介石並非尖耳猴腮，兇狠異常，倒是親切和藹，也望著父親微笑。

我愣了，站在那裡動彈不得，鮮紅的叉和親切的笑，混合一起，衝撞胸膛，教我喘不上氣來。那一瞬間，被社會和學校灌輸了十餘年的觀念體系，澈底崩潰了。從我們懂事，父親間斷地講過一些他四九年以前的事情，但從來沒提到他曾同蔣介石握手。整個文革期間，我一直記著這個疑問，但也一直不敢問父親，那時候人人自危，只怕離蔣介石不夠遠，嘴裡講出那幾個音，心裡就發抖，說不定被誰聽見，一舉報，輕則批判，重則打死，不問青紅皂白。直到文革結束後好幾年，父親覺得不會再有秋後算帳了，才敢告訴我：那張照片是真的，是一九四六年底南京召開國民大會，蔣介石當選總統後，召開中外記者招待會上拍的，在上海《新聞報》上刊登過。

那段歷史，外祖父也曾詳細地回憶過。為盡早結束訓政，在中國實施憲政，抗戰後期國民政府還在重慶，就已經著手研究憲政治國的安排。順便說一句，中國實施訓政，並非蔣介石決定的，而是孫中山開始的。為了反對北洋軍閥政府，孫中山展開第二次革命，在廣州組織軍政府，宣布實施訓政。後來從北伐到抗戰，中國內憂外患不斷，始終處於戰爭狀態，不能結束訓政狀態。直到抗戰勝利，中國才有了一個機會結束訓政。

一九四五年八月日本剛宣布投降，重慶國民政府便立刻宣布，將在當年十一月十二日召開國民大會，實施憲政。不料中共表示，反對召開國民大會實施憲政，其左派盟友自然也就響應，致使國民大會計畫延期。其間究竟有些什麼原因，很值得深入研究，卻似乎並沒有人願意去探索。不過中共數十年間不停地指控國民黨政府搞獨裁，不民主，卻是有案可查的。

一九四六年一月國民政府再次召開政治協商會議，並通過決議，定於當年五月五日召開國民大會，並在已選代表之外，還增加臺灣和東北代表一百五十名，各黨派代表七百名，包括中共代表。對這個政協決議，中共沒有公開表示反對，但拒絕提出自己的代表名單，一拖再拖，於是國民大會再次未能如期舉行。這樣兩次拖延之後，蔣介石只好又「獨裁」一次，親自做出決定：國家實施憲政不容拖延，國民大會將於當年十一月十二日召開。中共及其盟友還是反對，力圖第三次拖延，但國民大會終於在一九四六年十二月十二日於南京召開。中共仍拒絕派代表參加，所以大會宣布開幕之後，馬上休會三天，等待中共代表到達。可中共到底沒有派代表出席，而且正在大會期間，撤出其常駐南京的代表團，正式向國民政府發動全面戰爭。

根據外祖父的紀錄和父親當時的報導，此次國民大會討論並通過了憲政治國的方針，制定了憲法和相關若干法規，蔣介石在會上當選中華民國總統。會後蔣介石仿照西方民主國家做法，決定召開一次公開的中外記者招待會。總統府新聞局立刻向南京各媒體發緊急通知，召集記者會。當時父親是上海《新聞報》駐南京特派記者，那天恰好在辦公室值班，接聽了這個電話通知，立刻叫上一個攝影記者，開車直至國民大會堂。那年父親二十六歲。

蔣介石站在招待會門口，同走進會場的中外記者一一握手問候。父親說，當時凡參加此次招待會的，個個記者都同蔣介石握了手，完全禮節性的，每人講不到兩句話。記者們只是報告自己姓名和的報館名稱，蔣介石表示歡迎而已。不過因為新聞局通知時間緊迫，絕大多數報館都僅派了一名記者趕場出席。只有父親還臨時想到拉了一個攝影記者同行，所以父親同蔣介石握手時，被拍下了照片，第二天大幅刊登在上海《新聞報》頭版。當時那是父親的一件功勛，表現出做記者的急智，但誰也沒想到，同一張照片二十年後成為把父親打入地獄的一個證據。

據父親後來講，其實在那之前，他相信他就已經見到蔣介石，不過那時他才八歲，是在北伐戰爭時期。北伐軍自廣州出發，中路由唐生智將軍率領，攻湖南佔湖北，北上中原。葉挺將軍的部隊，就在中路。北伐軍東路則由蔣總司令親自率領，掠福建掃浙江，東進上海。此路軍隊途徑浙江嘉興時，父親曾擠在夾道歡迎的人眾之中，由祖母領著，舉小旗呼口號。

父親說：蔣總司令率領的北伐部隊，一色灰布軍裝，打綁腿，背草笠，紀律嚴明，愛民如父母，風餐野外，露宿街頭，從不打擾一家一戶。百姓們都說，自古兵匪一家，到蔣總司令手下，才有了人民子弟兵，這樣的軍隊，怎麼能不打勝仗。父親記得，當時見到有個將軍騎馬，走在部隊中，高大精瘦，威武神氣，肯定就是蔣介石。我卻很懷疑父親那次見的，真是蔣總司令。

當然父親所講有關蔣介石的那點小故事，無法同母親相比。據母親回憶，外祖父同蔣介石的關係，很早就開始了，但到底有多早，具體早到什麼時候，她就講不清楚。一九二七年一月，外祖父從上海偷渡到武漢，參加北伐軍，擔任中央軍事政治學校（黃埔軍校）武漢分校的中校政治教官兼軍法庭長，他的委任狀是蔣中正簽名。雖然那時蔣介石不在武漢，但他是黃埔軍校的校長，武漢分校的教官任命也都由他親自簽署。

不過同是北伐戰爭期間，外祖父在武漢結識了汪精衛先生。做為一個儒家書生，於蔣介石和汪精衛二者之間，外祖父是更賞識汪的。汪精衛家學淵博，飽讀詩書，通曉古今，氣質儒雅，此番種種，是一介武夫蔣介石所萬不能及的。所以外祖父很早就將汪精衛視為摯友，追隨其左右逾十載，甚至險些沉沙折戟。

北伐失敗，外祖父的革命熱情大受挫折，之後三四年間，獨居上海，遠離政治，既不從蔣介石，也未隨汪精衛，置身學術，著書立說，領導中國社會史大論戰，又先後到南京中央大學和北京大學做教授系主任。我想外祖父那一時期所建立的文名，一定很受蔣介石器重，乃至一以終生。自古存帝王之心者，慣通文武之道，必懂須網盡天下人才。蔣介石雖被某些政治黨派罵做獨夫，但他實際上並不管制文化媒體的獨立存在，而且對知識分子相當恭敬，也能夠容忍他們的自由言論，甚至不計較如郭沫若和章伯鈞等對他的指控和責罵，實在比中國其他許多獨裁暴君是要開明得多。

蘆溝橋一聲炮響，日軍正式全面入侵中國。蔣介石和汪精衛在廬山牯嶺召開茶話會，約集全中國的學者名流，共商抗戰救國之戰略，外祖父也在應邀赴會之列。我估計，牯嶺會議對於外祖父與蔣介石個人之間的關係，是一個轉折點。因為牯嶺大會之後，蔣介石曾專門找外祖父，兩個人私下談了許久話。那次會面，外祖父提到了，但從來沒有具體透露他們談了些什麼，我想蔣介石肯定是很想將外祖父籠絡進他自己的核心圈子。

但是他顯然沒有成功，外祖父沒有成為蔣介石的人。牯嶺會議之後，與會的學者文人都聚集到南京，組成國防參議會。隨即上海淪陷，繼而南京失守，國民政府被迫內遷武漢。蔣介石指揮軍事，汪精衛主持黨務。外祖父在武漢負責藝文研究會，領導國民黨文宣工作，汪精衛是直接上司。那幾年，外祖父跟汪精衛來往密切，卻與蔣介石接觸不多。

聽母親講，外祖父對於蔣介石，一直並不完全信任，就算後來在重慶，做了蔣介石的文膽，仍對蔣介石存有相當戒心。在重慶，母親曾問過外祖父，他認為蔣介石是個什麼樣的人？外祖父當時沒有正面回答，卻大講一通《三國演義》裡的曹操，很不滿其寧教天下人負他，他不負天下人的哲學。說曹操生性奸詐，腦子靈活，計謀很多，翻手為云，覆手為雨，喜歡殺人。他要用人，但又對手下人不完全信任，口頭上會捧，私下裡老有猜疑。

另外一次，外祖父因為一直想找個出國考察機會而不得，心裡煩惱，私下對母親抱怨：你見過中藥鋪的老闆嗎？中藥鋪裡總有一個大櫃子，安裝很多小抽屜。最上面一層抽屜，裝的全是做官的機會，中間一層抽屜，裝的全是發財的機會，下面一層抽屜，裝的全是出國任職的機會。最底層的抽屜，裝的全是打雜賣力的工作。我呢，上面幾層抽屜都輪不到，只放在最下面那個抽屜裡。

母親曾勸外祖父，幹脆辭了重慶政府職務，到昆明西南聯大去做教授。外祖父搖頭嘆氣說：我何嘗不想，可是幾年前，我背離重慶，去了一趟上海，對中國對政府都欠了大債，人家不殺我，我已經感激不盡。人家現在要用我，我怎能不盡心盡力做。人家可以不仁，我卻不能不義。我只有一輩子做牛做馬，以報不殺之恩才是。再說我也沒那個本事走脫，如果走得脫，我早走脫了，也去了美國，人家把我抓得死死的。這裡是重慶，是中國，不是上海。

外祖父說的那一趟出走上海，就是抗戰史上著名的高陶事件，參見本書另文「杜月笙與高陶事件」。一九三九年底，汪精衛私自脫離重慶政府，走昆明繞河內轉抵上海，與日軍祕密談判，國民黨宣布開除汪精衛等人的國民黨籍，卻沒有開除外祖父。很多年間，許多人一直猜疑這個問題，據我想，蔣介石把外祖父與汪組織裡的其他人區分開，分別對待，表現了他對外祖父相當了解，也很信任。外祖父後來決然脫離汪組織，冒死潛逃香港，公布日汪密約，震驚世界，將功折罪，證明了蔣介石的知人。

太平洋戰爭爆發，香港隨即淪陷，外祖父幾經輾轉，重返國門。蔣介石沒有因他曾追隨汪精衛參與對日和談而問罪，反將他安置在委員長侍從室，任第五組少將組長，成為蔣介石親信，進入蔣介石政治權力核心。隨後外祖母領著一家大小，從香港逃回重慶，我的母親自昆明西南聯大轉學重慶中央大學。全家經歷生死離別之後，終於團聚。可逃難多時，身無分文，剛到重慶，何來糧油下鍋。正在愁處，蔣介石派人專程送來一袋白米，暫解一時之需。記得在北京母親給我講這段往事時，搖頭不已，感嘆萬分。

外祖父在重慶，租住的是南岸南方印書館的房子。清朝二百幾十年間，湖北黃岡、黃安和麻城三縣商家，一直從漢口販棉花到重慶，又從重慶販生鐵回漢口。往返都以長江運輸，用帆船，連年不斷，數量很大。因而湖北三縣商會上百年來，在重慶長江南岸置下一望幾十里的山谷土地。抗戰軍興，湖北三縣人士，紛紛來此，聚集居住，躲避戰亂，經商之外，還開辦了儲材小學和英才中學。

南方印書館，亦即湖北人產業之一。廠房設在山腰上，大門在山腳下，出入都須步行穿過廠房，沿山坡拾級上下。母親一家住的是幾間新蓋的磚瓦房，房前靠山坡邊有個院子，正是夏時八月，外祖母在院子裡晒麵醬，用瓦罐裝了，整整齊齊。下雨天要把瓦罐一個個搬進屋，雨過了又要一個個搬出去。母親和幾個舅舅，只要在家，經常幫忙外祖母把這些麵醬瓦罐搬進搬出。晚上悶熱，幾個舅舅在院裡的水泥地上舖個涼席睡覺。

房子後面，再上一層坡，是兩湖同鄉的公共墓地，二百多年下來，墓地裡當然墳墓很多，難以數清，有的墳墓已經倒塌，無法辯認，有的墓碑已經拆下來舖了路面。剛住到這地方，幾個舅舅跑到後面玩耍，覺得那片墓地很有些害怕。母親來到重慶後，第二天去後院看見了，也有些不舒服。覺得外祖父在墓地附近租房子住，不大吉利。外祖父笑笑說：那都是兩湖同鄉。他們和我們有鄉誼，有什麼事，自然會有個照應。怕什麼？母親想想，也笑了。可不是嗎？中國人講究風水，特別注重墓地的風水，總選風水最好的地方修墓地。既然墓地風水最好，為什麼不可以住人。

外祖父，外祖母，和母親都覺得墓地沒有什麼可怕，幾個舅舅也便心安理得起來。過了一個月，我的五舅忽然發現，在房後墓地裡可以捉到蟋蟀，非常興奮，每天跑到墓地去找。有一天三舅陪五舅捉蟋蟀，不小心踩塌一處墳坑，掉了進去，兩個人都嚇了一跳。三舅趕緊在墓坑裡爬起身，卻看到身邊土裡埋了一枝鋼筆，竟然乾乾淨淨，亮光閃閃。三舅拾起，跑回家蘸墨水寫寫，還很好用，便放進自己書包。看來果然是祖輩同鄉關照他們，從此舅舅們真的便不再害怕到墓地去玩了。

外祖母是個閒不住的人，到湖北商會去請求，在房子周圍借幾塊地種菜養豬。商會理事長徐先生見是黃岡陶萬兩大世家的人，自然一口答應。於是外祖母在家前左手邊圈起一塊地，種菜養豬，右手一塊地圈起來養雞。打豬草，煮豬食，拌雞食，都是外祖母一個人忙祿。忙不過來的時候，臨時雇個當地鐘點工，挖地擔水。外祖母也在山坡上一層一層開出的菜地，準備第二年春天種下番茄、辣椒、白菜、蘿蔔、豆子各種菜蔬。

學校開學了，母親和舅舅們大大小小都去上學。外祖父照舊每天過江，到委員長侍從室和《中央日報》兩地上班，有時晚上不及過江回家，便住在上清寺。家裡白天只有外祖母一人，種菜、養豬、餵雞、篩米、晒醬，從早忙到晚。家庭終於團聚，生活終於安定，不必躲藏，沒有恐懼，人人心滿意足。每天下午，舅舅們放學回家，做完功課之後，五舅到後面墓地捉蟋蟀，四舅趴床上抱一本書看，三舅安裝他的收音機。星期六晚上，外祖父和母親都回家來。一家人於是熱熱鬧鬧吃晚飯，各人講學校裡的笑話。

三舅說：今天有一個老師念《孟子》：孟子見梁惠王，王曰：叟，不遠千里而來，是哪個打屁？快點開窗。我們都笑了，有人還以為孟子文章裡寫了打屁。四舅問：德國，意國和志國在哪兒？地理老師講，德意志共和國，就是德國，意國和志國。五舅說：好多天，我每天上學找不到我的板凳。昨天跑去找校長說明。校長調查了，是隔壁的屠夫每天早上殺豬，到學校來拿我坐的那條板凳去用，因為我的板凳比別人的寬些，好用。

四舅又問：音樂老師教唱歌，有一句是：希聖一道最好罐頭，什麼意思？原來那是《抗敵歌》裡的一句：同胞們向前走，把我們的血和肉，去拼掉敵人的頭，犧牲已到最後關頭。四舅把犧牲聽成外祖父的名字希聖，又不曉得關頭是什麼，只知罐頭可以吃，便自己拼了一句沒人懂的歌詞。

在重慶的時候，外祖父工作極忙，除侍從室本職，每星期還要給《中央日報》寫三到四篇社論和幾篇署名短評。所以他失眠厲害，每天早上回到家裡，必須吃兩三粒安眠藥才能睡覺。而且左右兩肩分別疼痛，數月不退。終日臉色蒼白，感覺身体疲軟無力。找侍從室的周綸醫生看了好幾次，開了藥，還需每天注射維他命B1和肝精。周醫生連連警告外祖父，如果不好好休息一段時間，患上腦貧血，就有致命危險。

但外祖父無法休息，他實在沒有辦法，便請假回家，花兩三個鐘頭，從重慶過江回到南岸，還沒睡下，就又有電話來，或召去《中央日報》，或召去侍從室，最無法推託的是召去委員長官邸。有一天外祖父實在頭疼得沒有辦法，晉見蔣介石的時候，只好當面直陳自己惡性失眠，輕度腦貧血，請求委員長允許休息一段時間。蔣介石自己從來沒有得過什么病，完全体會不到失眠的痛苦，只隨便地對外祖父說：你睡不著覺，休息幾天就好了，我叫他們給你買藥。那個時間重慶有藥廠，可以造維他命B1，可肝精卻只有進口貨，不好買到。

講過幾句之後，兩人繼續談公務，及至臨走，兩個人都沒有再提失眠和買藥的事。外祖父想，當時抗戰緊急，委員長日理萬機，一個部下失眠買藥那等瑣事，不過順嘴講講而已，過後自然忘記。外祖父從委座官邸出門下坡，剛到大門口，碰上總統府醫務室主任進門上山。他急匆匆地對外祖父說：剛接委座電話，立刻晉見，不知什么事。外祖父朝他笑笑，猜想是委員長真記得講過的話，他一走就打電話找醫務室主任，吩咐給自己買藥吧。果然不過隔日，便每天有醫務室護士，過江到家裡來給外祖父送藥打針。

蔣介石作為中國的軍事家和政治家，並且做到國家元首的位置，自然是貫通權謀，心狠手毒，反覆無常，大多關於蔣介石的著作，都翻來復去地講述那些方面。可很少有人會紀錄，更少人願意評論蔣介石所做如上述的這些跟外祖父有關的瑣碎事情。有人或許會說，蔣介石那麼做，不過出於功利的陰謀，籠絡人心而已。古今中外，以如此鵰蟲小技去蠱惑人心的政客，似劉備三顧茅廬之舉，比比皆是。但我想，所不同者在於，大凡政客籠絡人心，所為事小，宣傳事大，送一個芒果也要全國歡呼三年。而蔣介石對外祖父的種種照顧，只有我家人自己明白，外人全無知曉。蔣介石給外祖父送米送藥，並沒有用心去做公開宣傳，報刊沒有報導，史書沒有記載。外祖父受之，也沒有想到去大做文章，抬蔣介石的轎子。那時候外祖父主管全國文化宣傳，一句話就能把蔣介石捧上天，教萬民景仰歡呼。相比於其他許多中國政治領袖，蔣介石即使不是更高尚一些，至少也是更高明一些，沒有為樹立個人崇拜而赤膊叫囂，露盡貪婪嘴臉。

外祖父自幼研習儒學，一介書生，雖不懂得如何拍蔣介石馬屁，借機升官發財，但對於蔣介石的不殺之恩，心裡還是感激涕零的，再經蔣介石許多細微關懷，更加受寵若驚，自要披心瀝血，盡忠以報，所謂士為知己者死。其後數十年，外祖父主持國民黨文化宣傳工作，勤勤懇懇，為蔣介石書撰講話文告，兢兢業業，除救國救民於水深火熱之中的社會理念之外，對蔣介石的知恩圖報也是一個重要原因。

一九四二年，二戰發生重大轉折，英美俄中的盟國戰線開始贏得勝利。英美等國宣布放棄所有對華特權，與中國政府簽定平等條約。蔣介石發表告全國同胞書：「我國自清季開始，與列強訂立不平等條約以來，到了去年正是百周年，我們中華民族經五十年的革命流血，五年半的抗戰犧牲，乃使不平等條約百周年的沉痛歷史，改寫為不平等條約撤廢的光榮紀錄。這不僅是我們中華民族的歷史上起死回生最重要的一頁，而亦是英美各友邦對世界人類的平等自由，建立了一座最光明的燈塔。尤其是我們同盟聯合各國，證明了此次戰爭目的之所在，是為人道、為正義而作戰的事實。他們這個舉動不僅是增加了我們同盟戰鬥的力量，尤其是對侵略各國在精神上給予他們以最大的打擊。」

那情況下，蔣介石看到中國抗戰已轉入戰略反攻階段，乃決定寫一本書，為中國人民分析戰爭形式和前途，向世界人民宣布中國必勝的決心和意志。蔣介石最初希望陳布雷先生能夠代為執筆，但陳先生長年失眠，身心不支，便將寫作此書的任務，轉到外祖父的肩上。那本書就是後來蔣介石親自署名的《中國之命運》，據外祖父說，書名是取自國父孫中山的話：「國家之命運在國民之自決」。六十年後的今天，重溫這句話，似乎仍能教國人深思，中國之命運，並不在天也不在地，更不在哪個領袖大救星，而全在於中國人民自己。

聽母親說，從一九四一年十月份開始，整整四十多天，外祖父每日早出晚歸，經常徹夜不眠，或在桌前默默枯坐，或在院內背手踱步。做事走路，小心翼翼，如履薄冰。外祖父一生寫過許多書，何以寫那麼一本書，會難成如此模樣？因為那書是替蔣介石寫。只怕一句話講不對，丟了全家人性命，古所謂伴君如伴虎。蔣介石對外祖父再好，他也仍然是個獅虎帝王，外祖父這一點理智還是十分清楚的。

那些日子，外祖父每天上午到委員長官邸，晉見蔣介石，先修改前一日所寫文字，然後听他講述下一段文章的意旨。回上清寺侍從室後，外祖父便伏案寫作，按蔣介石當日命意，書成文字，同時為照應前後文章，連貫一氣，不出矛盾，自然還需再改寫前面段落。草畢，交隨從用蠅頭小楷整整齊齊抄好，第二天上午送蔣介石過目圈改。如此這番，每章每節，字字句句，都修來改去七八次乃至十餘次之多，方才定稿。外祖父後來幾次說，他自己用黑墨書寫，蔣介石以紅墨修改，文稿修改到最後，已經見不到一個黑字，全篇紅墨。他把那些蔣介石親自增刪修改的紅墨稿頁，全數保存以備查。

然後校訂，排印樣書二百冊，精裝燙金面，分送黨政領導覽閱，簽註意見。過了元旦，外祖父和侍從室收到百餘份意見書，集中整理，上報蔣介石，大多建議均被採納。在那段時間裡，也鬧出過一個小亂子。本來發樣書時，外祖父專門通知，讀閱樣書乃屬黨政要員之間的內部事情，一律不得外泄。不料張治中做演講，一時興起，便提到蔣介石這本書，還講了其中一些內容。蔣介石曉得了，大為光火，下令道：快把張治中那本書要回，不給他看。委員長蕭秘書連忙召了外祖父去查對，有沒有通知張治中不准對外講這本書，外祖父自然是有案可查的，所以怪罪不到外祖父頭上。

三月份，蔣介石著《中國之命運》正式付印，紙張印刷都求全國最好，价錢也最便宜，以便中國人人都能買一本。外祖父的計畫是國內賠，國外賺。那本書在寫作時，同期翻譯出英文，中文出版時，也送美國書店出版英文版，可以收外文版稅，補國內的賠。那蔣介石行武出身，眾所周知，忽然有著述出版，自然許多人生疑，認為書是陶希聖寫的，蔣介石署名而已，重慶城裡沸沸揚揚，到處都在責罵外祖父。過了一個月，蔣介石找外祖父一道吃午飯，聽外祖父匯報外界對書的評論。聽完以後，付之一笑，說：我寫了一本書，若沒有強烈反響，那是失敗。聽了蔣介石這句話，外祖父才算完全放心，從那以後隨人怎麼說，反正蔣介石不在意，此事終於可以正式完結。

這本《中國之命運》提出蔣介石對抗戰之後中共必將發動奪權戰爭的預見，表現了堅決反共的意志，所以自問世以來，一直受到中共憤怒的指控，稱之為法西斯在中國的翻版。毛澤東親自在延安有關報導上大段批注，把外祖父代筆與汪精衛賣國聯繫一起，極盡謾罵，對《中國之命運》猛烈攻擊。一九四九年之後，大陸則對此書全面封鎖，現今年輕的中國大陸人大多根本不知此書曾經存在。事實上，蔣介石這本書，洋溢著強烈的民族主義情操，在抗戰期間，確實發揮了凝聚國人抗戰意志的作用，推動了抗戰最後勝利的到來。此書從一九四三年三月出版之後，僅普及本一個月內便刷了三百版，以每版五千冊計算，三十天內發行十五萬冊之多，再加精裝本，可謂奇跡。

雖然蔣介石被許多人罵做獨裁者，但在當時奉行自由市場經濟的中國，並沒有給各單位發指標公家訂購《中國之命運》的作法，每一本書都是軍民百姓們自己掏錢買的。而在戰爭期間，中國物資短缺，這本最高統帥的著作，竟是用土紙印成，薄可透光，印刷也並不清晰。這樣一本書，能有如此之巨的銷量，足見其與中國人民的意志多麼一致，才使得百姓們爭相閱讀。這本書出版三年後，毛澤東曾從延安飛到重慶，與蔣介石會談，甚至當眾舉臂高呼：蔣委員長萬歲！顯然是並沒有因為《中國之命運》裡堅決反共的文字，而全盤否認此書的核心思想和歷史作用。

抗戰勝利，我的父母親先回上海結婚，外祖父專門從重慶飛到上海，參加婚禮。自然是因為外祖父的關係，婚禮在上海金門大飯店舉行，十分隆重。當時的上海市長錢大鈞將軍證婚，上海《申報》總編輯陳訓悆做女方介紹人，文化名人劉尊棋做男方介紹人。外祖父特別記得，蔣介石平素不大為喜慶場合題字，那次也居然專門派人給我父母的婚禮送來親筆條幅一件。我問過父親此事，他記不得看到過那幅字。當時婚禮盛大，送禮極多，而父母兩人也被折騰得混頭漲腦，本來記不得多少事情。我想，外祖父是個從政者，並且是蔣介石的親信文膽，對於蔣介石送來的字幅，必定極為注意，不會記錯，或許為防丟失損壞，當時收到之後，外祖父便立刻暗自收藏起來，也未可知，此事現在是無法查證的了。

但蔣介石因為外祖父的關係，對母親有過特殊的關懷，卻是千真萬確。母親不止一次給我講過這個故事，所以至今記得清清楚楚。一九四九年初夏，中共軍隊攻克南京，上海兵臨城下。蔣介石決定撤退，帶了一班親信，登江靜輪出海，外祖父也在其中。母親那時還留在上海，外祖父無法放心。軍艦駛出吳淞口的時候，外祖父終於忍不住，向蔣介石講出了自己的心事。蔣介石聽完，立刻下令在吳淞口拋錨停艦，教外祖父拍發一個電報給上海警備區司令部，命他們立刻派員到狄斯威路我家，接母親趕往十六鋪碼頭，即刻由警備區快艇送到吳淞口，登江靜輪會合，跟蔣介石和外祖父一道出海避險。

母親說，上海警備區的軍警確實到了，她也親手接到外祖父從江靜輪拍發的電報，但因為她已經決心陪伴父親留在上海，哪怕粉身碎骨，也在所不辭，所以堅持沒有跟隨軍警趕去十六鋪碼頭。上海警備區一定發電報到江靜輪，向蔣介石和外祖父報告那不幸的結果。外祖父終於無奈，只好感謝了蔣介石的好意，然後隨同國民黨，離開大陸。我至今仍然很難想像，古往今來，哪一個中國帝王，曾經做過同樣的事情？也許因為那是直接同我家人有關，所以我會受到感動，而且願意相信，蔣介石確有其不凡之風。

我和弟妹都到了美國之後，一九八五年，外祖父曾請求蔣經國總統簽發一份特許證，讓我們兄妹三人到臺灣去拜見外祖父，但是因為那時臺海兩岸還是仇敵狀態，我們經歷過太多苦難，實在不想給北京的父親惹更多麻煩，所以最終未能成行。可是外祖父思念外孫兒女太甚，一九八八年以九十高齡，專門坐飛機到美國來了一趟，讓我們有機會再次見到他老人家。我兩歲時，外祖父離開上海，從此我就再沒有見過他。弟弟和妹妹四九年以後在大陸出生，根本從來沒見過外祖父，卻因海外關係而受了十幾年罪。這一次我們都見到外祖父，以後就算再因此受到什麼迫害，也不覺得冤枉了。

那些天裡，我們日日同外祖父一起生活，聽他講了許多歷史故事，更加讓我明白了，為什麼母親與他分別三十年，仍然日夜地思念著他。而外祖父談過的許多話中，有一次非常震動，永遠地記在我腦海裡。

他說：國民黨固守臺灣幾十年，目的是什麼？就是為了保衛中國的完整，臺灣是中國的一部分，絕不能讓外國人拿了去。鷸蚌相爭，漁翁得利。那幾十年間，只要大陸和臺灣真的發生殊死戰爭，那麼誰都贏不了，獲利的是美國，或者日本，他們就會把臺灣拿走，做他們的殖民地。日本人對中國領土總是虎視眈眈，毫不足奇，他們曾經霸佔過臺灣五十年。

外祖父這麼解說國民黨守臺數十年的原理，我相信一定是國民黨高層的共識，也是蔣介石的思想。蔣介石執政時期，當然有許多失誤，古今中外所有國家執政者都曾犯過這樣那樣的錯誤，從來沒有過一個永遠正確的政治領袖。但蔣介石是個堅決的民族主義者，這一點不容置疑。不管是仇敵日本，還是盟友美國，凡涉及到中國國家和民族利益，蔣介石是絕對不含糊，絕對不讓半步的。他絕對不肯為了自己或本黨的政治私利，而放棄國家和民族的公益，去同敵人妥協甚至勾結。

毛澤東一九三七年八月在中共洛川會議上發表這樣的講話：「冷靜，不要到前線去充當抗日英雄，要避開與日本的正面衝突，繞到日軍敵後去打游擊戰，要想辦法擴充八路軍，建立抗日根據地，對政府方面催促的開赴前線的命令，要以各種借口予以拖延，只有在日軍大大殺傷國軍之後，我們才能坐收抗日成果，去奪取最後勝利。」可是五十年來，盛傳於中國大陸的一個說法是：抗戰八年，蔣介石坐在峨嵋山上享清福，日本投降了，他下山來摘勝利果實。那完全是出於某種險惡用心的謠言，外祖父對我們講，抗戰八年當中，蔣介石從來沒有到峨嵋山去過一次，而且蔣介石並沒有收到任何抗戰勝利的成果，相反卻丟失了江山。

許多史料，白紙黑字的存在著，但都封在機密檔案館裡，不對民眾公開，幾十年過去，就不被中國大陸人所了解。抗戰期間，毛澤東曾做公開演講，稱國軍是中國抗日的主力，國軍戰場是中國抗日的主戰場。受蔣介石邀請，從延安到重慶談判，毛澤東曾經當眾舉臂高呼「中國抗戰最高統帥蔣委員長萬歲」。但是一九四九年後，蔣介石立刻被指斥為一貫投降的大賣過賊，國軍也被罵做從不抗戰的反動軍隊。血戰臺兒莊的李宗仁將軍，驍勇善戰抗戰負傷的張靈甫將軍，在中國大陸的媒體宣傳中，都成了大惡棍，死有餘辜。

雖然謊言重複一千遍，就能被信為真理，但紙裡到底包不住火，謠言或能蒙蔽大眾一時，終不能永遠改寫歷史。關於蔣介石國民黨不抗日的謊言，現在已經在慢慢地被戳穿，歷史真面目總有一天要大白於天下的。

譚鑫培與京劇

雖然名字叫做京劇，而且現在似乎是以北京為其大本營，但京劇的淵源是起自湖北，是湖北名伶帶入北京，創造發展而成。這是外祖父的講法，他是湖北人，所以自到北京之後，立刻就成了京劇戲迷。

民國初年，外祖父十五歲的時候，到了北京，考入北京大學預科。那個時期，皮黃和梆子，已經在北京盛極一時，而其中最高地位者，屬於譚鑫培和侯俊山。當時楊小樓尚在其次，梅蘭芳和郝壽臣等才剛露頭角。

因為做學生，除讀書之外，別無他事可做，那時的北京大學又在市內，交通方便，所以外祖父和他的一班同學，經常到處聽戲，特別聽譚老闆和侯老闆的戲。外祖父說，抗戰以後到了南京，乃至後來到了臺灣，他就很少再聽京劇，因為他民國初年聽過譚老闆的戲，養成了對京劇的太高眼界，無法欣賞後來的那些戲劇表演了。

在外祖父的眼裡，譚鑫培可以說是京劇的開山始祖。現在八十歲以下的人，除了專門研究京劇者之外，恐怕已經不知道譚鑫培是何人，因為他一九一七年就去世了。他原名金福，字望重，堂號英秀，湖北省江夏（今武昌）人，生於一八四七年。幼年時跟隨父親，到了北京，進入金奎科班學藝。他的父親名叫志道，演老旦，因為聲音好，有叫天之稱。於是其子譚鑫培就得了藝名「小叫天」，但是他在科班學的是老生。出科之後，他搭入永勝奎班演戲。變聲期倒倉，改演武生，先在京東一帶鄉村演出。後來回到北京，進入三慶班，演武生兼武丑。三慶班主程長庚看重譚鑫培，收做義子，並任之為武行頭目。

幾年之後，他的嗓音恢復，重新開始演老生。這樣的舞臺經歷，使得他文武兼備，昆亂不擋，唱念做打，樣樣精通。他年輕時的戲壇，著名前輩有程長庚，余三勝，王九齡，盧勝奎等，譚鑫培繼承他們的長處，吸取徽派和漢派各種精華，不斷改進老生唱腔。但他在三慶班裡，仍主要演武戲，直到班主程長庚去世。譚鑫培離開三慶班，加入四喜班，不久自組同春班，從此專攻老生，逐漸形成自己的風格，細膩婉轉，開韻味派先河，人稱譚腔。當時與孫菊仙和汪桂芬，並稱「老生新三杰」。

那些年，北京城裡處處傳說：家國興亡誰管得，滿城爭說叫天兒，另外還有「無腔不學譚」一說。譚老闆也到上海去演出幾次，深受歡迎，上海人稱他「伶界大王」。梁啟超贈詩「四海一人譚鑫培，聲名卅載轟如雷」。

據說全憑譚鑫培的成就，所以規範了老生體系，從而奠定整個京劇的格局 。他的譚派在京劇史上，一直被尊為主流，後來的老生名角余叔岩，馬連良，言菊朋，楊寶森等，都是從譚派衍化出來的。

譚鑫培在京劇舞臺上馳騁六十年，上至宮廷，下至村野，到處贏得觀眾的喜愛和崇拜。連慈僖太后也是他的戲迷，聽過他的戲後賜黃馬褂一件。那黃馬褂是只有皇族才能穿的顏色，足見清廷對譚老闆的尊重。

外祖父也算幸運，趕上聽了譚老闆最後一出戲《擊鼓罵曹》。外祖父說，那天是在煤市街中和園。他買了池座之後廊子上的座位。先聽了郝壽臣的《法門寺》，楊小樓的《白奶記》等幾處戲，到了老譚出場，那池座與包廂的客人還未曾來。

譚老闆指著曹操開罵之後，又罵張遼。這時忽然有個人走上臺來，到譚老闆身邊，咬耳朵說了幾句話。那老譚演的彌衡，忽然之間，把道白增加了一百多句，把張遼罵得瞪眼睛，不知如何是好。黃昏時候散戲，外祖父隨大眾走出戲園，才聽說袁世凱死訊，北京已經宣布戒嚴。那譚老闆在臺上多罵的一百多句，罵的原來是袁世凱。

譚老闆痛恨袁世凱，自有他的道理。那滿清的皇太后還都曉得尊重他，至民國初年，那些軍閥卻連起碼的文化修養都沒有，不懂戲，更不懂尊重藝術家。一九一七年四月，廣東督軍陸榮廷到北平，軍閥江朝宗要請他看戲，在一個叫那家花園的地方辦堂會，指定要譚鑫培出演。譚老闆那時年紀已長，又生著病，已臥床好幾個月，很想辭謝那個堂會。因此惹了江朝宗，派一批警察到譚家，把譚老闆從病床上拖到那家花園。那天演的是《洪洋洞》，講楊六郎從重病到死亡的一段故事。譚老闆同病相憐，演到悲憤之處，眼淚真的流下來。堂會之後，譚老闆回家，心力交瘁，不久就辭世而去，那年他七十一歲。

民國五年，湖北大水災，在北京的湖北同鄉，舉行三天賑災活動，包括京劇界人士的三天賑災演出。外祖父說，那是他最早打開眼界的一次觀賞。他聽了李萬春的《鐵公雞》，梅蘭芳的《遊園驚夢》，孫菊仙的《逍遙津》，侯俊山與余叔岩的《八大錘》。侯俊山（老十三旦）那時業已退休，住在張家口，此次應湖北同鄉之請，也到北京，剃了鬍鬚，重新登臺，除與余叔岩合演《八大錘》之外，還演了一出花旦戲《辛安婦》。

余叔岩的出頭，是在譚鑫培退休乃至去世之後，一般戲迷及大眾懷念不已之時，此公出臺，其風度之高，風韻之清，直可追蹤譚老闆，有些地方還勝似一籌。余叔岩也是湖北江夏人，跟譚鑫培同鄉。在湖北同鄉的賑災會演上，余叔岩先到天津演了四天戲，拿回現洋三千元，作為北京賑災演出的後臺花費。他自己演出《打棍出箱》，那大舞臺下是人山人海。每一位鬚生，如譚富英和馬連良，以及後輩李盛藻等等，都把草帽蓋著臉，悄悄入座學戲。

外祖父說，當時他在北京大學的班上，有專門喜歡捧角的四個同學，稱為四霸天，都是小一號的評戲者。他們的共同特點，是喜歡捧童伶，以捧紅一個角兒為目標。其中一個陳先生，邀請外祖父到大柵欄慶樂戲園聽尚小雲與崔靈芝。尚小雲是皮簧青衣，崔靈芝是梆子青衣，當時都還是未出科的學生。當時規矩，捧角人請客聽戲，奉送戲票和座位，只有一個條件，就是跟隨他喊好。外祖父不會也不願喊好，到了大家都喊好的時候，就張開嘴示意一番，以為報銷而已。

那時候荀慧生的戲名，叫做白牡丹，善演花旦小戲，如《小放牛》、《胭脂虎》之類。因為捧他的觀眾太多，分為兩派，互相競爭，白牡丹一出臺，臺下立刻演出大混亂，甚至飛茶壺。外祖父說，他最喜歡去的戲園，是慶樂園和吉祥園，他最欣賞的是白牡丹那些小戲，可惜到他成了名以後，就不再演那些小戲了。

程硯秋原名艷秋，經同仁堂樂十三爺和羅癭公捧出，老青衣陳德霖提拔，才露頭角。一次在東安市場吉祥戲園，配老鄉親孫菊仙的《硃砂痣》，是老鄉親提拔他之意。

按外祖父的說法，程硯秋，尚小雲，荀慧生三人，後來與梅蘭芳同稱四大名旦，可以說是不倫不類。梅蘭芳與余叔岩齊名，執梨園之牛耳，在程硯秋，尚小雲，荀慧生等之先，不是程硯秋，尚小雲，荀慧生所能並肩相比的。但是余叔岩始終不願與梅蘭芳為伍，民國五年以後，北京經常有堂會，可余叔岩往往不肯與梅蘭芳同臺出演。

梅蘭芳非科班出身，是他終生的遺憾。他很早的年代，就曾在吉祥戲園演出過一些新戲，諸如《鄧霞姑》之類，但一時形不成風氣，後來也就不再演了。程硯秋，尚小雲，荀慧生，則都是科班出身，情況又自不同。外祖父說，當時最嚴格的科班，是前門大街廣和樓的富連成班。

廣和樓不賣票給婦女，只有男人才能入座聽戲。外祖父在廣和樓聽過于連泉的《殺山》，那于連泉戲名是小翠花，外祖父認為確是花旦裡的上乘，可惜十五歲倒了嗓子。而大柵欄慶樂園的科班，則以尚小雲和崔靈芝為榮。

按照外祖父的說法，京劇科班規矩的敗壞，是由於坤角的出現。民國初年的坤角，有兩個班做激烈的競爭。一班是劉喜奎為主角，在中和園上演。另一班是以鮮靈芝為主角，在廣樂園上演。外祖父聽過兩個人的戲，認為劉喜奎的青衣還是在規矩之中，鮮靈芝就稍有迎合觀眾的傾向，但她們都還是實實在在演戲，但捧角的人走邪門。自此以降，做工與唱工都居次要，只須臉蛋漂亮，在臺上走幾步，便成了名角，甚至明星。

提到京劇裡面的四大花旦，就忍不住要說幾句題外話。我在美國的大學教書或演講，有時提及京劇，美國學生都很感興趣，甚至偶爾有人看過京劇的錄像。後來陳凱歌的電影《霸王別姬》在美國公演，美國人看過中國京劇的人就多了一些。順便說說，那電影在美國只是公演而已，沒有像中國大陸媒體慣用的字眼那樣：轟動。美國任何電影，任何文藝作品，都不會轟動，包括李安的《臥虎藏龍》等得奧斯卡獎的電影，還是不會轟動。轟動效應是只可能發生在文化水平低下的社會裡，高度文明的社會崇尚理性，所以不會產生轟動。

話歸本題，美國人看《霸王別姬》，知道中國京劇的旦角都是男人演的，倒也不奇怪，因為陳凱歌電影演的是同性戀。美國同性戀男人，也會裝女子。但是我對美國學生們說：直到上世紀五十年代以後，中國京劇裡所有旦角都是男人演的，事實上著名的花旦如梅蘭芳先生，絕對不是同性戀，他的兒子梅葆玖先生，也是一個著名花旦。

這麼一說，美國學生們就不懂了。說是同性戀男人，能夠成功地裝扮女子，動作表情真如女人，自然可信。但說並非同性戀男人，卻要去裝扮女子，而且裝得像，就不大容易想像。我對美國學生說，如果是同性戀，本性裡原就是女子，要他去裝女人，還有什麼難，也談不上是什麼藝術創造。恰恰他並不是同性戀，本性裡是個堂堂男子，倒去裝扮女子，那才不容易，裝得像，藝術性才高。

於是就有美國學生問，中國京劇為什麼要男人扮女人？這問題就複雜了。我回答說，那是因為中國傳統社會裡，看不起女性。女人不能到社會上拋頭露面，誰家女孩子在公開場合招搖，要被罵做不正經，更何談上臺演戲，讓萬眾觀賞。所以京劇裡沒有女子演戲，青衣花旦都是男人演。說到此，我又自然想到越劇，如果說中國人傳統上看不起女人，所以京劇沒有女人演戲，那怎麼解釋越劇？越劇全部是女演員，沒有男演員，連劇中男角色也是女人演的。我想，那還是說明中國人看不起女人。中國人除了看不起女人，也看不起唱戲這一行。所以男人不去唱戲，只有女人才配去演戲。

十年之後，到了上世紀三十年代，外祖父回到母校北京大學，已不是學生，而是法學院的教授，可是北平城裡的京劇熱度仍然不弱當年，北京大學校園裡的教授們，也是同樣地以做戲迷而自豪。不過在外祖父看來，那年代的戲評家們，已不如十年前那麼典雅高超了。北京大學教授中間，以捧程硯秋為盛，有一位許興凱教授，更無論筆下或口頭，都自稱是程派。

這情況下，同教授們一起論戲，特別是有許教授在場，外祖父就專門自稱是荀派，以做對抗。

事實上，外祖父那時既少聽荀慧生的戲，聽程硯秋也不多。有一次外祖父到北京大學法學院陳啟修教授家裡赴宴，遇見已經成名的程硯秋，交談起來。外祖父便提到早年聽過孫菊仙與程硯秋同臺演出的《硃砂痣》，那時程硯秋還未成名，正靠老鄉親孫菊仙提拔，外祖父如此說起，不過是賣弄自己一點老資格。

那幾年，外祖父倒是常到報子街去聽崑曲。崑曲每日上座不過四成，可是一有陶顯亭的《彈辭》，郝振基的《蟠桃會》，侯益隆的《嫁女》或者《惠民下書》或《火判》，侯永奎的《夜奔》這些戲，那遠在西直門外的清華和燕京大學師生，都會趕緊進城來聽，外祖父則更是場場不落的。

根據外祖父的觀察總結，當時中國一般學問和藝術，大抵都有京派和海派之分。北京是元明清三代首都，為學問與藝術的精華匯聚之所，自是無疑。上海十里洋場，從商業上撅起，後來居然有與京城抗衡之勢，便有了海派的一說。京派因為根基久遠，所以重師承，守師法，講究篤實，取向保守。而海派因為沒有什麼根基，所以多流變，富花樣，熱衷浮華，偏於進取。

外祖父回北京大學做教授的時候，余叔岩已經退休了。但是外祖父很得意，並喜歡講給後輩們聽的故事之一，就是他如何請余叔岩吃飯。出於景仰，外祖父曾請余叔岩吃過好幾次小館。外祖父總是得意地說，余老先生居然同意應約。余老先生有一種脾氣，就是名流們請客時，如要煩他唱幾句，他是堅決謝絕的。他說：請我吃飯，我就是客。要聽戲，到園子裡去。所以外祖父請他吃小館，只是談論一些皮黃的故事，決不煩他唱戲。每次飯後告辭，余老先生兩手一拱，口稱「告辭」，那種風趣是足夠吟味的了。

有一次吃飯，外祖父同余叔岩講起民國五年六月，他在中和園聽譚老闆的《擊鼓罵曹》，那是譚老闆告別舞臺四天演出的最後一場。外祖父講到譚老闆背對觀眾，而以雙肩聳動來表示他的冷笑和鄙笑。余叔岩聽了，大為高興，說：一身三百六十個骨節，都要練。譬如你摔袖子，那渾身的骨節都要動。現在一些名角，連袖子也不會摔。

又有一次，他們談到《搜孤救孤》，余叔岩批評馬連良，說他不懂音韻學。余叔岩自己，在這門學問上是用過苦功的。他說，凡是不懂音韻學的角色，一段唱腔，在拉長的字眼上，總是以啦字來結尾。外祖父總是對家人們說，他聽戲的能力很低，評戲的眼界卻很高，因為每次與余叔岩談論，都長他的見識。

聽外祖父這些故事，總讓我萬分景仰，同時又感到沮喪，現今中國京劇之沒落，文化生活之貧乏，實在令人痛心。

萬耀煌和西安事變

稍年輕些的中國大陸人，也許對萬耀煌這個名字很陌生，因為他是國民黨的高級將領，後來去了臺灣。但他在現代中國史上，卻是不可不提的人物。他參加過辛亥武昌起義，指揮國軍打敗過紅軍也被紅軍所擊敗，他與日本侵略軍做過殊死之戰，也在西安事變中起過舉足輕重的作用，這些在下文都有敘述。

萬耀煌先生曾歷任國軍師長，軍長，軍團司令，軍事委員會將官研究班主任，陸軍大學教育長，中央軍校教育長，國民黨中央委員，湖北省主席，總統府戰略顧問，中央訓練團教育長，國民黨中央改造委員會幹部訓練委員會主任委員，革命實踐研究院主任，總統府國策顧問，中央評議委員等國民黨黨政軍高級職務。

萬家是湖北黃崗的大族，明代已經累世科舉做官。有一本《萬氏宗譜》，一九四七年修訂，一九九九年重印，九百八十八頁。內封是蔣中正題詞：黃岡萬氏宗譜續修紀念　奕世載澤。萬氏宗譜首修序，由康熙二十四年進士，正二品吏部侍郎仇兆鰲題。五修序由林則徐題，當時他任從一品湖廣總督。六修序由咸豐已未科狀元正一品大學士孫家鼐題，他做過湖北學政。七修序由孫科題，他是孫中山先生的公子，做過國民政府副主席兼立法院院長。居正先生也給七修寫序，他做過國民政府司法部長和最高法院院長。

據這本萬氏宗譜記載，湖北黃岡萬氏始祖名雄甫，因佐明太祖朱元璋鄱陽戡亂有軍功，任指揮使。洪武二十一年，公元一三八八年，自江右饒州遷黃岡。其墓所在，遂名將軍山。黃岡萬氏第十一世孫萬爾昌，是我外祖母的八代祖先。他於明崇禎九年中舉，憂憤社稷朝政，加入復社，意圖振興大明，與顧炎武多往來。明亡後，爾昌與爾昇兄弟，不肯剃頭易服，緊閉大門，足不出戶，在家讀書作文，不會友，不見客，不拜地方官吏，也不應試。清初數十年間，萬家書香世族，父不會試子不科場，可知萬氏忠義傳統之固烈。

萬耀煌的父親萬震東，身體不好，從未應試，也少出遠門，到晚年更是久病。祖宗本沒有留下什麼家產，到他手上只剩舊房懷經堂一座。兒女七個，再加病父，生活十分艱難。有人勸他把房產賣掉，他夫人不答應，把四大房叔伯都請到家裡坐好，自己跪在當中地上，懇求：討飯也要有個落腳地方，這是我家祖屋，我們母子決不離開。否則只有流落他鄉，再無下場。如果一定要寫約賣屋，我現在就死在各位叔伯面前。話到此處，已是涕淚交流，不能成聲。萬家叔伯感其誠，願做見證，保守懷經堂祖屋。

萬震東夫婦有三子四女，萬耀煌是老二，號武樵，光緒十七年生，早年投陸軍小學，昇保定陸軍軍官學堂，後畢業於北京陸軍大學。辛亥武昌起義時，萬耀煌自保定軍校入伍南下上海，任滬軍都督府督練處長，旋返武漢任湖北軍政府兼戰時總司令部督戰參謀，並由居正先生介紹加入國民黨。我的外祖母，是黃岡萬家的女兒，把萬耀煌將軍叫二哥。

據我母親家的前輩們講，萬耀煌將軍為人正直，忠義道德，是標準的國軍將領典型。他一生不嗜煙酒，不沾牌賭，事母最孝，侍姊如母，待兄弟姊妹仁愛，極重鄉情。抗戰勝利後，萬耀煌將軍任湖北省政府主席，每回故鄉，必攜夫人探訪全村每戶農家，成為一時佳話。

北伐戰爭期間，萬耀煌將軍在夏鬥寅部隊做團長，跟隨夏鬥寅，赴廣州晉見蔣總司令，奉命將鄂軍改編為鄂軍第一師，夏鬥寅任師長，萬耀煌將軍任師參謀長兼團長，參加北伐諸戰役。後該師改為國民革命軍獨立第十四師，萬耀煌將軍任副師長兼參謀長。不久該師整編為國民革命軍新編第十軍，萬耀煌將軍任第一師師長。後再次改編為第二十七軍，萬耀煌將軍任代軍長兼六十五師師長。

北伐戰爭以後，國共對壘，兵戎相向，各有勝敗。當時萬耀煌將軍任陸軍第十三師師長，與黃安紅軍作戰多次。後奉調入江西指揮作戰，即中共所謂湘贛邊區五次圍剿和反圍剿，其中紅軍得勝四次，而第五次失敗，突圍西走。萬耀煌將軍帶兵追截紅軍，歷經湘、桂、黔、滇、康、川、甘、陝諸省。一九三五年萬耀煌將軍任第二十五軍軍長兼第五縱隊司令，由漢中折返黔西，重創中共賀龍肖克等部。抗戰初期，上海發生著名的淞滬大戰，萬耀煌將軍親率第二十五軍全體官兵，與日軍血戰八十餘日，幾乎全軍覆滅，表現了中國人民誓死抵抗侵略保衛祖國的頑強意志。

抗戰勝利，國府還都南京。萬耀煌將軍回武漢，做了湖北省政府主席。有一天他忽然跑來南京田吉營外祖父家，動員外祖父出面競選湖北省第二區立法委員。他一進門，外祖父就對他說：你今天來得不巧，沒有預備什麼菜，大妹去了上海，大司務也不在。

雖然萬耀煌先生做了國軍上將，又是湖北省主席，在家裡仍然一直把我的外祖母叫做大妹，兄妹之情，不弱早年。外祖父對他說：你曉得的，我們家裡，大妹一走，大家飯也吃不成。萬耀煌覺得奇怪，便問：那麼為什麼大司務不在家裡做飯？外祖父說：大妹就是我家的大司務，她不在，飯是沒法子吃的。

萬耀煌將軍於是才明白了，跟外祖父兩個相對大笑，只好免了那頓飯，直接談公事。萬耀煌將軍對外祖父說：你如果有意參加立法委員競選，我可以協助。黃岡縣縣長是朱懷冰兄，他也可以協助。外祖父回答：我聽說立法委員競選，要有兩億的開支。如果我沒有兩億，就不能參加競選。如果我有兩億，也就不會願意去競選。眾所周知，那時期通貨膨脹嚴重，講起法幣數字之大，居然上億，令人難以相信。

兩個人又談了一陣，讚揚朱懷冰先生，他做過軍長，民政廳長，還代理過省政府主席，如今自願回鄉到黃岡縣做縣長，同鄉們都很欽佩，堪稱地方官的楷模。萬耀煌將軍也解釋說，立法委員競選並非那麼昂貴，地方上還是有講公道的人士等等。

在萬耀煌將軍的生平事略中，重要的一筆是西安事變，所有紀錄西安事變的史料，都紀錄當時隨同蔣介石一起被扣押的國民政府黨政軍要員，有蔣作賓，蔣百里，蔣銘三，陳誠，陳調元，衛立煌，陳繼承夫婦，萬耀煌夫婦等。但有關萬耀煌夫婦在此一事件中所起的至關重要之作用，卻幾乎沒有人討論，因為沒有多少人了解。

關於西安事變的歷史研究，幾十年來始終籠罩在極重的政治陰影之下，很難澄清事實。比如說陳誠被叛軍押至拘留中央要員的大餐廳時，衣裝不整這麼件小事。一說兵變發生後，陳誠躲進麵櫃，乃至全身麵粉。一說他躲在啤酒櫃裡，所以滿身灰土。一說他聽聞槍聲，奮力出逃，乃至弄髒衣裝。另一說兵變發生，所有大員束手就擒，只陳誠一人堅決抵抗到最後才被捕。還有記載說，兵變前一天陳誠已經獲得消息，曾在臨潼勸蔣介石立刻離開陝西。既如此，他怎麼會在兵變時毫無準備，措手不及，東躲西藏，狼狽萬分？這麼一個小小細節，居然存在如此種種不同說法，或褒或貶，相互矛盾，顯然都是由於濃厚的意識形態作祟，導致不尊重事實，歪曲歷史的後果。

據我的長輩們說，在臺灣五十多年，萬耀煌夫婦仍很少提到西安事變中發生的事情。直到萬耀煌將軍去世後二十餘年，蔣銘三將軍傳略出版，其中提到西安事變中萬耀煌夫人所完成之重大使命一節，之後萬夫人周長臨女士，就是我的外祖舅母，才披露出一些具體細節，作為對蔣鳴三將軍傳略的補充。那都是至今仍鮮為人知的史料，現簡約轉錄如下。

西安事變發生時，萬耀煌將軍指揮之第二十五軍，奉調於咸陽集中，歸西北剿共副總司令蔣銘三將軍指揮。而這第二十五軍的一次調動，於西安事變之結局，舉足輕重，後面提到。該年十二月，萬耀煌將軍到西安同蔣銘三會晤，商討軍情，夫人周女士同往，卻不料因此而碰上雙十二張楊兵變。據外祖舅母萬軍長夫人所記：昨晚西安市內，槍聲不斷，以為是亂兵搶掠，天未明，西京招待所內人聲鼎沸，隔窗探視，見西京招待所外士兵群集，槍聲四起，見有人抬擔架出去，想必有人受傷。此時扣門之聲甚急，找萬軍長在不在？

萬夫人開門，一軍官持槍進屋，問：萬軍長在哪裡？萬耀煌將軍聞聲而出。軍官問：有槍麼？答：沒有。軍官搜查全室，後押萬氏夫婦下樓到大餐廳。見蔣銘三將軍等均已在此，廳內外守衛監視甚嚴。叛軍孫鳴九營長則立刻打電話向什麼人報告：萬軍長到了。

十分鐘後，有人傳報：張副司令有請萬軍長。萬夫人堅持要與丈夫一同去見張學良，生死與共，經蔣銘三和陳誠兩位勸阻，萬耀煌將軍獨自隨幾名武裝士兵走了。稍後張學良的親信之一，曾任過遼寧省主席的米春霖來到招待所，陳誠便問：米主任，萬將軍現在何處？萬夫人在這裡。米答：我知道萬軍長正在新城大樓與張副司令談話，這次事件對事不對人。

後據萬耀煌將軍講，他到了新城大樓，一見張學良便問：委座在何處，是否安全？聽報說蔣介石輕傷之後，萬耀煌將軍提出前往伺候，被張學良拒絕。張學良急著找萬耀煌將軍，要談的是駐紮咸陽的第二十五軍。張學良請萬耀煌將軍下令，把第二十五軍從咸陽調到興平。可萬耀煌將軍身陷階下，如何調動部隊，表示無能為力。實際上當時他暗中盤算，第二十五軍駐紮咸陽，對西安是個威脅，或可抑制張楊孌幹，保全蔣介石和諸中央大員的生命安全。就算走下下策，真若開戰，第二十五軍也可迅速攻入西安，平息叛亂，所以他決不肯把自己部隊調離咸陽。

萬耀煌將軍被解回西京招待所，進門馬上宣布：委座無恙，現在新城大樓。話音剛落，就遭孫鳴九制止，不許再說話。黃昏時分，張學良親至西京招待所，見到萬氏夫婦，拱手作揖說：萬大嫂，對不起，對不起，女人無政治犯。萬夫人答：身為囚犯，要怎樣便怎樣，還有什麼對不起。張學良聞言，面紅耳赤，默然離開。

被困在西京招待所的黨政軍要員，行動受阻，不能出房門一步。半夜裡聽到對面房間蔣銘三將軍呻吟不已，萬夫人起身，力排阻擋，堅持過去看望，伺候服藥，事後蔣銘三對萬夫人感激不盡。

第二天，十二月十三日早，張學良部下王以哲和何柱國兩人到西京招待所，找萬耀煌將軍談話，他們三個是保定軍校同系先後同學。前一天晚上，張學良曾以副總司令名義，下令調第二十五軍出咸陽，可二十五軍不服從。張學良無奈，便派王何二人，拿了張的命令，來見萬耀煌將軍，想以同學感情打動萬耀煌將軍，簽字副署。萬耀煌將軍堅持不從，三個人便爭執起來。

萬夫人便說：你們談論國家大事，我沒有必要在這裡。借機要離開房間，守衛不准通行，萬夫人便請王以哲下令，讓守衛放她離開。萬夫人先到陳誠房間，門口有七八個持槍衛兵。陳誠見到萬夫人，十分驚異，問：這樣嚴密警戒，你怎麼出來的？萬夫人問候過陳誠之後，便往蔣銘三將軍房間。

蔣銘三將軍一見萬夫人便說：大嫂來得正巧，我有事託你。第一件事，是帶個便條給陳辭修、蔣方震、蔣雨岩三位，要他們設法找鮑文樾來，婉告張漢卿，解鈴還須系鈴人。第二件事是你要設法找人與咸陽的二十五軍通消息，要他們速開去漢中。此間先生們均被監視甚嚴，唯你是婦女，或者可以乘機做這件事，只許成功，不許失敗。並且要極度保密，否則楊虎城知道了，決不放過你。

這裡順便補一句題外話，一百年以前出生的中國人，特別是書香門弟，除了姓和名之外，都必有一個字或者號。按照傳統規矩，世上只有皇帝，父母，老師可以對人直呼其名。其他諸位，平輩人等，直呼人名，是很不恭敬的行為，所以相互間都用字稱呼，而小輩稱呼長輩則只許用號。這些老規矩，現在年輕些的中國大陸人都毫無所知了。這裡蔣銘三將軍稱呼陳蔣三位，均用其字，以示尊重。修辭是陳誠將軍的字，方震是蔣百里將軍的字，雨岩是蔣作賓將軍的字。下文中還提到劉經扶，就是大名鼎鼎的劉峙將軍，經扶是他的字。萬耀煌將軍的字是武樵，所以被稱作萬武樵，我們也叫他武樵舅公。蔣銘三將軍的字是鼎文，所以我家人都從外祖舅父母，一直稱呼他蔣鼎文將軍。張學良的字是漢卿，所以蔣銘三稱他張漢卿。

據後來出版的蔣銘三將軍傳略記載，其實西安兵變當日下午，張學良到蔣銘三將軍住地看望，談話間已露悔意，頗有懸崖勒馬，尋求正軌息事之念。無奈已然騎虎難下，陷入僵局。蔣銘三將軍於是策劃請關心張學良的友人，斡旋溝通。

這裡插一點其他史料。當時西安，本是西北軍楊虎城的天下，發動兵變也由他主導。楊虎城很接近延安，曾提出參加中共的申請。但他當時沒有足夠實力獨自發動兵變，逮捕中國最高統帥，所以用蔣介石只反共不抗日的指控，引誘撤出東北而懊悔的張學良參與動作。張學良在扣押蔣介石同時，沒收了蔣的日記，翻閱後即發現自己上當。蔣介石的私人日記裡，明確表達堅決抗日的決心和策略，並非外界所傳之種種流言。於是張學良馬上就有了和平解決事變，將功折罪的念頭，並開始千方百計保護蔣介石和各中央大員，躲避楊虎城的可能迫害。

西安兵變消息傳到延安，全體紅軍領袖驚喜若狂。他們以為只要一句話，楊虎城定會置蔣介石於死地，解除延安心頭大患。據當時在北京大學做教授的外祖父回憶，那天北平一些大學的左翼學聯幹部，忽然匆匆跑進學生宿舍，到處鼓動學生去景山集合，參加學生大遊行。學生們根本不知出了什麼事，左翼學聯幹部也並不清楚，只知是上級通知要學生遊行。學生們不願耽誤學業，左翼學聯幹部便保證，給每個參加遊行的學生發一雙冰鞋。時值隆冬，一雙冰鞋法幣八元，誰不想要，便都跟了上街。到了半夜，聽電臺廣播，才知道西安發生兵變，北平的學生遊行原來是表達「民意」，要求公審和槍斃蔣介石。

但延安把兵變消息和處理計畫報告到莫斯科，卻被史達林打了回票，下令不許傷害蔣介石。史達林知道蔣介石是堅決抗日的，而且當時中國也只有蔣介石能夠領導抗日並有實力對日作戰。出於保衛蘇聯的目的，史達林需要留下蔣介石及其軍隊，把日本侵略的戰場保持在中國，而不延燒到蘇俄去。迫於蘇聯的威力，延安才勉強轉而同意和平解決西安事變。所幸那正對張學良的心意，所以一拍即合，楊虎城也就無話可說。

言歸正傳，再說我的外祖舅母萬軍長夫人，聽完蔣銘三將軍所託之事，回答：此兩件事我都無把握，你我已失去自由，不過我可以一試。帶簡函給陳蔣諸公，可以做到。第二件事調動二十五軍，劉經扶先生在開封，似應由他下命令調動。

蔣銘三將軍說：大嫂，目前情況危險萬狀，武樵兄的軍隊在咸陽，對西安構成最大威脅，可以阻止張楊的行動。但西安城內是楊虎城的勢力，孫蔚如趙壽山兩師，張漢卿只有劉多荃一個旅，實際也不到一個旅。如果楊虎城不顧一切蠻幹，可能張漢卿自己本人也難免，所以要二十五軍離開咸陽，好讓張漢卿自己的軍隊于學忠等部進入西安。如果二十五軍阻擋于軍入西安，在西安的人，不但委員長的安全，張漢卿無法保證，連他也自身難保。這一危險混亂局面，他們在外面怎麼知道，此事你必須盡力為之，否則後果不堪想像。

萬夫人與蔣銘三將軍談罷，身負重任，轉往陳誠將軍房間，借服侍吃藥的機會，將蔣鳴三將軍所託之事，轉告陳誠將軍。過不多久，鮑文樾果然來到西京招待所，同陳誠將軍等談話，然後離去，所談細節萬夫人便不知道了。當日下午，萬夫人又動用重利誘，買通一個監視他們夫婦的衛兵，要他下崗後到花園飯店二十五軍辦事處，找一個軍官或士兵來西京招待所，見萬軍長。

第三天，十二月十四日上午，王以哲和何柱國再次來找萬耀煌將軍，爭吵簽署調動二十五軍命令的事情。忽然間萬耀煌將軍親隨衛士黃青山到了，進門見到萬氏夫婦，放聲大哭。萬耀煌將軍本來心急，見自己衛士如此，大發脾氣，罵他沒有男子氣概。萬夫人忙上前安慰黃青山，乘機細聲囑咐：你今天務必出城，趕到咸陽，轉告盧副軍長，部隊迅速撤離咸陽，開赴周至，與漢中王耀武聯絡。這是蔣鼎文總司令的口頭命令。

同日張學良又來看蔣銘三將軍，蔣銘三將軍便對張說：監視西京招待所的官兵，都是西北軍楊虎城的人，你要保持自由，不受別人脅制，你對委座及被扣諸人的安全要設法保障。張學良答：正在設法。當日下午，蔣介石被移居高桂滋軍長住宅。第四天十五日，西京招待所內黨政軍要員，也被分別移往仁壽裡和豐阜裡，那兩處地方都由張學良衛隊守護。至此，蔣介石和中央大員們便都脫離了楊虎城的控制。順便提一句，整個兵變過程裡，楊虎城始終沒有對中央大員們露過一面。直到張學良護送蔣介石離開西安，南京派專機到西安來接各中央大員返京，楊虎城才出席送別餐會，講了幾句道歉的話。

兵變第五天，十二月十六日上午，張學良匆匆趕到仁壽裡，找到萬耀煌將軍，對他說：二十五軍昨晚突然由咸陽開拔南下，恐系劉經扶的命令。他哪裡知道那是蔣銘三將軍的謀略，由萬軍長夫人轉達的命令。因此張學良把自己的部隊調入西安，接替西北軍楊虎城各師的勤務，使之有能力切實保衛蔣介石和諸中央大員的安全，並具實力得以主導整個事件的發展和結局。

十二月二十五日，張學良護送蔣介石飛離西安。我的大舅當時是北平初中一年級學生，正迷做礦山收音機，那天下午忽然間從自己的手裡，聽見蔣委員長到達洛陽的消息，講給外祖父聽，大家都將信將疑，驚喜萬分。一刻鐘後，北平城裡，到處鞭砲聲，歡慶蔣介石脫險。據說蔣介石所乘專機抵達南京，千萬市民擁上街頭，放炮歡呼，表達對最高統帥的擁護，對西安事變的反對。

回到南京之後，蔣銘三將軍曾問萬夫人：此事是否可以講出來？萬夫人揣度蔣銘三將軍之意，遂做君子協定，極度嚴守祕密，所以甚至沒有對自己的丈夫萬耀煌將軍詳告細節曲折。直至她已垂暮之年，見蔣銘三將軍傳略提及此事，並稱「萬夫人周長臨女士，處驚不亂，機智果敢，終能不負重任，堪稱巾幗須眉，可敬可佩」，方才將一些有關細節公佈，實在是極為難得的史料。

據外祖母說，從故鄉去臺灣的親友，沒有幾人。其中與外祖父外祖母來往最親密的，就有萬耀煌夫婦。外祖母心臟病發作，住院期間，萬耀煌將軍已八十四歲高齡，滿身是病，仍到醫院幾次，看望外祖母，而且每天打電話來問候。外祖母對他說：二哥年紀大了，何必來看我。萬耀煌將軍說：因為年紀大了，所以才要來看看老妹子。說得外祖母眼淚直流，永志不忘。

萬耀煌將軍一九七七年一月三十一日病逝，終年八十七歲。

郁達夫與安慶學校

我自幼喜愛文學，當然知道郁達夫是誰。在大學中文系課堂，總要大講特講郁達夫，也要求學生必須讀他的作品，因為他是同魯迅一起編雜誌的文學青年，他是中共欣賞和領導的左翼作家，他是日本人殺害的中國「烈士」（中共中央人民政府追認，一九五二年）。可是我卻實在只知其名，而不大知其實。我讀過他的小說，在高中的時候，也許是期望太高，讀後頗覺失望，認為盛名之下，其實難副，所以後來就不再讀，即使在大學也沒有化過那份時間，每逢現代文學史考試，不過抄抄流行話語，蒙混過關。

對郁達夫的不以為然，除了自己讀其作品，覺得文字沉悶，意識老舊，性情變態，讓我無法忍受以外，另一個原因恐怕就是因為聽母親講過一些郁達夫的舊聞，認定其人也並非神仙，不過跟我們常人一般無二，大可不必當作偶像崇拜，完全可以自己之好惡來做判斷。

我的母親並沒有見過郁達夫，她只是少年時代聽她的父親，我的外祖父，講過有關郁達夫的故事。我的外祖父曾經與郁達夫作過一年多的朋友，那是在安慶的時候，一九二二年到一九二三年。跟許多現代名人一樣，中共官方的郁達夫歷史記錄，有意無意地漏過一些時段，其中包括安慶任教那一段。

從我目前可以找到的有關郁達夫傳記的公開出版物來看，郁達夫一九一三年赴日留學，一九二一年在日本，同郭沫若，成仿吾，張資平等組織創造社，發表小說，包括中國最早的白話小說集《沉淪》。一九二二年郁達夫從東京帝國大學畢業，然後回國，這段歷史似乎是大家都公認的。但是郁達夫回國之後，編年就有缺失。大多傳記都紀錄，郁達夫回國後，參加編輯《創造季刊》和《創造周報》等刊物，但年代不詳。也有紀錄一九二三年後，郁達夫在北京大學，武昌師大，廣東大學等處任教。中國大陸官方出版的郁達夫傳記，當然特別強調一九二八年後，郁達夫參加太陽社，在魯迅先生指導下主編《大眾文藝》，一九三〇年作為發起人之一，成立左翼作家聯盟的一段歷史。

但是一九二二年從日本回國後的頭一年，郁達夫在哪裡？以及他回國後的第一個工作是什麼？我沒有在任何中國大陸官方出版物中找到，具有諷刺意味的是，只在一篇專門討論郁達夫生性浪漫到處採花的文章中提到一句，說郁達夫一九二二年到一九二三年間，在安慶任教。但此文所記，說郁達夫是在安慶法政專科學校任教，卻又錯了。那兩年間，安慶法政專科學校的教員中，有一個是我的外祖父陶希聖先生，他對那一段安慶任教生活有過極為詳細的紀錄，而且特別提到過他當時在安慶的一個朋友郁達夫先生。但郁達夫先生，並不在安慶法政專科學校教書。

外祖父一九二二年北京大學法學院畢業，連畢業典禮都沒有參加，畢業證也沒有領，就急急忙忙提了一只皮箱，扛了一卷行李，乘火車到武漢，轉搭江輪南下安慶，到安慶法政專科學校去教書。本來北京大學畢業生就職，月薪不過四五十元，不料安慶法政專科給外祖父一百三十元，實在出乎意外，外祖父當然絕不可錯過。

外祖父那時大學剛畢業，仍然是學生旅行的作法，火車坐三等，輪船坐統艙。統艙票價低，只四元五角一人。但是如果早些上船，連票價給茶房七元，就可以坐統艙而吃房艙飯。統艙飯一人一份，自己坐在舖位上吃，只有米飯，沒有肉菜。房艙飯可以坐在桌邊吃，有米有菜，不過桌子還是擺在統艙裡，並不能上到房艙去吃。輪船快到安慶時，外祖父給茶房付錢，稍微多給些小費，託茶房幫忙下船時把他的行李移到駁船上去。當時安慶，只有招商局的輪船可以靠碼頭，其他公司如怡和、太古，和日清公司的輪船，都只能在江中停泊，上下客貨要用駁船運過去，才能上岸。

上了岸，外祖父找了腳夫，挑了箱子和行李，走到百子亭安慶法政專科學校，已然天黑了。傳達室的工友見了，又詫異又為難。兩個月前發電報到北京大學去聘外祖父任教的校長徐煦初先生，一個月前在學潮中被驅除去職了。外祖父到校時，法政專科暫時由教務主任汪馥炎先生代理。而汪先生夜間不在學校，所以工友只好臨時找來一名學監，帶外祖父進校，在禮堂左首院子裡樓上一間房裡安頓下來。

據外祖父講，當時安徽教育界很混亂，安慶學潮全國有名。老師們為薪水，常跟省教育廳發生衝突。外祖父在安慶只教了一年書，就碰上一次。老師們找省長交涉，不歡而散，大打出手。老師回校，便鼓動學生罷課。外祖父不滿意，聯合幾個不想罷課的老師，召集法政專科學生開大會。

外祖父問：昨天省裡開會打架，誰跑得最快？學生們看著外祖父，不知怎樣回答。外祖父說：我逃跑得最快。學生們笑起來。外祖父接著說：我要趕緊回來，卷好行李回湖北。你們安徽教育界太亂，教員派系之間自己會內鬨。學生是一期一期的，教員是一年一年的，可學校是永久的。老師為薪水要學生罷課，那麼學生真罷了課，誰受損失？老師不受損失，學校遭損失。這麼個作法，老師怎麼對得起學生，學生怎麼對得起學校。你們安徽教員，在一條船裡自己打，翻了船大家一道死。我行李已經打好，今晚就回湖北，不要跟安徽教員們一道淹死。你們學生，又何必跟著教員派系去罷課。

學生們說：全省學生都要罷，我們不能一個學校復課，對不起別的學校。外祖父說：全省只我們一間法政學校，一直是安徽學校的領袖。我們要復課，星期一復，今天決定，明天週末，各位分頭通知別的學校，大家星期一一起復課。學生們商量一下，表決通過。母親講，外祖父好幾次講過，能在學校裡鼓動學生復課，是他平生最得意之作。

那一學年，外祖父薪水不低，授課卻也很不少。他擔任四年級的親屬法和繼承法兩課，二年級和三年級的商業行為法，公司法，保險法，和票據法。總括起來，平均每星期要教授十二小時的課。外祖父帶去安慶的那個皮箱，主要裝的就是法學書，擺上書架，不過幾十本，還包括刑法和民法方面的書，他並不教授的科目。參考資料不夠，外祖父就依靠訂閱的日本法學協會雜誌與國家法學會雜誌，此外還訂購英文與日文的各種法學著作，臨時抱佛腳。

母親對我講，外祖父是個天生的教授，很會講課，後來他在南京中央大學和北京大學做教授，講課通常都是學生擠滿，窗戶上都坐了人。但他在安慶法政專科教書，卻是剛出校門的頭一次。而第一節課，就是教四年級的親屬法，外祖父自己說，那節課決定了他一生的經歷。

安慶學潮，最有名的事件，是攻打省議會。而參加此舉的學生中心人物，當時很多都在法政專科四年級。安慶法政專科，一直是安慶學潮的中心，而四年級那班又是法政專科的老大哥。學生趕校長，抬教員，是家常便飯，最客氣的是派代表跟教員談判，最直接的是把教員的鋪蓋都丟出校門去。北京大學剛畢業的學生，就來給他們做教員，學生心裡當然不服氣，準備著要考驗他，找些差子，給他些顏色，抬他出學校。

這情況下，外祖父心裡是很緊張的。他對學潮並無畏懼，因為他是外地人，又沒有想在安徽定居，不過是做客卿而已，沒打算在學校裡爭個一官半職或搶塊什麼地盤，所以隨時可以遠走高飛。

他的心力，全部集中在準備功課上。頭一次登上四年級講臺，外祖父自己事後說，開講之後，口辭隨著思想，思想隨著問題，一層一層的如春雲之展，如夏雲之變。但自己仍有茫然之感，彷彿帆船走順風，走是走得好，掌舵者卻有掌不住舵的樣子。

一節課下來，學生沒有抬他。兩節課下來，學生也沒有抬他。如是三四節課過後，學生挑不出外祖父什麼差池，也就相安無事了。既然四年級學生容納了外祖父，三年級和二年級學生也便無話可說，於是外祖父算是在法政專科扎穩了腳。

頭一學期完了，大考之前，學生們要求教員們先出題，或者劃定考試範圍。那是幾乎所有大學學生的慣例，直至如今，還是如此。那天外祖父一進教室，學生們就提出這個要求。外祖父說，先上課，下課時劃範圍。學生們老老實實上完課。下課的時候，外祖父翻開講義宣布：緒論不考。然後，第五頁到第十二頁要考。第十四頁到第二十六頁要考。第二十八頁到第四十頁要考。一直說下去，學生們跟著外祖父在講義上打記號。外祖父講完走出教室，到休息室坐著，等學生們來找。外祖父說，安慶學生慣會抄教員宿舍，如果他們到宿舍找到他，會把他的舖蓋行李丟出去，所以他不回宿舍，而在教員休息室等學生。

過不久，學生們果然到休息室來了，他們對著書一查，發現外祖父劃的範圍，一百六十頁講義，要考一百四十頁，等於沒劃範圍。他們要外祖父重劃，外祖父說：我不是賣菜的，不講斤兩講價錢。學生們說：你們北京大學考試也劃範圍。外祖父說，北京大學先生有的劃，有的不劃。劃範圍的課我都沒學好，不劃的課我都學好了。我上學的時候，罵不劃範圍的老師，出了學校罵劃範圍的老師。學生問：你現在要怎樣？我說：我寧可你們現在在罵我一頓，不要你們出了學校罵我一輩子。

學生們走了，可事情沒完。考試前一天，教務長找外祖父說：學生宣布要罷你陶先生的考，你最好現在給他們題目去準備。外祖父說：他們明天不會不考。第一，他們是畢業班，罷了考，下學期還要回來重念，不值得。第二，明天省裡高等檢查官來監考，罷考丟面子。教務長把外祖父的話轉給學生們，風波才算完。第二天學生們都老老實實，按時來考試。

外祖父在安慶教書的第二學期，實在很愉快。法政專科在百子亭，是座大公園，雖無奇花异草，卻也林泉清朗。每日晚飯之後，將近黃昏，與朋友們散步談天，很覺遐意。外祖父甚至一一列明，他在安慶的朋友裡，有法政專科學校的曾伯猷、馮若飛、胡家榮，以及安慶一中的易君左、郁達夫等幾個。他們一群文友墨客，常去迎江樓菜館或者大觀亭聚會，連吃帶喝，談史論文。

所以從外祖父的紀錄中，我才獲知，一九二二年到一九二三年間，郁達夫其實是在安慶一中做教員。日本東京帝國大學畢業的留學生，回國之後做一個普通的外省中學教員，對於現在崇尚虛榮浮華的中國大陸人來說，似乎是難以想像的。或許也是因為這種虛偽，大多中國大陸出版物寧可不提郁達夫曾經到過安慶的一段歷史，而上述那個提及此事的文章，則稱郁達夫在安慶法政專科學校任教，把中學改做大學，好像替郁達夫爭了面子。

那兩年在安慶，外祖父那一班友人，都沒有帶家眷，只有郁達夫帶了元配太太。據外祖父紀錄，當時郁達夫對那個鄉下女人很是親愛。那就是眾所周知的孫荃，郁達夫稱「裙布衣釵，貌頗不揚，然吐屬風流，亦有可取處。」

據外祖父記載，他們一班人星期天在迎江樓聚餐，通常都定在十二點半。於是逢有迎江樓聚會的星期天，郁達夫如果上午出門訪友，一定在十二點結束，所以他可以在十二點到十二點半之間的半個鐘頭裡，趕回家一趟去看看老婆，然後再來迎江樓聚餐。平日哪一天郁達夫要有約會，也一定安排在十二點半之後。安慶一中每天中午十二點下課，郁達夫還有半個鐘頭，可以回家看看老婆，然後再去赴約。外祖父還特別說過，安慶是個山城，雖有人力車，大家都不太坐。郁達夫為了能趕回家看老婆，走路特別的快，只要有個十分鐘十五分鐘，他必定旋風一樣，回家去看看太太。那一份濃情，實在是難得。

從外祖父的這份紀錄，我真是難以想像，郁達夫後來為王映霞鬧了那麼大一場風波，至今還是小說戲劇寫不完的題材。但細想想，也並不足奇。何等樣人，何等樣的內心，才在一九二一年寫得出《沉淪》？或許正是因為郁達夫感情（或者再加情慾和性慾）特別強烈，所以愛孫荃的時候，就愛得全心全意，而愛王映霞的時候，也愛得要死要活。

這裡的一個巧合是，郁達夫對王映霞一見傾心，立刻冷酷地拋棄剛剛難產生子的孫荃的時候，也就是郁達夫走上左傾文學道路的時候。一九二七年郁達夫把孫荃和子女趕回老家，自己與王映霞在杭州訂婚，同年郁達夫參加太陽社，開始同魯迅先生合編《大眾文藝》和《奔流》。此兩事之間，是否僅為巧合，或者有無因果關係，我不敢斷言，將來想必會有史家去鑽研。但我想，從郁達夫一九二七年到一九二八年的經歷，至少可以得到一個結論，人一旦參加共產革命，就難免不變心，而且變得鐵石心腸。同時也可以說，人的社會行為和私人事務，不一定非成正比不可。換句話，人是不能用簡單的政治標準來衡量的，個人生活處理不好的人，並不一定不會做一個出色的社會領袖。反之，一個傑出的政治領袖，其個人生活完全可能一塌糊塗。

我想，對於後世中國大陸人來說，郁達夫的人生，恐怕比他的作品更具啟發意義，更值得深入研究。

趙敏恒與上海《新聞報》

在正文之前，忍不住要先澄清一個事實。上海《新聞報》和《上海新聞》報是不同的兩家報紙，在時間，文字，內容等各方面，都完全不同。我查閱當前國內有關資料時，把這兩張上海報紙混為一談的，比比皆是，甚至許多正式出版物，也沒有搞清楚，亂說一氣。好幾處有關金仲華先生的身世簡歷，甚至某些中共官方文件，都誤稱金仲華先生曾任上海《新聞報》的總編輯。金仲華先生曾任過《上海新聞》報的總編輯，但從沒在上海《新聞報》做過一天事。抗爭勝利之後，上海《新聞報》的總編輯，是當年比金仲華先生名氣大百倍的趙敏恒先生。

這之中的原因顯而易見，自一九四九年五月，中共占領上海之後，立刻將上海《新聞報》封閉了，從此在中國大陸的幾乎一切出版物裡，都再也看不到上海《新聞報》以及趙敏恒的字樣。連基本史料都接觸不到，還怎麼能搞得清楚事實。我讀過一篇人民大學新聞學博士生的論文，發表於二〇〇五年十月，研究抗戰時期的中國傳媒，述及數十種中國各地報紙，甚至許多很偏僻的小報，卻居然只字未提趙敏恒先生和上海《新聞報》，簡直匪夷所思。二戰期間，趙敏恒先生是屬於世界級新聞記者群內的唯一中國人，諸如九一八事變，西安事變，美英中三國元首開羅密談等重大新聞，都是趙敏恒先生第一個向世界報導的。

中國大陸很多人知道，舊上海有過一家《大公報》，因為多年一直比較親共，一九四九年以後得以在大陸繼續發行，而且還擴大到香港。而香港《大公報》甚至成了當地中共黨報，香港《大公報》編輯委員會就是香港中共黨工委。父親的一個同學好友金堯如先生，曾經是香港《大公報》總編輯，也是中共香港工委負責人，他生前在美國洛杉磯居住時，我經常去看望他，聽他講各種各樣的歷史故事，包括他曾如何接受任務，潛入臺灣進行地下工作，被國民黨情治特工包圍，幾乎沒有逃出來的驚險場面。

中國大陸也有一部分人聽說過上海的《申報》，因為上世紀三十年代，不少上海左翼作家的作品，比如茅盾的書，都提到過《申報》。上海《申報》，原本全名《申江新報》，創辦於一八七二年四月，是中國歷史最久影響最大的報紙之一，出版過二萬五千六百號。《申報》最初由英國商人美查集資創辦，一九〇九年由中國買辦席裕福買下，轉手於一九一二年賣給史量才。一九三七年改為股份有限公司，日軍佔領上海後，不堪日軍新聞檢查而停刊，隨後又在日偽控制下復出。抗戰勝利後，國民黨接受《申報》，由陳布雷先生的弟弟陳訓畬任總編輯。我母親在上海結婚時，就是請陳訓畬做她的介紹人。這樣的背景，中共佔領上海後，自然立刻將《申報》封閉，結束其七十七年的歷史。

而上世紀四十年代後期，與《大公報》和《申報》並稱為上海（甚至中國）三大報的上海《新聞報》，今日中國大陸則幾乎沒有人了解。因此有必要比較詳細地介紹上海《新聞報》和趙敏恆先生的資料，後面詳述，此處暫時略過。

至於《上海新聞》報，那是一九四九年中共封閉上海《新聞報》之後，一九五〇年又辦起來的一份地方報紙，而且是一份英文報紙，專門辦給當時仍逗留在上海的外國僑民們讀的，發行範圍相當有限。這份《上海新聞》報，確實由金仲華先生掛名總編輯，實際編輯事務則由陳麟瑞先生主持。請參閱本書〈陳麟瑞悲劇人生〉一文，此處不重複。這份《上海新聞》報只辦了三年，就關門大吉，連鍋端進北京，並入外文出版社去了。

我的父親曾在上海《新聞報》做過三年記者，也在《上海新聞》報做過三年編輯。幾十年來，他不知多少次告訴我們，兩家報紙不同，也曾到處奔走，試圖糾正各種各樣的混亂說法，卻始終無補於事。子承父業，我現在也借此書出版機會，再做一次澄清，請海內外各方學人，特別是新聞界和史學界有識之士，對上海《新聞報》和趙敏恆先生，做點稍微深入的研究，不要繼續以訛傳訛，誤導後人了。

言歸正傳。

趙敏恆這個名字，現今七十歲以下的中國大陸人，大概已經很少聽說過。因為自一九四九年之後，這個名字就在中國大陸消失了。而上世紀五十年代之後，這個名字的主人，也便從肉體上消失了。但是從很小的時候開始，甚至從還不大懂事的時候，我就知道了趙敏恆這個名字。父親每逢提及，總是萬分景仰，稱他為恩師，有時還稱他趙老總，又尊敬又親切。在我的腦子裡，中國近百年的新聞記者和報人中，趙敏恆先生是當之無愧的第一人，一九四九年以前，他不僅全國聞名，而且全世界聞名。

我們還在上海的時候，我就曉得，父親是做新聞記者的，他每天下午才出門上班，午夜過後才回家，上午就在家睡覺。母親告訴我，那是新聞記者的工作日程。記得上世紀五十年代，有幾次父親翻看北京的《人民日報》或《北京日報》，不住搖頭，嘆息道：報紙辦成這樣，趙老總如果看到，氣也要氣死了。於是我懂得，若論報紙廣播等等傳媒，好壞標準就是一個：趙敏恆先生是否滿意。

趙敏恆先生，一九〇四年出生南京，十一歲考入清華學校讀書，同學有吳國禎，梁實秋，孫立人，羅隆基等。十九歲畢業，官費留美，先在科羅拉多大學文學院畢業，獲文學士學位，又入密蘇里新聞學院讀一年，獲新聞學學士。對於中國大陸人來說，美國科羅拉多大學文學院並不陌生，聞一多先生畢業於此。而近年開始，美國密蘇里新聞學院也被越來越多中國大陸人所知，因為該校百年以來，一直是美國排名第一的新聞專業，北京大學或清華大學開設新聞學院，都宣布以辦到密蘇里新聞學院的水平為目標。

畢業之後，趙敏恆先生在科羅拉多州丹佛城的報紙工作了幾個月，便轉去紐約，任環球通訊社編輯，同時在哥倫比亞大學新聞研究院深造，僅九個月便獲新聞碩士學位，時年二十二歲。同年經環球通訊社總編輯霍普介紹，任該社執行編輯威斯特的助理。不久被派往紐約及波士頓等地，出任一線編輯，同時被推舉為中國留美學生月報總編輯。

一年之後，一九二七年夏，趙敏恆先生離美返國，擔任北京《英文導報》總編輯，並出版第一本新聞著作，書名是《影形》。隨後又往南京，任國民政府外交部情報處副科長兼秘書，同年與北京大學中文系同鄉謝蘭郁小姐結婚。自該年八月始，趙敏恆先生同時兼任美聯社和路透社等駐南京特派記者。

一九三一年，趙敏恆先生的記者名望已非常響亮，相繼有路透社，美聯社，倫敦每日電訊報，美國國際新聞社，日聯社，朝日新聞，塔斯社等七家外國通訊社，聘請趙敏恆先生發報導。當時有人笑說：張儀身佩六國卿相之印，連橫之首，趙敏恆發七家電訊，廣及世界各地，盛哉無冕皇帝之尊。同年趙敏恆先生出版新作，名為《外人在華之新聞事業》。

一九三二年受聘為路透社南京分社社長，南京當時是中國的首都。當時他的部下有一位鮑靜安先生，後來做國民政府行政院新聞局局長，每到上海視察工作，必首先拜見趙敏恆先生，據說仍是低聲下氣，操持請教首長的態度，執禮恭敬。趙敏恆先生提起這位新聞局長，評語是「他的英文寫得很好。」

九一八事變發生，趙敏恆先生是第一個向世界報導日本入侵中國消息的人。西安事變發生，趙敏恆先生又第一個向世界報導張學良楊虎城扣押蔣委員長的消息。上海淪陷，國民政府西遷武漢，趙敏恆先生任路透社駐漢口分社社長。國民政府再遷，重慶成為中國戰時首都，趙敏恆先生任路透社駐重慶分社社長，兼國立復旦大學新聞系教授。

據父親講來，趙敏恆先生所有豐功偉績之中，最震驚全世界的一件，是他為第一人報導中美英三國首腦開羅會議的消息。一九四三年十一月，三國首腦在開羅會面，商討對日作戰的發展，要求日本無條件投降。其時趙敏恆先生隨同另一訪英代表團，飛往倫敦。途中經過開羅，停留一天。趙敏恆先生認出一些蔣介石的侍從，繼而又認出一些英美軍政要員，於是立刻斷定開羅當時正召開一個重要國際會議。他馬上展開採訪，寫出一條中美英三國首腦在開羅舉行會議的報導。

但是按照戰時郵電管制規定，記者的新聞稿都要經過軍事當局檢查，才能公開見報。趙敏恆先生連夜飛往里斯本，當時葡萄牙是中立國，不受管制，他就從里斯本發電倫敦路透總社，報導開羅會議消息，比美聯社、合眾社、國際新聞社等早了十四個小時，讓全球各國記者編輯目瞪口呆，使得趙敏恆先生一時名滿天下，貴為世界級大牌新聞記者之列。

但也是該次訪英，趙敏恆先生看到英國的殖民主義惡行，發表系列通訊予以抨擊，因而遭路透社內部人員非難，趙敏恆先生憤而辭去路透社中國分社社長和重慶分社社長兩職，並拒絕接受路透社高額退職金，表現了中國知識分子的崇高氣節。他在重慶短期擔任《世界日報》總編輯以後，抗戰宣告勝利，趙敏恆先生也重返上海，開始擔任上海《新聞報》總編輯，同時繼續兼復旦大學新聞學教授。也是那時，我的父親從美國新聞處轉入上海《新聞報》，做了記者，成為趙敏恆先生的學生，部下，和同事。

上海《新聞報》創辦於一八九三年，當時《申報》已經出版發行了近二十年，成為一張大報。《新聞報》開辦之初，僅發行三百餘份，但是《新聞報》避開與《申報》正面衝突，定位商業報紙，為小商人、小市民服務，加之以發行為首位，以發行統領報紙經營。經營到抗戰勝利，《新聞報》已經在發行量上超過《申報》，成為上海或全國三大報之首。而趙敏恆先生接手之後，逐漸將此商業氣息重的報紙，轉往政治社會也能領先群雄的真正大報。

當時上海《新聞報》的三巨頭是：社長程滄波，總經理詹文滸，總編輯趙敏恆。其中父親因為是做採訪記者的，自然接觸最多也最敬佩的是趙敏恆先生，父親曾仔細地給我講過好幾個他師從趙敏恆先生學習新聞的故事。父親說，他從美國新聞處轉入上海《新聞報》的時候，雖然很熱心從事新聞，崇拜無冕君王之說，而且中文英文都很不錯，但對於專業新聞採訪作業並不熟悉，幾乎沒有什麼經驗，是趙敏恆先生手把手教出來的。

父親當到報館編輯部，趙敏恆先生講解了一些基本新聞採訪原理之後，馬上派遣父親去採訪一個社會新聞，是上海市內的一起車禍。父親興沖沖地跑到事故現場，很快返回編輯部，寫出了一條新聞。趙敏恆先生看過之後，便問父親：那事故的受害者傷勢如何？父親答不出，便趕緊跑回現場尋找答案。回來之後，在新聞稿上補充了一些事實。趙敏恆先生看了又問：那麼受害人目前是活著還是已經死了？父親又沒有答出，便又趕回事故現場調查。第二次補充材料，受害人仍舊活著。趙敏恆先生第三次看了稿，再問：那麼受害人目前是是在醫院裡海是在家裡？父親仍舊不能回答，便

第三次返回是否現場。

事後趙敏恆先生對父親講解：採訪新聞最基本的，必須弄清楚事件的確切時間，確切地點，確切當事人，確切過程，和確切結果。而作為一起車禍或者任何其他有關人身安全的事件，首先必須透徹了解是否有人受傷，傷者目前情況，是死是活，是就醫還是已經回家，因為那是讀者首先最為關心的。之所以如此一個小小的車禍新聞，趙敏恆先生逼得父親跑了四趟，因為那是父親頭一次獨自外出採訪，他要父親在錯誤中學會正確方法，並且永遠記得。事實上，父親一輩子記得那次採訪，五十年後還在給我講。

古話說，名師出高徒。在趙敏恆先生這樣的世界級新聞記者教導下，父親很快熟悉了新聞採訪業務，短短一年便在上海新聞界嶄露頭角，被同行們稱為中國新聞記者三顆新星之一。趙敏恆先生對父親的進步也甚感滿意，派父親遠走南洋，採訪國民政府宣慰專使李迪俊在印度尼西亞的活動。那時期父親的工作十分出色，歸國之後馬上被趙敏恆先生委任為駐南京特派員，專責政治要聞採訪，後來升為上海《新聞報》南京記者站代理站長。父親當時還曾聽說，上海《新聞報》正在構想設立美國記者站，父親很有希望成為駐美記者的人選。總之如果不是由於國民黨政權的迅速撤離大陸，父親在中國新聞界的前途，會是非常遠大和輝煌的。

不過父親對我說，跟趙敏恆先生共事，給趙敏恆先生做部下，不是一件容易事。因為趙敏恆先生自己那麼優秀，對新聞事業那麼忠誠，工作又那麼勤奮刻苦，所以他要求自己的所有部下都具有同樣敬業樂業的精神。父親和其他駐南京的記者，每天採訪後寫出新聞稿，當晚都要電傳到上海總部，請趙敏恆先生過目。而趙敏恆先生每篇必讀，從無遺漏，甚至連標點錯誤都不放過，能得到趙敏恆先生一句誇獎，對於年輕的新聞記者來說，就是莫大的榮譽。所以每天晚上，把新聞稿發到上海之後，父親和同事們並不敢掉以輕心，更不敢覺得完事了。他們都守在記者站，等待趙敏恆先生的回復。上海報館每早兩點發排，趙敏恆先生每晚在辦公室改稿，直至最後一分鐘，所以父親每晚都一定要等到清晨兩點，聽到趙敏恆先生的發排通知之後，才敢回家。

因為趙敏恆先生的這種嚴格態度，所以父親和同事們都稱呼他趙老總，又敬又怕。而父親在趙敏恆先生的訓練之下，養成的那種對新聞事業的熱愛和忠誠，那種對工作的認真和負責，那種做人的正直和誠實，保持了終生。他九十歲去世之前，被尊為中國大陸對外宣傳工作的專家權威，但每寫一篇文章，仍然字斟句酌，從不馬虎。他為寫一篇有關翻譯的專著，甚至寫信給我們，在美國替他尋找某篇文章做資料，必要親自過目原文，絕不以道聽途說為滿足。父親這種為人處世和工作態度，又傳遞給了我們做子女的一輩，成為我們的生活標準。

淮海大戰（徐州會戰）之後，中共部隊橫渡長江，佔領南京，立刻用公告方式，向全國人民宣布「約法八章」，要求「全體人民一律安居樂業，切勿相信謠言，自相驚擾」。上海中共地下黨非常努力，在解放軍進攻上海之前，已將此公告在上海廣泛傳播。作為新聞媒體的上海《新聞報》，趙敏恆先生和父親都曾細讀過這份中共公告。

此「約法八章」的第五條宣布：「除怙惡不悛的戰爭罪犯和罪大惡極的反革命分子外，凡屬國民黨中央，省，市，縣各級政府的大小官員，國大代表，立法，監察委員，參議員，警察人員，區鎮鄉保甲人員，凡不持槍抵抗，不陰謀破壞者，人民解放軍和人民政府一律不加俘虜，不加逮捕，不加侮辱。責成上述人員各安職守，服從人民解放軍和人民政府的命令，負責保護各機關資產，檔案等，聽候接收處理。這些人員中，凡有一技之長而無嚴重的反動行為或嚴重的劣跡者，人民政府准予分別錄用。」（本約法可參閱《毛澤東選集》第四卷第一四五八頁）

當時中國，許多知識分子，特別是那些正直誠實並且持有自由主義思想的知識分子，諸如趙敏恆先生和我的父親等人，一方面對國民黨的統治深感不滿，幻想中國共產黨能夠完成興邦富民的大業，另一方面又缺乏政治鬥爭的基本常識，不了解政黨奪權的殘酷和無情。雖然不能說，父親和趙敏恆先生等一大批中國知識分子，完全是因為受中共這份「約法八章」的誘惑，至少在不同程度上，是因此而信任了中國共產黨，所以才在他們人生最關鍵的時刻，做出了去留的決定。

對中共政治運作的缺乏瞭解，曾造成過多少中國人的災難。一九四九年後，被中共槍斃的國軍將領有二百四十二人，包括辛亥元老和上將四人，中將七十八人，少將一百五十九人。其中很多都是抗日名將，還有一百多曾經響應中共號召，率兵投誠的國軍將領。八十年代，這二百四十二個遭到處決的國軍將領，只有六十人被平反昭雪，恢復名譽。

五十年之後，中共為了挽救其經濟崩潰，千方百計加入TWO（世界貿易組織），以圖欺占全世界的便宜。當時的中共總理朱鎔基明說：為了入世，我們現在需要也可以做出許多承諾。等入世之後，是不是兌現這些承諾，就在我們自己的手裏了。所有的規則，都是有空子可以鑽的。事實上，中共入世至今，當年所有承諾幾乎沒有一條兌現。

這就是中共政權一貫的謀略和作為，口是心非，不講誠信，黑貓白貓捉住老鼠就是好貓。他們可以做出天大的承諾，但從頭就根本沒有打算去兌現。誰輕信了他們，誰就必然遭到覆滅的下場。上世紀六十年代，文革尚未爆發之前，毛澤東曾經多次表示，歡迎蔣介石回大陸合作。幸虧蔣介石能夠清醒地認識中共的欺詐本性，不為所動，堅決保衛臺灣獨立。否則臺灣早已不復存在，更談不上實現今天的民主社會。

可是一九四九年，中國歷史轉折的關頭，成千上萬的中國知識分子，包括我的父親和母親，都

沒有懂得這一點，因而做出貽誤終生的錯誤選擇，母親為此付出了生命的代價

上海《新聞報》三巨頭，只有程滄波先生一人飛去臺灣，總經理詹文滸和總編輯趙敏恆二先生，都留在了上海。國民黨政府曾經兩次送飛機票給趙敏恆先生，請他去臺灣，被他拒絕。華僑胡文虎先生請他到香港擔任《星島日報》或者新加坡《星洲日報》總編輯，他也沒有答應。聯合國邀請他去主持新聞宣傳事務，他同樣沒有去。他堅持留在上海，等待中共的接收。或許是看到恩師趙敏恆先生的堅決態度，父親也決心留在上海。直到最後一秒鐘，外祖父隨蔣介石坐江靜艦離開上海途中，還曾再次發電報給父母親，要求他們趕往吳淞口，登艦會合南下。但是父母二人當時是無論如何想不到，這千鈞一髮之間的決定，讓他們付出了整個餘生的代價。

中共佔領上海之後，那邊趙敏恆先生和父親等還在張貼墨水未乾的「約法八章」公告，這邊中共的軍管小組便進入了上海《新聞報》社，其中一人便是後來的上海副市長金仲華先生。軍管小組一到，馬上召集全體報館員工大會，站在張貼於牆上的中共「約法八章」前面，宣布立即封閉上海《新聞報》，全體人員當即遣散，並且不發分文遣散費。接著就逮捕了《新聞報》總經理詹文滸先生，而當時詹文滸先生甚至並不是國民黨政府的官員，更非高級官員，此舉自然很具威攝作用，讓《新聞報》所有人員都絕不敢再發一句議論。

那是中共對趙敏恆先生和父親等上海自由知識分子的第一次打擊，雖然跟以後屢次不斷的政治迫害相比，那一次實在微不足道，但那卻是中國正直知識分子頭一次嘗到政治運作的欺騙和無情。為了養家糊口，父親到上海《密勒氏評論報》做一份臨時性的翻譯工作。而趙敏恆先生，之所以沒有跟詹文滸先生一起遭受逮捕，或許是靠了中共元老陳望道先生的保護。陳望道先生當時任上海復旦大學校長，繼續聘請趙敏恆先生在復旦新聞系做教授。

父親曾對我講，一九四九到一九五〇的那一年內，他心裡十分鬱悶，也一直很惦記趙老總的安危，所以曾冒了被中共捉住的危險，到趙敏恆先生家去，看望恩師。那時趙先生已經被趕出崑山路原來的房子，搬進蘇州河與百老滙大廈相近的一個小小公寓。父親去了之後，發現趙敏恆先生抱著一個收音機在聽廣播。趙先生告訴父親，他在收聽英國BBC短波新聞。這話幾乎把父親嚇得翻過座椅，當時如果被中共發現他聽外國廣播，那是要當反革命，捉進牢獄，甚至殺頭的。

趙敏恆先生不懂得利害麼？他當然清楚得很，但是他無法離開新聞，他的血液不能沒有新聞，如果聽不到新聞，他已經就沒有了生命，用不著再逮捕和槍斃他，他就等於已經死去了。顯然，趙敏恆先生也清楚，中共治下的媒體，看不到真正新聞，所以雖然上海仍然發行著若干報紙，趙敏恆先生卻只有冒生命危險，收聽外國電臺，來獲取新聞，維持著他的生存價值。聽父親講這個故事，我就想起父親很多年前對北京報紙講過的那句話。

上海《新聞報》從此再也沒有復活過一天，不僅沒有復活，而且迅速地從中國歷史和文化中澈底消失。十年之後，除了父親還經常在家裡獨自懷念之外，整個中國大陸已經沒有幾個人還記得，上海曾經有過一份比《申報》和《大公報》發行量更大，影響也更大的《新聞報》。

父親經過二伯父沈鈞儒先生的舉薦，被召入中共主持的華東新聞學院，接受思想改造，然後到新組建的英文《上海新聞》報社任編輯，編輯部主任是父親在暨南大學的英文教授陳麟瑞先生，而社長則是那個參與中共軍管小組關閉上海《新聞報》的金仲華先生。又過三年，《上海新聞》報也奉命關閉，記者編輯和印刷廠人員，全部調到北京，加入新籌建起來的外文出版社。

向全國人民莊嚴宣布的「約法八章」不過五年，中共便開展了殘酷無情的肅反運動，那些聽信了「約法八章」的老實正直的人，那些留在大陸的國民黨中央，省，市，縣各級政府的大小官員，國大代表，立法，監察委員，參議員，警察人員，區鎮鄉保甲人員等等，幾乎無一例外，全部遭到中共的清查和打擊。名聞全世界的正直知識分子趙敏恆先生，也沒有幸免，被扣上一頂國際特務嫌疑而遭逮捕入獄，後送江西勞改營，飽受虐待和摧殘，最後於一九六一年去世，終年僅五十七歲。

從離開上海之後，父親再也沒有一次機會重回上海，也再沒有見過趙敏恆先生一面，一九五四年之後甚至再沒有聽到過有關趙老總的消息。父親只有獨自一人，在自己的心裡，暗暗地懷念恩師，並且隨時隨地給我們講趙敏恆先生的為人和事跡，讓我們後代子孫永遠不忘記趙先生，也能做如同趙先生一樣的人。

王雲五和商務印書館

母親曾經對我講，外祖父到上海商務印書館做編輯，是一九二四年初的事情。因為特別喜歡讀書，所以外祖父總想找個職業，能夠與書為伴。在去上海商務之前，他曾有機會到北京修訂法律館做調查員，那也是個有書可讀的職業。外祖父喜歡北京，因為他在北京大學讀了七年書，三年預科，四年本科。

在北京大學讀法學院的時候，外祖父曾參加過修訂法律館的徵文，並且獲獎。一九二二年，湖北同鄉馬海饒先生做了北京修訂法律館館長，同鄉世交吳柄樅先生做總編輯，次年他們給外祖父發了信，說是那裡有個調查員的缺，只要外祖父能夠找個舉薦人介紹，就可以受聘去補那個缺。

當時外祖父在安慶法政專科學校做教員，每月薪水一百三十元，而北京修訂法律館的調查員只有每月一百元，但是外祖父答應了，原因是修訂法律館有豐富的藏書，而調查員的工作是採輯法學資料，也就是整日讀書，所以外祖父決定不接受安慶法政專科學校的續約，轉去北京任職。

他給武昌的湖北督軍肖耀南寫信，請求得到一封舉薦信。肖督軍接信後，用兩湖巡閱使的名義，給北京修訂法律館馬館長發了一封電報，舉薦外祖父去做調查員。有這樣一封舉薦信，修訂法律館的湖北同鄉都認定，外祖父的職位即將發表。卻不料，另外一位求此職位的人，找了東三省巡閱使張作霖作保，也發了一封電報來。三省比兩湖勢力更大，修訂法律館的馬館長左右為難，找吳先生商量，託鄉友寫信給外祖父，問他可否同那人平分一百元薪水，仍是調查員身分，外祖父去信謝辭了。

安慶的教職辭了，北京之職沒拿到，竹籃打水一場空。卻道是山窮水盡疑無路，柳暗花明又一村。塞翁失馬，焉知非福。外祖父閒了半年，忽然接到安慶友人鄭伯猷先生從杭州來信，說上海商務印書館編譯所聘鄭先生去做編輯，但他不想接受，已經舉薦外祖父去做。外祖父接信後，立刻出發，到上海去面談。

當時商務印書館在上海閘北寶山路，編譯所大樓的樓下一層是各種雜誌社，二層是編譯所各部門，三層是《大辭典》編譯的大廳。二〇一二年我到上海，重訪各處舊地，寶山路的商務印書館早已經完全消失，再尋不到。

外祖父到了之後，先去二樓，見法制經濟部主任李伯嘉先生。王雲五先生接任編譯所所長之職後，改組編譯所，分為八個部，計有國文、英文、史地、法制經濟、數學、博物、理化，及《百科辭典》編譯部等。後來外祖父才知道，雖然商務編譯所上上下下數百員工，而且不乏博學多才之士，但是各部門的編輯們，相互之間彼此來往機會並不很多。

談過話後，李伯嘉先生領了外祖父，去見編譯所的所長王雲五先生，匆匆一面。之後李伯嘉先生拿出一封美國金恩公司的出版合同，請外祖父譯出中文，也許算是一場考試。外祖父坐在一間辦公室裡，當天完成，交出譯文，當即獲聘，第二天開始上班。

編譯所的編輯分不同等次，都以學歷而定。美國哈佛大學博士，又在國內哪間大學做過教授，可以做一個部的部長，月薪二百五十元。英國美國其他名牌大學博士，沒有在國內做過教授，月薪二百元。日本帝國大學博士，沒有教過書，一百二十元。日本明治大學畢業的一百元。國內上海同濟大學或東吳大學畢業的九十元，北京大學畢業六十元，等次分明。

當時的商務印書館編譯所，在王雲五所長領導下，聚集了現代中國文化界的許多名人，如鄭振鐸，沈雁冰，葉聖陶，周予同，樊仲雲，胡愈之等。但這些知識分子，在編譯所這樣的文化機關裡，與鐵工廠裡的鐵匠一樣，只是做工的勞動者。

編輯們每日工作自上午九時到十二時，然後午飯和休息，下午二時到五時，共計六小時，領固定薪水。六小時以外的工作，另算加班，發稿費。如果曠工，每七十分鐘算一小時，每七小時算一天，每年可允許缺一個月的工。如果一年不曠工，可以加一個月的薪水。編輯們上下班，都要打卡記時，每月發兩次薪水，都是按照工卡上打的時間計算，也像鐵工廠的鐵匠工人們一樣。

據外祖父回憶，當時商務印書館員工不下三百人，每人的薪水由編譯所直接發條子通告，員工之間互不相知。但有一個公開象徵，能夠明確顯示每個人的待遇。外祖父做編輯，北京大學畢業又曾有過大學教書經驗，月薪八十元，坐的是一條硬木板凳，用的是三尺長一尺半寬的一張桌子。桌上沒有自己用的墨水瓶，只有一個小瓷盂，每天由工友提個開水壺式的大壺，往那小盂裡倒墨水。

如果編輯是日本明治大學一類學校畢業然後回國的，月薪是一百二十元，用的桌子長到三尺半，寬到兩尺，但還是坐硬木板凳，桌上還是沒有專用的墨水瓶。如果是日本帝國大學畢業回國的編輯，月薪就到一百五十元，也有藤椅可坐，桌子長到四尺，寬到兩尺半，桌上有自己專用的紅藍兩種墨水瓶，不用工友每天倒墨水。而且桌上還多一個木架，內分五隔，用來分類存稿。

如果哪個編輯是從歐美國家一般大學畢業歸國，月薪可以達到二百元，桌椅的尺寸同於日本帝國大學的留學生。可如果是畢業於英國牛津或劍橋，美國哈佛或耶魯，而且回國後又有過一些大學教授經驗，可做各部主任，月薪二百五十元，待遇上就到了頂頭。桌面有拉上拉下的蓋子，除自己坐藤椅之外，還有一個硬凳子，預備來接洽工作的人坐。

雖然如此，有趣的是，商務印書館編譯所的所長王雲五先生和法制經濟部的主任李伯嘉先生，都從來沒有出國留洋。外祖父沒有出過國，到商務印書館做編輯，坐的是硬板凳，用的是小桌子，半年之內，編訂了六本書，校閱了多部英文日文譯稿。所長王雲五先生對部主任李伯嘉先生說：陶希聖的工作比以前的周先生做得多，做得好。周先生在印書館做了兩年，後來只是看看法文書信而已。

李伯嘉把王雲五這些話轉告外祖父，外祖父心裡想：那麼周先生不如我，為什麼他的月薪二百元，而且坐藤椅用大桌子。理由只一個，周先生是法國留過學的。顯而易見，一個人的才學和能力，並不能用是否讀過大學，是否留過洋，或者哪間大學畢業等等來衡量。

外祖父在上海，先住天通路華壽里，左鄰右舍都是商務印刷廠的技工，很多全家在所裡做工，每月總收入可達四五百銀元，家中生活相當富裕，比外祖父強得多。後來外祖父搬到寶山路逢源里，左鄰右舍都是商務編譯所的編輯同人。左鄰唐鉞先生，哈佛畢業回國的心理學家，任編譯所心理教育部主任。外祖父每天早上八點半上工，唐先生九點半才從家裡出發。外祖父中午十二點半回家午餐，唐先生十二點就已到家了。後來唐先生應聘北上，到清華大學去做教授。

一九二五年，外祖父月薪漲到一百元，桌子也大了一些，因為編書多，桌上也放了五隔的木架。商務之外，外祖父還兼上海法政大學一門親屬法的課，業餘時間把在安慶法政專科學校的教材擴充一些，編了一部書。同時生了一場傷寒病，幾乎致命，便用那本《親屬法大綱》做抵押，從商務印書館領得五十元大洋，救了一條命。病好回商務上班，同事鄭先生對王雲五所長說：陶希聖病得這個樣子，應該換一把藤椅坐。於是外祖父雖然月薪不到一百五十元，卻也坐了藤椅。

五卅運動發生，英國巡捕向群眾遊行隊伍開槍，造成慘案，整個上海震動。王雲五先生找到外祖父，咨詢有關慘案的法律意見。外祖父依照英國普通法例，作為回答。根據英國普通法，軍警若遭受群眾的暴動與襲擊，必須由當地市長或鎮長，向群眾三次宣布解散令，再過一小時十分鐘，群眾仍不解散而且繼續暴動和襲擊，此時才可開槍。如果軍警不經這種手續而開槍殺傷群眾，應以殺傷論罪。

王雲五先生根據外祖父所談，研究了些資料之後，著文在《大陸報》上發表。同時外祖父也在《公理報》上發表自己的法律意見，《公理報》是文學研究會幾個同仁創辦，主編是《小說月報》的主編鄭振鐸先生。隨後上海學術界十人聯署發表宣言，對巡捕房在南京路槍殺群眾的慘案表示抗議，此十人中也有外祖父。上海《商報》立刻發表社論，對此宣言表示支持，那篇社論的執筆者，是當時中國最有名的記者陳布雷先生。

商務印書館的《東方》雜誌，為五卅慘案出版了一期專刊，其中首篇是外祖父分析南京路巡捕房法律責任的長篇論文，用捕頭們在會審公堂的證言，作為判斷的根據。幾十年後，外祖父提及此事，認為對他非同小可。那之前外祖父的文章，只投到《婦女》雜誌或《學生》雜誌，稿費是一篇十五元。那事之後，他的文章能夠在沈雁冰主持的《東方》雜誌發表，稿費一篇可高達五十元。《東方》雜誌發表的論文，大多是當時名流們的手筆，或者他們所介紹的作品。

與此同時，外祖父也被傳上公堂。公共租界的捕房，不能坐視《東方》雜誌專刊的文章，向會審公堂提出訴訟。商務印書館以王雲五先生為代表人，聘請陳霆銳大律師為辯護人，報酬是白銀二百兩，而訴狀資料則由外祖父負責整理提供。本來商務印書館員工每日上工，都要打卡。會審公堂的傳票來了之後，王雲五先生邀外祖父同去找陳律師，又一同到堂應審，所以算公出，就免了打卡，也就沒有缺時扣薪一說。

審判官是關炯之先生，主張從緩從寬辦此案。但英國領事力主嚴辦，補房律師的意見，以為五卅慘案激起這麼大的風潮，自不宜在群眾憤怒的期間，辦理這一案，因而力主從緩。於是連續若干星期，每星期五上午九時開庭，十二時半退出。每次開庭，關法官和英國領事坐在堂上。王雲五先生便那拿出文件，專心辦理公務，兩耳不聞身邊事。外祖父則很緊張，聽著庭上第一案第二案的過，都是印度巡捕站起來控告。什麼張三倒提雞，堂諭罰洋一元，李四在街上小便，罰洋一元，再就是一二違警的案子之類，每天都是到了十二點鐘，法官剛好宣布開審商務印書館的案子，捕房律師福來明先生有氣無力地站起來，聲明本律師尚未準備，堂上就宣布「延期一禮拜」，隨即退堂。王雲五先生便直接回書局，讓外祖父和律師到北四川路新雅或者武昌路廣州酒家吃一頓中飯，再回書局上工。

拖了五六個星期，最後一堂，雙方律師各說幾句話，堂諭商務印書館罰洋四千元，以後不得再犯，這一案就算了事。外祖父笑說，從那以後，每星期外出遊蕩半天，再吃一頓免費午餐的機會也就沒有了。這段公案，倒讓外祖父很出了些風頭，從此成為上海學界名人之一。我從小到大，在大陸出版的所有五卅運動的文獻中，沒有讀到一行有關此案的紀錄。後來到了美國，才從外祖父的回憶裡了解到這些史實。

五卅運動之後，上海罷工風潮洶湧起來。上海工人數量最大的，是紡織業，但工人知識水平最高的，是印書業。而在印書業內，工人數量最多的，就是商務印書館，並且除了印刷所的工人之外，還有發行所，編譯所，以及總務處的職員和工友。在罷工的風潮裡，商務印書館的三所一處職工，也曾發動罷工，向公司提出九條要求，還組織罷工最高委員會，與公司談判。罷工最高委員會還聘請外祖父做顧問，幫忙撰寫文稿，特別是法律文件。

編譯所的編輯，本來被人尊做先生，並不與印刷工人們為伍，不從事體力勞動。早年間的編輯先生們上班，各自伏案作文，搖頭誦讀，嗡嗡之聲，到處可聞。五四運動以後，先生們也現代化了許多，搖頭讀誦的風氣已成過去的陳蹟。然而讀書人不好意思講錢，還是傳統的習慣。五卅運動之後，先生們也開始參加罷工運動，與工人們一樣向公司講待遇，於是編譯所的工作風氣為之一變。

罷工風潮當然難以為繼，很快就過去了，但罷工風潮留下的影響，卻是長久的，而且是惡性的。從此之後，編譯所和印刷所的工作效率，日趨衰退。有時一本稿子，從校訂到印刷，一年半載出不了書。《大辭典》的編譯，到底沒有什麼大成果。

北伐戰爭爆發，外祖父趕到武漢，投身北伐軍。北伐之後，外祖父又從武漢回到上海，棄武從文，專心歷史研究。從一九二八年八月到十二月間，他在《新生命》月刊連續發表論文，同時也在復旦大學和勞動大學等校做各種演講。後來他把這些文章和演講編輯起來，印書出版，首刷七千冊，一九二九年一月問世，一個月賣完。於是第二版，第三版，第四版，每版兩千冊到五千冊不等，至一九三三年三月，印到第八版。並因此引發大規模的中國社會史論戰，外祖父於是成了上海攤的名人。

同一時期，原來的商務印書館編譯所所長王雲五先生，也擔任了商務印書館總經理。他到美國考察一番之後歸國，決心用美國的先進管理方法，改革商務，便把外祖父重新聘回商務印書館。王雲五先生對外祖父說：有名的律師太忙，無名的律師不可靠。還是你這個不掛牌的律師，能夠擔當公司的法律事務。

這樣，外祖父再回商務印書館任職。這次不是做編譯所的編輯，而是印書館總經理的中文秘書，每月薪水二百元。美國哥倫比亞大學畢業歸國的潘光迥先生，是總經理英文秘書，兩人合用一間辦公室，在總管理處的總經理室內。這一次，外祖父坐的椅子是可以四面轉的，桌子是紫色的，大到六尺之長，寬到四尺，而且滿桌的大玻璃板，右手邊還有兩架電話機。因為是總經理秘書，跟協理算是一級，當局待遇，上下班也不必再打卡計時。外祖父從來痛恨打卡，現在不必再打，自然高興。

但不過幾天，外祖父就發現不打卡上下班的壞處。做總經理中文秘書，辦理總經理的書信文件之外，還負責閱稿。商務出版的各種雜誌每期最後校樣，都送到外祖父桌上，要他檢閱批註，然後發下去才能付印，如此日常工作量大了許多。本來編輯上下班打卡，自然按時上班，按時下班。到下工時，不管手上工作是否完成，鎖上抽屜就走。現在外祖父不用再打卡，下工時間到了，手上工作未能辦完，就不能離開，因此每天總要很晚才能下工。而次日一早，又要趕在一般職員上班之前，進入辦公室，所以每天工作時間，反在七八個小時以上。不過這樣勞作的安慰是，外祖父所寫的文章，都能夠作為每期《東方》雜誌第一篇發表，那是當時上海文人最得意的事情。

然而這樣期期首篇發文，以及期期檢閱批註他人文章，二者相加，就難免讓同事們生了怨氣，嘖有煩言了。王雲五總經理制定的科學管理通則公佈之後，商務印書館三所一處全體罷工，向公司提出十九條要求，等候公司答覆。現在外祖父是當局人員，便只能替公司方面講話，不能做罷工委員會的律師了。商務總管理處人事科，提出一份對工人的答覆，交王雲五總經理過目。王雲五先生認為法理上尚須研究，交給外祖父改訂。最後這份答覆，交給職工大會。編譯所同事們讀畢大嘩，並且從命意措辭乃至行文，看出是外祖父手筆。於是派了代表三人，其中一個是沈雁冰，到海寧路外祖父家，逼迫外祖父辭職以謝工人。

第二天外祖父向商務印書館總管理處提出辭呈，王雲五總經理和幾位襄理協理反覆挽留，外祖父終於堅決離去。協理李拔可先生，挽請外祖父留任，至為懇切，後來又在四馬路小有天安排一桌精美的酒菜，為外祖父餞別。原本以為，外祖父與商務印書館的緣份，到此就了結，不想後來又有一次，外祖父幾乎與商務同歸於盡。

一九三一年秋，外祖父應聘到北京大學法學院做教授。一學期後，寒假時分，他到上海跟商務印書館協商書籍出版的事情，剛巧碰上一二八事件。一九三二年一月二十八日，日本人突襲上海閘北。次日上午，日軍戰機專門轟炸商務印書館，寶山路的商務總管理處，編譯所，印刷廠，倉庫，全部起火。又過幾天，日本人再次潛入商務印書館的東方圖書館縱火，將商務數十年藏書焚毀。據說此火之大，濃煙遮天，灰飛十里，火熄滅後，紙燼沒膝，印書館五層大樓，僅剩空殼，片紙無存。那幾日，外祖父剛好就在商務，與書館同生死，共患難。

日軍侵略中國，何以剛一開始，就如此用心地轟炸毀滅商務印書館？當時日軍海軍陸戰隊的一名司令明白表示：燒毀閘北幾條街，一年半年就可恢復，中國並不會滅亡。只有把中國最重要的出版機構商務印書館焚毀殆盡，讓中國文化和教育長期難以恢復，那才能夠澈底滅亡中國。這大概可以說是「欲滅其國，先滅其史」的變種。幸虧中國歷史五千年，十年八年滅不了。日寇侵華八年沒能滅了中國，文革十年也終未滅了歷史。

外祖父跟王雲五先生的交情，到了臺灣還繼續著，直到終身。

第三輯　事件

廬山牯嶺茶話會

一九三七年夏初，我的外祖父在北京大學法學院做教授。忽然接到南京國民政府的一份請帖，邀他到廬山牯岭，出席中央政治會議。接著北平秦德純市長又宴請一批北平學界名人，設在中南海乾隆皇帝的書房裡。外祖父說，乾隆皇帝在滿清歷史上最有力量，學識也最淵博，他的書房也最豪華，滿屋都用玻璃裝飾。

應邀在座的，都是受到國民政府邀請，要到廬山牯嶺去參加茶話會的，蔣夢麟，胡適之，羅隆基，外祖父等，還有華北大學的一位宋教授。席後秦市長請大家到陽臺吃茶。夜空晴朗，玉兔高懸，一二細云割月而過，如畫一般。園中湖水，倒映月影，漣漪起處，便有千萬絲銀光閃耀。

眾人問秦市長：豐臺事件發生，宋哲元先生回樂清故里。北平靠秦市長維持，請問我們到牯嶺去，你有什麼口訊要我們帶給中央？秦市長說：沒有別的話，只希望中央相信宋先生和二十九軍。然後華北大學的那個宋教授提出華北特殊化的問題，指出有此必要。羅隆基先生接著說：華北特殊化，形成一個緩沖地區，也是好的。國民黨既是退出，何不讓各黨各派來幹一下。羅隆基先生當時是中國有名的左派人士，他這裡講的各黨各派，實際就是指中國共產黨，鼓吹讓中共到華北來發展。羅隆基先生一輩子玩政治，走險棋，出風頭，下地獄，都在意料之中。只不過他本可選擇一種更可靠的政治賭博，但他卻看走了眼，捨生忘死數十年，替中共打天下。結果反遭中共整肅，做了政治冤魂，實在是中共太有負於羅先生。

在那個席間，聽了羅隆基的話，胡適之指著他，說：努生！你這是什麼話。你知道我不是國民黨，但依訓政時期約法，國民黨行使政權，等於日本的天皇。倘如我們要求天皇退出日本，日本人將怎樣答復。外祖父說：國民黨部退出華北，並不是黨員都退出華北。我們都在這裡繼續奮鬥，決不容許你所說的各黨各派，做華北特殊化的工作。

這一通對話，外祖父有詳細的紀錄，在當時政治環境之下，都是各有特指，言簡而意深的。談話進行到十一點鐘才散，外祖父回家不久，便聽到遠處響起炮聲。第二天一早看報，才知昨夜是日本人在北平郊區蘆溝橋發動戰鬥，向中國駐軍進攻，那就是一九三七年的七七事變。

八日清晨，外祖父上街，到前門火車站與西火車站觀看形勢。街上沉寂，兩座車站冷清。他再到中國旅行社詢問鐵路交通，得到的答復是，平漢與平津兩路火車都不通。此後數日，外祖父和外祖母兩人，分途打聽南下的辦法。外祖母的意思是，無論如何，先把外祖父送出北平，家中的事再做打算。數日之後，中國旅行社忽然通知，要外祖父立刻去西直門。那裡有環城火車，可轉至豐臺，再換車到天津。所有北平被邀往牯嶺的諸位先生，都是這個走法。

於是外祖父提了一個小箱子，內有幾件夏衣，只帶了《唐代經濟史》八冊之中最早印出的《唐代寺院經濟》一本書，匆匆離家出走。在火車上，幾個去廬山牯嶺開會的人相遇，一起到了豐臺。途中有兩三個日本兵上車，巡查一遍，未曾發生搜索的事。然後他們幾人下車，走過站臺，搭上平津路火車。

到了天津，幾人叫了人力車，拉到英租界國民飯店。時間已是黃昏之後，那飯店已經客滿。櫃檯先生把櫃檯裡面清理一下，讓他們放行李，又騰出樓上一個房間，幾人休息了一夜。次日清晨，他們一眾搭上津浦路的藍鋼車，車上遇到更多去牯嶺開會的人，除北平來的，還有天津來的，共十人左右。

車到浦口，大家下車渡江，由下關進南京城，住挹江別墅，分別打電話找朋友問消息。有一位同事，找到外交部亞東司的高級職員，請他到旅館來與大家會談。他說：首都的情況甚為緊張，一切都為了備戰，委員長有抗戰的決心。平津來客聽了這話，格外興奮。會談之後，五六個人集合在一個房間，商量打電報到北平，把中央抗戰決心告知冀察當局。最後有幾人不聯署，只有外祖父等兩三人簽名發了這份電報。

當夜，那批人就搭船西上。一是政治軍事首腦都在廬山牯嶺，留在南京無事可做，二是要在七月十四日會期趕到牯嶺。到了九江，就有中央政治委員會的秘書人員接待照料，乘車到蓮花洞，坐轎上山。凡應邀與會的人，自然都是全程招待，但外祖父也記得，有一個教授未經邀請，自己來到蓮花洞，堅持要求中央政治委員會招待上山，秘書們無法，只好接待，但不准他出席會議。

平津來賓，是茶話會的重心，張伯苓，蔣夢麟，梅貽琦，胡適之，以及外祖父等，都住在九十四號即仙巖飯店。南京的黨政要員，被指定做陪客的，分住附近兩三家旅館。當時情況，能做陪客，是榮譽，可以參加會議，但不准多講話。外祖父記得，有一位徐姓要員陪客，會上站起，駁斥一位平津來賓的講話，多說了幾句，蔣介石便伸手指著他，叫他坐下。到會的新聞記者，則分配住在另外一家飯店。記者們更喜歡採訪北平天津來的客人，一是可以借此獲得華北的消息，二是大學教授們比較容易接近，不像中央官員們那麼大的架子。

七月十四日上午九時，茶話會在一個大樓的大廳裡開會。平津來賓一進大廳，立刻被中央黨政負責人以及陪客們所圍繞，真有握手都來不及之勢。老友們多年未見，在這裡見面，甚至跳起來。

蔣委員長發表致詞，全場靜聽，那就是中國抗日戰爭的揭幕。這篇講話，震動了全中國，也震動了全世界。所有的人都聽到那簡短但堅決的聲音：戰端一開，只有打到底。

第一次會議之後，來賓們都到美國學堂吃午飯。午飯之後，平津來賓都陸續聚集在胡適之先生的房間裡閒談。有人說，中日之間，還有談判的餘地。有人說，中央軍已有三個師，開到保定之北。蔣委員長說「什麼何梅協定，我們把它撕了」。中國只有抗戰，更只有抗戰到底。張伯苓先生坐在那裡，始終一言不發，靜聽各人講話，到了最後，才說一句：這件事，還是要聽委員長的。

整個牯嶺茶話會，除大會之外，還有分組會議。平津來賓，大多參加第一分組集會，談到北平的情勢，外祖父及許多北平來賓，都力陳二十九軍是抗日的。會後一位中央要員，直接問外祖父：你能擔保二十九軍一定抗日麼？外祖父說：牯嶺今日是全國視線集中的軍事政治中心，我們在這裡說二十九軍可靠，二十九軍就可靠。

會議間歇，蔣介石委員長曾經專門約外祖父，單獨談了一次話，那時外祖父只是個名學者，尚未從政，更遠未進入國民黨政治核心。蔣委員長還再次邀請平津來賓專門會談，會上又有人提出二十九軍的問題。蔣委員長高聲說：我信任二十九軍，二十九軍是愛國的。但因為北方軍情緊急，蔣介石沒有等茶話會開完，就匆匆下山，趕赴前線去了。那次牯嶺茶話會，本是中央政治委員會召集，中央政治委員會主席汪精衛先生是會議的主席。但是他第一次會議之後，也就下山回南京去了。

牯嶺茶話會邀請了全國各黨派與無黨派人士，包括中國共產黨的三個代表，周恩來，林默涵，秦邦憲。請參閱本書〈我家與周恩來的恩恩怨怨〉一文，此處不重複。其他與會來賓，還有青年黨，國社黨（戰後改名為民社黨），農民黨，村治派，職教派，救國會等黨派領導人。無黨派人士，以大學校長和教授為主。

在會場裡，實業部長陳公博曾對外祖父講：這個茶話會，是為了團結各方，共赴國難。其中有一個重要原因，就是你們（指外祖父等）在北平的鬥爭。你們的鬥爭，說明要使得各方真正團結，還需下一番功夫。國民黨中央組織部長張厲先生，也約外祖父談話，對北平學界的反共運動，深致鼓勵。這時外祖父才了解，國民黨在北平的組織，由張部長親自領導。同在會上，國民黨中央宣傳部長邵力子先生，約外祖父談話，只談論國共兩黨合作的事。於是外祖父才了解，邵力子先生身為國民黨要員，卻是親共的。所以兩個人講同樣的事情，態度和看法卻是根本相反的。

會議結束之後，外祖父已經無法再回北平。那時日軍已經全部佔領北平，天津更不用說。由北平和天津來廬山開會的人，都不能回華北。外祖父每天到電報局打電報，卻總也得不到北平家人的回電。外祖父那時無法曉得，外祖母領了子女一群，早已離開北平，正在逃難路上掙扎。外祖父心裡焦急，卻也無法。

這時，第二次牯嶺茶話會開始，以上海和南京教育界及工商界人士為主。華北來賓紛紛下山，華東來賓則陸續上山。茶話會招待處發出通知，第一次茶話會的來賓，還留在山上的，會議繼續招待。於是外祖父就在會議繼續招待之下，參加了第二次牯嶺茶話會。但是會議確實開不下去，所以草草收場了。

於是外祖父決定下山東往，中國旅行社替他定了去南京的機票。外祖父臨走前，到牯嶺管理局，見譚柄訓局長，他原是北平市政府工務局局長，與外祖父很熟識。外祖父留給他四百元法幣，託付他：如果北平家人有電報來告知行蹤，請你按照他們的地址，把這錢匯給他們。譚局長慨然答應了，外祖父才下了山。

這趟下山，外祖父還講過一個有趣的故事。從牯嶺到九江，好像一步一步走進火爐一樣。九江是那樣酷熱，人人都有火氣，到處都有吵鬧的事情。這天午間十二點，外祖父走進江邊的水上機場，把手提箱交給中國航空公司的機場辦事處，掛了行李票。眼看著一架水上飛機，只能坐七個乘客。外祖父是三天之前定下的座位，只等一點一刻，就要起飛了。

不料這時，一位外國人，體重有二百公斤之譜，自稱是南昌飛機工廠顧問，有軍事緊急工作，非立刻動身不可。他不得中國航空公司辦事處的同意，就進入飛機，坐下了。到一點十分，還有五分鐘就要起飛。辦事處的人打躬作揖，請求乘客們讓座，沒有一個乘客答應讓座。外祖父口頭不答應，心中卻想那手提箱要明天才能運到，他孑然一身走了，到南京之後連換洗衣服都沒有。並且，他早一天到南京又有什麼意義？他的家在北平，可是回不去了。他遠遠看到南陽輪停在江邊，彷彿升火待發的樣子，就問機場人員：南陽輪是不是就要開船？那人急忙答說：南陽就要開，我送你先生去。說完立刻把外祖父的手提箱拿了出來，預備走。外祖父問，到南京退飛機票，還要打折扣嗎？他說：豈敢，只要你先生肯讓座，公司感謝還來不及，還打折扣麼。於是外祖父提了箱子，上了輪船，進了官艙，把長衫脫下，江風習習，頓覺涼爽，但兩眼的淚如雨一般，流在短褂上。他就靠著鋪位，倒頭睡下。

到了南京，外祖父先借住在西流灣周佛海公館，他們在北伐戰爭期間，是上下級。而北平天津許多參加牯嶺茶話會而不能返回華北的學者們，經常聚集在教育部裡，相見時候，總是互相交換戰事的消息，並詢問平津的情況。

八月初，蔣委員長約了張伯苓，蔣夢麟，胡適之，梅貽琦，以及外祖父等幾個人，到黃埔路委員長官邸，共進午餐，蔣夫人宋美齡也在座。席間，蔣委員長夫婦兩人，再次表示抗戰到底的決心，蔣夫人還報告了中國空軍的戰時形勢。

張伯苓校長一開口，就忍不住老淚縱橫，說：南開是被日軍燒掉了，我幾十年的努力都完了。但是只要國家有辦法，能打下去，我頭一個舉手贊成。只要國家有辦法，南開算什麼？打完了仗，再辦一個南開。胡適之先生建議，南京上海的報紙，不可以攻擊張自忠。按照國際法，某大都市遭強敵侵入時，市長為保護本市人民生命安全和財產，與敵軍定城下之盟，是合法的。蔣介石聽完，答說：我立刻告知他們，不可攻擊張自忠。張自忠是愛國的，二十九軍是抗日的。那也可說，蔣介石尚屬從善如流吧。

蔣委員長繼而對大家說：我要以戰略打擊敵人的戰略。敵人的戰略是要不戰而取。我要他們戰而不取。敵人要速戰速決，我要他們戰而不決。我們一定勝利的。記得我們在大陸，從小就背誦，抗日持久戰，戰略三階段等等提法，都是毛澤東對中國抗戰的英明預見，卻不知那原來本都是蔣介石的思想和戰略，毛澤東偷抄去的。

數日之後，中央政治委員會組織了一個咨詢機關，叫做國防參議會，包括各黨派和無黨派人士。第一次會議在陵園的一個官舍裡舉行。中央政治委員會主席汪精衛首先宣布名單，其中包括中共代表周恩來等三人，但他們始終沒有出席過一次會議。此外還有張伯苓，蔣夢麟，胡適之，梅貽琦，傅斯年，羅文幹，蔣百里，黃炎培，梁漱溟，晏陽初，張君厲，曾琦，陳啟天，沈鈞儒等，外祖父也在內。

第一次會上，黃炎培先生發表講話，外祖父後來形容，說黃炎培一開口，就是一套悲天憫人的神情，一口氣說完他到首都來，見了委員長，以及孔院長，何部長，還有一連串的會談，仿彿照相館的玻璃窗，陳列著軍政大員們的照片。

梁漱溟先生站起發言，我想教育界應該改革，我想村治應該推廣，我想我想，說不完的我想。傅斯年先生站起來，指著梁漱溟先生說：粱先生，今天不是你想做什麼的時候，你想的全沒有用。今天要打仗，還要打勝仗。你要把學校教育制度推翻，實行你的書院，更是荒唐。梁漱溟的話，就此半路打斷。

第二次以後的會議，在中山路鐵道部舉行。因為八月十三日之後，日本飛機的空襲，每天上午八時起，隨時來到。鐵道部有一座水泥鋼筋的建築，其中會議室可供開會之用。第二次會議，蔣百里將軍出席，請參閱本書〈蔣百里壯志未酬〉一文，此處不重複。

國民政府本有成立大本營的計畫，大本營成立六個部，將原有的政府，軍事，和黨務機關，並入六個部，以期統一事權，迅速行動。大本營第五部主管國際宣傳工作，部長是熊式輝將軍，副部長是周佛海。該部聘請各黨派人士為顧問或參議，號稱小參議會。有幾位先生是第五部顧問，後來改聘為國防參議員。為參加該部工作，同時又與各黨派人士聯絡，外祖父那段時間常到陰陽營四號會商一些事情。大本營計畫不久撤銷，第五部也就沒有繼續辦下去。

就在抗戰工作繁忙，日機空襲頻繁的日子裡，外祖父終於獲得了家人的消息，並且終於同妻子和兒女相聚了。

外祖父到廬山參加茶話會後不幾天，日軍便進駐了北平。外祖父當時家住西直門大乘巷。其所屬的警察派出所，有個警官特地到外祖父家來，對外祖母說，趕緊清查家裡存放的文件，信札，以及文稿，最好全部燒毀，過一兩天，就要搜查了。

外祖母聽了，趕緊叫佣人一起，把家裡所有帶字的紙張，全部燒掉。然後帶了兒女，從大乘巷搬到報子街一個李姓朋友家躲避，同時打電話到米糧庫胡適之先生家，向胡夫人打聽牯嶺的消息。

可是牯嶺同北平已經完全失去聯繫，胡夫人也沒有消息可提供。

幾天之內，外祖母不斷打探鐵路交通情況，始終毫無頭緒。手上只剩法幣一千元，一家人要設法逃離北平，到南京去尋找外祖父，怎麼辦法？外祖母心裡非常焦急。忽然一日，去天津的火車通了。外祖母趕緊領了一家大小，趕到北平東站，經過日軍檢查，上了火車。

外祖母安排，女兒（我的母親，當時十五歲）坐在最裡面的角落，然後把幾個兒子排在座位上，於是座位全滿，外祖母自己只好抱了最小的孩子，站在座位旁邊，一路站到天津。路上日軍不斷巡查騷擾，每時每刻都在恐怖狀態。好不容易到了天津，外祖母拉了一群兒女，走過幾處日軍崗哨，過了大橋，進入英租界。到處的旅館都是客滿，走過好幾條馬路，才在一個朋友家的客廳地板上，暫得休息。

從天津南下的火車仍然不通，外祖母領了子女，從天津到塘沽，到了碼頭，先下撥船。外祖母把孩子和行李，一個一個拖下去。待撥船靠上貨輪恆生號之後，又一個一個從撥船吊到貨輪上去。一家人借用船員們的鋪位，安頓下來。貨輪開船，駛進黑水洋，一家老小都受不住顛簸，昏暈嘔吐，如此兩天，才到達煙臺。

在煙臺，倒是有旅館可住，但當地警察催促旅客們快走，再遲一點，長途汽車就不通了。外祖母趕緊督促一群孩子，繼續趕路。煙濰公路，沿著海岸曲折，長途汽車迤邐前行，那風景之清朗秀麗，不是言語所能形容。外祖母抱著最小的兒子，站在車上，幾個大些的兒子就睡在車地板上，醒來餓了，只能吃煙臺蘋果，泄了肚子，每等停車，就跑下車去腹瀉。那一路雖然風景好，大家的心境是太苦了。

半夜裡汽車到了濰縣，又遇日軍空襲。旅客們分散到田間，隱伏在高粱之下。警報解除之後，外祖母叫人力車，講好價錢，回頭去領孩子的當口，另一旅客搶先上了車，催著就走。外祖母心裡有氣，卻也無奈，只好另尋人力車。

好不容易，到了濰縣火車站，上火車到濟南。剛才找到旅館，卸下行李，喘一口氣，孩子們想上街去玩。忽然聽到消息，立刻要上火車南下，津浦路隨時可能斷絕交通。於是外祖母一家，又拖了行李，趕上火車。

經過如此種種磨難，總算最後到了南京，正是半夜，火車剛停，就遇日軍空襲，大小一眾就在站裡躲避。外祖父來接，也直等到警報解除，才得走進站房，這個時刻，一家人才團聚了。

清末少年讀書郎

近些年間，跟有些朋友談天，我經常會感嘆：現在的中國大陸青少年們，實在是受教育程度太淺，幾乎等於沒有任何學問。中國人特別是所謂讀書人，確如魯迅先生所說，是一代不如一代了。我的父親那一輩，恐怕可以說是中國最後一代讀書人，他二〇〇九年，九十歲去世。但照他說，他的學問還是遠不他的父輩和祖輩們。而且在父親眼裡，我只會寫幾篇作文而已，我出版的書，他從來不要看。

北京師範大學的歷史學教授何茲全先生，在北京大學讀書時是我外祖父的得意門生之一，我的母親稱他師兄，我們便尊他做師舅。九十四歲的時候，讀到我寫的一本書，對我說：你很有才華，但是缺乏學問，今後要痛下決心。多下功夫，讀讀書才好。我聽了，無話可說。我自認讀書比同齡人稍多，可在我的祖輩父輩們看來，似乎完全沒有讀過什麼書，也許不過小學水平。於是我想，比我更年輕的人，現在大陸四五十歲，或者二三十歲的中年青年，絕大多數恐怕只能算是文盲。

我相信，一年又一年北京大學畢業的學生，或者現在還在北京大學讀書的學生，讀到此處要跳起來大叫：誰敢說我們沒有受過教育，誰敢說我們沒文化。還有清華大學，復旦大學，南開大學等等的學生們，本都自以為是天之驕子，難以忍受我這樣的評價。

空口無憑，我來講些歷史小故事，舉些歷史小事例，請現今六十五歲以下那些自以為是的人，特別是各名牌大學的學生，乃至大學教授甚至博導們，比較比較，看看自己學問夠得上前輩的腳後跟麼。

我的外祖父，上世紀二十年代中期北京大學畢業，沒有留過洋，做過中央大學，北京大學，北京師範大學，上海復旦大學等很多大學的教授，曾是中國著名的學者，中國史學一派的領袖。我想，這樣的經歷，大概夠資格可以比較目前一眾中國文化人了，以為作比也不算降低大陸現今大學教授和學生吧。所幸的是，外祖父曾相當詳細地記錄許多他早年讀書求學的故事，可以讓我們後代子孫為鏡。

外祖父出生在湖北黃岡故鄉，但不滿三歲，就跟隨他的父親到河南去了。那時我的曾外祖父做河南巡撫的幕府。當時巡撫的幕府，每月八兩銀子的薪水。而當時的物價，肉一斤是三十文，柴一擔是五十文，後來有了銅元，一枚銅元可買雞蛋十個，三枚銅元購得一斤肉。在外祖父的記憶裡，他最初見識到父親之外的讀書人，是在河南巡撫的衙門裡。

有一天，曾外祖父帶了外祖父，到巡撫衙門的東花園，進了一座玻璃隔子的大廳。那裡有好幾位年伯和世伯。古時文人學士，把同年中舉的友人，稱做同年，所以他們的兒輩就把與父親的同年稱做年伯。而世伯則是後輩稱家裡前輩的世交朋友，所謂世交，至少有幾代人之久的友情關係，萍水相逢者不算。外祖父聽不懂大人們講些什麼，無外之乎者也。那些年伯世伯們，讓外祖父坐在一個紅漆方桌的旁邊，吃了一碗肉絲湯面。八十年後，外祖父走南闖北，什麼場面都見過了，仍然回憶說：他平生再也沒有吃到那樣鮮美的湯麵。我想，古所謂幼承庭訓，就是如此這樣一番景象。

外祖父四歲時，跟隨他的父親，住在河南開封。那時我的曾外祖父，在開封做知縣。適逢開封貢院舉行會試，各省應試的人士，都集合在開封。據外祖父記憶，黃梅湯貫予先生借住曾外祖父家院內的一間房子。湯先生送給外祖父一本《三才略》。那本書很大，長一尺幾寸，自天文、地理、至歷史與科學，連同文字和圖畫，成為外祖父最早的讀物。我很懷疑中國大陸現在有多少年輕人知道《三才略》是一本什麼書，那是講解《易經》的著作，所以包羅萬象。可是很難想像，那麼一本書，當時居然就給四歲的小孩子當讀物。

五歲時候，外祖父又隨曾外祖父到夏邑，住在縣太爺衙門裡，不許隨便外出，外祖父吃飯睡覺乃至遊戲，都在官府裡面。那一年，他開始正式跟隨二叔修齋讀書，當時人稱發蒙，現在人習慣說是啟蒙。但是外祖父不喜歡讀《三字經》，又夠不上讀《四書》，而二叔也並不太管教他。如此混過一年，外祖父六歲，再次跟隨曾外祖父回開封，由曾外祖父親自督導，開始讀《詩經》和《論語》，同時也開始練習毛筆字。

只一年，那兩本書就讀完。曾外祖父調任新野縣長，外祖父也隨同乘坐騾車，從開封到新野，在路上走了一個多月。沿途到處都是古蹟，如《詩經》上的汝墳，《左傳》上穎考叔的故里，朱仙鎮的嶽廟，許州至南陽一帶又有三國時代或真或假的遺跡，曾外祖父一路走，一路給兩個兒子講古蹟故事，增加了外祖父對歷史和文學的興趣。

曾外祖父在新野任職的兩年，外祖父隨著他認真讀書，先讀《書經》和《禮記》，然後讀《史記》和《漢書》。所謂《書經》，就是《尚書》，也有稱一個字《書》的。那是一部多體裁的文獻彙編，是中國最早的一部史書，紀錄了上起堯舜，下至春秋，數千年的歷史。《尚書》以及外祖父讀的其他啟蒙讀物，加在一起，就是所謂的四書五經。我相信現在大陸，找不到六七歲的孩子讀《尚書》和《禮記》。別說六七歲，就是十六七歲或者二十六七歲的青年，甚至三十六七歲的中年，恐怕也難找到幾個讀全四書五經的，證據就是當今大陸六十五歲以下的人，幾乎都極度缺乏文史學識，更毫無禮貌修養。

曾外祖父庚子年曾經從北京經太原走西安，對楚漢之爭的地理形勢，都有親身經歷，特為熟悉。所以教導外祖父讀《史記》和《漢書》，極盡描摹分析，使七歲的外祖父彷彿親眼看見劉邦項羽兩軍，在河南對壘，韓信在河北與山東迂迴作戰的情景。

我的曾外祖母，外祖父的母親，也出身湖北黃崗的大族人家。她的父親是秀才，有詠史詩二百首，被友人偷去刻書，自己無所成名。曾外祖母的母親，同樣出身書香門第，有很好的學問，但她只以女工教導女兒。所以曾外祖母畢生盡瘁家務，兒子們讀書習字之事，一概聽任曾外祖父督導。

那幾年，外祖父在河南幾處縣官衙門裡度過。半個世紀之後回憶，他記得最清楚的一件事，是當時曾外祖母做縣太爺夫人，對監獄裡犯人的高度關懷。清代監獄，極端冷酷和悲慘。曾外祖母規定，縣獄中每日每餐飯粥，須先送上房，由她親自看過，飯要新鮮，粥要濃厚，才許送到監獄中，分給犯人們吃。如果飯粥不合規定，管監獄的官卒要受到夫人的嚴厲責罰。一日三餐，天天如此。每次曾外祖父調任，獄中犯人們最感傷心，會痛哭甚至號啕失聲，跪在地上，望著知縣夫人離去。那情景重複過三四次，在年幼的外祖父心裡烙上深深的印記。

外祖父曾說，因為九歲就進了中學，小學生活記憶沒有什麼，只記得在新野讀小學，有一次開學校運動會，他參加算學競走。學生比賽走二十碼，到目的地，在黑板上做一道算術題，然後走回原地。學生們都穿制服，黑色羽綾綢衣褲，胸前一排金色鈕扣，上面刻龍徽。外祖父穿了那制服，晉見到會的南陽府知府，很覺驕傲，所以記了一輩子。

光緒三十四年，公元一九〇八年，曾外祖父卸任新野，回到開封，外祖父也跟著住在開封二龍巷。這個時候，滿清朝廷開始實施新政，措施之一就是開辦新學。開封初創一座高等學校，名叫客籍學堂，在孟子游樑祠。另外一所中等學校，名叫旅汴中學，還有一座法政學堂，一座優等師範，和一座女子中學。其中旅汴中學同法政學堂在同一條街上，那條街就改名叫法政街。

學校是辦起來了，可是朝廷不給經費，當時清廷官府銀庫稱做藩庫。於是河南省布政使司便通令全省各州縣官「捐廉」。其實當時，一般知州或知縣的法定俸祿，並不由藩庫發放。滿清時期給州縣官發薪俸的做法是，每到年底，省府布政使的藩庫，就清查各州縣官的薪俸，從中扣除各種罰款，剩下的銀子，通知州縣官親自到省藩庫領取。清廷官員規矩很多，監察州縣官非常嚴厲，責罰也很苛刻，大小州縣官一年做下來，總難免犯有不少差錯，受許多罰款，扣除之後，能到手的薪俸不過幾兩幾錢幾分，誰也不原意乘騾車走十天或一個月，去省城領那不夠塞牙縫的錢，所以交一張領條了事，銀子也不要了。

既然州縣官們很少從藩庫領薪俸，只好從本地的稅收中抽取自已的生活費。這情況下，州縣官到哪裡去出捐廉？無非由各州縣田賦的「耗羨」中撥交而已。清廷為防止軍閥割據發生，各省州縣官都派外省人，不允許本地人在故鄉任官。所以州縣官們捐廉辦了學校，他們的子弟優先入學，而且無須交納學費。因此學校才起名叫做客籍或者旅汴，本省的子弟們不過趁便搭學而已。

我的曾外祖父為了方便照顧兩個兒子，便將小兄弟兩個一起送進旅汴中學，那年我的外祖父九歲，小學還沒讀夠兩年，就進了中學。旅汴中學的算學、英文、歷史、地理，以及博物和體操諸課的教師，都是從武昌聘來的湖北人，都是武昌優級師範短期教育的畢業生。原因是湖北省創辦新學，比河南要早。

外祖父那時上的中學，國文分兩門，一門是「策論」，一門是「經義」。策論就是對於一件事或一個人或一句話，發表自己的意見。一般同學，在各自家塾老師指導之下，已經讀過《東萊博義》，作為「論」的榜樣，所以就抄摹為文。那《東萊博義》一書，文體是就論題大發一番議論之後，到末段點題，然後全篇也就結束。我的外祖父本來不喜歡發議論，也不會發議論，更不知道怎麼大發空論。而曾外祖父個人本來不喜歡那部書，所以也沒有教外祖父讀過。因此外祖父自認，對於做文章的起承轉合，始終不大明白，做不好策論。但是他熟悉戰國到秦漢的歷史，所以做起史論，倒每次都能得九十分以上。

在國文課上做策論，發揮尚可被接受。上歷史課就不可以了，當時外祖父上的中學，歷史課也是每星期做一篇文章。歷史課老師，是湖北黃岡的同鄉王先生，除印發講義之外，經常在黑板上摘錄些故事，講到三國，特別津津有味，外祖父很喜歡聽，但並沒有讀過《三國志》。這裡順便插一句，現在大陸有幾個少年，在九歲時讀《三國演義》的？更有多少那年紀的少年，讀《三國志》？我甚至可以問，現在大陸有幾個十歲少年知道有一本《三國志》？就算有些孩子聽說過《三國演義》那本書，他們讀得懂古文嗎？

有一次王先生發下題目：劉備不取荊州而取宜州論。外祖父自信那題目是自己的拿手好戲，非常高興，半小時寫了三百字，把龐士元被射死在落鳳坡的故事，也寫上去。哪料這篇文章，得了零分，王先生批註：《三國演義》所記者不可全信，而且在課堂上大加申斥。從此之後，外祖父曉得了做史論的規矩，做了一輩子史論，再也不敢拿《三國演義》裡的故事做文章。

所謂「經義」，就是摘取五經的文句，加以解釋。經學老師是浙江人，在河南落籍，姓陳。陳先生講春秋，以《左傳》為主，再參考《公羊傳》和《谷粱傳》的經義。外祖父記得，陳先生講《左傳》時，先朗讀一篇，之後再做描述，最後才解釋春秋的義例。外祖父年幼，特別喜歡聽春秋故事，每聽陳先生講《左傳》，就聽的手舞足蹈。但是陳先生講《公羊傳》和《谷粱傳》，外祖父就一句也聽不懂。

有一次陳先生的經義題目是「元年春王正月義」，限兩小時繳卷。外祖父一個字也寫不出，眼看著同學一個一個繳卷，到最後教室裡只剩下陳先生和外祖父兩人。外祖父坐在凳子上，兩眼流淚，還是寫不出。陳先生不得已，走到外祖父桌邊，寫了幾句，叫他抄上去，總算把卷子繳了。那陳先生寫的句子中，有一句是「何言乎正月？王正月也。」外祖父雖然照抄，但一個字也不懂，所以記了一輩子。一九三一年他到北京大學做教授，講中國政治思想史，講到「元年春王正月義」，引用《公羊傳》何休註來說明，講了兩個鐘頭，再也不必窘迫得流眼淚了。

清末年間的中學，除以上課程外，還有修身一課，相當於現在的公民課或政治課。但那時中學的修身課程，更著重學生身心的修養，內容大多是從中國歷史人物的傳記中，取其有關修養和成就的話語和行為，來引導學生。此外，博物一課，講述動物植物礦物，文字之外，加以圖畫。現在所謂物理化學，當時稱作格致，分為聲，光，化，電四大部門。

英文課分為文法和閱讀兩節，文法採用納式文法，閱讀採用《拿破侖小傳》。英文老師利用這個課本，講述法國大革命，向小孩子傳播共和革命思想，鼓吹中國革命。

宣統元年，一九〇九年，外祖父就讀的中學，改為開封第一中學，並遷入貢院的新校舍，外祖父兄弟二人也住進新蓋的宿舍。開封的貢院是北闈所在之地，乾隆皇帝曾親自去過，所以規模闊大。貢院後面有座鐵塔，有十三層，從上到下，從裡到外，全是琉璃磚砌成。坐火車從鄭州往開封去，車行至中牟，離開封四十里，就可以望見那鐵塔了。鐵塔後面有個三官寺，寺裡神像破碎零落。寺旁有個小磚房，高至三層樓的高度，內有一個銅佛像，左手攏在胸前。當時第一中學學生們，常去那裡玩，拾起碎瓦片，用力向上拋，以能夠將瓦片拋到佛像左手中擱住，不再落下為優勝。

那貢院內的原第一中學校舍，到民國初年，成為留美預備學校。北伐戰爭之後，又改做河南大學所在。民國二十六年四月，外祖父到河南大學做演講，還重訪舊地，發現了當年他曾住過的宿舍遺跡。

外祖父記得，當時達爾文的《物種起源》已在中國有了譯本，學界人士開始知道「物競天擇」的道理，受了很大影響。開封的中學生也看到這本書，外祖父讀過，但不大懂。他班上的國文老師，出了一道題目，就叫「物競天擇」，要學生寫。外祖父記得有個同學姓魯，綽號叫木瓜，也是不懂達爾文，就以貢院橫額上的兩句「物美天寶」和「人傑地靈」來立論，做了一篇文章，被同學們拿來做笑柄了。

在中學的各班裡，外祖父所在班是年齡最小的一班，而外祖父又是該班年齡最小的一個。代數課老師要學生上黑板演題，總是第一個叫外祖父，因為頭一題最容易，從來做不錯。英文課老師問題，也從易到難叫學生回答。但英文課座位按上學期考試成績排列，考得最好的坐最後座位，回答最難的題目。外祖父每學期考優等第一名，永遠坐最後一個座位。一次他見最後一題很難，前面第三個座位同學缺席，便偷偷坐到那座位上。老師叫到第三題，他站起回答。老師不准坐下，大加申斥：陶彙曾（外祖父的名，希聖是他的字）以為年紀小，自恃聰明，要是不痛改，將來要誤一生。外祖父站在那裡，汗流夾背，不敢抬頭。那班只九個學生，他換座位，如何騙得過老師。從此外祖父懂得不敢取巧，要下真功夫，學業方有大長進。

一百年前的中學生們，讀書用功，娛樂也不少，而且正派。開封的遊藝中心在大相國寺，中學生們到那裡去玩，興趣不在寺院週圍的商店，也對茶座飯攤之類的棚子無所謂，他們感興趣的，或者是聽快書和評書，或者是在大廣場上看各種賣藝的人表演武術。外祖父認識一個練童子功的少年，十五歲左右，功夫了得，兩臂和胸膛受得住刀砍劍劈，小肚子經得住腳踢。曾外祖父的衛士裡有一人，號稱練金罩功，說是十八天打坐念達摩易筋經，再加些祭拜和符咒，就可練成，那其實是邪術，不是功夫。

外祖父一群開封中學生，也都練武術，學打拳，學對手，練單刀，也練鏢，還練輕功，兩腿綁沙袋。他們用的彈弓，袖箭，白蠟桿，單刀，雙刀，劍，器具，都在大相國寺買。後來外祖父跟隨曾外祖父到洛陽任職，那時衛士已經用五響的毛瑟槍，叫做無煙鋼，外祖父也學會開槍。而且他最喜歡攜帶一種短馬槍，後腔裡可裝十三粒子彈，所以叫做十三太保，背了那短槍，騎銀鬃黃馬，游龍門，很覺快意。

當年有一種大風箏，也叫做十三太保。外祖父回憶說，那年間，放風箏是中原少年最喜歡的遊藝。開封每年三月三四日有繳箏會，在鐵塔之下，三官廟前的廣場舉行。少年和青年們，拿出他們最得意的風箏，到場比賽。大風箏的力量大，有的要用生絲編成手指粗的繩子，才能拉得住。最有力的是蜈蚣箏，以下的有五星箏，七星箏，九星箏，乃至十三星，別名就是十三太保，高達屋頂。青少年們集合一起，放風箏相繳，力氣大的或者技術高的，會將別人的風箏繳下來。繳人者自然得意，被繳者也不會生氣。相互之間，都很友善。

外祖父還記得，在中學生時代，除了到書店去買書籍文具之外，幾乎沒有自己到街上去買什麼東西。有一個時期，聽說開封鼓樓街上，新開了一家洋貨店，叫做華盛公司。全城為之轟動，大家去看熱鬧。外祖父特地叫了一部人力車，說到華盛公司去。那車夫把他拉出南門，一直拉到火車站。外祖父找不到什麼公司，只有回家。他也記得，開封青年會有電影，那只是幻燈，一張一張映出耶穌的事跡。偶然加映活動片子，也只是一條鐵路上的旅行，過山洞，順河沿，眼看著鐵路向後退而已。

因為尋常不上街買東西，有些同學買新緞子鞋，總比較窄小。一則窄小一點，顯得好看。二則不大合適，表示這鞋子不是他自己買，而是佣人去買的。外祖父自己從來不自己上街買鞋襪，因為衣服和鞋襪都是家庭自制的。

那時近視眼在中學裡很多，戴眼鏡的同學也不少。但是一般社會把戴眼鏡當做老年人的事。老年人戴「老三山」的鏡子是應當的，年輕的人為什么戴眼鏡？平輩的人見面為禮，要把眼鏡摘下，晚輩見長輩，是不敢戴眼鏡的。外祖父班上的數學張先生是近視眼，他上課時，一進講堂就摘眼鏡，一腳踏不上講臺，就要跌倒，惹得全堂學生大笑。

這一類生員的風習，現在的學生是想像不到的了。關於什麼是生員，請參閱本書「天子門生」一章，這裡不重複。

民國元年，一九一一年，因為曾外祖父調職，外祖父在河南沒有讀完中學，就回到湖北。然後曾外祖父希望外祖父在武漢繼續學業，曾帶他到武漢報考博文書院。博文書院當時在武昌大東門外，是衛理教會的學校。外祖父後來很得意地回憶，說他在考場上，三個小時不到，就考完了國文、英文、數學三科。國文題目是「澹泊明志，寧靜致遠論」，恰好是《三國志》上諸葛亮的話，落到外祖父手上，一篇文章寫了三百多字，半小時繳卷。

外祖父考中了博文書院，但是沒有去，而進了另一間學校。他在去考博文書院的路上，看見英文館招考新生的招牌。回住處稟告曾外祖父，便去報考。進入考場之後，國文題目是「知中不知外，謂之盲瞽；知外不知中，謂之失心」，外祖父也是半小時繳卷，而且考取，住校讀書。外祖父在回憶那考題時補充說：從民國元年的考題，可以想見幾十年以後的今日，一些高談中西文化的人，實在毫無長進。

英文館是郭復初和王麟閣兩位先生創辦的私立學校，後來改做省立外國語專門學校。外祖父當時已是高中四年級的程度，入英文館分班，分在甲班，同班學生都是中學或中學以上程度。英語教師是英國人蘇則南先生，一開始就教學生讀莎士比亞的詩篇。國文教師是胡先生，國學館畢業。歷史教師是羅鹿賓先生，也是國學館出身。修身課由方先生教授，是個老秀才。這幾門課，都是選讀些古文與史書。

期間有兩個小故事，很有趣。當時曾外祖父在湖北財政部任職，外祖父每每到財政部去見曾外祖父，取得幾串錢，回學校繳過伙食費。有一次他到財政部，發現曾外祖父調任黃陂縣長，不在武漢了，他拿不到錢。於是學校伙房就貼出學生欠費通告，列出外祖父的名字，並且立刻停止他的伙食。直到後來，外祖父找其他在武漢的親戚長輩，要到伙食錢，才有飯吃。

英文館的兩座樓後面，走上山坡就是樹林。右邊有一道矮牆，越過牆去，就是財政部後面的山坡。坡上有陳友諒墓，是武昌的名勝之一。英文館的學生下課之後，經常上山一游。有一次財政部大印失蹤，都知道是部裡哪個職員偷去私印稅單，可仍舊裝模做樣地尋找，前廳後院搜查。那天剛巧外祖父與幾個同學越牆在陳友諒墓遊玩，就被財政部工役們捉到，押解下山，送回學校。走過財政部房子，外祖父感覺十分窘迫，一怕被曾外祖父發現，當眾責罵，二怕部裡員工曉得他是曾外祖父的兒子，讓曾外祖父臉上無光。

外祖父在武漢英文館讀了一年半，便休學被曾外祖父接到黃陂任上。他沒有在黃陂進學校，而是住家跟從曾外祖父讀書。讀史之外，曾外祖父教授外祖父讀《古文辭類纂》，《唐宋詩醇》與《杜詩鏡詮》，學作文和寫詩。外祖父讀完四史，又開始圈點《資治通鑒》，讀完杜詩後，又開始讀蘇東坡詩。他會做史論，卻無論如何不會做詩。曾外祖父責備之外，只有鼓勵他多讀，多背，多寫。但是外祖父讀詩時，多記詩中典故，仍當做歷史讀了。多記典故，就可以做駢體文，外祖父曾嘗試學做此類文章，但還是不會做詩。

民國三年，一九一五年，曾外祖父從黃陂調回武漢，外祖父跟著回鄉，沒有回英文館，而是在家閒居。所謂閒居，也並不閒，一年時間裡，他讀了《資治通鑒》，又讀《史兵略》，還讀《老子》，《莊子》，及諸子書。他每日用小楷抄錄杜少陵，蘇東坡，杜牧，李商隱，以及溫飛卿的詩集。除此，還讀王船山，讀《通鑒論》，和《宋論》之類的書。外祖父那時自認，在史論一門，大有可為。每次自擇題目，自作文章，每文有至二千字或三千字之多，直有「下筆不能自休」之概。

外祖父自小就不大在乎身外之物，不在意整理衣服，夏天的白布衫往往穿成黃色，褲腰總是在褲帶之外，而且向下搭。有個鄰居姓柳，是鎮上的巨紳，柳家少爺跟外祖父年紀相若。每當晚飯之後，各家眷屬都在後門外納涼。柳家少爺的褲帶是向上撐，外祖父的褲帶卻往下搭。相形之下，外祖父大覺慚愧。後來讀到《後漢書》馬援傳，說馬援少年時，見朱勃「衣方領，能矩步，辭言嫻雅。援才知書，見之自失。援兄況知其意，乃自酌酒，慰援曰：朱勃小器速成，智盡此耳。卒當從汝稟學，勿畏也。」外祖父背下此句，衷心地以此自解。

其實博文書院和英文館，雖然不夠正牌大學的水平，卻已經高過普通高中，可以算是學院級的學校。外祖父當時才十四五歲，只是中學生年齡，所以仍當做中學來讀，我在這裡也就記做中學了。

外祖父還記得，初中在河南曾外祖父官府裡的時候，讀過佛教的《楞嚴經》和《大乘起信論》。曾外祖父去世，外祖父在家居喪期間，為了解除心中的悲痛，更曾用心誦讀《法華經》、《圓覺經》、《阿彌陀經》、《楞迦經》、《成唯識論》、《中論》、《百論》、《十二門論》、《大智度論》等等，還手抄過《金剛經》。雖然那時他是北京大學預科的學生，但做到這些功課，仍舊實在很讓人驚奇，他畢竟才只有十七歲。

民國初年北大學生

我在美國幾間大學教過書，我也有許多朋友在美國的大學裡任教，都曾回大陸在大學裡演講或兼課，每次回到美國，相互之間總會交流感想。幾年下來，就成了老生常談，大家比較一致的看法是：中國大陸有大學沒教育，中國大陸的大學生有技能沒文化，可說是如同鐵匠鋪出身的學徒，夠不上知識分子的格。

中國大陸的大學怎麼教書，中國大陸的大學生是什麼水平，近在眼前，不必多說。如果拿美國大學和大學生，或者英國大學和大學生來做比較，有人會說國情不同，西洋人做法在中國大陸行不通。所以最好講講中國人自己的事情，不過是大約一百年前的北京大學和大學生。很多事情其實我們中國人做得到，我們的前輩一百年前就做到了，關鍵在於現在中國大陸是不是願意去做。

民國四年初春，一九一五年，我的外祖父十六歲，隨他的父親由湖北黃岡鄉間到漢口，搭京漢火車進北京。曾外祖父帶著外祖父住宣武門外，草廠二條胡同黃岡會館。北京初春氣候嚴寒，外祖父在鄉間不穿皮襖，此刻只穿棉袍，出門時加上一件斗篷。這身裝束是抵不住風雪的。所以外祖父很少走出會館的大門，就是出門也找不著方向。

世交黃梅湯貫予先生，當時是國會議員，住東城的一條胡同裡，同住者他的親戚舒先生，是北京大學總務主任。由他介紹，外祖父參加了北京大學預科旁聽生的考試。考試那天清晨，外祖父從草廠二條走進前門，轉東城，到北河沿譯學館，那是北大預科的校舍。外祖父與同考生約十二三人，在一個小教室裡，考國文和英文。外祖父帶著墨盒，墨水與毛筆都凍住了。鋼筆插進墨水瓶，那瓶裡墨水結成冰。外祖父與同考生都到煤爐邊烤化墨盒和墨水，然後各就座位，寫考卷。

外祖父考上了北大預科旁聽生，便從黃岡會館搬進北河沿八旗先賢祠宿舍。當時北大本科與預科的宿舍有一種特色，在一間大房間裡，每個同學都是利用床帳與書架隔成自己的小局面。外祖父也是這樣，在大房間的一個窗子邊，利用床帳和書架隔成一個小房間。

外祖父每夜很仔細的點燃煤油臺燈，那燈罩是白色的上截與透明的下截，很覺漂亮。夜半熄燈時，將臺燈謹慎的從書桌挪到窗臺上關掉，然後就寢。次日清晨起床，看那燈時，燈罩之上破了一個小洞，只得再花六毛錢買一燈罩，如是者三四次，才知道熱燈罩靠窗口受了冷氣之逼，便炸開小洞。自此以後，每夜熄燈，仍將臺燈留在書桌上關掉，不再移動了。

北京大學預科學長是徐崇清先生，他辦理預科，一切從嚴。教授們督促學生的功課與考試，都是逼緊不逼鬆的。預科同學看見本科同學是那樣的輕鬆和散漫，不知不覺的看不起本科，而以預科的嚴格自傲。

民國四年秋季，外祖父編入預科一年級。班上的英文教授是一位郭先生，他的太太是英國人。他們住在譯學館的背後的一條小胡同裡。郭先生離家到校，下課回家，他的太太總是在宅門口送迎如儀。郭先生上課，從來沒有一絲的笑容。學生們有時下課之後，跟隨他走。發現郭先生望見太太和孩子時，臉上才閃出一線笑意，又立刻收斂起來。郭先生的小考和大考，其嚴無比。班上同學，對於英文課程之有進步，都是他的督促與鞭策之功。

世界通史是英文本，講授者是英國公使館秘書嘉特萊先生。他是一個高大的人。他講到羅馬的凱撒，將兩手向前胸的上衣裡一插，儼然有凱撒大帝之風。他的講授以寫黑板為主。他在黑板上寫的注解，外祖父不僅用心地抄錄下來，並且刻意模仿他的字跡。他的粉筆用得那樣圓轉如意，每一行是整齊的。每一字是一筆不苟的，每一筆是亮白的。外祖父從抄錄中，得益不少。

有一次，郭先生的英文課小考。外祖父仿嘉特萊先生的通史注解，寫了一篇論文，作為答案。郭先生給他零分，並在發還考卷時，當場申斥，說他抄書。外祖父吃了一虧，卻又說不出。

法文是第二外語，教授是湖北同鄉賀之才先生。他的太太是法國人。他的法語自然是好的，但他更好的技術是打臺球。他教法文課，卻是稀鬆的，所以學生們讀了兩年，什麼都沒有記住。

中國歷史的老師，是一位溫州人楊先生。他發下大量的鉛印講義，但他在講臺上開講，卻很少人聽得懂。外祖父後來經常開玩笑說，上了一學期，他只聽懂三個字：夜—過—咧，大概是這個呢的意思。除此之外，聽不出一字一句。

國學教授沈尹默先生和文字學教授沈兼士先生，都是章太炎先生的門下士。民國初年北京的文史學界的泰斗，都出於太炎先生之門。他們兩位沈先生，是其中的錚錚者，學生們深為敬佩。但是他們的上面，還有黃季剛先生，在本科的國學門講學，預科學生斷乎不敢望其項背。那黃先生，是傲慢無比的。

沈兼士先生多病，（抗戰期間他任輔仁大學文學院長時，身体是好得多了），因此他上課時間少，給學生們發的講義也不多。尹默先生為人謙和，從不缺課。他叫學生們買太炎先生的《國故論衡》讀習。外祖父說，他當年對這部書的內容殊不了了，那書面之上的「或古侖魚」四個字已經夠他一認！

外祖父回憶，尹默先生給他的教益很多。尹默先生指點北京大學預科一年級學生讀這樣的幾部書，就是《呂氏春秋》和《淮南子》，太史談《論六家要旨》，《漢書藝文志》，劉勰《文心雕龍》，劉知幾《史通》，顧亭林《日知錄》，錢大昕《十駕齋養新錄》，章實齋《文史通義》，與章太炎《國故論衡》。這幾部書，確能將中國文史之學的源流及其演變，擺在讀者的面前。外祖父讀這幾部書的同時，又到北大圖書館借閱諸子書。這預科一年級讀書所得的進益，可以說是不少。

而外祖父在北京大學預科讀二年級及三年級，據說可以記錄之事寥寥無幾。二年級的英文課是一位英國人斯哇羅（燕子）先生講授。他的輕鬆與郭先生的嚴厲，恰相對照。那一學年裡，外祖父的英文沒有什麼進步。三年級的英文修辭學，由一位美國人威爾士先生講授。外祖父得到的益處是演講術，較其他方面為多。這兩年中，外祖父的邏輯與數學都沒有進益。為了怕難，外祖父沒有選學拉丁文，後來才知道吃了大虧。

沈尹默先生繼續講授二年級和三年級的國學。他先講陸機《文賦》，然後選擇文史著作的一些文章，作為《文賦》每一段甚至每一句的注腳。這種授方法，給外祖父許多益處，不僅僅長了他的學問，而且教給他好的教課方法。外祖父後來自己做教授，講國學，也經常採用這種方法。不過要這樣，必須具備雄厚的文史學問基礎，才做得到。

除了預科學生必修的各門功課之外，外祖父選修自修的課程，以宋儒學案和明儒學案為最得力。他在預科三年級，先讀梁任公《明儒學案》節本，再讀《明儒學案》原書，然後讀《宋儒學案》。他說，他當時讀這兩部書，並不是單純的求知，而是深切的悔悟。一個鄉村青年，進了首都北京，漸漸染上一種大爺的習氣。

民國六年到八年，外祖父讀預科二年級和三年級時，曾外祖父做河南省汝陽道道尹，所以外祖父兄弟兩個在北京大學，又是少爺，又是大爺。外祖父自己反省，他先前讀書，只是勤學而非苦學。所謂勤學，就是不廢學，考前幾名而已。而讀過宋明兩代學案，外祖父獲得莫大啟發，使他由習氣轉而悔悟，才進入苦學階段。也是從宋明學案的研究中，外祖父總結：中國的學問並不以知識為主，而是以修養為經。對外祖父這句話，我是牢記不忘，隨時用以反省自己的。

我們的祖先，其實很曉得什麼是技能，什麼是文化，有技能並不等於有文化。學會一些技能，比如打鐵或縫鞋，編電腦程序或講英文，並不等於就有了文化。文化是一種道德修養，諸如自尊，誠信，正直，善良，廉恥，責任等等。文化是一種行為素質，諸如言談，舉止，態度，語言，寬容，謙讓等等。文化是一種思想學識，諸如文學，歷史，藝術，獨立思維，邏輯思想。文化是一種人生價值，是不落俗，不逐流，輕功利，淡物欲，是威武不能屈，富貴不能淫，貧賤不能移。文化是精神，具備於內，而不是物質，表現於外。所以稍加比照，就不難得出結論，現在的中國大陸的大學生，可能普遍技能很強，物質很豐富，但是文化欠缺嚴重，精神貧乏得一無所有。如同九九表背得滾瓜爛熟，還是成不了科學家。中國大學一年級，應該重讀宋明兩代學案的功課，長點頭腦。

據外祖父回憶，百年以前的北京大學學生，除了上課讀書之外，也有很多琴棋書畫的活動，而且那些活動並非胡鬧，更非聲色犬馬，而是都與培養增強個人文化修養相關。

北京大學舊址本在城裡，沙灘紅樓，離王府井很近，所以東安市場是北京大學學生閒暇消磨的地方。那時的東安市場是個極有趣的地方，完全不是現在這種枯燥無味的樓房，我剛搬進北京時還曾去過多次，裡面有各種各樣的小店鋪，變化多端，逛不煩人，可惜好景不長。外祖父在北京大學預科讀書，先下象棋，很容易因為被吃老將就跟對方打架。後來跟同鄉瞿先生學會了下圍棋，就是輸到三四十目也打不起架來。

學了一陣，瞿先生認為外祖父可以到東安市場棋社去下棋了。外祖父便真的去了，找到一座茶館，公然坐下，泡一壺茶，由瞿先生介紹一位棋友下棋。棋才下到一半，旁邊有人走過來看，其中一位站著看了片刻，搖幾下頭，嘆了口氣，揚長而去，那意思好像是說：孺子不可教也！外祖父看了，心裡一驚，從此再也不敢到棋社裡去下棋了。

外祖父也學過打彈子，遇見過一個高手，名叫楊芳。那年宣武門外的新世界剛開張，大家都去熱鬧。楊先生在彈子房裡表演，觀看的人不下二百。他打三個球，一桿可以打到五百至八百分，最後因為手臂酸痛，才停下來，否則只怕永遠沒有打完的時候。外祖父也能夠打三個球，一桿可以打十幾二十分，於是興趣不高，沒有繼續下去。

外祖父說，民國初年，一般學問和藝術，都有所謂京派和海派之分。北京是元明清三朝首都，為學問與藝術的精華匯聚之所。上海是十里洋場，從商業上撅起，居然有與京城抗衡之勢，各方面都有海派登場。京派重師承，守師法，是保守的。海派多流變，富花樣，是進取的。前者篤實，後者浮華。這就是兩派的區別。

舉例而言，是武術。外祖父說他看過京城的武術，最高者是太極拳。除一般的柔軟的太極拳功夫之外，外祖父還親眼見過楊少侯的演示。少侯是班侯之子，已經六十歲了。他的拳法不輕易示人，更無傳人。他動作短促，決不是一般太極拳師所能做到的。其次是八卦拳與八卦劍，外祖父看見過孫祿堂之子少堂的表演。他走八卦，腳步之輕快，好像旋風一樣。與人對手，八面藏身，直使對方不知道他在何方。再次是形意。北京大學的武師李先生，是形意拳的高手。外祖父說，此三者以下，無可觀者。

外祖父自己承認：眼高手低的毛病，使得他沒能繼續練武，也使他沒有成功文藝寫作。他常對文學家們說：文學就是廢話，一句話可以說完的，他們說一百句。十句話可以說完的，他們說一千字。文學家們聽了，自然非常憤慨，只是不好意思打架。

民國九年，一九二〇年，外祖父完成預科三年的學習，進入北京大學法科（後改稱法學院）二年級，當時叫做法律門，後改稱法律系。他發現民初的民法刑法，都以德國日本法典為藍本，就想學德日兩文，得知德文難學，便趕緊學日文，以便能夠閱讀日文原著書籍。

外祖父說，當時買日本法律書籍很方便。只須寫信給日本東京丸善書店，指定書名，那書店便照單寄到北京東交民巷日本郵局，由郵局將書名及價錢通知訂購人，訂購人到郵局付錢取書。用此辦法，外祖父買到不少日本專家的民法商法著作。他租住一個小公寓，書架上的書一批一批地加上去，上課之外，就在家裡自修。而且他每天仍舊寫小楷字二百個，在大白摺上，用紫毫筆寫小楷，要花很大的功夫。

除讀法學書，宋儒學案以外，外祖父大學三年級時，還讀克魯泡特金的《互助論》，考茨基的《階級鬥爭》，和拉馬克的《生物學》之類。當時在松公府，有個小書店，叫做共學社，外祖父常到那裡去買些新書來讀。他後來回憶說，當時最覺有必要細讀的一本書，是王星拱著的《科學方法論》，可惜讀不大懂。

大學三年級過年前兩天，北京的報紙出了十七個題目，徵修訂民法的文章。外祖父決定應徵，馬上起草。初稿完成，十萬字。高一班同鄉黃先生也應徵，外祖父便與他討論。他看過外祖父的文章說：法學文章不可太長，要有條有理，簡潔扼要。別人說十句，你說一句。你說一句說不清，說十句還是說不清。外祖父覺得有道理，就修改文章，縮成三萬字，每段加小註，說明引文來源。改好以後，用小楷抄清，釘成一冊，送到民法修訂館。那天是臘月二十九日，為了這篇文章，外祖父誤了火車，所以沒有回家過年。

結果外祖父的這篇文章獲得第一名，獎金是一百元。他用這筆錢，向東京丸善書店訂了國際公法及德國民法和瑞士民法，還有羅馬法與日耳曼法等英文著作。當時中國銀元價值很高，美金一元只值中國銀元九角，日金一元只值中國銀元二角五分，買書是非常的便宜。就算王亮疇博士的德國民法典英文譯本，也只要銀元一塊八毛。

同公寓住一位陝西同學楊先生，那年也沒回家，在住處煤球爐上燉一鍋牛肉湯。他用漢中家鄉法子，把三斤牛肉，放在砂鍋裡，加清水，不用鹽，從上午燉到夜間，牛肉爛熟，再加鹽。年夜飯時，他邀外祖父一起，二人圍爐而坐，各用筷子在砂鍋挑肉，用湯匙在砂鍋喝湯，一直吃到天亮，很是過癮。大年初一早上，外祖父身上只剩一塊銀元和兩吊票子一張。公寓夥計來請安，那一塊銀元只好賞他。兩吊票不過值銅板二十枚，不好意思拿出手，只有自己留了過年。沒回家的幾個同學約好出東便門，逛東嶽廟，大家身上都沒有錢，只好走路去，也算一樂。

正月初二日，同鄉某君來約外祖父，一同到中央公園（北伐後改稱中山公園）去，參加同鄉的大會。相約是外祖父出門票，他出車錢。門票兩張恰好是銅元二十枚，外祖父還出得起。那會是為了聲援「鄂人治鄂」的。湖北督軍是王占元，在京的湖北同鄉推黃岡夏壽康（仲膺）先生為湖北省長。此時已由周樹模先生向徐世昌大總統推薦，並且已見公府的任命。夏先生奉命之後，即往漢口。同時，王占元保舉政務廳長何佩瑢為省長，拒絕夏先生過江到武昌就職。

法政專門學校的湖北同學對於「鄂人治鄂」頗為熱心。當時參加這一運動的學術，不限於法政，其他大專學校亦有同鄉學生參加。同鄉主持其事者有孔庚（文軒）及其他數人。他們進了中山公園，左轉到水榭，見有個穿長袍的學生，跳在茶桌上，高聲演說。一時之間，群情激昂。他講到後來，手指著旁邊幾人，喊聲「打」，群眾就圍攻那幾個人。外祖父剛到，就遇到那場混亂。公園的警察來了，人們紛紛四散。外祖父以為旁觀的人不至被拘，未曾離開。殊不料警察拘捕了三個人，外祖父亦其中之一。警察把嚴季宗和外祖父，及另一同學，帶到警察廳。外祖父要求警察不用白繩子套手腕，他答應了。一路走到警察廳司法科，被打受了傷的三位亦在候訊。司法科長把他們叫到一間大廳，申斥一頓，隨即移到地方檢察廳。他們進入地檢廳候審室，候了很久，檢察官先傳訊外祖父，外祖父只答複：到了場，沒打人。其次傳訊嚴季宗，他爭了幾句，檢察官高聲說：我認為你有逃亡之虞。外祖父在庭外聽到這句話，知道嚴先生要被羈押。

那時已是下午六點鐘以後，警察帶外祖父去找保。走了兩三小時，才找到一個公館保。外祖父走了一整天，感覺十分疲勞。那警察和外祖父閒談，說：聽不出您是南方人，您的北京話說得好。外祖父聽了這話，疲勞至少減去一大半。外祖父取了保，回乃茲府。次日清晨，外祖父到旗守衛去拜望王常甫先生。王先生是世交，外祖父以前常到他家去問候和談話。這次事情不同，王先生是地方檢察廳的首席檢察官，外祖父是交保之中的被告。王先生的傳達看見外祖父，不應門，更不開門。外祖父不但不生氣，反而非常欽佩司法官那樣嚴謹和嚴正。外祖父轉往報子胡同一位同鄉的家，見孔文軒先生。孔先生勉勵外祖父幾句，並立刻去設法保釋嚴季宗。

到四年級，外祖父除上課之外，每天到法律系圖書室，讀法律哲學的書，讀新黑格爾派，新康德派，以及社會法學派，歷史法學派的一些英文書籍，並在自己公寓裡讀一些日本的法律書籍。同年修訂法律館將外祖父過年應徵的文章，刊登載《法學會雜誌》上，那對於大學尚未畢業的學生來說，是很有力的鼓勵。

剛好從那一學年開始，北京大學法科改為四年畢業，於是四年級學生就面臨畢業就職的問題。外祖父有一個觀念，不靠家產，不求高薪，要從辛苦勞作中求出路。他也有兩個希望：一是做法官就到杭州，二是做教授就回母校。

原因是做法官，不能與律師往來，更不可與訴訟當事人接觸，生活總是孤孤單單。所以要做法官，最好是到杭州，審理訴訟之餘，就到西湖去走走，清清靜靜也無所謂。若是做教授，那就要到學術文化薈萃的北京，從此上進。

在北京的一個湖北同鄉世交吳先生，曾做過高等監察廳長，有一次問外祖父：你畢業後如果教書，想教什麼課？外祖父回答：教親屬法，因為那是冷門，很少人競爭。吳先生聽了，說：你這輩子完了，教書不是好出路，教親屬法更要坐冷板凳。

那年暑假外祖父從北京大學法科畢業，就到安慶法政專科學校去任教了。

五四運動和北京大學

每到五四前後，大陸各界轟轟烈烈慶祝活動，各種華文媒體連篇累牘，其中魚蝦混雜，謊言在在，我看了心裡就難過。

我的外祖父陶希聖先生，曾親身經歷五四運動，當年他是北京大學法學院學生。多年之後，外祖父成了國民黨要員，回憶學生時代生活，特別是五四運動的悲壯一幕，寫過專門的回憶文章。

為了給歷史留下一段真實的記錄，我把外祖父有關五四運動和北京大學的回憶，介紹給正直的中國人，特別希望年輕一代讀一讀，想一想。

五四運動

一九一九年，第一次世界大戰結束，中國代表去法國巴黎參加世界大會。中國也是戰勝國，可簽定和平條約時，中國受到不平等待遇。西方列強一意要瓜分中國土地，不把戰敗的德國在山東的權利還給中國，反而轉讓給日本。

當時中國雖是北洋政府統治，但新聞自由還是有的，上海報紙首先披露消息，公佈了在巴黎和會上反對日本陰謀的中國特使王正廷先生的電報，讓國內民眾了解到了巴黎和會上的一些情況。北京大學的學生得知了這些內幕消息，堅決不答應，經常集會討論。外祖父當時住北京八旗先聖祠宿舍，常跑到西齋或馬神廟等處，去打聽消息。

五月三日，是個星期六，北大法科學生在學生食堂剛吃過中午飯，人還沒散，一個名叫廖書倉的學生，跳上一個桌子，揮著胳膊大聲說：「今天晚上我們在法學院的禮堂集會。我們中國在巴黎和會上失敗。我們要把國家興亡擔在自己的肩上。要麼中國，要麼死。」

廖書倉寫一手好字，學校附近很多商店都請他寫招牌，所以在學校裡外都很有名。大家都認得他，也都聽他講話。外祖父當時也在場，聽了這番話，覺得渾身有一股熱血在衝騰。

五月三日晚上，北京大學學生，還有很多別的學校的學生，都聚在北大法學院的禮堂裡。有些同學上臺發表演說，臺上臺下，所有的人都在喊叫，大家懷著相同的心情。

外祖父記得最清楚的幾個演講人中，有一個是法政專門學校姓劉的學生，是貴州人，講話有很大的鼓動力。還有北大法科政治專業的學生謝紹敏，跳上臺講話，激昂慷慨之際，咬破自己手指，撕下衣襟，寫下四個血字：還我青島。他滿臉是淚，在空中揮舞著他的血書。見到那血寫的旗子在臺上飄，所有的學生都哭了，都拚命吶喊：還我青島！還我青島！

學生大會最後決議，次日齊集於天安門，舉行大會，會後遊行。

第二天五月四日，星期天，上午九時北京大學和許多其他大學的學生分別列隊，向天安門進發。當時北京大學在城裡沙灘，並不在西郊，所以走路不遠，外祖父和他的同鄉同學們也都跟著去了。因為是學生自發的活動，各校自行列隊，有多有少，學生自制小旗，有大有小，也沒有一定的口號，各自作主，一路走，一路呼：「中國的土地不給日本。」、「中國人民寧死不低頭。」

沿路散發傳單，都專門用白話文寫，讓市民們能讀得懂，比如：中國的土地，可以征服而不可以斷送。中國的人民，可以殺戮而不可以低頭。

學生們到了天安門，聚在一起等待，幾個學生代表到東外交民巷口跟巡捕交涉，要求到東交民巷外國領事館前去抗議。可是交涉失敗，警察封鎖道路，不准入內。於是學生們就從天安門轉向東單牌摟，折往趙家樓。代表中國政府參加巴黎和會簽字的代表曹汝霖先生，住在趙家樓，學生們就去他家示威。

學生們在曹家門前停下，把小旗隔著牆丟進院子，高聲叫罵賣國賊。有些學生覺得抗議過了，準備撤退。在前面的幾個學生，爬上牆外的樹，跳到院子裡，打開大門。於是大家又一湧，進了曹家院子。外祖父個子太小，在後面怎麼也擠不進去，在門外面急得要命。

幾個警察擋在房子門前，想要擋住人群，但是做不到。一個穿白色學生裝的高師同學，舉著手，大聲問警察：你們是不是中國人？他進院去的時候，用手打破玻璃門窗，劃破手臂，大股大股鮮血順著胳膊流下，滴在地上。

院子裡外，到處是人，擠來擠去，人人臉上是淚，個個喉嚨喊啞。傳出話來，曹汝霖不見，章宗祥挨打。

突然從一間臥室裡冒起火來，火苗往空中竄，人喊起來。有人嚇壞了。有人想離開。有人嚷著找水救火。有人叫著搶救書房裡的書。可是火燃起來，藉著風，一下子就上到房頂。院裡院外的人都慌了，湧著擠著往街上跑。帽子，小旗，書包，丟了一地。

馬路上，新開到的警察，排著橫隊，端著長槍，向學生人群逼近。學生裡有人摔倒，拚命叫救命，有人挺著胸膛要擋住警察的槍，有人在人群裡找哥哥弟弟。警察一路走，見人就用槍托子或者警棒打，打倒了就銬上手銬逮走。學生們四散逃跑，可是沒地方跑。馬路本來窄，人又多，警察堵住了馬路兩頭，誰也逃不出去。

外祖父擠到馬路邊房檐下，跟一群婦女小孩子躲在一個門洞裡。他個子比較矮小，在小孩子堆裡鑽著，也顯不出來。警察走過來，看見是一群看熱鬧的居民小孩，便走過去。他才算是躲過了。

那就是外祖父所親歷的五四運動那一天經過。

第二天是五月五日，早上北京大學學生都集合在法學院禮堂裡。有人主張結隊到國務院去要人，有人主張去打警察廳，議論紛紛，莫衷一是。蔡元培校長來了，鐵青著臉，走上講臺，問昨天有多少人受傷？沒人回答。蔡先生又問：有多少人被逮捕？有人喊：昨晚我們大概數數，至少有三十多人。

蔡先生像是自語，又像是對大家說：三十多人，三十多個我的學生，三十多個中國將來的棟梁。他們怎麼能下手。禮堂禮靜悄悄的，聽得見一些低低的抽泣聲。蔡先生靜默了一會兒，又說：現在，這不再是學生們自己的事了。現在，這是學校的事情，是國家的事情了。我做校長的，有責任保護我的學生。我要救出這三十幾個學生來。你們現在都回教室，我保證盡我最大的努力。

學生們聽了，都靜靜地走出禮堂，都低著頭，沒有人說話，走回教室去。那天法學院外祖父那班的課沒法子上。教法律的張教授，是國家撿察院總撿察長。他不能繼續講課，學生都圍著他，問他昨天發生的情況合不合法。張教授說：我是在職法官。我對昨天的事件，不便發表我的個人意見。我可以說的，只有八個字：法無可恕，情有可原。

第二節課是憲法。鍾教授走進教室，把書紙放到講桌上，低著頭，什麼都沒說，足足五分鐘，才抬起頭來，說了一句：我們中國，就停住。教室裡靜極了，能聽見窗外的風聲。鍾教授又抬起頭，說一句：我們中國。他的淚水湧出眼眶，滴落在講桌上，再也說不下去。全班同學都聲淚俱下。

當日北京各校學生聯絡總罷課，下午各校學生都到北大法科大禮堂集會，由法科四年級學生段錫朋主持。他是北大學生會主席，平時為人穩重，一天到晚一件藍布大褂，講話簡潔明瞭，每次學生開會，都按他的意見表決。

當時的段祺瑞政府，把五四運動的責任，推在北京大學和蔡元培先生身上。五月九日，蔡元培校長突然離開北京，留下一張聲明：我倦矣，殺君馬者道旁兒。民亦勞止，汔可小休，我欲小休矣。北京大學校長之職已正式辭去，其他向有關係之各學校各集會自五月九日起，一切脫離關係。特此聲明，惟知我者諒之。五月十一日，又給北大去信，說明他保釋被捕學生後，如不辭職，更待何時？

於是北大學生運動轉而成為挽留蔡校長，五月二十日北京大學聯合北京各大學和中學，同時罷課。天津等地學生也紛紛響應，天津學生代表劉家鱗，跟外祖父是湖北同鄉，也一起讀過武昌外國語學校，奔赴京津兩地及上海之間，受暑至病，最後身亡。

六月一日，北京政府下令，要求各地學生馬上復課，並且嘉獎曹汝霖章宗祥等人，更加激怒了北京學生。六月三日，四日，五日，連續三天學生們繼續罷課，並且上街集會遊行，到處發表演講，先後被警察拘留者達千人之多。於是各大都市工商界群起抗議，紛紛罷市罷工，是為六三風潮。

這情況下，北京政府才停止拘捕，並釋放被捕學生，至此五四運動才告結束。

北京大學

從當時親歷的外祖父所見，五四運動從發起到結束，完全是由北京大學和北京其他各大學的學生們自發組織和行動的，沒有任何黨派和政治勢力的參與。

當時胡適主持的《新青年》雜誌，雖然在青年思想啟蒙上發生一些作用，但巴黎和會所掀起的波瀾，卻並不是新青年雜誌首先發難，而是上海的報紙公佈出來消息，這應該可以很容易從史料中獲得查證。

而據外祖父回憶，五四運動前後，在北京學生中最流行的，也不是《新青年》雜誌，而是《晨報》。《晨報》總編輯是陳博生，副刊編輯是孫伏園。《晨報》新聞很同情學生，副刊更明白鼓吹這次學生運動。

外祖父的兄長陶述曾先生，我叫伯公，也是北京大學水利專業的學生。蔡元培任校長，改革學制，北大工科並入北洋大學，伯公便到天津讀書，跟中國著名橋樑專家茅以升同學。因五四運動發生，北洋大學學生積極響應，伯公成為學生代表，後被北洋大學開除。伯公回到北京，找蔡元培校長求助，轉北京大學完成學業，成為北大畢業生。

伯公後來成為中國著名的水利工程專門，黃河花園口決堤，外國專家堵不起來，伯公領導堵口成功。二戰期間，伯公領了滇緬鐵路和公路的建設，大後方軍用機場的建設，以及武漢抗洪的偉大勝利。後來他當選全國政協委員，湖北省副省長，兼湖北省水利廳長。

伯公到北京開會時，幾次帶我們到沙灘紅樓老北京大學舊址參觀，講他在那裡讀書時的情況。

記得伯公曾講，當年他們北大學生，都是很了不起的，很多公子們是騎馬或者坐轎來上學的。他的父親雖然做朝廷的官，卻保持樸素家風，不許他們兄弟在外面講排場，可他也還曾騎過馬進學堂。

外祖父也說，民國初年的北京大學學生，文化底子厚，又肯用功努力，確實學識高，大多自視甚高，很少看得起人。像胡適和陳獨秀一批人，主持發行的《新青年》雜誌，在學生中有發行，但如白話文，文學革命，新文化運動等口號，還沒有在學生中發生什麼大影響，更不至引發五四運動。而且五四運動發生時，胡適和陳獨秀兩先生都在上海，根本無法影響和領導這麼大一場學生運動。

那時期時李大釗先生在北京大學圖書館工作，而當時北大學生只尊重教授們，根本不把學校職員放在眼裡。李大釗那樣的職員，沒有在學生中講話的資格，也沒有跟學生交往的地位。毛澤東當時在北大不是職員，在圖書館做雜役。他一九一九年二月離開北大，五四運動發生時他不在北京。

這些事實都應該能從史料中查證出來。五四運動的發生，沒有受到任何政治勢力影響，包括沒有受胡適先生的新文化口號的影響，完全是學生自發的愛國行動，是顯而易見的。而且當時中國社會並沒有很多政黨，所以分派系談內幕的風氣還沒有盛行，學生們也不熱衷於此，不會輕易去聽信哪個政治派別的宣傳。

那個年代，中國學界和文化界，民主科學的思想萌芽才剛開始，一切主義和理論都剛輸入中國，各種書籍雜誌都印刷發行，政府毫不控制。國家主義，馬克思主義，無政府主義，勞工主義，百家爭鳴，風起雲湧。沒有哪一種主義能夠獨霸天下，操縱人心。黨同伐異之風，還遠沒有興起。

在北京大學和其他各大學，學生們的思想自由度更高，喜歡讀哪種書，就讀哪種書，喜歡聽哪個教授的課，就聽哪個教授的課，喜歡信仰哪種主義，就信仰哪種主義。甚至可以同時讀許多種書，聽許多種課，信仰許多種主義。

《新青年》雜誌倡導白話文，《國民》雜誌繼續使用文言文，都一樣的在學生中有市場。《國民》雜誌的黃建中，用文言文寫文章，很受北京大學學生的推崇。所以據外祖父所見，五四運動的起因，與白話文和文學革命沒有什麼關係。只是因為五四運動發生之後，在全國造成巨大影響，各地風潮繼起，才慢慢開始了中國青年民族意識的普遍覺醒。而民族意識是政治意識，也是文化意識。民族意識的覺醒，也就是政治意識和文化意識的覺醒。

也就是說，五四運動不是新文化運動的里程碑或者結果，而是新文化運動的先聲。從這個意義上，北京大學和五四運動，在中國現代歷史上功彪日月，不可抹殺。

一九三一年，外祖父辭去南京中央大學教授的職務，應聘任北京大學法學院教授，再次回到曾經讀書並經歷五四運動的母校。他一生只得到一張文憑，北京大學畢業證。可是他大學畢業時，沒來得及參加畢業典禮，便匆匆趕到安徽安慶法政學校做教員去了。

其後他到上海商務印書館做編輯，到武漢北伐軍政學校做教官，到南京中央政府任職，到中央大學做教授，都從來沒有人要求看過他的大學文憑。所以他的北大畢業證，竟然一直留在北京大學教務處裡。

十年之後，外祖父到北京大學做教授，還是北大法學院要畢業證，他才想起到學校檔案庫去領出。還竟然真給他找到，那張畢業證已經發黃。有趣的是，他到當年紅樓去，傳達室老頭迎面走來，居然高聲叫出：陶彙曾先生，你回來了？外祖父在北大法科讀了七年書，先讀預科，後讀法科，工友竟然能記得十年之久。

除在北京大學教書，外祖父還在北師大、燕京大學、中國大學、清華大學、北平大學等處兼課，三年之內編輯出版《中國政治思想史》四卷，七十餘萬字。還創辦經濟史學雜誌《食貨》，精於學問，獨樹一幟，乃至後來中國史界和經濟界有了一個食貨學派。同時外祖父與胡適先生一起，主編《獨立評論》，胡適先生當時在北京大學任文學院院長。教授及編刊外，外祖父還經常外出演講，濟南、青島、太原、汾陽、泰山、武昌、開封、天津、南京，有時一天開講四五場之多，最後講出怔忡症，心跳急速，兩眼發直，多虧北平名醫林葆駱先生治好。也因演講，外祖父在泰山得以結識馮玉祥將軍，很覺榮幸。

二十世紀三十年代初期和中期，在北平（當時北京稱北平）做大學教授，是體面又舒適的事情。當時流行一句話：做法官到杭州去做，做教授到北平去做。北平不同於上海，歷來尊重文化和歷史，所以大學教授在北平很受尊敬，社會地位很高。

北平各處比較好的餐廳飯莊，有大學教授喜歡，經常光臨，就會特設某某教授專座，隨到隨坐，清靜典雅，甚至有該教授的專門菜單，都是他喜愛的菜肴。琉璃廠的書店，定期往各大學教授家裡送書，請教授老爺們坐在家裡挑選，不必傷神費時跑路。而且買書不用當時付錢，只管留下使用，過兩三個月，到個節氣才送來帳單。

那時候北平各國立大學教授，真有那份學問資格，受得起社會的尊敬，也有那份收入，擔得起那份富貴。除各書店送書，北平的圖書館和各大學圖書館，也都對大學教授完全開放。所以北平的大學教授，可以有足夠寬闊的眼界，絕不敢讀了一兩本書，或者寫了一兩本書，就自命不凡了。

不管當時國家面臨多大困難，各國立大學的經費一定保證，大學教授薪水從不拖欠一個月，而且資歷稍高的教授，薪金相當優厚。事實上，當時國家每月四十七萬銀元的大學教育經費，也都回到北平的市場上了，除買書吃飯之外，還有眾多家庭生活用度。

以在北京大學法學院作教授的外祖父為例，他做北京大學教授，月薪四百大洋。在其他幾間大學兼課，每兼一課月薪一百大洋。再加書文稿費，每月都有千元以上進項。他住西直門大乘巷，是個三進的大院，至少有上房五間，加兩側廂房，一客廳，還有兩三間下房。窗明几淨，樹綠花香，除學校授課外，大部時間在家裡讀書寫作。

當時北京各大學的普通教授，都起碼有這樣的家居。通常家中佣人兩三個，還有包月洋車，出門代步，生活相當舒適。直到蘆溝橋一聲炮響，驚碎了北平和全中國教授們飲茶讀書的美夢。

從此中國學生和知識分子變了樣，整個中國政治和中國社會也都發生了天翻地覆的變化，那是五四運動時期的北京大學學生們所絕對無法想像的了。

悲壯的北伐戰爭

中國記述現代史不能不提及北伐戰爭，但大陸始終沒有將其擺在一個足夠重要的地位。由於母親對我講過，她那時六歲，還記得一些當時事情，所以我對北伐戰爭發生興趣，讀過許多不同的出版文字，長大後也曾試圖整理和總結，卻總是彷彿勾畫不出一個完整的概括，既不清楚北伐戰爭的開始，也不了解其中的過程和階段，似乎只知道結束北伐的四一二政變。於是整個北伐戰爭，只是演變成了一場蔣介石屠殺共產黨人的事件。

我也懂得，大陸現代歷史紀錄，全以中共為標準，自古只有勝利者寫歷史。而北伐戰爭，是蔣介石國民黨領導的戰爭，所以不能多談其成功和勝利，因此也就沒有什麼價值。北伐軍在廣州誓師出發，分三路北上，共七個軍。其中以北伐軍總司令蔣介石為軍長的第一軍，以李濟深為軍長的第四軍，和以北伐軍副總司令唐生智為軍長的第七軍，軍力最強，所向無敵。在大陸的北伐戰爭紀錄裡，絕口不提第一軍的戰果，也從不談第七軍的貢獻。我在北京讀到的北伐戰爭紀錄，只講葉挺率領的獨立團，因為葉挺是中共黨員，好像北伐戰爭只有獨立團打勝仗，北伐戰爭的全部勝利都是靠了葉挺的指揮。

中國的社會和歷史變遷，從來是十分複雜的，而如北伐戰爭或抗日戰爭，這些具有轉折性的歷史關鍵時刻，各種政治勢力消長和抗衡，更是瞬息萬變，扑朔迷離。在歷史潮流的狂濤巨浪之中，任何一個人都只能看到眼前的一點，紀錄自己經歷的一滴，沒有一個人能夠看清全貌，沒有一個人敢說自己的紀錄是百分之百完整和準確。而要想全面了解歷史這只大象，我們必須允許有人摸到其頭，有人摸到其尾，有人摸到其腿，有人摸到其鼻。每個人的紀錄都可能是片面的，但把所有片面的紀錄綜合到一起，大象就完整了。而只有在收集到所有的片面紀錄之後，才能綜合出完整的大象。如果只允許某一些片面紀錄存在，不容納其他片面的紀錄問世，歷史將永遠不會完整，更不會準確。

我的母親六歲時候，跟隨外祖父和外祖母，從上海到武漢，參加北伐戰爭，他們紀錄了自己的一些經歷，可以作為一些片面史料，在北伐戰爭的歷史大象身上，補充一些小小的點滴。

一九二七年一月，外祖父在上海商務印書館做編輯，忽然接到中央軍事政治學校武漢分校政治部的一封來信。當時的中央軍政學校，就是俗稱的黃埔軍校，孫中山創辦，蔣介石任校長，周恩來任政治部主任，葉劍英任教務長，是國共共同領導的革命大本營。北伐軍佔領武漢之後，在武漢成立一所中央軍政學校的分校。分校負責人是中共早期領袖惲代英，政治部主任是周佛海，兩個都是外祖父在上海的老熟人。

當時上海是所謂五省聯軍司令軍閥孫傳芳的地盤，可是從北伐軍基地武漢來的電報，還是可以送達，並無顧及。於是外祖父立刻到郵電局，發電報給中央軍校武漢分校，報告馬上啟程赴任。外祖父當下買了招商局江輪的房艙船票，帶了一家大小，離開上海，趕往武漢。船上大廳的牆壁上，掛著一個大鏡框，裡面崁了一張五省聯軍司令孫的佈告。佈告文是：查稽奸細與鎮壓叛亂。那無疑於對所有西往船客的警告，嚴禁上海人到武漢參加北伐。所以外祖父一家早早上船，進了艙房，鎖住艙門，不再外出走動，躲避注意。

船過了安慶，大廳裡貼佈告的那個鏡框翻轉過來，仍然掛在牆壁上，可是鏡框裡面，變成國民革命軍蔣總司令的佈告。佈告文是：保護行旅安全等等。因為安慶已被北伐軍佔領，所以公開歡迎上海人參加北伐革命。一轉瞬間，大廳裡集合了一批年輕人，都是到武漢去投入國民革命大風暴的。

到了武漢，外祖父外祖母發覺，碼頭景象與從前大不相同。從前的武漢碼頭，不分晝夜，只要輪船抵埠，腳伕便奔上船，爭生意，跟客人講價錢，搶著作。如今非到上午九點之後，碼頭工人不到船上來。下午六點之後，便無人在碼頭上起卸了。旅客下船，招呼碼頭工人，他們愛理不理。而且他們說出腳力多少錢，就是多少錢，不允許講價。

北伐戰爭期間，工業重鎮武漢的工會農會勢力很大。武漢總工會的總書記是陳陰林，他是外祖父的黃岡同鄉，也是北京大學的學生。其他著名的工會領袖有鄧中夏和張國燾，在武漢都是一呼百應，權勢沖天。漢口碼頭工人也都加入了工會，在武漢總工會之下，是擁有工人最多的強有力的一個工會。旅客非招呼他們不可，也非接受他們的條件不可。由旅客與他們中間一人講價，如講不好，那腳夫便將手裡扁擔在船上一豎，其他工人看了，便都一概不理這個旅客。旅客也休想自己擔行李上坡，只得接受那腳夫的條件，照付腳力。

天下事，起義暴動最容易。從陳勝吳廣開始，約了眾人，舉刀把官府一殺，就算起義。可中國農民起義了幾千年，到李自成和太平天國，並沒有一次能穩固地建設起自己的政權。李世民趙匡胤和朱元璋，都不是農民起義發家，所以能夠建立大朝廷。原因在於，中國農民起義的傳統，是只知破壞，不講建設。武漢那些碼頭工人，不過是進了城的窮苦農民，大字不識一個，話講不清幾句，根本不曉得他們在做些什麼，也不知道他們想要什麼，一聽號召搞破壞，可以不做工，立刻興高采烈，以為自己佔了多少便宜。

據外祖父回憶，武漢碼頭外，街面上，電線杆，樓房頂，到處是白布大幅標語：北伐萬歲！工農小資產階級民主獨裁萬歲！打倒軍閥！工農做主人！紅色恐怖萬歲！打倒昏庸老朽！暴力革命萬歲！反對軍事獨裁！以赤色恐怖答白色恐怖！對敵人寬容就是對友人殘忍！防友人如同防敵人！各式各樣，都是些嚇死人的字語，觸目驚心，其中許多是直接針對北伐軍總司令蔣介石的。外祖父從後來的具體經歷中明白，北伐戰爭期間的武漢，是共產黨的天下。

北伐軍到達漢口之後，中共就在那裡建立起無產階級革命的大本營。所以鮑羅廷策動了聯席會議，把北伐革命的中心從廣州移到武漢，是想讓共產黨取代國民黨的領導權。據外祖父紀錄，鮑羅廷是蘇俄人，是第三國際派往中國的代表。而第三國際派往中國的，還有另一個代表，印度共產黨人羅易。當時蘇共內部，正進行史達林和托洛斯基的鬥爭，所以史達林給中共的指示，經常模棱兩可。於是鮑羅廷與羅易兩人，對史達林指示的不同理解，就影響了中共內部的許多分歧和鬥爭。

外祖父領了一家大小，到中央軍政學校武漢分校報到，在過去兩湖書院舊址，大門之內，有個湖。湖右的路通到訓練部，湖左的路通往政治部。政治部教官的宿舍，就在政治部裡層的樓上。起床，上課，吃飯，就寢，都要聽軍號。外祖父領到的委任狀，由校長蔣介石簽署頒發，任命外祖父為黃埔軍校武漢分校政治部中校政治教官，還配給一個勤務兵。過些日子，外祖父又兼任政治部的政工人員訓練委員會常務委員，駐會辦事並講授政治課程。該會所在武昌糧道街福音堂，大廳及辦事處之外，另有一座小樓房，外祖父一家，就住在那座小樓裡，自己起灶。

外祖父脫下長袍，改穿軍裝，打綁腿，蹬皮靴，據說他覺得唯一失望的是，北伐軍官不佩戴指揮刀。從北伐軍校出來，外祖父領了全家，到漢口去拜見他的三叔父，我叫外曾祖叔。不料外祖父敲過門，白胡子乾瘦的外曾祖叔開了門，把外祖父上下打量一眼，看清了是誰，嘴裡嘟囔一句：你回來了，你來做了共產黨。便把門一摔，砰一聲關上，差點打了外祖父的鼻子。外祖父大吃一驚，滿臉通紅，站在門外，不知如何是好。外曾祖叔母隨後開門，站在門口，陪著笑臉，對外祖父說：三叔看你穿北伐軍衣服，嚇怕了。北伐軍一到武漢，城裡組織商民協會，鼓動店員們管理商店。鄉下有農民協會，鼓動農民沒收東家的土地。整日到處喊叫打倒土豪劣紳。三叔不曉德自己哪一天要被打倒，一天到晚擔心得要命。聽了這話，外祖父在門外站了一會，覺得沒臉，只得告辭。

武漢三鎮籌備建立一所武漢大學，籌備了很多年，一直建立不起來。北伐軍到了，將武漢大學創辦成功。武漢原有教會學校三所，一是武昌曇花村的文林書院，二為武昌大東門外的博文書院，外祖父曾經考中而沒有就讀的學校，三即漢口郊外的博學書院。北伐軍一到，三家私立教會學校，全部沒收，而將新成立之武漢大學，設在漢口的博學術院原址。外祖父可能是武漢大學所聘請的頭批教授之一，但他每次上課，必需要從武昌過江到漢口，然後再從漢口坐人力車，走十幾里路，才能到校，所以外祖父去武漢大學教書的次數不多。

中央軍政學校武漢分校的政治課程，無論教授社會科學概論，帝國主義侵華史，各國革命史，各國無產階級政黨，或是中國革命史，都是同樣，從工業革命講起，講到資本主義發展及最後階段帝國主義，各國社會黨及共產黨，馬克思起草的黨綱，特別是《共產黨宣言》，再講到鴉片戰爭，南京條約，以及一些不平等，三民主義，國民革命等等。這些課程安排和講法，讓我想起一九四九年以後中國大陸所有學校的歷史課和政治課，足見北伐戰爭時期的武漢，完全是在中共控制之下，按照中共（實際是蘇共）的方式宣傳理論，鼓吹建立共產政權。

據外祖父回憶，當時武漢三鎮，各界大眾都不知道有中國國民黨主持的中央，只看見總司令部政治部主任鄧演達一個人活動，以及各軍師政治工作人員的宣傳工作，另外就全是總工會與農民協會的活動和鬥爭。工會和農會活動，都嚴格控制在中共手裡，漢口新市場的一個大禮堂裡，經常有工人集會，高唱《國際歌》，過往行人都聽得到。總工會之下，有工人糾察隊，持有武器，名叫赤衛軍，連名字都延用蘇聯俄文的翻譯。

鄧演達先生是民國革命的英雄，自幼讀陸軍小學，十幾歲參加辛亥革命，成為孫中山在廣東的得力軍官，葉挺、葉劍英、李濟深、陳銘樞、蔣光鼐等中國名將，都曾經過他的訓練。黃埔軍校籌建時，鄧演達先生是七個委員之一，後任黃埔軍校教育長。北伐戰爭開始後，鄧演達先生任國民革命軍總政治部主任，他的部下包括惲代英，孫柄文，郭沫若，季方等等。北伐軍佔領武漢，成立中央政府，鄧演達先生任中央執行委員，中央農民部長，中央軍委總政治部主任。

如此顯赫的一個軍事政治官員，外祖父卻相當看不起他。原因是，鄧演達每次到武漢軍校集會演講，總是舉起手來，指著四周說：現在，農民是起來了。外祖父說，當時中國農民根本遠遠沒有起來，鄧演達根本沒有務過一天農，沒有在鄉村生活過一年，本來踏踏實實從軍，進行民國革命，挺好的。到了武漢，受到共產黨無產階級革命和農業運動思想影響，轉而要以農民運動領袖自居了，閉著眼睛說假話，那就喪失人格，不恥於革命了。外祖父還曾笑話鄧演達，一個大會有兩千人參加，他就會確信那裡有三萬群眾聽他演講，實在是好大喜功，缺乏自知之明。

外祖父到武漢，剛好是舊曆新年前後。漢口市工人，從元旦直到元宵節，甚至元宵節之後，從江邊碼頭到工廠，處處怠工。踩龍船與蚌蚌精，處處歌舞。因為他們是無產階級，工會會員，無人敢干涉。有一次武漢軍校學生在過江碼頭上，與碼頭工人發生衝突。總工會派人帶了那四個工人，到軍校來提出抗議。校務委員會立刻開會，決定集合學生，排列隊伍，將工人搭紅，恭送到江邊，表示北伐軍人對工人階級的敬意和歉意。

五月一日勞動節，漢口新市場舉行紀念大會，外祖父代表武漢軍校政治部去參加。那講臺上，排列著三座像片。中間是馬克思，右邊是孫中山，左邊是列寧。出臺演說的是瞿秋白和鄧中夏幾位，他們反覆宣布：馬克思主義在俄國便是列寧主義，在中國就是孫中山主義。他們的口號是，反對定都南京，反對在上海實行清黨的國民政府。國民黨湖北省黨部的代表鄧初民先生，最後發表演講。他自稱是代表中國國民黨，向無產階級道歉，鞠了躬又鞠躬。外祖父說，他看了覺得很噁心。

其實鄧初民先生本人是共產黨員，同當時許多中共黨員一樣，在國民黨內部工作，分化國民黨，把國民黨培養起來的各種力量暗中轉到中共方面，同時對外又以國民黨名義宣傳共產主義學說。當時的國民黨湖北省黨部，由董必武先生主持，實際上是中國共產黨的組織，鄧初民先生在該黨部內，先任執行委員會常務委員兼青年部長，後改宣傳部長，北伐軍佔領武漢之後，受任湖北省政府委員，審判土豪劣紳委員會委員長，同時也在毛澤東主持的農民運動講習所任教。

外祖父在黃岡的老家，有許多田地，自然是地主階級。他感覺家產對他毫無幫助，便寫信給故鄉一個老佃戶蔡進山，叫他到武昌來，對他說：我這一房的田地，今天都分給你們幾個承種的佃戶了。蔡進山聽了，不敢回答，然後回黃岡去了。這麼一來，黃岡陶家一族，更懷疑外祖父參加了共產黨，要挖自己家的祖墳了。

五月間，唐生智率領國民軍繼續北伐，武漢的兵力空虛。駐紮在宜昌和沙市的夏斗寅軍，便起兵東下。他的名義是在楊森的川軍攻擊之下撤退，實際是乘武漢空虛，進逼這個赤色恐怖的大都市，要來攻打武漢。夏軍先頭部隊，是萬耀煌指揮的師，不過幾日，便打到紙坊，離武昌不過四十里。

武漢政府下令，把武漢軍校與農民運動講習所合組為中央獨立師，任侯連瀛為師長，楊樹松為副師長。事實上，武漢軍校由惲代英領導，農民運動講習所由毛澤東主持，所謂師長副師長，都不過是名義而已。中央獨立師編成之後，會合葉挺的十一師，由武昌出發，進軍紙坊，阻截萬耀煌部。

出發之前，外祖父特別到周佛海家去了一趟。周佛海是軍校政治部主任兼校務委員會常務委員，外祖父勸他們夫婦立刻搬家到漢口法租界去。外祖父說：我是本地人，只須換一件便衣，就可以走到鄉下去。哪知其實周佛海兩口子，早已經在準備逃。他們懷疑外祖父是去探聽他們行蹤的，不敢答話，並且趕快取出一件嗶嘰袍子送給外祖父，想是為了堵他的口。外祖父前門告辭，他們後門出走，到漢口去了。

外祖父趕到軍校，全校官生都在改編之中，一團混亂。政治部教官中有中共黨支部，書記是商務印書館一個舊同事，名叫吳文祺。他看見外祖父，便拉他到政治部編隊。外祖父接受了三色帶，也就算答應次日清晨隨軍出發上前線。吳文祺那一晚，接連打了好幾個電話，跟漢口的朋友們道別，甚至說出：以後能不能再見，不可預料，這一別也許是永別。外祖父聽了，心裡很難過。第二天，軍校隊伍到達紙坊火車站。吳文祺的女友在女生隊伍裡，見了外祖父就問：文祺來了沒有？外祖父說：他昨夜與跟朋友告別了，今日定來。可是直至火車開動，也不見吳文祺人影，臨陣逃脫。

中央獨立師政治部工作人員，擠在一節悶車裡，惲代英也在其中。他在火車裡，任命外祖父指揮政治工作隊，並任他做軍法處長，兼特務組長。於是外祖父以此名義，在咸寧縣城工作了一段時間。他帶了兩個學生，背了長槍做衛士，巡查部隊，指揮政工。中午與晚間，自己用飯盒燒飯吃，夜裡在扎營之處，和衣而臥，兩腳一伸，睡得很熟。

在咸寧縣，外祖父召集農民協會，總工會，商民協會，學生聯合會，以及婦女協會的代表，組成咸寧縣政府。外祖父自任常務委員兼司法科長。司法科接受人民控訴，解決民間爭執，巡視監獄，提審被拘押的人。司法科也審理訴訟，指定總工會與農民協會的代表做陪審員。外祖父記得，年輕時聽從曾外祖父告誡，從訟案和監獄中，洞察民情。現在他從自己親身經歷的幾個案件中，得知農民運動與勞工運動的實際情況。

有一次，當地農民協會拘捕了五個農民，送到縣政府羈押審理。在夏鬥寅部隊開進咸寧時，當地農民聚集了數百人，包圍農會的合作社，要求退出，發生衝突，農民打了農會合作社的職員。後來夏軍撤退，中央獨立師進駐，農民協會就拘捕了五個農民，請求縣政府懲辦。外祖父提審那五個農民，叫他們照實供述。那五人都是小農，其中一個還是寡婦，家中沒有耕種能力。他們說，農會合作社要求農民出糧食，出布匹，出錢，卻分不到紅利，合作社都被農民協會和合作社職員們吃光了，所以他們要求退出。他們並沒有下手打人，另外幾百人確實曾經打過人，為什麼只捉他們五人。外祖父聽了，判那五人無罪，理由是農民協會應該糾正合作社的錯誤，不應該懲辦農民。

另一次，有個茶葉販子，被指控不參加農會合作社，被農民協會捉到縣政府來審理。外祖父提審時，農民協會指斥他是資本家。外祖父發現他不過是肩挑茶葉，從六安到咸寧的小販而已，立即裁定釋放。

再一次，夏軍佔領咸寧時，當地一個老婦人，到夏軍控告廚師工會一個常務委員，致使那工會委員被夏軍處死。中央獨立師到了，縣總工會立刻把老婦拘捕，控告她是反革命。外祖父提審時，老婦陳述那廚師工會常委姦佔她的兒媳，公然住在她家裡，而且虐待她。她受了壓迫，氣憤不過，夏軍到時，有人勸她去告。至於夏軍將那工會常委處死，並不是她有意殺人。外祖父便判決她無罪，因為廚師工會常委個人犯了罪行，以致受禍，總工會不得指控那老婦為反革命。

從審理的許多案件中，外祖父發覺，農民對地主的鬥爭，實際上破壞了社會經濟，而受害者仍是農民。因為農民協會打倒土豪劣紳的運動，把農村中的地主打倒了，就把農村經濟秩序破壞了，而且也把城市中的商業破壞了。商店的店東們，大抵是地主。他們以土地為其商業信用的保證，可以週轉商業資金，使農民的農產品及副產品得以出賣，而農民所需要的東西得以購進。如今他們的土地被沒收了，他們的商業信用也就失掉了。商店把現存貨物賣光之後，沒有進貨的資力。所有商店只有木架子，沒有貨物在木架上。

同時店員工會又在各商店組織委員會，管理商店。店東只是委員會的委員，無權亦無力經營商業。商店沒有資金，更沒有信用。店員們只是將貨物賣光，吃光，袖子籠著手，坐在店裡。農民一向是將農產品挑到城市裡來，賣到商店去，賣得的錢買進他們需要的東西，如肥皂，農具，煤油，紙煙，和草紙。如今他們既賣不出，也買不到，所以他們怨恨農民革命。

這樣的認識，所做的幾件公案，已經顯出外祖父與當地工會農會領袖們的牴觸，但最後圖窮匕首現，還是外祖父處理的另一個案子。那是咸寧縣農會紀念上海五卅運動的聚會，農會書記來見外祖父，那是一個年輕學生，外祖父稱他職業革命家，他請外祖父在農民大會上演講，對外祖父說：明天五卅紀念會，農會發了通知，遠近六鄉農民都要來參加。外祖父說：農民不來也沒辦法，湖北鄉間農民，很少人曉得五卅是怎麼回事，不要難為他們。那書記說：農會命令，誰敢不聽，不來也要綁了來。外祖父聽了，心裡已經很不高興。

那農會書記又說：這次大會，要把那五個打合作社的農民捆來，當場槍斃示眾。外祖父問：為什麼？農會書記說：每次大會照慣例，都要槍斃人，否則農民不服從命令。外祖父問：誰決定槍斃那五個農民？農民協會常務委員會開會決定呢？還是你書記一個人決定？他回答：書記下條子決定。外祖父這下子真火大了，換了口氣，很嚴肅地對那書記說：你聽著，我現在是中央獨立師軍法處長對你講話。我決定廢止大會殺人的慣例，農民大會如果要殺人，我就先槍斃你。

那青年書記聽了，滿臉是汗，不敢聲張，立刻退出辦公室。外祖父跟出門，向十一師政治部的方向走，中途遇見十一師政治部主任陳興霸。外祖父說：我的部隊調走了，手裡無人，請你借給我四個帶槍的衛士，給我使用。陳興霸問外祖父做什麼用？外祖父說：我要去拘捕農民協會的書記，槍斃他。十一師由葉挺指揮，政治部主任自然也是共產黨人，陳興霸一轉眼便將消息通知給農會書記，結果外祖父到農會書記住地時，他早已跑到武昌，向農民運動領袖控告外祖父去了。第二天農民大會，外祖父正式宣布廢除大會殺人的慣例。

兩三天後，武漢政府派了另一名姓鄺的政治教官到咸寧頂替，命令外祖父馬上回武昌。外祖父臨走，再三囑託鄺教官，千萬不能殺他釋放的那些人，否則北伐軍在農民心裡便沒有了信用。外祖父回到武昌，到軍校報到，卻並沒有受到處罰，還容他回家與親人團聚。其中原因，是這時中共內部有兩派激烈鬥爭。而當時接任軍校政治部主任的施存統先生，尊重陳獨秀先生的主張，認為農民運動過頭了，這才算留下外祖父一條性命。外祖父與陳獨秀先生的關係，本書〈固執領袖陳獨秀〉一文有詳述，此處不重複。

施存統先生隨後任命外祖父為軍校政治部秘書，主任不在校內時兼代理政治部主任。於是外祖父當天發出佈告，召集在校學生講話。他在四方形隊列之中，站在木製講臺上，陳述農民運動的狀況，分析各種錯誤和惡果。他舉起手來，向四面一指，高聲說：現在，農民並沒有起來。那句話是針對鄧演達而說的，聽眾們立刻發生震動。

還有一次，外祖父到金口，給一個團北伐官兵演講，前一天軍校派車送他去。外祖父穿著草鞋，坐在車裡，冒雨行進，一路雞飛狗跳，路上人人側目。到了金口，團長和政委接他到團部，晚飯後休息一夜。次日一早，外祖父到廣場上，對全團官兵發表演講。估計是話不投機，散會以後，團部官長們自去開會，都不理睬外祖父。他問小汽車在哪裡？副官說：那車子昨天回武昌了，此地沒有車子。外祖父一想，看出風頭不對，怕他們已經接到武漢命令，要把他捉起來槍斃，於是趕緊大步走出營地，直到江邊。在風雨交加的沉郁氣氛之下，走了半里路，雇到一個小划子，順江盪到武昌平湖門。下船登陸，回到軍校，才自覺這條性命還在人世間。

這時候，上海發生四一二清黨事件。之後不久，湖南長沙發生馬日事變，消息迅速傳到武昌。許克強以一個團兵力，宣布反共，打進長沙。湖南各地農民聽說，紛紛響應，都跑去把當地農會領袖殺掉。那些傳說，使武漢的政權從根本上動搖了。馬日事變之後，武漢三鎮演成三分局面。漢陽駐軍何健部隊反共，漢口駐軍程潛部隊擁共，武昌駐軍張奎發部隊態度尚未分明。

唐生智率軍北伐河南後，返回武漢，三鎮工會農會發動各學校，各團體，集合在大智門車站，以十萬人的大陣容，盛大而熱烈地歡迎唐副總司令。不料唐生智到了漢口，即在《民國日報》刊出一篇文章，以「論小資產階級」為題，指責中共誣蔑小資產階級不革命。他隨即由漢口回長沙，連武昌都不進。他當時有過如此言行，便與中共結下宿怨，唐生智將軍一九四九年後在湖南遭遇慘澹，晚景悲涼，也就不足為怪。

七月中旬，在一個星期一的上午，軍校學生緊急集合，排隊進行，到第二方面軍司令部，參加擴大的總理紀念活動，實際是因為汪精衛到武漢，開始主持武漢局面。軍校學生們，排著隊，打著旗：擁護汪主席！擁護工農小資產階級獨裁！意思就是迫使汪精衛繼續維持國共兩黨合作。外祖父做政治部秘書，留在軍校值班，沒有去參加大會。他上午眼看隊伍高呼口號而去，下午看學生們垂頭喪氣而回。原來汪精衛在那個大會上，宣布了分共的決定。

校務委員會常務委員惲代英，立刻派人來叫外祖父到校本部談話。他告訴外祖父：時局在變化中，程潛主張東征，張發奎主張南下。我們把軍校改編為教導團，跟隨第二方面軍南下，回廣州。第二方面軍政治部主任是郭沫若，外祖父擔任教導團政治委員，他的辦公廳有十個幹事，一個秘書。

外祖父回到政治部，督率員工辦結束，所有案卷，乃至家具物什，一概造冊，準備移交。次天一早，外祖父趁著忙亂，溜出軍校，回家與外祖母一起，即刻搬家，藏匿起來，因此沒有跟隨軍校教導團南下。第二方面軍撤出武漢之後，一部分人參加了毛澤東領導的湖南秋收起義，另一部分人則參加了朱德領導的江西南昌起義。

外祖父一家逃離軍校，躲進武漢人海的一個角落，改姓為萬，一家大小，只靠手握的四百元國庫券度日，一度每天兩頓飯，都是喝藕粉，而且沒有糖。外祖父整天不出門，躺在竹床上讀《資治通鑒》，有時寫一篇文章，讓外祖母帶出去，郵寄給《中央日報》副刊。外祖父在自己的文章裡提出「分共之後，仍然革命」的口號，頭一個響應的是施存統先生。他原是武漢中央軍校政治部主任，因為追隨陳獨秀路線，受到整肅。

當時《中央日報》副刊編輯，是大名鼎鼎的孫伏園先生。從還在北京大學讀書時開始，外祖父就對他很尊敬。外祖父告訴我們，五四運動前後，胡適和陳獨秀的《新青年》其實沒有很大影響力，其歷史作用完全是後來政治宣傳的夸大其詞。五四運動時期，北京的大學生沒有很多人讀《新青年》，當時鼓吹白話文的還有《每周評論》。而文言文的《國民雜誌》也有很多讀者，黃建中是該雜誌主要撰稿人，受到很多人推崇。據外祖父回憶，當時北京學生中最流行的，是《晨報》，總編輯是陳博生，副刊主編就是孫伏園先生。

孫伏園先生在《中央日報》副刊登尋人啟示，請陶希聖先生到報館談話。從汪精衛分共，軍校解散，共產黨南下，只在報上經常見陶希聖之名，卻不見其蹤。過了些時，外祖父終於換了衣衫，化裝到《中央日報》去了一次，他需要拿回積存多時的稿費。到了報館，孫伏園先生告訴外祖父：國民黨中央宣傳部要辦一個周刊，顧孟餘部長徵求外祖父同意，主編這個周刊。外祖父聽了，當時就婉言拒絕，只答應經常給刊物寫稿子。

沒有應允做顧孟餘先生的刊物主編，卻駁不動周柄琳先生的勸說，外祖父再次穿起軍服，出任武漢軍事委員會政治部秘書處處長。當時政治部主任是陳公博先生，經常在南昌九江工作，所以在武漢的職務就由秘書長許德珩先生代理。許德珩先生每星期總有一次，約集幾個友人集會。外祖父參加了幾次許先生集會，認識了劉侃元先生和鄧初民先生。卻沒有想到，過了兩年，外祖父與鄧初民之間，竟然展開一場公開辯論，進而演化為中國歷史上著名的社會史論戰。請參閱本書〈中國社會史大論戰〉一文。

過不久，陳公博辭去政治部主任之職，繼任者是朱霽青先生。外祖父當時不認識他，就自己改到國際編譯處工作，混個閒差，試圖躲避政治部。不料朱先生一到任，頭一件事就是召回外祖父，任命為秘書長，兼宣傳處長，並兼《黨報日報》社長。

南京政局變化，寧漢合作，蔣介石下野，成立特別委員會，下令西征。劉興部隊戰敗，唐生智隨即宣布下野，撤往湖南，武漢政府便告結束。外祖父應朱培德將軍邀請，到江西南昌，主辦省黨務學校，改組《民國日報》，請參閱本書〈左翼文化領袖沈雁冰〉一文。不久外祖父辭去所有職務，轉上海。他投身北伐大革命的經歷，到此完全結束。

中國社會史大論戰

上世紀二十年代末和三十年代初，從上海到北京，曾發生過一場轟轟烈烈的中國社會史論戰，規模宏大，曾出版過許多卷的論戰資料。可是一九四九年後，為某些眾所周知的原因，中國大陸史學界和中國大陸媒體幾十年裡，對那場學術大辯論只字不提，大陸民間當然也就毫無所知。只到改革開放以後，特別是新世紀以來，才開始出現一些有關研究和論述。

中國社會歷史是怎麼演變和發展的？中國社會歷史到底是怎樣一種結構和性質？中國社會與外國社會究竟在哪些方面有所相同，又有哪些方面有所不同？中國社會將可能向什麼樣的方向進化？這些問題，非同小可，迴避不得。我們的前輩學者們，從上世紀初無數社會動盪和人民流血的慘痛中，了解到認識這些問題的重要性，開始了研究和辯論。但是因為日本侵華，抗戰成為當務之急，社會史論戰中途而廢，沒有獲得根本和全面的解決。

有些學者認為，至少是暗中認為，中國抗戰勝利後，中國社會之所以最後走到今天這樣一種局面，跟當年社會史論戰的無結果，多少有些關繫，或者相當重要的關係。這種看法，我很同意。因為顯然的是，有關中國社會發展歷史和未來的辯論，至今仍然沒有解決。中國大陸人現在仍然在重申「中國模式」這個，「中國特色」那個，卻從來沒有一個人能夠詳細地清楚地闡述，什麼是「中國模式」「中國特色」。中國社會到底是什麼樣的結構和性質，中國歷史演變到底具備什麼樣的特徵和必然，到今天仍然是個沒有結論的問題。現在有人開始對七十年前的中國社會史論戰表示興趣，是件大好事，關心歷史，就是關心現在和未來。

我不是歷史學家，雖然對歷史感興趣，讀過一些有關社會史論戰的文章，卻並沒有做過專門的研究，所以不敢對論戰的任何一種看法表示同意與否的意見。只是因為我的外祖父陶希聖先生，是當年社會史論戰的一員主將，所以我當然更願意相信他的理論。不過那不是本文的主旨，外祖父曾有過許多有關社會史論戰的回憶，我的母親也給我講過一些相關故事，我想紀錄下來，或許能為有心研究此專題的學者們，提供一些至今在仍不容易見到的原始資料。

中國社會史論戰，初起於一九二七年之後，已沒有人再提出疑問。從孫中山領導的民國革命，到蔣介石領導的北伐戰爭，一轟而上，一轟而下，屍橫遍野，血流成河，烽煙二十春秋，卻終於沒有取得徹底勝利。那些慘痛，讓中國學界眾人感到不安，開始提問：為什麼民主革命在中國如此艱難？那是許許多多中國有識之士朝思暮想的問題，所以社會史論戰一經爆發，就牽動了大江南北，產生學界大地震。但是那場社會史論戰，究竟最開始是如何引起的，卻有許多不同的說法，這裡提到的只是一種而已。

據外祖父回憶，還在北伐戰爭之前，他在上海商務印書館任小編輯的時候，曾經主編過一份雜誌，叫做《獨立評論》，跟後來他在北京大學任教時與胡適之先生一起主編的《獨立評論》不是一個雜誌。那時外祖父就在這個早期的《獨立評論》上發表過一篇文章，指出中國社會由兩大階層組成，分別是士大夫階級和農民。這個思想，當時並沒有引起學界多少注意，跟著發生翻天覆地的北伐戰爭，更無人有閒討論社會史問題，連外祖父自己也投身北伐戰爭，做了北伐軍中校軍官，社會史的研究也就停止了。

但也就是北伐戰爭的勝利和失敗，以及外祖父在北伐戰爭中的種種親身經歷，使得他感覺到中國革命急需開展對中國社會結構和性質的研究，否則中國革命將繼續在各種錯誤的方向中掙扎，並且將可能走往一個悲慘的結局。與此同時，北伐戰爭的許多實踐，包括各種政治鬥爭甚至自身險遭毒手，更讓外祖父成熟起來，加深了他對中國社會組織的認識和分析的能力。

北伐戰爭之後，外祖父帶領全家，從武漢回到上海。他把家安頓在上海，獨自一人到南京政府任職，做中央政治總教官，以及中央民眾訓練委員會指導科主任。每星期兩地奔波。在南京工作，在上海寫作。

還在北伐戰爭期間，外祖父就與鄧初民很熟識，雖然當時並不知道鄧初民是奉命在國民黨內工作的共產黨員，但非常了解他的共產黨立場。請參閱本書〈悲壯的北伐戰爭〉一文，此處不重複。北伐戰爭失敗之後，外祖父隻身逃到上海，鄧初民留在武漢，做國民黨湖北省黨部改組委員會的委員，不久也到了上海，在暨南大學和法政大學任教，同時組織中國社會科學家聯盟，自任主席，辦了個刊物，叫做《雙十》，宣傳中共政治觀念。雖然那個雜誌只出版了幾期，但在那幾期裡提出一個問題：中國社會是什麼社會？這個問題，引起了學界熱烈的討論。據外祖父說，那是中國社會史論戰的發端。

在最初的討論中，以鄧初民為首的一批中共文人，在《雙十》停刊後，繼續辦月刊，先叫《思想》，後來屢次改名，但都是同一批人操作。這一系列雜誌，發表了不少長篇論文，力陳中國社會是封建社會，或者半封建半資本主義社會，也就是後來幾十年統治中國大陸思想的社會學結論。

外祖父依據自己的研究，不同意這個判斷，從一九二八年八月到十二月間，他在《新生命》月刊連續發表論文，闡述自己的思想。同時他也在復旦大學和勞動大學等各種演講中，分析和宣講自己的社會學說。於是外祖父的這個理論，便產生出一些影響力，引起上海各界的注意。

於是《新生命》出版社主持發行工作的楊敬初先生，便請求外祖父把所有關於社會史研究方面的論文收集起來，印成一本書出版。外祖父主張印二千冊，楊先生一開頭就印了七千冊。不料那本小書自一九二九年一月問世，不到一個月就賣完了。於是第二版，第三版，第四版，每版兩千冊到五千冊不等，至一九三三年三月，印到第八版，足見世人對社會史問題的關注。

一九二八年冬天，外祖父辭去南京政府的所有職務，回到上海，專事研究寫作。同時他在江灣復旦大學文學與新聞系講中國文化史一課，每星期兩小時。請參閱本書〈陳望道與復旦大學〉一文，此處不重複。那兩年間，他還在勞動大學，暨南大學，中國公學，上海法學院等處兼課。

外祖父喜歡教書，對講中國歷史尤其感興趣。他講中國社會組織，特別分析士大夫階級與農民的社會關係，及其與政府的政治關係。他自己說，講的人有很高的興致，聽到人也有同意的興致。據外祖父講，那時他到大學或中學演講，都市聽眾擁擠在講堂外面。有時他才入校門，那講堂上的掌聲已經起來，直到他進入二門，及到講堂門為止，那情景很讓他感動。

母親還記得，外祖父講課收入很少，可靠的數目每月不過四十元。家裡主要的收入，是投文稿到一些定期刊物，或賣書稿給一些書店。當時上海，民主自由度很高，沒有言論管制，更少見文字獄，所以小書店林立市場。周刊與月刊，紛紜錯雜。文稿和書稿，一時之間成為暢銷的商品。定期的，收貨的，隨處都有。外祖父曾經說：我的稿子是支票，五塊一千字，隨手可以兌現。

一九二九年的一些長篇論文，收編為《中國社會與中國革命》，一九三〇年的一些長短篇文字，則編輯為《中國社會拾零》。兩部書都由新生命出版社出版，也都算暢銷的書。也是因此，史學界不少人把外祖父定為中國社會史論戰三方之中的新生命派。外祖父也出版許多小冊子，如《中國之家族與婚姻》，《中國封建社會史》等等，都是臨時賣出，找一點稿費來貼補家用。外祖父還編了《辨士與游俠》和《西漢經濟史》兩書，自覺比較整練，不願賣給小書店，所以送給商務印書館出版。

寫稿之間，外祖父還用功翻譯了奧本海馬的《國家論》，他認為那本書無異於表現他自己的社會史觀的方法論。那兩年間，外祖父自己說是對於馬克思與列寧的著作與論文，從英文到日文譯本上，下了功夫。同時對於批評馬克思主義的論著，也選讀了不少。他認為，自己的思想方法，接近唯物史觀，卻並不是唯物史觀。與其說他重視馬克思恩格斯的作品，無寧說他更欣賞考茨基的著作，比如考茨基的《基督教的基礎》，就是外祖父用心讀過的一本書。

然而他的思想方法，不局限於此。他用的是社會的歷史的方法，簡言之，就是社會史觀，如桑巴德的《資本主義史》和奧本海馬的《國家論》，才真正影響他的思路。用了這樣的方法，外祖父的工力，展現於兩方面。一是用社會歷史方法，解釋三民主義與國民革命，一是用同樣方法研究中國歷史，叫做中國社會史。

胡展堂先生發表了《三民主義的連鐶性》一書，轟動了思想界，但據說那本書是劉隱蘆先生執筆的。《新生命》月刊經常投稿的幾個人，相約決定連續發表一批論文，鼓吹三民主義的不可分性，在當時思想界也一度激起了波紋。其所謂三民主義不可分性，實際仍不過是企圖以社會史觀，解釋三民主義。

外祖父自稱，他當時的社會史研究，是粗放的工作。在賣稿為生的情景中，沒有多少善本書到手。他使用中華書局出版的《二十四史》，重新蒐集社會史資料。他說那套《二十四史》，是最低劣的版本，所以可以在書上塗抹甚至剪裁。剪報工作，在亭子間的書桌上，也是粗放的。他用舊信封，每個裝入同一問題或同一事項的剪報。每次執筆作文，只從抽屜裡檢出幾個信封，拿出其中的剪報，查出有關的資料，組織一下，就是五千字到一萬字的論文。

歷史是過去的社會，社會是當前的歷史。一個題目，若是講過去的歷史記載，與當前的報刊記載，兩下一拉，也就構成了可以討稿費的文字。外祖父說，這裡面，還是要加一點氣力。一個思想正在發展中的無名作家，遠比一個思想已在僵化中的成名作家，有更大的氣力。這種氣力，是兩種成份的結合。一種是深刻的觀察，一種是銳利的文筆。

外祖父又教導我們，談論與演講，只要是肯用心，乃是有效的整理思想與鍛鍊思想的方法。若是一個作家，到處虛心求教，隨時用心觀察，熱忱的懇談，傾心的演講，到了收集資料和下筆為文的時候，就會有得心應手的自覺。這種自覺，也包含著一種自信。

革命是海潮一樣的，有起有伏，有高有低。試想海水退潮之後，留在海灘的是一堆一堆的魚蝦。倘若有高岩，有大樹，在潮水的中間，可以站得住。到了退潮時，那岩石上，樹木下，眾草群花海有生存的可能。否則潮水下去了，花草與魚蝦同樣的腐朽了。

外祖父有這樣的自覺。一時的文名，不過是革命潮流把他帶起來，在潮水的浪頭上的一個泡沫。若是自誇自恃，自以為了不得，一旦潮水退後，那泡沫連上述的花草和魚蝦都不如，到頭來是一場幻夢。他也有這樣的自信，就是要趁著這一潮流，下功夫，扎腳跟，要像那岩石上的樹一樣，潮水全退之後，還可生存下去。

自信不是自誇，自信是從虛心實學中得來的。那一時的文名，也只是社會對於一個努力上進的人所給予的一點酬勞。若是一個作家，受到這種酬勞而自以為有超人的能力，自以為創造了自覺的地位，只須那一種虛驕之氣，就會立刻被社會鄙棄。這樣的作家，在外祖父眼光裡，並不在少數，眼見得他們一個一個隨風而去了。

這幾段外祖父所講的話，我都永遠地記著。其中既有深刻的思想，也有具體的方法。既是對我的鼓舞，也是對我的警示。我在思考，寫作，和生活的時候，不管潮漲潮落，始終保持自覺和自信，努力上進，也謹慎虛心，爭取做那岩石上的大樹，而不肯做那潮峰上得意的泡沫，更不能做那潮退後腐爛在海灘上的魚蝦。

一九三〇年，外祖父應朱家驊校長之邀，到南京中央大學做教授，僅一學期後，接到北京大學法學院周柄琳院長聘書，任北京大學教授。這之間，中國社會史論戰，並沒有停止。不過北平與上海不同，少商業和洋務的氣息，而且除了多年政治都市的傳統之外，又已發展成為一個文化和學術的城市。

五四之前的文學和史學，以章太炎先生的門下士為首腦，至三十年代初，已經成為最保守的一環。五四以後的文學和史學的名家，到此時成為了主流。但是北平的學生群眾之中，卻有一種特別興趣，急於要辯論一個問題，但又是一個京城派文學和史學的名家所不願出口甚至不願入耳的問題，那就是中國社會是什麼社會的問題。

當時北平中國大學的教授如黃松齡先生，還有馬哲民等，支持中共的主張，認為中國社會是半封建半資本主義社會。而北京大學的教授如劉侃元和施復亮先生等，則反對那個判斷，認為中國社會已經是資本主義社會。中國大學的教授，會應邀到北京大學演講，北京大學的教授也會到中國大學去講學。只有外祖父，他對中國社會的看法，與上面兩派都不同。

曾聽外祖父笑說，當某一大學的學生團體邀請某一位教授演講的時候，那先生上了講臺，若是提起中國社會是封建社會，反對派的學生立刻跺地板，槌桌子，表示異議。若是他一開口，中國社會是資本主義社會，另一批反對派學生，也是一樣。北京大學施復亮教授，幾次到外祖父家，氣喘吁吁，說他不敢講到這個題目，只是講經濟學研究方法。因為一講到中國社會這個題目，就有人反對。外祖父笑答：你是來吃飯，還是來宣傳？如果吃飯，就不要宣傳。如果宣傳，就會打破飯碗。

那施復亮先生，又名施存統，曾是中國共產黨早期領袖之一，北伐戰爭期間因為追隨陳獨秀思想，遭受中共清洗。但他的思想裡，馬克思主義仍然根深蒂固。他和一派中共文人堅持的研究方法，就是馬克思的政治經濟學說。外祖父在北京大學，經常對那些左派學生說：你們如果讀過《資本論》第一冊，就不會再去傾向共產黨了。據外祖父指出的事實：當時中國，除李季和陶仁靜兩位之外，中共內部幾乎沒有人讀過馬克思的《資本論》。那些自稱讀過馬克思著作的中共幹部，頂多讀過些摘抄的片段文字。而且在中國流行的馬克思著作譯本，多從日文或俄文轉譯，大部分已經不可能準確，也難免發生許多根本錯誤。至於廣大中共基層黨員，則只是聽上級隨意解說信以為真而已。外祖父這個說法，七十幾年後得到北京的證實，文革之後中共理論界公開承認，當作中共教科書幾十年之久的中文《資本論》和《共產黨宣言》，翻譯都有重大錯誤。

那情況下，外祖父立意要打破這種輕率而僵化的公式主義流弊，提倡一種不同的研究方法。他認為，一個社會的發展有歷史法則可以尋找出來，但這又與考據學派大不相同。外祖父認為，歷史的方法和結論，必須從史料裡產生，才是真確的。如果先搭一個架子，然後找一些史料拼進去，那就是公式主義，是完全錯誤的。外祖父鼓勵學生青年們，蒐集經濟社會史料，並從史料中尋找歷史法則。外祖父並且主張，中國社會發展，可與歐洲社會發展做些比較研究，尋找共同點與不同點，但那並不是要拿歐洲某種社會發展學說，來硬性套用於對中國社會發展的研究。

從這個意義上講，外祖父參加中國社會史論戰，其意並不僅僅在於引導中國民眾認識中國社會的歷史發展和性質，而更在於要引導中國學術青年修正研究方法，不要誤入公式教條的歧途。從後來幾十年中國文化的演進，乃至現今中國的文化及學術研究格局而言，外祖父可以說是有先見之明，他當年的擔憂，居然就成了後來的實際。中國大陸一代一代學者，始終在僵化的公式教條泥坑裡掙扎，至今沒有找到有前途的生命之路。

中國大陸現在極為罕見的對社會史大論戰的研究，大多還是走在那條崎嶇之路上，完全從政治立場來界定社會史論戰的派別。某某是國民黨派，某某是共產黨派，某某是托派。順便提一句，當年把托洛茨基罵做仇敵，是遵循列寧的主張，現在來看，其實托洛茨基並不錯，所以繼續把托派當作敵人來對待，就確實地表現出了僵化意識。我看到的許多有關分析，總以是否信仰馬克思主義作為分野，而劃定其政治陣營。因此對外祖父的立場，就感到棘手。因為外祖父在政治上反對馬克思主義，但在方法上應用辨證唯物論，那麼他到底是否信仰馬克思主義。

僵化的頭腦，是無法認識歷史的。辨證唯物論，並非一種政治思想，更非馬克思的獨家版權。辨證唯物論是黑格爾首先闡述，是一種研究問題的方法，反對馬克思主義的人，也可以使用辨證唯物論，而且正是應用辨證唯物論，才更能分析出許多中國特色馬克思主義的錯誤。外祖父就是一例，他政治上反對馬克思的主張，但是方法上採用辨證唯物論。據我猜測，正因如此，中共方面對外祖父格外忌諱，特別感到威脅，最後專門派了代表，去同外祖父求取妥協，停止中共左派同外祖父的爭論。

其實外祖父更感擔心的，並非完全是政治方面的爭辯，他同時深切地認識到，由於缺乏辨證唯物論的方法，中國青年誤中某些政治集團圈套，後患無窮。他曾經對於一些以論帶史的文章表示極大的不滿，一針見血地指出：「先定結論而後去求前提，遠不如大小前提既定之後，再定結論。」

所以他特別致力於糾正方法論方面的偏差，堅決反對先用一種政治思想對歷史做出結論，然後篩選史料來證明那個政治結論。為此外祖父在上世紀三十年代，創辦了一份新雜誌，叫做《食貨》，是個半月刊，專門提倡一種史學研究方法，先從儘量全面的史料出發，再經辨證唯物論的分析，來研究中國社會和經濟歷史，最後才做出符合歷史真實的結論，借此培養和訓練更有資格研究歷史的人才。

這份刊物《食貨》由上海新生命出版社出版，因為太專門，而且學術性強，所以銷路始終不大，但是得到了留心研究中國經濟社會史的大學師生們的愛戴，其影響比銷路大許多。這份刊物後來因為外祖父政務繁忙而停止了幾十年，直到他在臺灣退休之後，才重新恢復，直至外祖父去世前一年終止。但其影響延續至今，乃海內外華人研究中國社會經濟史所不能或缺的必讀資料。

為了實現他的目標，培養更多中國社會經濟史的研究人才，外祖父在北京大學創辦了一所經濟史研究室，先從唐代經濟史料的蒐集做起，與一批學生工作了一年，將收集到的資料編成《唐代經濟史料叢》八大冊，分別為唐代社會經濟的發展，唐代的農業與土地問題，唐代的手工業，唐代的交通，唐代的都市生活，唐代的商業，唐代的財政，交給北京大學出版部印刷，可惜只印出樣本，便因七七事變爆發而中止，只一冊《唐代寺院經濟》問世。抗戰勝利後，北京大學威特福格爾博士，把自己存留的其他幾冊樣本寄給外祖父。外祖父遷到臺灣之後，一直存在家中，後來竟被白蟻吃爛。

威特福格爾博士，是共產國際推薦訪華的四人之一，本是要去延安考察，尋找材料替中共做國際宣傳。那四個美國共產黨員途徑北京，威特福格爾忽然決定不去延安，而留在北京，從此脫離國際共產黨的組織。他在北京的一年間，委託外祖父的經濟史研究室，替他收集遼金經濟社會史料。

外祖父帶領學生，替他做了大批的卡片，七七事變後他回到美國，編成一本《遼代社會史》，獲得出版，成了國際公認的中國史學專家。

威特福格爾博士認為，中國社會是馬克思所說的亞細亞社會，也就是以單純再生產為基礎的社會。其國家組織起源於水利工程的集體勞動，而與西方的國家起源於積極鬥爭不同。但外祖父的中國社會發展學說，與馬克思的亞細亞社會理論有很大差別。他把中國歷史分為五大階段：一為夏商周三代，是三個部落聯盟，以北方之夏為主族的聯盟，以東方之商為主族的聯盟，以西北之周為主族的聯盟，先後相繼統治中原。二為東周至戰國，是由部族演變為國家的過度時期。至秦漢時代，中國成為大一統的國家。三為由東漢以後，中國進入中古階段，士庶與莊客及奴隸的等級，甚為分明。這一時期，社會組織以莊園經濟為主。四為中唐以後，中國進入商業資本獨特發展的農業手工業社會。五為清代以後，是帝國主義壓迫之下的商業資本主義社會。

外祖父在北京大學任教六年之後，把其中國政治思想史和中國社會史兩個課程的講義，歸併增修，陸續印行了一部四卷本《中國政治思想史》，共計七十萬字。那四大本書，未能全依五階段論來編成，因為五階段論，是民國二十四年到二十六年之間才構成的，而那四大冊書則是民國二十二年至二十五年間陸續出版。

這個期間，外祖父關於社會經濟史方面的論文，還在兩個刊物發表。一是《食貨》半月刊，二是天津《益世報》的食貨副刊，那副刊每星期一次，只有半年的生命，遭逢七七事變而停頓。如此的社會史研究成果，使外祖父在中國學界聲譽大振，日本學界曾驚呼：中國社會史界的陶希聖時代來臨。

但是諾大個中國，容不下北京大學一個教授的書桌。一九三七年前半年，日本侵華的危機加深，北平在風雨飄搖之中，共產黨趁機擴充在華北的力量。社會震盪，民心浮動，外祖父不得不暫停學術研究，轉而開展時事政治評論，號召全國團結，齊心抗戰。他的時事論文，有些投《獨立評論》，有些交天津《大公報》，作為星期專論。曾有兩三個月，他一口氣在《華北日報》和《小實報》上，連續發表時事評論四十餘篇，指斥以我主為民主和分裂國家的廉價政治家們，一時氣勢如虹，震撼人心。

北平左派教授們頗感不安，教唆學生聯合會向地方法院提出起訴，控告外祖父教唆傷害罪。法院發來傳票，定期開庭。外祖父自己起草一篇辯訴狀，陳述實際狀況，並申明自己反對一切分裂中國的口號和做法。那篇狀子，交北平《世界日報》發表，用的是大律師北京大學法律系主任戴修瓚先生的名義。到了開庭之日，外祖母僱了一部汽車，先到絨線衚衕看一遍。舊學聯男女學生六百多人，包圍著法院，顯然法庭無法按時開庭，所以外祖父也根本就不必去法院應訊了。

此事方過不久，外祖父忽然接到一封來信，信紙上署名是一個叫做凱豐的人，自稱是專程從延安來的，願意出面調停這場中國社會史大論戰。又過一日，外祖父再次收到一封來信，是北平農學院總務科吳科長，邀請外祖父到他家，與某君一談，調解社會史論戰。外祖父從來不認識那個吳科長，也不知凱豐為何人，但仍應約前往，在吳宅的小客廳裡，會見那個叫做凱豐的延安客。

凱豐先生一見面就說明，中國共產黨已經在延安決定並宣布，現在起聽從蔣委員長的指揮，參加抗戰。他說，北平的左派教授們，多年來一直反對國民黨和國民政府，今天要說服他們，接受三民主義，接受最高統帥的命令，不是一件容易事。他特地到北平來，同外祖父見面，就是要調解雙方之間的爭論。外祖父說明，鬥爭的動力不在他身上，而在那批左派教授們。他們要分裂中國，而他反對他們分裂中國。

此次談話之後，延安一聲令下，北平的左派教授們果然立刻都閉了嘴，安靜下來。一場轟轟烈烈了八年之久的中國社會史論戰，就此平息，未得結果。我們今天回國頭來看，此次論戰確實相當重要，對中國歷史的發展具有太重大的意義，或許正因此，中共才決定強行下令終止。事實說明，那次中國社會史論戰的沒有結果，恰也是造成中國大陸後來幾十年災難的原因之一。

香港淪陷

我在北京買過一套中國歷史故事集，是專門為兒童編寫的，帶回美國給兒子講，想讓他了解一些中國歷史和文化。講了幾個之後，兒子就不要再聽了，理由是：全是打仗殺人的故事，不好聽。這個說法，叫我很吃了一驚，便重新翻閱了一下那套書，發現果然如此，中國歷史幾乎就是一部戰爭史，從春秋到民國，戰事不斷，許多日常生活成語竟然也都是戰略戰術的總結。

這種文化教育，我們在中國大陸從小經歷，很少有人提出過任何疑問，只是盲目地接受，還覺得古人（及現代人）很會打仗，很會殺人，光榮偉大。毛澤東所寫詩詞，也多歌頌戰爭之作，常常把戰爭描寫得十分美好。而且毛澤東的詩詞，全部寫的都是如何與國軍作戰，如何屠殺同胞，沒有一行字提到過抗日戰爭。所以中國大陸有太多人，熱衷於戰爭，嗜血成性，特別是許多從未經歷過戰爭的中國大陸青年，那些在蜜糖水裡泡大的中國大陸小皇帝們，整天把打仗掛在嘴邊，今天喊叫要打這個，明天喊叫要打那個，還成天高呼武力攻打臺灣，好像戰爭是個多麼好玩的事情。

我從來不把戰爭當兒戲，因為從小聽父親母親講過他們曾親身經歷過的戰爭故事，所以我知道戰爭要流血，戰爭要犧牲，戰爭很殘酷，戰爭很悲慘。戰爭中的每一個英雄，都以千萬死亡為代價。戰爭中的每一面勝利旗幟，都是插在成堆的白骨之上。戰爭中的每一聲歡笑，背後都震響著無數婦女和兒童悽慘的哭聲。我聽父母講過的戰爭故事很多，其中最能表現戰爭之恐怖和艱難的，是我的外祖父一家從香港逃難的經歷。

一九四一年十二月七日，日本飛機襲擊美國珍珠港海軍基地，太平洋戰爭爆發，第二天日軍便向香港發起全面進攻。香港人以為在英國的保護下，原本並沒有在意日本是否會進佔香港的問題，更對日軍侵入毫無準備。

十二月八日早上我的三舅和四舅兩個，像往日一樣，搭七號巴士去上學。四舅到學校門口，發現書包不見了，一路哭著，往回家路上走，想要找到書包。他走到亞皆老街，聽見遠處有飛機轟炸的聲音，慌忙靠牆蹲到地上。他那時雖然只有七歲，但從北平逃難到上海，又逃難到武漢，經歷過許多次空襲，曉得多麼可怕。他問過路人：是演習還是真的？過路人不經意地說：是演習。於是四舅便又起身，接著走路，找書包。

天上轟炸越來越密集，也越來越近，過路人開始奔跑起來，有人大叫：是日本飛機轟炸！啟德機場轟壞了！四舅聽到，知道事態嚴重，害怕得很，站在路上，東張西望，不知如何是好。這時因為轟炸，學校緊急放學，三舅跑到四舅教室，找不到四舅，便沿回家路，跑來尋找。半路見到四舅站在馬路當中發愣，一把拉了他，就往家跑。四舅還哭著，要找他的書包，三舅說：仗都打起來了，還要什麼書包。

十二月九日晚，外祖父接到杜月笙公館的通知，說杜先生在重慶託了中國航空公司，當晚到香港來接許崇智和外祖父幾人飛去重慶，請外祖父晚飯時候到杜公館等車子去機場。外祖父按照時間，到了杜公館，杜太太找出杜先生一件毛衣，託外祖父帶到重慶，交給杜先生，說是重慶天冷。

等到同行的人到齊，大家起身出門，到了車庫，坐進車裡，車夫發動車子之後，才發現因為杜先生不在，車子不經常外出，眼下車裡汽油不足，恐怕開不到飛機場。與其半途停下，不如當下抓緊時間，先加足汽油再出發。車夫於是請客人們暫時下車小候，他趕緊開去加油。但是不料，附近各加油站，因為怕遭日機轟炸，早都關了門，無油可加。車夫回來，垂頭喪氣。外祖父一班人不及多話，只好匆忙決定步行，從杜公館往飛機場走。

一路上到處混亂堵塞，人們驚惶失措，碰碰撞撞，外祖父等人又都穿著長衫皮鞋，根本跑不快。看看過了午夜十二點，還沒走到機場，遠遠聽見一架飛機起飛，想必就是杜先生安排來接他們的那個航班，實在無奈，外祖父只好轉路回家。

第二天，日軍空襲之後，繼而開始發動炮擊。只見香港地區，到處是印度兵卡車，一輛一輛從新界往尖沙嘴撤退。亞皆老街遊民，三五成群，四處逃竄，整個九龍已然大亂。外祖父慌忙脫下長衫，換上廣東短衣，與外祖母帶著三舅四舅五舅三個，出門逃難，到山林道臨時租的小屋去住，床也沒有，大家打地舖。那時母親已經單身一個，到昆明西南聯大去讀書了。

外祖母決定，讓大舅留在亞皆老街，負責看家。他雖是家中長子，但當時還不到十五歲，兵荒馬亂，一人在家，怎能不害怕。他後來告訴我們，那些天他晚上根本不敢睡覺，通夜睜著眼睛枯坐。只有白天才敢睡一會兒覺，也睡不穩當。幾天下來，筋疲力竭，人整個瘦了一圈，神經也幾乎要崩潰。

外祖父外祖母和三個舅舅，逃出家門，一路上，只見幾處糧店遭搶，饑民遍地。外祖母本是小腳，又拉著年幼的五舅，都走不快。沒走多遠，當街一群搶匪擋住他們去路，一個個搜身，搶去攜帶的所有錢鈔，然後給了他們一張紙，上面寫道：心胃氣痛散。外祖父問：那是什麼意思？搶匪們說：拿這條子，以後在香港通行無阻。外祖父外祖母先還不大相信，但是沒有想到，果然如此，他們繼續往前走，凡再遇有強人攔截，便遞過去那紙條，即獲放行，再沒有搜身和搶劫。

對現在的青年們講這種故事，恐怕不大會有人相信，但那是我的外祖父外祖母和舅舅們親身經歷的情況。原來香港的搶匪們，也很有組織，而且相當講公道和信用。他們攔路搶了人，還會給路條，並且說是搶過一次之後，絕不再搶第二次，就確實不再搶第二次。而且他們只搶錢物，絕不傷人，從某種意義上講，拿了他們的路條，甚至有一種人身安全的保護。所以那些搶匪，並非見利忘義，圖財害命，還是多少講些人道的。相比之下，後來蔓延中國大陸幾十年把人不當人，隨意宰殺的態度，實在連香港流氓搶匪都不如。

到第三天，日軍占領全部九龍。香港居民，家家戶戶，爭先恐後地掛出太陽旗，表示接受日軍統治，以免家人遭到日軍捕殺。本來沒有想到日軍會如此之快進佔香港，很多人家準備不足，突然一下子，所有的人都要買太陽旗，自然很多家買不到。於是許多人就只好自己趕緊想辦法，扯塊白布，或者拿個白床單，也顧不得尺寸比例，稍稍一量剪個方塊，在白布正當中扣個大碗，用紅墨水沿邊畫個圓，然後將碗拿開，圓圈中間塗滿紅色，只當就是太陽旗，掛到門口，遠近看去，好像鮮血淋淋，醜惡至極。

到處米店關門，大家要吃飯，就去搶糧。九龍倉庫大門被打開了，人人都去搶東西，山林道小屋旁邊，一個鄰居搶來一箱沙丁魚罐頭，擺在家門口。三舅從自家拿了一碗米，跟那鄰居換回來一盒魚罐頭。於是那天，外祖父一家吃飯，每人一碗稀飯，加一條沙丁魚。外祖母不許多吃，說是要留下來，以後每頓飯慢慢吃。

一連多天，不敢出門。三舅當時九歲，四舅七歲，五舅四歲，怎麼熬得住，又不敢哭出聲，外祖父只好每日講《西遊記》給他們聽，又當飯解餓，又轉移他們注意力。那一天，外祖父正講到火焰山上鐵扇公主肚子痛，英軍從香港炮擊九龍天文臺。一炮打到山林道上，所有窗戶震得粉碎，玻璃渣從舅舅們的頭上落下，下雨一般。三個舅舅發一聲喊，雙手抱頭，臥倒在地。天保佑，沒有人受傷。

看來山林道也住不成了，外祖父外祖母趕緊領了三個舅舅，再次出門逃難。凡上路，外祖父總背條棉被，走到哪裡，鋪在地上，一家人可以坐在樹邊牆腳休息，清晨天冷，也要這條棉被包住三個舅舅，不使著涼。外祖母則永遠提個暖水瓶，遇到哪裡有個門洞，一家人擠進去，拿出牛奶，滴幾滴在暖水瓶蓋裡，沖點熱水分吃。有一次，外祖母跟外祖父兩人，把沖了牛奶的暖水瓶蓋推讓一下，牛奶撒在地上，四舅大叫：可惜可惜。三舅低頭生氣，不講話。五舅說：我口乾的時候，用舌頭舔溼就不乾了。

他們幾人這麼一吵鬧，房子裡面的住戶聽見聲音，開門出來，見門洞裡擠了外祖父一家，生了氣，趕他們走。外祖父外祖母們只好領著舅舅們，背著棉被，提著水瓶，離開門洞，繼續漫無目的地朝前走，走一陣歇一陣。開頭還想挑個乾淨一點地方歇腳，後來累得緊了，也就不顧，隨地而坐，四週死人，蠅蟲亂飛。如此漫走，到底無處可去，外祖母決定，還是最好先回家，她實在很惦念留在家裡的大舅，尚不知他是生是死。

可是回家的路已經不通，日軍設立崗哨，把守路口要道，鐵路橋洞都過不去。天色已晚，外祖父一家站在路邊，不知該怎麼辦。看到旁邊有一座木屋，他們便過去，坐在門外，稍事休息，商量辦法。房子主人聽見動靜，出門來問。外祖父自稱是新界元朗生意人，到九龍投親，過不了崗。那房子主人說：走難遇貴人，進屋來歇腳吧。那人是個木匠，說他的樓上有間空屋子，可以臨時租給他們住住。

外祖父一家走進那房子，向主人買一點豆糊，五人分吃。木匠看他們實在餓得可憐，分給他們一人一碗白米飯。已經好幾天沒有見過白米飯了，五舅不相信有人會送飯給他吃，看著面前的飯碗，問：這是給我吃的嗎？很久不敢動手。

吃過飯，一家人爬上樓，住進那間空屋，沒有床，睡地板。滿屋都是臭蟲，大人小孩翻來覆去，無法睡著。五舅到底年紀小，一天辛苦之後，胸口爬滿臭蟲也不管，睡熟了。外祖母坐在一邊，通夜不合眼，幫忙捉三個舅舅身上的臭蟲，讓他們睡覺。

日軍把九龍塘作炮兵陣地，四處戒嚴。外祖父外祖母帶了三個舅舅，每到白天，就在週圍打轉，想瞅空子過鐵路。一天轉下來，沒有機會，便回到那木匠的家，鑽回樓上空屋，伴著臭蟲過夜。終於有一天，早上四點鐘，外祖母突然聽見外面有人喊：戒嚴取銷了。她趕緊叫醒外祖父和三個舅舅，背棉被，提水瓶，跌跌撞撞，拚命往橋上奔。剛跑過戒嚴線，日軍便開槍掃射。原來不是戒嚴取銷，是日軍換崗，接班的晚到，有了二十分鐘的空，讓外祖父一家人跑過去了。

回到家，外祖母看見大舅，兩個眼裡不住流淚，對大舅說：你還活著。外祖父問大舅，日本兵到家裡來過嗎？大舅說：有一次來了幾個日本兵，帶了米來，要我給他們煮飯吃。我只好生火煮飯，他們吃飽了，臨走把剩的米留給我。大舅還告訴外祖父：上海七十六號也派了人，和日軍一道來我們家裡，搜查過幾次，什麼也沒找到，只好走了。上海七十六號是日寇的特務組織的代號，請參閱本書〈萬墨林兩肋插刀〉一文。

外祖父一聽，馬上拉了家人，掉頭就走。既然七十六號曉得大舅一個人留在家裡，必知外祖父會回去找他。那麼七十六號一定也還會再來搜查，說不定已經埋伏在周圍。外祖父大小六人趕忙跑出去，找到余啟恩先生幫忙，在山東街他的親戚黃醫生家樓上躲起來。從此一家大小不許出門，一連數日，舅舅們憋得要命，真是可憐。

好大一陣，九龍完全成了死城，毫無動靜。忽然一日，傳出消息，說是日軍下令，疏散難民。杜月笙公館馬上給外祖父送來幾張難民證，囑咐他們拿了難民證，分批化裝難民，按照日軍指定的時間地點集合，逃出香港。外祖母自然是要外祖父第一個先走，外祖父心裡著實很怕，但是不冒這險，留在香港，也只有死路一條。

已經在香港街上逃來逃去四十八天，外祖父本已衣衫襤褸，狼狽不堪，作難民也不用化什麼裝了。友人高彤階先生指點，用椰子殼燒出油來，擦在臉上，臉就變得臘黃。那一夜，外祖母和大舅兩個，一夜沒睡，給外祖父燒椰子油擦臉。外祖母給外祖父準備了一個布包，一隻熱水壺，壺的夾層內塞四百元法幣兩張，港幣兩張。外祖母又蒸了六個饅頭，把兩個金戒指揉在饅頭裡。這錢不光是外祖父的路費，如果外祖父真能逃出香港，回到祖國大陸，就要馬上寄錢給正在昆明西南聯大讀書的母親，因為日軍佔領香港，算來他們已經兩個月沒有給母親匯款，恐怕母親早已斷了糧。此段請參閱本書〈蔣夢麟悲天憫人〉一文，此處不重複。

第二日清晨五點，外祖父一步一步下樓，外祖母一步一步後面跟著，各自兩眼含淚。到門口，看見外面街上，一群一群難民，都靜靜地走路。外祖父不敢回頭再看外祖母，一步跨出門，加入難民隊，就那樣走了。他們兩人講好，如果回到國土，便在桂林相聚。但外祖父離開家門的那一時刻，誰也不知一家大小哪個能夠活下來，走回國土。

外祖父靠著椰子油塗黃的臉，拿了難民證，總算通過日軍的檢查，隨難民隊到了大浦，趕上一條漁船，黃昏獲准，離岸出發，駛往大陸。次日清晨，船在海灣，忽聽槍響，外祖父站不起來，以為是日軍發現陶希聖混在這條船上，追趕上來，於是乾脆躺在艙裡，準備等死。不料截船的不是日軍，而是一群海盜，船上每人交夠五元，即放行。

不過日軍嚴加防範，決心活捉陶希聖，確有其事。外祖父逃跑的那天上午，日軍獲得一份情報，說陶希聖企圖化裝難民，走陸路潛逃。日軍立刻封鎖各條路口，捕捉許多出走的難民，吊打逼供，到底沒有找到外祖父。正是那時，外祖父所跟隨的那批難民，到了葵湧，捨舟登陸，加速步行，走了半夜，才到一個小村歇息。第二日早起，繼續急速步行，趕往目的地惠陽。不料將近惠陽，聽說該城已被日軍占領，不能再去了。難民隊只好掉轉頭，四處亂走，外祖父自然也跟在裡面，轉了幾天，到達橫瀝，無奈之間，再次上船，沿東江到了龍口，這才算終於遇到中國軍隊，那時已是陰曆除夕之夜。

這段時日裡，外祖母也領了四個舅舅，逃出香港。送走外祖父之後的第二天，外祖母聽說又有一艘疏散船白銀丸，要開往廣州。她馬上領了舅舅們，用另外幾張難民證，趕去上船。外祖母抱了行李，大舅背著五舅，三舅拉著四舅，跌跌撞撞到了水師碼頭。日本兵很殘忍，在難民人群裡胡亂揚鞭抽打，週圍許多人臉上都流著血。外祖母讓舅舅們都低下頭，伸手罩在頭上，急急上船。三百人的小船，擠了一千多人，都是潮州難民回鄉。外祖母囑咐舅舅們，在船上誰也不許講話，更不許亂動，只怕廣東難民聽出他們內地口音，恨他們佔了廣東難民的座位，把他們都丟下船去。兩天一夜，滿船大人小孩，不吃不喝，忍饑挨餓，在海裡飄蕩。好不容易到了廣州灣，法國警察卻不許乘客下船登岸，而隨船的日軍又不許船回香港。

滿船人絕望之餘，有人終於耐不住，跳水登陸。法國警察就向水裡開槍，有人打傷，有人打死，在水裡翻滾，血染水紅，慘不忍睹。如此大人孩子哭啼喊叫，鬧了一天，直到黃昏時分，法國警察下崗，船上人才從窗洞裡跳出去，爬上小木船，停靠碼頭，登上岸去。所有難民的行李，也由船員卸下，運去潮州會館保存。當夜外祖母什麼都顧不得，只想保住幾個舅舅的性命，無暇去管行李，就算被人搶走，也只有讓他們搶走了。

大小五人，在江邊一個小店裡吃一頓飽飯，再到西營找家旅店睡覺。第二天一早，跑去潮州會館領行李。大院中間立樁圍繩，裡面整整齊齊堆放了幾百件大小行李箱籠，兩個大漢手持木棍在入口把守，驗明船票身分，順利領回行李，一件不少。那兩個大漢也沒有因為外祖母內地口音，刁難他們。拿著行李，走出會館，回頭看見旗杆上飄揚的青天白日滿地紅國旗，外祖母不禁熱淚盈眶。三舅四舅兩個立正，用童子軍三指軍禮，向國旗致敬。生死逃難，回到祖國，那感受是十分強烈和深刻的。

外祖母獨自一人，領了四個舅舅，兵荒馬亂，實在寸步難行。萬般無奈，只好給重慶的杜月笙先生發電報求救。過了幾日，杜先生派的人到了，不僅給外祖母幾個發了些路費，還專門派了嚮導為他們領路。三舅至今還記得，那領路的人，叫做范瑞甫，當時才三十幾歲，烽火連天之中，隻身翩然而至，受命護送外祖母一家。從廣州灣出發，一氣連續走了十天路，外祖母幾人坐轎子，范先生不坐，兩隻腳走了六百多里，然後又坐車陪了三百里。他一路沉默寡言，任勞任怨，每到一地，安排外祖母一家住好，就去聯絡當地軍政和幫會中人，準備下一日行程。進了深山峻嶺，范先生更是眼觀六路耳聽八方，前後照應。外祖母一家到了柳州，可以坐火車到桂林，范先生的任務也便完成，一刻不留，飄然而去。三舅講完故事，總會感嘆，如此剛毅沉著，來無影去無蹤的人，真是大俠客。

就這樣，外祖母一家時而坐轎，時而步行，一路風餐露宿，直走了二十多天。有一日，走在荒村僻野，大舅和三舅實在腿痛，落了後。黃昏時候，走到一條田溝邊，上面搭了一塊石板，給人過路。兩個舅舅剛要走上去，田裡跳出一個農夫，拿把鋤頭，說那石板是他鋪的，過路要收錢。大舅說，那麼我們不走石板，跳過溝去。那農夫也不答應，說是只要從此路過從，便要留下買路錢。兩個舅舅無法，只好每人付了三塊錢，才過去了。

舅舅們已經有了經驗，曉得廣東買路錢都是三塊。他們過廉江縣的時候，因為范先生聯繫，廉江縣長來看外祖母一家，對他們說，明天要過十萬大山，不很安全，縣長大人派八個親兵，護送外祖母一家到山那邊，那以後就不是他的地界，他管不了。第二天，八個親兵果然來了，僱了轎子，上路進山。過了中午，看見山頂有人持了長槍，向下面打手勢。那縣長的親兵用口哨回應，然後領了外祖母一家轉來轉去，最後到一個峽口，幾個土匪守著一個大木箱，箱上插個白旗，寫個不認識的字。幾個親兵跟土匪交涉了半天，外祖母和舅舅們每人付三塊錢，放進木箱，立刻放行。晚上過了十萬大山，那幾個親兵便完成任務，轉路回家去了。

外祖母領著舅舅們，到了柳州，坐了火車到桂林的時候，外祖父也在龍口上了岸。他沒有忘記，第一件事就是把暖水瓶裡的錢取出，又把饅頭裡的金戒換了鈔票，馬上找到一家郵電局，先發電報到重慶給陳布雷先生，報告平安脫險，又在郵電局櫃檯上，給西南聯大陶琴薰點匯四百元，匆忙間不及附信，只註了父字。出了郵電局，外祖父直奔菜場，買了一隻雞，拎到旅館，請店主幫忙煮吃，他一路上幾乎餓得要發瘋，看著鍋裡的雞，口水直流。

雞還沒有煮熟，旅館門口開來一部小汽車，車夫走進來，報告說廣東省政府接到重慶通知，知道陶希聖先生到了龍口，專門派了車來，要接外祖父到韶關去。肯定是陳布雷先生接到外祖父的電報，獲知他已到龍口，便立刻電報通知了正在韶關的廣東省政府主席李漢魂將軍。李主席一接重慶電報，立刻派車到龍口，接外祖父到韶關，設宴為外祖父壓驚。外祖父雖然很心疼那只半熟的雞，卻也無法，只好又忍著飢餓，跟隨車夫到韶關，住進互勵社。

吃過李主席的宴會，外祖父連夜給桂林當地所有報紙發電報，囑咐刊出一則消息：廣東省主席李漢魂在韶關宴請陶希聖先生。外祖父和外祖母兩人本來約好，回國之後在桂林相聚，當時外祖父無法知道外祖母和舅舅們是否已經逃出香港，但他相信，只要外祖母他們逃出了香港，便一定要到桂林，或者可能已經到了桂林。可外祖父自己前前後後多跑了十七天路，結果還遠在韶關。真是幸虧外祖父急中生智，給桂林報紙發了那則新聞消息。外祖父還在惠陽橫瀝龍口打轉的時候，外祖母和舅舅們已經到了桂林，整日找外祖父找不到，急得要命。各地到處傳說，日本人捉住了陶希聖，剝了皮。聽到那種流言，外祖母和舅舅們心裡怕得要死，只有每天看報，希望獲得外祖父的消息。

那天早上，外祖母又領著舅舅們，站在桂林漓江木橋邊的貼報欄前，忽然看到《掃蕩報》頭版，登出陶希聖在韶關赴宴的消息，才曉得他走東江，到了韶關，並沒有死。舅舅們讀了，大喊大叫，歡喜若狂。外祖母不知是悲是喜，只有眼淚止不住的滴下來。

那之後，外祖父從韶關坐火車趕到桂林，總算一家人再得團聚。住過幾天，外祖父被熊式輝將軍邀請，同機飛到重慶。熊式輝將軍剛接到任命，做中國政府駐美國華盛頓代表，他想請外祖父同往美國，做代表團的秘書，所以急著帶外祖父到重慶見蔣委員長，面呈請求。為此，熊式輝將軍讓外祖父用了熊夫人的機票，讓熊夫人晚一天飛重慶。但是到了重慶，蔣委員長沒有答應熊式輝將軍的請求，沒有委派外祖父去美國，而是將外祖父留在重慶，任委員長侍從室少將組長，由陳布雷先生直接領導。

外祖父離開重慶之後，外祖母便帶了舅舅們，於七月二十四號出發，從桂林搭火車，先到柳州，再到金城江，走了兩天。然後分搭兩輛大卡車，走了七天，才到貴陽。因為曾外祖母那時住在貴陽，所以外祖母和舅舅們就在貴陽住了五天。曾外祖母給舅舅們講雲南擺夷人的習慣，又看舅舅們個個面黃肌瘦，便給他們煮燕窩吃。第二天早上起來，幾個舅舅的臉都腫了。曾外祖母說：哎呀，娃娃們實在可憐，已經虛得不受補。八月十三號，外祖母和舅舅們坐離開貴陽，坐上木炭車，走川黔公路，到重慶去。當時汽油不夠，那車子只能用木炭生氣發動，爬坡沒有力，在大山裡，走得極慢。有時上坡，乘客們要下車走路，減輕汽車重量。這樣走了三天三夜，才到重慶。

半年之後，母親從昆明的西南聯大，轉學到重慶的中央大學，同外祖父和外祖母及舅舅們團聚，之後度過五年平靜的生活。

天子門生

我們小時候，父親母親有時開玩笑，會自稱是天子門生。上世紀六十年代以後，就沒有再聽說過了，但我記得很清楚。門生這個詞，從春秋戰國時期就有了，指家塾或私塾出身的學生。比如李鴻章早年在曾國藩家裡求學，所以說是曾國藩的門生。

中國古代科舉功名，從鄉里到省級再到國家級，層層疊疊，非常嚴格。在這個龐大而細密的學銜系統中，最低一級功名叫做童生，就是最初級的意思，相當於現在的小學生。然後稍高一點級別，叫做生員，相當於現代的中學生。有了生員的資格，就可以參加鄉試。所謂鄉試，是中央朝廷派遣考官，在省一級舉行的全省統考，題目由各省主考官擬定，所以並非全國統考。通過各地鄉試的生員，就叫做舉人，為了敘述和記憶方便，暫且說相當於現在的大學生吧，其實並不完全相當。舉人第一名被尊稱為解元，從字面上講，元就是第一的意思。

大家都知道《儒林外史》裡的一篇小說《范進中舉》，講的就是這種鄉試。要考過鄉試實在很不容易，所以有屢試不第，乃至中舉發瘋的事。但中了舉人，就可以做地方芝麻官，所以讀書人打破頭也要去考。現在有些人以為，中了舉可以做縣太爺，那是不對的。滿清時代，只有考中了進士，才能外放做縣太爺，僅僅中舉沒有資格做縣太爺。而且滿清制度，縣太爺不能由本地人做，必須是外地人調任，以免地方官坐大。在鄉試中考中舉人，可以做縣衙門裡的中層領導，做不到縣太爺的官職。

有了舉人的功名，便有資格參加更高一級考試，那就是全國統考。那一級考試，通常會設在都城比如北京，專門修建一座考場，稱過貢院，氣派森嚴。通過這級國家考試的讀書人，便被稱做貢生或貢員，那可就比舉人資格更高了，權且說相當於現在的研究生了吧。而貢員中的第一名，自然來頭更大，被尊為會元。貢生便有了資格，可以進紫禁城接受學部官員面談，通過了面談一關，就得以上保和殿，接受皇帝面試，史稱殿試。如果學部官員沒有批准殿試資格，那學生只有貢員出身，可以外放地方任官，比舉人做的官大，但還不能是縣太爺。

那些能夠進殿晉見皇帝的貢員，得到機會回答皇帝金口提問，自然是全國讀書人中的詨詨者。當然那場面試，也是一道關口，而且通常要考幾乎一天，常人恐怕很難通過，大概到了金鑾寶殿，見到那威嚴氣勢，嚇也早就嚇得半死了。就算沒有嚇死，尿濕褲子，燻了滿朝文武，也絕沒有好下場。既有勇氣又有學問也有智慧的貢員，通過了殿試，分三等入選，稱三甲，就算考中進士，那是中國科舉功名的最高一級，現在的博士學位也比不上了。我的父母兩系，曾祖父一輩，全部都是進士及弟，祖父考中秀才之後，科舉就被廢除，失去功名仕途。二伯父沈鈞儒倒是趕上，考中光緒年最後一批進士。進士之中一甲第三名稱探花，一甲第二名稱榜眼，一甲第一名稱為狀元。

後世傳說，所有通過殿試考中進士的，都算是皇帝的學生，可稱天子門生，那是進士們給自己長身分的說法。在科舉年代的朝廷裡，要做天子門生，實非易事。考中進士的三甲之中，只有一甲前三名，狀元榜眼探花，才算出自皇帝的門下，可稱天子門生。那可是不得了的榮譽，跟皇帝拉上了師生關係，日後如何不得飛黃騰達。順便提一句，有學者統計，自漢室至清季，近兩千餘年，獲得狀元稱號者，不過五百名左右，足見其難，也知其尊，都在史書上註了名字，絕非可以隨隨便便封的。現今中國大陸，哪個省每年都會列出多少狀元，真是對學問的褻瀆。

那麼我的父親母親憑什麼說他們是天子門生呢？他們都是二十世紀初出生的人，到他們讀書的年齡，科舉功名早已經沒有了。他們抗戰時期才讀大學，哪裡還有殿試一說。他們那麼說，當然是玩笑，借用古代稱呼而已。

一九四三年起中國抗戰最高統帥蔣委員長曾親自兼任中央大學校長，如果把蔣介石比做皇帝的話，中央大學的學生可就都是出於天子門下，都是皇帝的學生了。所以重慶中央大學的學生，那個時期在沙坪壩，時常自稱天子門生。我的父親本來在上海暨南大學讀歷史，我的母親在昆明西南聯大讀中文，剛好一九四二年秋天同時轉學到重慶中央大學，所以成了蔣介石的學生。

雖然算是天子門下，那時重慶中央大學的條件卻非常艱苦。父親回憶，沙坪壩是重慶郊區的一個小鎮，重慶大學設在那裡，中央大學遷入之後，與重慶大學比鄰而居。戰爭期間，物質緊張，中央大學校園裡不過都是些簡陋的平房，分別做為教室，宿舍，辦公室，圖書館等。有一個運動場，也頗簡陋。只有一個大禮堂，還算稍有氣派。一九四四年秋天蔣介石到中央大學對全校師生訓話，父親母親跟同學們一起，在那個大禮堂裡聽講。

校園中心是一個小山坡，叫做松林坡。坡下散落著教室和飯堂。前坡的一邊是校部辦公室，另一邊是女生宿舍，象個大谷倉，為便於管理，全校女生都集中住在那裡面。坡後則是男生宿舍，八人一間屋，四張雙人床，四張小桌子。聽父親這一說，我就想，上世紀八十年代初我自己讀大學的時候，宿舍也是八人一屋，四張上下鋪架子床，而且只有一張大木桌，連四張桌子也沒有，過了四十多年，中國大陸的大學條件並沒有多少改善，甚至更差了，怎麼回事呢。

父親回憶，離校園不遠，便是嘉陵江，山清水秀，有個地方叫中渡口，有個茶館，賣茶也賣酒。中央大學的學生，經常去這個茶館，買些花生桔子，躺在竹椅上，喝茶聊天，就是唯一的消遣，也是最大的樂趣。母親也講過，他們常還去磁器口，買些香脆花生，花生糖，五香豆腐干，炒米糖等。父親聽了便說，他曾細細品過，花生米配五香豆腐乾，有火腿的味道。我聽了又想，抗日戰爭年代的大學生，竟然還是比四十年後大學生的生活更加豐富快樂得多。我上世紀八十年代初讀大學的時候，既買不到花生桔子，也沒有竹椅可躺，更別說五香豆腐乾和火腿滋味了。

從中央大學校園步行二三十分鐘，就到沙坪壩鎮上，那裡有書店，飯館，酒鋪，照相館等，中央大學和重慶大學及南開中學幾校的教師學生和家屬，都是那些店鋪的主要顧客。而要去重慶城裡，也須由此上長途汽車。

母親對此最熟悉，因為她每個週末都要從中大到重慶去。她告訴我，長途車站在小龍坎，人到之後先拿號單，按號排隊買票。如果手裡拿著特約證，可以不拿號單，也不排隊，優先買票，所以她們經常排半天隊也買不到車票。有幾次，實在等不及，大舅便搭巴縣公司的車到上清寺，然後走路到委員長侍從室找外祖父。但是每次母親和舅舅們跟隨外祖父，自重慶到江邊搭船過南岸，就省事得多。因為外祖父能夠在侍從室領到特約證，他們便不必排隊，直接走到賣票窗口，買票上車，而且可以挑好座位坐。

他們在牛角沱下車，下二百多級石板臺階，到儲奇門碼頭，坐渡輪過江到南岸。在海棠溪上岸，沿湮花路，到馬鞍山，大約六七里路，中間有一段崎嶇不平的石板路，高一腳低一腳，很難走。三舅說，重慶大學的江邊，有輪船定時直放龍門浩。開船時間晚些，可是不必擠小龍坎汽車站，回家還早一個鐘頭。

北伐戰爭之後，中國獲得基本統一，國民政府在南京成立之後，於一九二八年正式成立國立中央大學。第一任校長是張乃燕先生，第二任校長為朱家驊先生，那兩年裡我的外祖父陶希聖在中央大學做過一學期教授。後來羅家倫先生任中央大學校長十年，包括抗戰時期遷至陪都重慶。由於中央大學歷史短暫，而且被認定是官辦的學校，常為自視清高的學界所鄙視。所以抗戰之前，中央大學在中國學界的地位，不如歷史悠久的北京大學和清華大學。但自遷到重慶之後，北大清華和南開合併為西南聯大，中國已無幾所正規大學能夠像樣的生存，於是中央大學便得以集中大批中國一流學者，在學術方面飛速提高，可與西南聯大平起平坐。

僅父母就讀的中央大學英文系而言，聚集了范存忠，樓光來，俞大絪，俞大縝，初大告，徐仲年，許孟雄，楊憲益，葉君健，孫晉三，丁乃通等著名學者，教授陣容頗為強大。出於家教，我自小對有學問的人特別尊敬，也特別感興趣。我曾請求父親給我講述他讀大學時候，那些著名學者教授的情況。

比如中央大學外文系的系主任范存忠先生，是當時乃至以後數十年間全國公認的英文權威。他是牛津大學畢業，學問很好，當時在中大教授英文散文。父親說，范先生本人生性並不幽默，但教課有時還會講一兩句笑話，倒讓學生忘不掉。因為是系主任，學生們背後不叫他教授或老師，而叫他范老闆。當時學生中間還傳說，范存忠教授與俞大縝教授很要好，兩人經常一起出沒，甚至還有學生曾經看到范教授晚上到俞大縝教授的住地去。但父親說，那恐怕是說笑，不可當真。

作為第二外語的法文課，教授是徐仲年先生。解放以後，徐仲年先生到復旦大學做教授，一九五七年被打成右派，慘遭迫害。父親對我說，中大時的徐仲年教授，人胖胖的，很和氣，但上他的法文課，卻苦得不得了。父親讀了三年，到頭來似乎只記得一兩句。到了期末要考試，怎麼過關呢？這些天子門生便想出辦法，每遇考試，便派徐仲年教授最喜歡的幾個親信學生，到他那裡去探聽，拿到考試題目，回來傳給大家，臨時抱佛腳，背些答案，小抄應付。

徐仲年教授想必也知道，但他似乎並不太在意，或許因為那只是英文系的第二外語而已。父親說，徐仲年教授當時在中央大學，另有一個工作，做中大消費合作社主任。他倒是更熱心那份工作，一方面幫助學生們的生活，一方面也有利他自己的家庭需要。

楊憲益先生一九四〇年英國留學歸來，在重慶中央大學英文系做教授，教一年級英文。當時中央大學一年級，不在沙坪壩中大校園裡，而在一個叫做柏溪的分校。我的父親和母親轉學到中央大學，都是直接入讀二年級，所以沒有在柏溪分校讀過一年級，也就沒有聽過楊憲益先生的課，但既是中大學生，仍然要算是楊憲益先生的學生。後來父親到外文出版局工作，楊憲益先生也在那裡任職，兩人師生之外，又成同事，還做了朋友。

順便提一句，楊憲益先生的妹妹楊苡（靜如）教授，也是重慶中大外文系的學生，比我的父母親高兩年級，但跟我母親是摯友，她稱我母親陶陶，直到如今。楊靜如阿姨告訴我，她已經畢業而且結了婚，母親讀大學三年級。楊靜如阿姨生孩子，有一天母親突然匆匆跑到醫院來，找她密談，原來是我父親向母親求婚了，母親不知該怎麼辦，找她商量，結果顯而易見，所以有我的出生。

父母告訴我們，他們當時讀中央大學，幾乎沒有一本像樣的教科書，所有課程都是發油印講義，而且用的是土紙，黃褐色，粗糙易破。父親也不止一次得意地說，他們讀大學的時候，那種用功，後來的學生想都想不到。那時學生之間，彼此也很親近，外文系的學生更比其他各系學生活潑，經常集體活動，比如野餐之類，很有情趣。為練習英語，全班每個學生都給自己起了個英文名字，父親叫做喬治，母親叫做瑪格麗特，還排演過一些英語話劇。

母親曾經很仔細的向我介紹過他們班的同學，他們的好幾個同學我小時候都見過。比如豐子愷先生的公子豐華瞻叔叔，在上海復旦大學做教授。還有王晉熙叔叔在北京外語學院做教授，文革前父母帶我們去拜訪過他好幾次。蔣百里將軍的女公子蔣和阿姨，一九四九年後在石油工業部做德文翻譯，我家搬到北京之後，經常來往，她每次出國回來就給我們講外國的見聞。

重慶中大英文系父母所在那班，總共不到二十名學生，女生本來多於男生，後來國民政府在大學生裡徵募翻譯官，到美軍顧問團服役，吳文津，朱立民，王晉熙三人應徵，班上男生便只剩父親，耿連瑞，祁延朗，豐華瞻四人。祁延朗叔叔後來在北京新華社工作，跟父親保持著聯繫。耿連瑞叔叔在西安外語學校做校長，我在西安讀書時，去拜訪過他幾次。母親在北京去世，耿叔叔曾親往弔唁。朱立民叔叔後來在臺灣大學外文系做教授，吳文津叔叔是史坦福大學博士，做哈佛大學燕京圖書館館長數十年，直到退休，現年九十七歲，住在硅谷，我凡去舊金山灣區，必要拜訪他老人家。

那一班裡的女生，除蔣百里將軍女公子蔣和阿姨，還有豐子愷先生女公子豐陳寶阿姨，馬寅初先生女公子馬仰蘭阿姨，榮毅仁先生胞妹榮墨珍阿姨，當時國民政府考試院長官的女公子劉致學阿姨，山東青島市警察局長的女公子吳慧阿姨，還有香港小姐黃孟姑阿姨，兩個南洋華僑女生，再加母親。

小時候曾聽母親講過一次天子門生砸書店的故事，但記不很清楚，到美國後又聽三舅再講一次，才真明白了。那時候母親在中央大學讀書，大舅在中大隔壁的重慶大學讀書，三舅則沙坪壩的南開中學上學，所以那個故事是他們幾人一起碰到的。

話說沙坪壩鎮上，母親姐弟三個最常光顧的，是六合飯店，喝片兒湯吃包子，也去過金剛飯店，味斟香等幾處。另外去得最多的地方，是一家叫做時與潮的書店，當時是沙坪壩最大的書店，賣書和文具，還出版一本雜誌叫《時與潮》。書店門大開，學生們隨便出入，也可以隨便看書，所以書架上擺出的書，有很多還沒有賣出去就都捲了邊。所有沙坪壩各學校的的學生，只要到鎮上來，都免不了到那書店裡去逛逛。三舅回憶，他在時與潮書店裡發現了一本《基度山恩仇記》，太貴了，買不起，於是凡有空他就到書店去，在角落裡找塊空地，坐下來讀一陣。有時找不到地方坐，只好靠在書架上，站著看，那就看不多時，花了幾個月，總算看完。

有一年秋天，時與潮書店對面，新開另一家書店，門一天到晚關著，書架上貼著紙條：不准亂動。不讓學生翻書，還到沙坪壩來開店，那不是自找無趣麼？有一天，一群男學生跑進那家新書店，因為隨便翻書與店主爭執起來，最後推書架丟書藉，亂作一團，然後他們走出來，把書店招牌摘下，丟在地上，引起街上圍觀學生歡呼喝彩。警察聞聲趕來，被圍觀的學生們擋住，近不得身。鬧了一陣，人群散開，看熱鬧的擁著鬧事的，全走光了，警察才進得店門。

書店老闆憤怒的不得了，要求警察捉拿凶犯，賠償損失。警察問明白那些鬧事者是中央大學的學生之後，就勸店主：這些天子門生，你告不下來。沒過幾天，那書店就關門了。因為這個故事，我便遺憾自己不是天子門生，否則路見不平，也要拔刀相助。

細想父親同學的不同經歷，我曾問過父親，他當時為什麼沒有到美軍顧問團去做翻譯官。他當時班裡做翻譯官的同學，吳文津叔叔跟到美國，讀了大學又讀研究院，最後做到哈佛大學教授。朱立民叔叔也是美國留學，在臺灣大學做教授。父親回答說，可是也有王晉熙叔叔，在北京外語學院做教授，文革時期飽受折磨，險些丟了性命。我聽了，無話可說。

塞翁失馬，焉知非福。此一時，彼一時也。母親曾是西南聯大的學生，有許多那裡的同學，我也見過幾個。西南聯大出了楊振寧李政道，但其他的教授和學生，後來遭遇又如何呢？我又想，如果楊振寧李政道沒有留學美國或者出走海外，會如何下場？或者他們留學美國兩三年後回國了，又會如何結果？我有個舅舅陶鼎來，一九四五年西南聯大機械系畢業，考中官費留學美國，一九四八年獲美國農業機械碩士學位，為報效祖國，歸國辦農場，從此一生在國內致力農業機械發展，做了農業機械研究院院長等，挨過批判，住過牛棚，下過幹校，最終宏圖未展，淒然退休，生前一直住小公寓，連身也轉不開。

對於現代中國知識分子而言，生死禍福，成敗榮辱，其實並不在於讀什麼學校，也不在於有多少學問，更不在於是否努力用功，而完全在於某個歷史瞬間，他或她選擇了怎麼的一條人生道路，選擇在何處居住。如父母這樣的天子門生，僅僅因為地理位置，終使前途毀於一旦，且飽嘗無盡的苦難。這是一個難以讓人理解的鬧劇，或者是一個無奈的悲劇。這是從來沒有在大陸生活過的任何人所難以體會到的，也是一直居住海外或臺灣的中國人所永遠無法想像的。

八一五偉大勝利

一九四五年五月，我的父親和母親同年從重慶中央大學外文系畢業。母親曾經親口對我講，她和父親兩人，既然讀的是英美文學，本來都打算爭取機會出國留學，而且他們也確實都獲得了外國大學研究院的錄取。父親可以到美國密蘇裡新聞學院深造，母親可以到一家英國私立大學進修。

出國留學是母親從小的志願，外祖父因為自己沒有能夠出國留學，始終是塊心病，所以特別支持母親大學畢業後出國留學。他同意母親去英國留學，並且願意資助她讀書。但他沒有能力同時再資助我的父親，何況那時父母親還沒有結婚成家。

按照母親的說法，她那時候跟父親非常相愛，認為若是兩人出國不能到同一個國家同一所學校，那就不如乾脆不出國。一英一美，相隔大西洋，那怎麼行？而且父親也根本沒有錢去美國留學，那麼母親一個人赴英，則一英一華，相隔兩大洲，更不是辦法。母親不願意一個人獨自出洋，把父親留在國內。

於是他們兩人便決定，誰都不走了，都留在國內，好歹是在一起。他們當時的那種感情，那種純真，甚至那種幼稚，是如今那些在絕對勢利的環境中長大，滿腦子裝滿絕對實用觀念，為了權或者錢可以六親不認的中國大陸現代青年，所根本無法想像，無法理解，無法接受的。中國人在大陸生活，一代一代的退化，實在是太令人痛心了。

既然不出國，父親母親畢業之後，就必須找工作。對於正常人來說，大學畢業，就是大人了，就不能再繼續依賴於家庭。父親請他的二哥沈鈞儒先生幫忙，介紹給當時在重慶兩路口的美國新聞處英文部主任金仲華先生。

金仲華先生是浙江桐鄉人，那桐鄉本歸屬於嘉興府，而父親則是嘉興人，所以算是同鄉。金仲華先生跟父親面談之後，介紹給美新處中文部的主任劉尊棋先生。這段經歷，在本書「金仲華」、「劉尊棋」二文中有記述。總而言之，這樣父親就進入美國新聞處中文部，任英文翻譯。

我的母親則到化龍橋中國農業銀行總管理處工作，也是英文翻譯。外祖父一家當時住在長江南岸，但母親因為要每天一早上班，並要經常同父親見面，所以平時不住南岸，而是借住當時在重慶城裡的伯公陶逑曾先生家。父親獨自一人在大後方，就借住在當年帶他到重慶的姐夫家。兩個住處相距不遠，父親母親要見面，很方便。

但是兩人的上班時間卻是錯開的，所以相聚還是不易。母親在銀行任職，每天早上進辦公室，傍晚下班回家。可是父親在美新處做新聞翻譯，由於中美分東西兩半球，時間相差十數小時，所以父親是每天晚上進辦公室，收聽美國廣播電臺的英文新聞廣播，然後翻譯成中文稿，轉送中國媒體發表。所以一對戀人，平時只能或者匆匆打個照面，或者打打電話，只有星期天才得以相聚。

兩個人都是當年七月開始上班，未及一個月，八月六日那天，美國突然對日本廣島投下第一顆原子彈。重慶美軍司令部人員密切注視日本反應，工作緊張起來。美國新聞處中國部也一樣繁忙，父親整晚都在辦公室翻通訊稿，有時還要加班。

聽父親後來講，那兩天《中央日報》連續刊出社論說：第一次世界大戰，由於坦克車出現於戰場而告結束。第二次世界大戰，將隨原子彈出現於戰場而終止。社論並且判斷，日本將立即投降，不會等到美軍在日本本土登陸。社論並希望第二次大戰之後，人類不再有世界戰爭。

那幾天裡，美軍司令部派了幾個軍官，到美新處給新聞人員講解時局。其中幾人拿著那幾張《中央日報》報紙，用來講評。有一天剛好有個《中央日報》記者在場，有個美軍軍官便問他：你們這篇社論是哪位將軍寫的？那記者回答：那是本報總主筆陶希聖先生寫的，他軍銜是少將，但並不是軍事專家，是個學者而已。美軍軍官搖頭說：不可能，如果他不是軍事家，怎麼會寫出這樣的軍事評論？我的父親在旁邊听見，暗自發笑，他知道自己未來的岳父大人讀過古今中外多少軍事專著，《孫子兵法》不說，前不久他到母親家去的時候，就曾親眼看到陶先生在研讀克勞塞維茨的《戰爭論》。

八月九日，美國又在日本長崎投下第二顆原子彈。日本皇室和軍方大為恐慌，便通過蘇俄表示求降的意思。外祖父獲得了消息，但他這次沒有再寫社論，他神經衰弱的老病犯了，頭疼得厲害，心跳劇烈，喘不上氣，走路也覺困難，只好告假在家裡休息。母親因此也每晚回南岸，照顧外祖父。

外祖父身體很糟，但精神很好，消息照樣靈通。晚飯之後，外祖父向圍桌而坐的家人們說：中美英蘇四國，已經通過瑞典政府，向日本表示接受投降，估計日本這幾天內就會宣布投降。艱苦卓絕的八年抗戰，總算熬過來了。我們一家人雖然幾度生離死別，危於毫髮之間，但總算無一傷亡，能夠團聚一處，真是天幸。只盼望從今往後，不再經歷類似的苦難，平平安安過生活。

正說話間，父親從美國新聞處辦公室打來電話，母親接了，只聽不講話，漫長的一分鐘過去，母親忽然跳起來，眉飛色舞，對著全家人，大聲喊叫：日本投降了！日本投降了——！

電話听筒掉到地上，她也顧不得拾，只是兩個腳不住地跳，拚命大喊：日本宣布投降了，日本宣布投降了——

什麼?什麼?桌邊的大大小小,幾乎异口同聲地問。每個人都還清清楚楚記得外祖父剛講過的話,也都清清楚楚听到母親嚷的是什麼,但仍然覺得難以相信,這消息會來得這麼快,這麼突然。其實如此巨大的喜訊,對於飽受日寇入侵之苦的中國人民來說,不管怎樣得知,什麼時候得知,都一定會發生無與相比的精神上的衝擊。

又過了整整的一分鐘,母親才平靜一些,喘著氣,眼裡冒出淚來,告訴大家,父親在美新處上班,每天晚上的這個時候,定點收听美國舊金山電臺的新聞廣播,接收最新戰況,紀錄下來,然後翻成中文,送給中國各媒體。三分以鐘以前,父親剛剛聽到美國電臺廣播:日本已經宣布無條件投降。他還沒有來得及把新聞稿翻譯成中文,先迫不及待打個電話,把喜訊告訴給了母親和她的一家人。

日本到底投降了。

母親邊說邊泣,語不成聲。講完之後,與外祖母抱在一處,放聲痛哭。外祖父坐在桌邊,雙手低垂,低頭流淚。我的四個年輕的舅舅,一起跳起來,踢翻座椅,跌跌撞撞衝出家門,一路狂呼:日本宣布投降了!日本宣布投降了!

院外山坡上,夜色籠罩,四野一片寂靜。四個舅舅齊齊站在山涯邊,兩手攏住嘴巴,扯開喉嚨,拉長聲音,向著山野天空,一遍一遍地高呼:日——本——投——降——啦——

日——本——投——降——啦——

喊過一陣,幾個舅舅前前後後,撒開腿,往山下衝,一路繼續高喊:

日——本——投——降——啦——

日——本——投——降——啦——

響亮而歡樂的喊聲，在山谷空曠的夜空裡飄蕩徊響，層層疊疊，前扑後擁，經久不息。左近幾戶人家聽到喊聲，都跑出來看，不知怎麼回事。只見陶家四個男孩，拚命喊叫著衝下山去。

四個舅舅衝到山下，衝進小鎮商店，掏出每人身上所有零錢，全部買了大大小小的鞭炮。商店老闆聽說是要慶祝日本投降，尚不能完全相信，但這是陶希聖先生幾位公子說的，又不由得不信，高興起來，白送舅舅們幾掛小鞭。三個舅舅，抱著大小鞭炮，在前面往家跑。三舅乾脆站在店門口，先點燃一掛小鞭舉著，然後一路劈利啪啦地爆響著，往山上跑回家去。

日——本——投——降——啦——

日——本——投——降——啦——

四個舅舅響亮而歡樂的喊叫聲，參差不齊，伴著歡騰的鞭炮聲，又在山谷空遠的夜空裡飄蕩徊響起來。

舅舅們回到家，大大小小的鞭砲，亂放一氣。半個鐘頭以後，重慶電臺開始正式廣播這條新聞。頓時之間，山上山下，前山後山，江北江南，城裡城外，這裡那裡，陸陸續續，都開始響起喊聲，叫聲，歌聲，笑聲，鞭炮聲。接著，所有重慶報紙都趕印出號外，滿街散發。人手一張，讀了一份，又搶到第二張，再讀一次。雖然消息都是相同的，但即使只有那一句話，四個字，就夠了，怎麼看都看不膩，看了一百次，還想看一百〇一次。各種各樣的報紙號外，像發傳單一樣，滿天飄飛。

外祖父一家，站在南岸山前，隔江遠遠張望，重慶城裡燈火通明，鞭炮花炮彼伏此起，不絕於耳，半個夜空都亮著粉紅色，煙霧升騰迷漫，人們吶喊之聲轟轟做響。想必滿街是人，跳舞歡慶。

舅舅們買的鞭炮都放完，外祖母掏出錢來，數也不數，一把都遞給他們，叫：再去買來放，再去買來放。

舅舅們又一次衝下山，去買鞭炮。這時候，山下鎮裡，大街上已是人潮洶湧，小巷裡早就水泄不通。商店裡哪裡還買得到鞭炮，店主店員，面紅耳赤，從客人手裡搶鞭炮，今天生意不要做了，店裡人自己也要放炮慶祝。買不到鞭炮，三舅坐在店門口生氣，聽見路上一個人邊跳邊喊，手舞足蹈：勝利了，格老子我事也不要做了。不知他講的是廣東話還是四川話，逗得三舅憋不住又笑了。

一九四五年八月十五日，重慶的那個夜晚，恐怕是中國歷史上真正歡樂的時光，唯一的一次，中國人民發自內心的，忘情的歡樂。

附錄

讀陶涵先生新著《蔣介石與現代中國的奮鬥》

讀完陶涵（Jay Taylor）先生所著的《蔣介石與現代中國的奮鬥》（The Generalissimo: Chiang Kai-shek and the Struggle for Modern China，哈佛大學出版社，2011年），久不能平靜。真乃大江東去，浪淘盡千古風流人物。五十餘載，大陸與臺灣地覆天翻，善惡盡顯。唯因此，論蔣評毛，亦終得撥亂反正。

所幸者，曾經叱吒風雲的領袖人物，雖已蓋棺，尚未定論。其所言所行，功過恩罪，早晚水落石出，一萬年不久，豈在朝夕。

我的外祖父陶希聖先生，如陶涵先生在此書中所說，是蔣介石先生「未公開的影子寫手」，即國人所謂「蔣介石文膽」，為蔣先生寫作《中國之命運》及抗戰後期幾乎所有蔣先生署名之文件。因為身處黨國核心，外祖父一生謹言慎行，偶而談及政治內幕，不過短短幾字而已。讀至陶涵先生書中對蔣先生的幾個判斷，想起外祖父所述的若干故事，或可作些小小的註解。

蔣先生具有人性

翻開這本傳記，首先當然看到許多照片。而除了那張創辦黃浦軍校時蔣先生站在孫中山背後的一張，其他所有照片中，蔣先生都是微笑著，即使在遇到巨大挫折或者戰敗之時，他依然保持微笑，而且所有這些微笑都看得出來是真誠的，和善的，發自內心，充滿人性。從本性上講，蔣先生不是冷酷和暴力之人，如毛澤東所言，蔣先生天真誠實，頭腦清楚。

日寇發動侵華戰爭之後，汪精衛及胡適等，開展和平運動，試圖通過談判手段，避免更多生靈塗炭。一九三九年，我的外祖父也跟隨汪精衛，到上海與日本人接觸。經過談判，外祖父發覺日寇全面滅亡中國的野心，懸崖勒馬，斷然脫離汪集團，與高宗武先生一起，潛逃香港，發表日汪密約，史稱「高陶事件」。

外祖父逃離時，剛成年的女兒（我的母親，十八歲）和兩個舅舅（十三歲和九歲）被扣在上海，成為汪日的人質。外祖父到達香港，把日汪秘約交給國府駐港官員杜月笙先生。杜先生立刻飛抵重慶，向蔣委員長彙報。商定公佈日汪密約事宜之後，杜先生報告說：陶先生的三個小姐公子，尚在日汪手中，沒有逃出。蔣先生聽過，便將日汪密約放到桌角文件筐中，對杜先生說：等把陶先生的兒女救出上海之後，再公佈密約吧。

於是杜月笙先生趕回香港，立刻安排當時埋伏在上海領導地下抗戰活動的門人萬墨林先生，組織數十槍手，設計瞞過日汪警探，把我的母親和兩個舅舅偷運出上海。母親和舅舅們到達香港碼頭當天，日汪密約便在香港《大公報》上公佈，引起全世界的震驚。萬墨林先生為此，曾遭日汪逮捕，施以重刑。

這段故事，我寫作的小說（臺灣版名《嗩吶煙塵》，大陸版名《刀口上的家族》），三舅陶恆生先生所著《高陶事件始末》（臺灣大陸版同名），以及高宗武先生的回憶錄，都有詳真的敘述，這裡不多重複。

自我懂事之日起便從母親口中獲知，蔣先生是我家的救命恩人。而蔣先生搭救母親一家，還不止那一次。日寇佔領香港之後，外祖父和外祖母帶領全家大小，經歷千難萬險，逃到重慶，只剩幾條性命，家徒四壁，身無分文。外祖母正發愁間，蔣先生派人送來一袋大米，頓時解除老少七的肚皮之苦。

與大多數學者文人一樣，外祖父數十年一直患有嚴重的失眠症，非常痛苦。抗戰期間，家仇國恨，外祖父在重慶主持國府文化宣傳工作，日夜辛勞，失眠加劇。終於有一次忍耐不住，當面向蔣先生請假。外祖父後來苦笑著對我們講：蔣先生從來沒有失過眠的，所以不曉得失眠症是多麼痛苦。外祖父講完自己的苦惱，蔣先生點點頭，簡單地說：我要醫務室給你藥。

這麼一說，外祖父自然無法再提請假的要求，講完當時工作，便走出委員長官邸，在山腳下碰見醫務室主任，正匆匆上山，對外祖父講：委員長突然召見，急如星火。外祖父估計，那便是為他開失眠藥。果然未出三天，外祖父便收到醫務室送來的特效安眠藥。

許多政治領袖，為了籠絡人心，要部下賣命，慣會假惺惺地作秀，明明把百姓看作螞蟻，卻會送個芒果之類，大張旗鼓，引逗萬眾痛哭流涕。而蔣先生給外祖父送藥送米，卻非如此。這些事都靜悄悄地做了，只有我家人曉得，恐怕蔣先生自己第二天也就忘記了。當時我的外祖父任《中央日報》總主筆，隨便幾字，這送米送藥就會成為偉人風範，既討好了元首，也可教萬眾頂禮膜拜。但當時國府裡面的風氣，蔣先生不想作秀，外祖父也想不到那樣地拍馬屁。

一九四五年八月抗戰勝利，九月我的父親奉美國新聞處派遣，自重慶回上海籌辦分社，同年底母親返滬，一九四六年一月他們成婚。或許因為是抗戰剛勝利，顯示苦盡甜來，他們的婚禮特別隆重。外祖父得到蔣先生準假，從陪都飛滬，當時上海市長錢大鈞將軍親任證婚人。外祖父九十歲過生日時，還對我們講，他記得婚禮上，收到蔣先生一幀祝賀條幅。外祖父說：委員長很少做這種事情，他送條幅來，很不尋常。我想，說不定蔣先生還記得母親被日汪扣作人質那件事，佩服母親的英勇吧。

實際上，蔣先生並非只對母親一家如此，他對所有人包括普通百姓，通常都持著寬宏大量的態度，陶涵先生的新作中有許多描述。母親的好友楊苡先生曾對我講：她們在重慶讀中央大學的時候，有幾年蔣先生親任校長，常到學校講演，很少前呼後擁，有時甚至隻身前往。有一次走在校園路上，碰見一個工友，蹲在路上，見委員長走來，也不站起。蔣先生站住腳，對他說，你起來。講了幾次，那工人不理會，蔣先生沒辦法，只好繞路走過去。楊苡先生也講過，另有一次蔣先生親自到中央大學檢查衛生，認為她們女生宿舍最優秀，非常高興，獎勵全體女生每人一個大饅頭。卻不料，第二天蔣先生微服私訪，又到女生宿舍去查看，發現原來裡面亂七八糟，乳罩褲衩到處都是。蔣先生只好一聲長嘆，拂手而去，可是饅頭已經吃掉，再收不回來了。

外祖父跟陳布雷先生同事很多年，兩人的女兒也是同學好友，甚至一起從西南聯大轉到中央大學。母親對我講過，外祖父與陳布雷先生同在委員長侍從室，好幾次週末母親約陳璉一起去上清寺找父親，都被拒絕了，母親覺得很奇怪。抗戰勝利，國府返都，母親和陳璉都在南京居住。陳璉為中共做地下工作，甚至用陳布雷先生的車子送情報。終於敗露被捕，報告送到蔣先生手裡。蔣先生看了，吩咐交給布雷先生處理。那就是不打算要陳璉的性命，蔣先生當然曉得，陳布雷先生必會放自己女兒一馬。陳璉出獄後，到上海在母親家裡住了幾日，然後北上山東。直到那時，母親才知道陳璉是多年的共產黨員，大吃一驚。

不管是反蔣的陳璉，或不反蔣的母親，在蔣先生治下，都能按照自己的意願生活，甚至按照自己的意願反蔣。但天下一旦不由蔣先生統治之後，她們的命運便截然不同了，不僅不能繼續按照自己的意願生活，甚至連自己個人微薄的生命都不得延續。

記得外祖父講過，抗戰勝利之後，對蔣先生的誣蔑宣傳甚囂塵上。外祖父曾經向蔣先生建議，對那些無中生有的造謠誣蔑，針鋒相對，澄清事實，揭穿謠言，以正視聽。可蔣先生似乎對此不以為然，從來沒有進行過大規模的澄清或反駁，乃至《中央日報》的編輯也信了謠言，發表文章控訴四大家族。

縱觀中國近現代史，正是蔣先生主政的二十餘年，中國文化教育得到最繁榮的發展，有人將之比為春秋戰國，百花齊放，百家爭鳴。原因是，對於有文化有學問有道德的人，蔣先生會特別加以保護，他曉得，這些人是中國社會最珍貴的財富，中國要想建設，要想繁榮昌盛，絕對不能沒有這些人的積極參與。

可也是那幾十年，蔣先生挨罵最多，甚至被罵到祖宗三輩。比如張奚若、馬哲民、羅隆基、章伯鈞、儲安平、浦熙修等等，當年天天寫文章發講演，竭盡全力地罵蔣先生。但是蔣先生從來沒有碰過這些人一指頭，還給他們優厚的生活待遇，讓他們無後顧之憂地繼續罵自己。馬寅初先生據說因在大學演講激烈反蔣，坐過監獄，可那時間裡，馬先生出版了學術著作，不知他是真坐了監獄，還是他可以在監獄裡繼續做學問。這些人罵蔣先生罵了幾十年，照舊的名揚四海，優哉游哉。令人不能不想的，倒是蔣先生終於被罵倒，離開大陸之後，這些人的下場反而不好。

許多時候，歷史需要做些比較，才能看清楚孰是孰非，做出比較客觀和公允的判斷。

蔣先生堅定愛國

陶涵先生在這部《蔣介石與現代中國的奮鬥》中，堅決地稱蔣先生為愛國者。其中一個很小的細節，我從來沒有聽說過，讀了很受感動。陶先生記錄史料說，上世紀二三十年代，在領導黃浦軍校，大舉北伐，對軍閥作戰，統一中國的時期，蔣先生從來沒有接受過任何外國援助，不論是軍事援助還是財務援助，蔣先生都不接受。從德國接受的所有武器和訓練，每一分錢蔣先生都如數支付。蔣先生是個不打任何折扣的愛國者，他知道吃人家的嘴軟，拿人家的手軟這個道理，不願意因為接受了外國援助，就不得不以出賣中國的民族利益為代價。

作為對比，陶涵先生也在此書中記錄，北伐戰爭前後的十幾年，中共的一切，從人員，到武器，到物品，到金錢，無一不是從蘇俄獲得的援助，而且是所謂無償的援助。所以不難設想，蘇俄對中共具有多大的支配權。或許也是因此，種植了毛澤東對蘇俄的憎惡，乃至一有機會，斷然與蘇俄反目為仇。

時至當今，海內外幾乎所有中國人都已達成共識：二次大戰，中華民族之所以沒有滅絕，中國領土之所以得以保全，乃仰仗了蔣先生的頑強意志和堅定領導。大陸硬扣在蔣先生頭上數十年的「不抗戰」、「賣國求榮」、「民族敗類」等等罪名，都是造謠誣蔑之詞，不攻自破，再也沒有人信了。因此，陶涵先生在其蔣傳中肯定蔣先生的抗戰偉績，已非驚世之語。書中列舉許多史料和實例，再次印證蔣先生堅定不移的愛國情操。

外祖父過九十歲生日時，同我們聊天，告誡我們記牢，蔣先生是真正愛國的領袖。如果不是蔣先生堅持一個中國的立場，直到他最後一口氣，寸步不讓，臺灣恐怕早已經被美國人和日本人奪走了，現在的中國可能就不是這個樣子。要知道，這許多年來，保住了臺灣，也就是保住了中國。

我聽了，很覺吃驚。數十年來，幾乎所有中國大陸人都一直相信蔣先生是美國的忠實走狗，也跟日本人穿一條褲子。很多臺灣人對蔣先生也抱有相類似的看法，並不認為蔣先生是個堅定的愛國者。但是我想，外祖父跟隨蔣先生到臺灣之後，曾任國民黨改造委員會主任委員，身居黨政核心，自然了解臺灣內外處境的艱難，深知國民黨種種決策的前因後果，以及蔣先生在其中所起的作用。外祖父此言，必為可信。

蔣先生痛恨日本人，不難理解。若非日本發動一九三一年九一八事變和一九三七年蘆溝橋事變，兩度致使蔣先生領導的統一中華之努力功敗垂成，今日中國絕不會出現分裂和動盪不安的局面。可以說，蔣先生和國民黨政權失去大陸，一半原因是由於日本侵華造成。

那麼另外一半原因麼？讀過陶涵先生的這本蔣傳，我才悟出，蔣先生和國民黨政權在大陸失敗，日本人之外，另外一半原因是外國人干涉。說外國人，當然頭一個是蘇俄，大力援助中共，不過那些援助都是要中共償還的，不白給。另外一個外國人，就是美國人。沒有美國人對中共的盲目支持，對國民政府的無理遏制，中共絕對沒有可能坐大至今。

外祖父曾經很悲憤地講述，抗戰時期他在重慶做《中央日報》總主筆，每天寫社論，論述世界局勢，國際戰情。可其中一個重要事件，許多年內他是一字不著，那就是對當時任美國駐華特使史迪威將軍所作所為的評論。外祖父說，他不是對史迪威將軍沒有看法，而是不願意把自己的看法寫出來，因為如果他要寫，那就是不留情面地駁斥這個美國將軍。我想，外祖父對史迪威將軍的看法，恐怕代表了當時國民黨高層的一個普遍認識，或許也代表了蔣先生的態度。事實上，蔣先生曾數度要求羅斯福總統撤換史迪威將軍，多年後才成功。

陶涵先生在《蔣介石與現代中國的奮鬥》中用了許多文字，敘述抗戰時期幾位美國駐華特使對中國歷史文化的無知而又自以為是，因此往往對華盛頓政府謊報中國政治軍事情況。書中也屢次敘及，蔣先生曾反覆對美國特使們講解中國的實情，說明不能用美國觀念和方式來處理中國問題，卻始終得不到重視。而美國政府在駐華特使們對中國抗戰和內戰情況種種誤解的基礎上，確定一系列對華決策，結果是導致亞洲第一個共產政權的建立，所以史迪威將軍至今被中國政府尊為朋友。

外祖父很肯定地總結，史迪威將軍任駐華特使期間，只致力於三件事，一是用美國對華軍事援助武裝八路軍，二是全部解除國軍對中共的防線，三是他自己掌握對國軍的指揮和改編權。史迪威將軍的這些想法，得到美國國內許多左傾政客的支持，捅到羅斯福總統那裡，再由羅斯福總統向蔣先生提出。幸虧蔣先生立場堅定，據理力爭，始終沒有接受史迪威將軍的這些要求。否則抗戰尚未勝利，中國就可能已經爆發內戰，中國人民便要遭受更為慘烈的災難。

我想，蔣先生一定從自己許多痛苦的失敗教訓中得出結論，因而對美國人非常的不信任，非常的戒備，也非常的反抗。蔣先生從來不是美國的走狗，倒始終是美國對華政策最堅決的反對者。也幸虧如此，所以抗戰時期保住了重慶，內戰之後保住了臺灣，從而獲得一塊基地，為建立中國未來民主社會奠定了一個穩固基礎。

這裡需要指出，陶涵先生《蔣介石與現代中國的奮鬥》中有一處敘述不夠準確，需要進一步核實。抗日戰爭期間，中共領導的八路軍，確實曾於一九四〇年秋季在華北地區發動過一場對日戰役，大陸史書稱為百團大戰，據說因為八路軍積聚了一〇五個團的兵力作戰。陶涵先生在此書中說，那是毛澤東策劃並指揮的一場戰役，因為此戰損失巨大，此後毛澤東再也不發動大規模的對日作戰。

首先一點，毛澤東領導的延安中共，並不是因為百團大戰損失慘重，所以才不再發動對日作戰。事實上，毛澤東和中共從來沒有準備過對日作戰。中共紅軍一九三四年十月在江西被國軍擊潰，經過大西北數省長途流竄，一九三六年十月到達陝北。中共口頭上一直高喊北上抗日，可是到延安不久，於一九三七年八月召開洛川會議，確定其對日政策。毛澤東在此次會議上，做出明確指示：「冷靜，不要到前線去充當抗日英雄，要避開與日本的正面衝突，繞到日軍敵後去打游擊戰，要想辦法擴充八路軍，建立抗日根據地，對政府方面催促的開赴前線的命令，要以各種借口予以拖延，只有在日軍大大殺傷國軍之後，我們才能坐收抗日成果，去奪取最後勝利。」

在毛澤東這個總原則的指揮之下，延安中共及其領導的華北八路軍和華東新四軍，不僅不積極展開對日作戰，反而配合日寇，在背後不斷打擊英勇抗日的國軍官兵。同時還與日軍做各種交易，以圖獲得日軍協助，放棄對八路軍和新四軍的圍剿，容忍其在日佔地區內擴大地下武裝。中共在大筆蘇俄援助之外，為了獲取更多發展經費，在其控制的延安地區，以王震率領三五九旅為主力，大力種植鴉片，收穫後運往山西和華北，廣汎與日軍做鴉片買賣。這在陝北地區，是老幼皆知的事實。

這情況下，所謂的百團大戰，自然絕非毛澤東策劃指揮，而是反其意而為之。根據現在能夠看得到的史料，中共之百團大戰，是彭德懷策劃的。戰前他發到延安中共總部的報告，沒有得到批准，但他擅自發動並指揮了這場戰役，因此戰後彭德懷受到中共高層的嚴厲批判。毛澤東罵他不懂政治，鄧小平指責他暴露中共軍事實力。彭德懷自己也做了檢討：百團大戰在政治上是錯誤的，過早暴露了自己的力量，把日本軍隊主力從正面戰場吸引過來，有利於國民黨，這是民族義憤模糊了階級立場。此外，這場所謂的百團大戰，並非中共八路軍對日軍的正面作戰，而只是集結華北各部隊，實施對日軍的偷襲，集中於破壞鐵路，如正太路，北寧路，平綏路，平漢路，津浦路等，作戰延遲數月，犧牲巨大，成果有限。據日軍自己總結：中國共產黨無法以實力對抗的狀況下，其活動範圍僅局限於皇軍占領地區較脆弱的方面，或國軍勢力較稀少的雜軍地盤。

就是說，一九四〇年間，在中國抗戰最艱苦的歲月裡，對於中共而言，特別是高層核心，仍舊以對抗國民政府為其基本政治原則，將階級鬥爭置於民族戰爭之上，所以彭德懷對日作戰，被指責為不懂政治。在中共高層眼裡，把民族戰爭看得重於對國民政府的階級鬥爭，是一種錯誤。

百團大戰確實暴露出了中共軍事實力，戰後日軍大舉展開掃蕩，一時之間幾乎把八路軍趕出華北地區。處於此種不利局面，毛澤東委派潘漢年同日本華北戰區司令岡村寧次談判，締結「和平」條約，以圖減少日軍對八路軍的繼續攻擊。毛澤東又委派潘漢年和饒漱石楊帆等幾人，到南京同汪精衛偽政權商談，企圖聯合夾擊國民政府及其軍事力量，結果沒有成功，遭到汪精衛的嚴厲拒絕。

中共高層對百團大戰暴露實力的不滿，還並非指其向日軍暴露了八路軍實力，更重要的，是百團大戰向國民政府暴露出了中共的軍事力量。百團大戰十八年後，毛澤東還忘不了這筆老賬，在一九五九年的廬山會議上，再次指責彭德懷百團大戰出擊日軍是幫了蔣介石。毛澤東說：當時是共產黨，國民黨和日本人三國鼎立，我們就是要讓國民黨和日本人鬥個你死我活，而我們從中發展壯大。一些同志認為日本佔地越少越好，後來才統一認識：讓日本多佔地，才愛國。否則變成愛蔣介石的國了。百團大戰過早暴露了我們的力量，引起了日軍對我們力量的注意；同時，使得蔣介石增加了對我們的警惕。

事實確如此，陶涵先生此書中記錄，蔣先生因為抗戰期間，中共軍事力量的迅速膨脹而感到很震驚，從此保持了對中共軍隊壯大的警惕。但不論蔣先生如何解釋，美國幾任駐華代表都被中共口頭的抗戰宣言所迷惑，姑息中共借抗戰為名暗中發展自己武裝的策略，阻止蔣先生及時採取措施。結果是抗戰剛一勝利，國軍尚在休整養息，療補創傷，毛澤東便斷然發動內戰，打了國民政府和國軍一個措手不及，乃至最後敗走臺灣。

在此之中，美國人偷雞不成，反蝕把米。這邊沒有保住蔣先生，那邊也沒有討好中共。抗戰期間許多年裡，中共一直找美國特使出面，反覆表示與國民政府和談的意圖。在不同場合，毛澤東曾經多次當眾高呼：蔣委員長萬歲！到一九四八年，蔣先生終於表示願意接受中共和談的提議，派外祖父從廬山到南京找美國特使司徒雷登，約周恩來先生見面，可是等了兩三天，卻等不到人，中共那時已經不願意再跟蔣先生和談，而是要決心打到底，所以美國特使也只有坐冷板凳。最後毛澤東說：別了，司徒雷登，把美國人全部趕出中國去了。

蔣先生倡導憲政

在這部《蔣介石與現代中國的奮鬥》中，陶涵先生認為，蔣先生可能顯得冷漠，有時甚至冷酷，但他缺乏作為一個獨裁者所具備的那種渴望絕對權力的強烈慾望和謀求絕對權力的手段。我的外祖父講過好幾個故事，從不同側面，印證和補充陶涵先生這個結論。

一九三七年七七事變發生，蔣先生立刻在廬山牯嶺召開茶話會，邀請全國各黨各派人士，共同商討抗戰救國大計，我的外祖父也在受邀之列，上山赴會。他告訴我們，蔣先生也邀請了中共參加，而且中共也派出周恩來，林祖涵，秦邦憲三個代表，到了廬山牯嶺。外祖父與周恩來是多年老朋友，開會期間，他曾特意到中共代表駐地去看望周恩來等三人，討論華北戰局及中國社會史大論戰外祖父與中共的理論爭執。但外祖父說，中共代表雖然住在廬山上，卻從來沒有出席過一次會議，沒有公開表示過任何意見。

廬山牯嶺茶話會後，與會代表大多東下南京，經蔣先生提議，組成參議會，為抗戰大本營提供戰略資訊。周恩來，林祖涵，秦邦憲三人再次應邀成為這個參議會的成員。外祖父說，就像在廬山牯嶺一樣，中共代表雖然參加了參議會，人也在南京，但仍舊從來沒有出席過一次會議，沒有公開發表過任何意見。

據外祖父回憶，當中國抗戰進入大反攻階段，日軍雖然尚在負隅頑抗，蔣先生已經看出勝利在望，便開始構想解除訓政，開始憲政，並且召集侍從官員，具體策劃召開國民大會。還在日本投降之前，蔣先生便確定於一九四五年十一月十二日在重慶召開國民大會，建立國家政府的選舉制度。該年八月十五日，日本政府宣布投降，蔣先生看到舉行國民大會的條件更加成熟，便立刻向全國各黨各派發出參加國民大會的邀請。

蔣先生此一建議，得到許多黨派支持，但遭到中共的反對。蔣先生認為中共是當時最大的反對黨，召開國民大會，推動民主憲政，不可或缺，便決定推遲大會日期，以求能夠勸說中共參加。

一九四六年一月，重慶召開的政治協商會議作出決議，國民大會延至該年五月五日召開。同時為了讓原日軍佔領地區的人民也能派出代表參加國民大會，以求最廣泛地代表民意，在原已選出的代表之外，又給臺灣和東北地區及一些職業增加了一五〇名代表名額，並給各黨派和社會賢達再增加七〇〇個代表名額。可是這個政治協商會議的決議，也遭到中共的拒絕，於是國民大會不得不再次延期。

可許多黨派代表為了參加國民大會，已經來到重慶，對大會屢次延期表示不解。於是蔣先生在一次最高國防會議上提議，國民大會定於一九四六年十一月十二日召開，比他所希望盡早召開國民大會建立憲政的日期，晚了整整一年。

然而蔣先生這個提議，再次遭到中共的反對，指責蔣先生獨裁，認為召開國民大會的日期，應當由政治協商會議作出決定。但事實是，正是因為中共並不接受政治協商會議所決議的五月五日召開國民大會，所以才有國民大會日期再次推遲的問題。

國民大會五月沒有在開成，重慶政府便決定還都南京。之後兩三月間，外祖父遵蔣先生囑，頻繁奔走於上海，南京，和廬山之間，與各方商談，妥協讓步，但求能夠盡早召開國民大會。到八月十四日，蔣先生發表聲明，提出八項主張，其中最重要的一條是，國民大會必須在十一月十二日如期召開，滿足各黨派提出的條件，把政治協商會議憲法小組所修訂的憲法草案，提交國民大會。

如此，這個難產的國民大會才算是於一九四六年十一月十二日在南京舉行，外祖父的席位與孔老夫子之後青年衍聖公孔德成先生為鄰，非常得意。開幕式之後，大會便立刻宣布休會三天，等候中共派遣代表到達出席。可是一等再等，終於沒有等來，三日之後，國民大會只好復會，開始討論憲政議題。

難怪美國人無法理解也處理不了，中國的事情常常就是這樣難辦。要遵守民主程序，開個國民大會，徵求各黨派的意見，結果是推遲三次，延誤一年，反正辦不成。最後迫使蔣先生不得不動用個人威權，強行宣布不得再次延誤，這國民大會才算終於開起來。可是蔣先生因此又落下個獨裁者的惡名，好像他如何地獨斷獨行。

在這部新《蔣介石與現代中國的奮鬥》中，陶涵先生用了許多筆墨，闡述蔣先生絕非法西斯獨裁者，而是中國民主憲政和現代化建設的奠基人。陶涵先生在全書結尾處講了一句話：蔣先生如果地下有知，看到臺灣現在民主制度的確立和經濟建設的繁榮，會感到十分欣慰，而如果蔣先生能夠看到，大陸現在正沿著他半個世紀以前所描繪的道路行進，更會感到十分驚訝。陶涵先生講得不錯，從建立黃浦軍校開始，蔣先生始終對中國充滿信心，對中華民族充滿信心，也對自己為中國所構造的強國理想充滿信心。蔣先生沒有錯，蔣先生的理想終於要在臺灣和大陸都得到實現，蔣先生是最終的勝利者。

據說，蔣先生曾經希望將來有一天，他的遺骨能夠移回故鄉浙江奉化安葬。我願意相信，隨著大陸和臺灣兩地民主建設的繼續發展，蔣先生這個葉落歸根的願望，一定會實現。總會有那麼一天，蔣先生所為之貢獻了一生的中國土地，迎回自己忠實的兒子，讓他得以安臥，享受遲到的和平與幸福。

無情並非真豪傑

小的時候，中國大陸的所有公眾人物，都從不提及個人家庭生活。國家領袖，各級首長，英雄豪傑，好像都不食人間煙火。極少幾個革命夫妻故事，也都只作為戰友情誼而被傳頌。那時中國大陸人的崇拜，是愛領袖，愛黨，愛革命，愛戰友，只是不愛父，不愛母，不愛夫，不愛妻，不愛子，不愛女。

三十年過去，乾坤顛倒。現在中國大陸的絕大多數公眾人物，都公開過著濫情生活。婚外戀，公共情婦，摘花尋柳，情色日記，動輒奸污數百女性，竟已為常，不覺驚異。眼下中國大陸的時髦，是愛權力，愛金錢，愛情婦，愛小蜜，愛面首，只是照樣的不愛父，不愛母，不愛夫，不愛妻，不愛子，不愛女。

沒有家庭生活，或者濫情生活，說到底不過同是蔑視情感，蔑視人性，蔑視真誠的異化。中國自古有言曰：無情並非真豪傑。缺乏純愛，哪得偉人，離開真情，何來豪傑。

我的父系家族中，有一位沈鈞儒先生，是我的堂伯父，我們稱他二伯伯。他是清光緒年的進士，簽發刑部主事，留學日本專修司法，歸國參加立憲活動及辛亥革命，後在上海執律師業，成宋慶齡魯迅等之摯友，抗戰時期為七君子之一，內戰時期是著名民主鬥士，中共開國大典站在天安門城樓上，任中華人民共和國政府首任最高人民法院院長，全國人大常委副委員長等職，被周恩來譽為民主人士的一面旗幟，可說一生偉績豐功。

二伯伯三歲始從母讀書，十五歲在浙江嘉興考中秀才，二十八歲中舉，二十九歲進士及第。雖終生從事改造中國的革命活動，但一生溫文爾雅，知書達禮，保持著傳統文人的高貴品德。聽我祖母說，二伯伯非常看重家族親情，在上海早已名氣沖天，可每次回嘉興，必要拜見家族親人。當時嘉興沈家祖父一輩，只有老八還活著，就是我的祖父，他年齡比二伯伯還小些。但二伯伯每次去看望祖父，必堅持行晚輩見長輩的大禮，下跪磕頭，每次都慌得祖父來不及扶起。

祖母跟我們一起在北京住了十年，每年元旦我們到二伯伯家去給他拜壽，祖母都不肯去。說二伯伯是國家領導，她是平頭百姓，可是她輩分比二伯伯大，年齡比二伯伯小，如果他去了，當著眾人，二伯伯該怎樣待她？二伯伯去世前兩年，忽然有一天派了他的吉姆汽車，到我家來，專門接祖母去談天。祖母讓我陪著去了，一進門，二伯伯便迎出來，連聲叫八嬸娘，抱歉說自己實在身體不好，無法去拜望八嬸娘，還要煩八嬸娘勞累。說著，二伯伯雙手扶住祖母，慢慢進屋，毫無大首長架勢，僅執晚輩之禮。

有一年我遠涉重洋，專程重訪故鄉，去嘉興沈家祖墳祭掃。在當地沈鈞儒紀念館張書記的協助下，得以找到地方。但是那裡已經沒有沈家的祖墳地，而成為一片農田和樹林。一九五〇年代中國大陸農村搞合作化，這裡的墓地被推平深翻，棺木移去不知何處。我再也尋找不到高祖，太祖，曾祖，和祖父的墓地了。

因二伯伯當時是中央領導，經請示後原地保存沈家兩座孤墳。一是二伯伯的父親沈翰先生，碑上字跡殘缺，依稀可辨。一是二伯伯的夫人，墓碑乃複制。二伯母的墓碑原件，立於嘉興沈鈞儒紀念館內，為二伯伯親筆書寫。而二伯母墓碑的旁邊，還立有另外一塊，是二伯伯為自己書寫的墓碑，兩碑並立。

二伯伯在嘉興考中秀才之後，吳縣名士張廷驤先生喜愛其才，聘為家塾教師，為張家弟子授學，當時二伯伯只有十七歲。兩年之後，張廷驤先生將自己的女兒張象徵女士許配給二伯伯，一八九四年結為夫妻。其後數十年間，二伯伯為爭取中華民族的生存和民主，不惜生死，呼號奔走，一直得到夫人的全力支持和協助。

一九三四年三月，突然之間，二伯母患了肺炎，這病在當時沒有辦法醫治，幾日之後，二伯母便去世了。二伯伯非常悲痛，在為二伯母書寫墓碑的同時，也為自己書寫了一塊，配為一雙，表示生於夫人同生，死與夫人同死的心意。二伯母去世後三十年，直至二伯伯於一九六三年六月逝世，他始終獨身一人，沒有再娶，一直保持著對已故夫人的愛和追念。一九五〇年嘉興農村平整沈家祖墳地時，二伯伯要求除了保存他父親的墓地之外，同時保存其夫人的墓地。我想，二伯伯是想自己逝後同夫人合葬，永遠廝守。只是因為二伯伯作為國家領導人，最後安葬在北京八寶山革命公墓，終於未能如願。

二伯母逝世後，二伯伯時時思念，寫過許多悼亡夫人的詩詞。其中一詩寫道：「一九三六年二月某日枕上。夫人既殮，我以影置其胸前，旋以遺影置我貼身衣袋中，睡則置枕上，今二年矣。」這首詩題名就是「影」，詩文為：「君影我懷在，君身我影隨。重泉雖暫隔，片夕未相離。俯仰同襟袍，形骸任棄遺。百年真哭笑，只許兩心知。」

自夫人逝後，二伯伯衣服口袋裡，貼著他的心口，永遠存放著兩張小照片，一是二伯母的單人小照，一是二伯父母兩人的最後一張合影。

我的母系家族裡，有一位陶希聖先生，是我的外祖父。他是民國初年北京大學學生，參加過五四運動，畢業後在上海商務印書館做編輯，參加過五卅運動。後來做過北伐軍中校軍官，領導過中國社會史大論戰，任過北京大學法學院教授和政治系系主任，創建中國經濟史食貨學派，抗戰時期任職委員長侍從室，並任國民黨中宣部副部長，《中央日報》總主筆，代蔣介石撰寫《中國之命運》，號為蔣介石文膽，兼精政經法文史，成就等身。

外祖父母是繈褓之中，包辦訂婚。外祖父十八歲，還在北京大學讀書時，完了大禮，結為夫妻。其後六十餘年，他們共同生活，生養了七個子女，我的母親和六個舅舅；經歷了四場災難：辛亥革命，北伐戰爭，抗日戰爭，國共內戰，數度生死離別。或許是經久的苦難，使外祖父母之間的情感，自包辦婚姻上昇為真誠恩愛。外祖父三十歲成為北京大學教授，四十歲進入國民黨核心，身分顯赫，往來皆高官，外祖母則保持鄉下婦女本色，在家做飯洗衣養孩子。但他們始終相敬如賓，不離不棄。

母親在西南聯大讀書時，外祖父寫過許多信給她，常以外祖母為榜樣教導母親。其中之一說到：「其痛苦至於極點者，厥為汝母。汝母之痛苦，更無說處，亦無人了解。歷年來為我之大波折，汝母迄無一時不在苦境。余病幾死，險幾死，而全仗其支持。世間有如此婦人，真非尋常者也。其刻苦，忍耐，克己，汝等能得其一點，即可以成人，以後在亂世之中，始有立身立足之地。」母親告訴我，那並非一些冠冕堂皇的說教，那是外祖父母之間血肉凝聚的真情。外祖父一生中幾次面臨生死存亡的危機關頭，都是外祖母挺身而出，果敢決斷，不惜以命換命，救外祖父脫離險境。

一九八八年外祖父在臺北逝世，舅舅們整理其舊文稿，發現一篇小文。外祖父寫道：「六十五年（中華民國六十五年，公曆一九七六年）九月二十一日即農曆八月二十八日之夜不眠。往年是夜為冰如暖壽（我的外祖母名諱冰如）。為避親友，或我二人偕往陽明山旅舍，或往愛國路自由之家，有一年，往新竹，又有一年，往臺中。最近四五年，冰如病苦甚，我既辭去中央委員，又自《中央日報》退休，無復可避者。冰如壽辰，兒輩布置壽堂，則怒斥，或自出門而去，至兒輩尋求歸。冰如只為我設壽堂，不允為己設也。冰如逝世，周年祭後，冥壽紀念踵至。今夕我獨自徘徊遺像下，回憶去年八月三十一日及九月一日兩夜情景，不禁淚下。」我的外祖母是一九七五年九月二日逝世的。

聽到父親母親兩家祖輩們這樣的故事，讀到這樣的文字，我總會禁不住心頭抖動。我很羨慕長輩們，他們生活在那麼苦難深重的時代，卻保持著那樣真誠濃烈的愛情，乃至生死不遺。想想看，一個人死後，還被自己所愛之人記憶數十年，那是怎樣的一種幸福。人生一世，還能得到比這更加永恆的光榮嗎？當今世界，又有幾人能抱有如此的奢望？

我感謝我的祖輩們，留下這許多的故事，這許多的榜樣。我雖不敢說自己能夠得其點滴，但畢竟曉得了人應該怎樣地為人，怎樣地執著於真誠的情感。祖輩們的生命，為我確立了一種價值觀，界定了一個鑒別標準。有的人可能峨冠高戴，有的人可能腰纏萬貫，有的人可能盛名貫天，但是如果他們沒有真情，如果他們無視人性，如果他們玩弄情感，他們就絕不可能是真正的英雄豪傑，他們只配被我看做糞土，分文不值。人可以不做豪傑，但必須保持真誠，保持人性，保持愛情。

大愛大勇二伯伯

沈鈞儒先生是我的堂伯父，我們從小至今，一直叫他二伯伯。

二伯伯生前曾經歷任中華人民共和國最高人民法院院長，全國政協副主席，全國人大副委員長，民盟中央主席，名列國家領導人。但在我們家裡，大家尊敬他，愛戴他，卻並非因為他擁有如此頭銜和職務，而是因為他繼承了浙江嘉興沈家門風，成就一個品格高尚的人，大仁大義，大愛大勇。

我有一冊《沈氏家譜》影本，註明是一九一七年修訂。《沈鈞儒年譜》有記載曰：秋在京寓編《沈氏家譜》。十一月十二日得一女。因正在編撰《家譜》，遂名譜。《沈氏家譜》中沈鈞儒條註：女一譜小名又菊民國六年丁巳九月二十八日子時生。此條鉛印在冊，而一九一七年之後很多人名，包括我的父親（一九一九年生），都是毛筆補記到家譜上去的了。這樣對照，便可推斷，這本一九一七年編印的《沈氏家譜》，乃二伯伯親手校撰。以二伯伯的學識人品和律師身分，此家譜所錄各項，均當屬實無疑。

中國古制，五服一家。依照這本《沈氏家譜》，我的五世太祖沈濂公有三子，瑋寶瑋寶瑜寶，是我曾祖一輩，族人稱老三房。二伯伯是長房瑋寶後代，我父親則是小房瑜寶之孫。至我祖父那輩，家譜記錄弟兄十五人，我祖父又是排行老末。到我父親儒字輩，男兒二十四，我父親排行二十三。根據年齡，二伯伯排行二，族人稱二哥，我們稱二伯伯。至於我這言字一輩，不止數十，幾乎無法排行，我的名當為訏。我的下代是人字輩，更加難以計數，且已出五服，須另行記錄了。

在這樣的一個大家族，兄弟姊妹，年齡懸殊，大房出年長的小輩，小房出年幼的長輩，是常有的事。二伯伯生於同治十三年，公元一八七四年，比我祖父還年長十一歲。我祖父生於光緒十一年，公元一八八五年。二伯伯在上海做了大律師，聞名全國，跟宋慶齡魯迅來往親密，共商國是，每次回故鄉，仍要到我家探望我祖父，而且每來必行大禮，向八叔請安，常慌得祖父還禮不迭。

我從小聽父親講，祖父祖母在嘉興鄉間，教書為生，家境不好。父親初中畢業，只能念杭州師範，不交學費，還管飯。父親每學期末，拿了優等成績單，給二伯伯看。二伯伯高興，給父親一些另用雜費。後來父親考入上海暨南大學，還一直靠著二伯伯資助。抗戰期間，父親轉入重慶中央大學英文系，仍常去看望二伯伯。一九四五年堂兄叔羊結婚，二伯伯辦婚禮，很多名人出席，賀幛上簽名者有于右任、董必武、周恩來、林彪、陶行知、沈雁冰等等，以及一眾沈家親屬，包括我的父親。

蘆溝橋事變後，蔣介石汪精衛在廬山牯嶺召開抗日戰略會議，邀請全國知識界名人，會商救國大計。蔣夢麟、張伯苓、梅貽琦、胡適、傅斯年、羅文幹、黃炎培、梁漱溟、晏陽初、張君勱等都應邀。還有中共代表周恩來、林祖涵、秦邦憲三位。二伯伯和我的外祖父陶希聖先生，也都出席了會議。

牯嶺會上，因為政見不合，二伯伯和我外祖父經常爭執。一次散會，兩人同桌吃飯。二伯伯說：庚子年八國聯軍時候，尊大人由北京到西安，我和他是莫逆之交。外祖父年歲比二伯伯小得多，恭恭敬敬回答：沈先生後來到開封赴北闈，寄居舍下。我叫您沈大叔，您教我八段錦。那時我只有三四歲，如今還記得。二伯伯說：以後希望你我客氣點。外祖父說：世交是世交，辯論還是辯論，才是民主。二伯伯說：那又何必。這段對話，外祖父記錄在他的回憶錄裡，教後輩永遠記得世交情誼。

重慶時期，我的外祖父被任命為委員長侍從室二處第五組組長，做了蔣介石的文膽，主持國民黨文宣。而二伯伯主持民盟，支持中共，成為中國政治的重量級人物。兩人立場仍舊不同，政見繼續針鋒相對。但是沒有想到，二伯伯的堂弟沈蘇儒和外祖父的女兒陶琴薰，在重慶中央大學英文系同班讀書，雙雙墜入愛河。

一九四五年，父親大學畢業，二伯伯介紹他到美國新聞處任職，工作如意，薪水豐厚，父親母親鄭重訂婚。二伯伯代表男方家長，外祖父作為女方父母，雙雙出席，把酒言歡，世交姻聯，格外親密。他們還不僅只是私下裡吃頓飯而已，第二天《中央日報》刊出這則訂婚消息，陶希聖沈鈞儒兩個名字，白紙黑字，並列一起。這樣的事情，對於後來六十年把階級立場看得重過生命，習慣政治鬥爭你死我活的中國大陸人來說，恐怕難以想像。而二伯伯和外祖父那代人，保持著中華文化的仁義傳統和家族親情，能夠突破壁壘森嚴的政治分界，實在是今人無法望其項背的。

一九四九年五月，外祖父跟隨蔣介石，遠走臺灣。父親堅決留在上海，迎接中共。母親表示跟父親廝守，生死不移。解放軍進入上海後，封閉《新聞報》，遣返人員。父親立刻失業，全家大小，無以為繼，惶恐之中，寫信請求二伯伯幫忙。當時中華人民共和國剛剛成立，二伯伯當選最高人民法院院長，位高權重。

我保存著二伯伯的兩封親筆信，一封寫給我的父親，告訴他已去信上海給金仲華和惲逸群二位。結果惲逸群接見了父親，並分配他到《上海新聞》工作。我也保存著當時惲逸群寫給父親的一個通知，呼應了二伯伯的介紹信。

我保存的二伯伯另一封親筆信，是寫給當時上海民主婦聯負責人韓學章的。母親當時在上海找工作，需要一份政治擔保，也請求二伯伯幫忙。當時我的外祖父已被中共中央宣布為國民黨四十三名大戰犯之一，給戰犯陶希聖的女兒作書面政治保證，擔著很大的風險。二伯伯接到母親的信，正值出國訪問前一天，他完全可以放下此事，多觀望觀望，等回國之後再說。但是二伯伯急人之所急，怕耽誤母親求職的機會，當天落筆，別無旁顧，為我母親做出政治保證，實可謂大愛大勇。

在北京十年間，每逢元旦，我們到東總布衚衕，給二伯伯作壽，祖母從來不去。後來一次，二伯伯派車接祖母去他家談天，祖母帶我去了。路上祖母對我講：沈家雖然累世為官，但從不會逢迎拍馬，仰人鼻息。如果不是衡山厚道，大家敬重他。他官再大，我們也不會去巴結。衡山單獨請她去，一家人自己講講話，也是他心誠，盡孝道。

我聽祖母好大的口氣，很覺驚奇。到了二伯伯家，長髯老人迎出門，雙手扶住祖母，連聲說：八嬸娘，侄兒本當去看八嬸娘，卻累八嬸娘跑來這裡，實在難為情。他們談了大半天，無非家人典故舊事，二伯伯還敬了茶，上了小點心。回家路上，祖母感嘆一句：衡山到底還是我們嘉興沈家門裡的人！好像那是她對二伯伯的最高贊語，全不把他的官職名氣、榮華富貴看在眼裡。

二伯伯去世，在中山公園公祭，我們十幾歲的孩子，分了幾個小組，輪換站在棺木前守靈。出殯的照片上，可以清楚地看到父親母親和我，垂頭走在旁邊。現在六十年過去，回首默想，二伯伯何以能夠一生站立社會峰巔，被中國人民尊敬愛戴？何以能夠擔當挽救民族存亡之重任，引領國家走向繁榮富強的道路？何以能夠以古稀之年，連任國家領導人十餘載？實在只因一條，那就是他承繼著中華文化的傳統，保持了祖宗訓示的作人本份，威武不能屈，貧賤不能移，富貴不能淫，坦蕩正直，大仁大義，大愛大勇。

這是二伯伯用自己生命所展示的人格力量，這是二伯伯留給代代世人的精神遺產，這是二伯伯傳給沈家後輩的萬載家訓，我們永遠不敢忘記。

我家與周恩來的恩恩怨怨

過去幾十年，中國大陸人對已故周恩來先生，一直十分崇敬。尤其是上世紀六十到七十年代的二十年間，周恩來幾乎成了中國大陸漫漫長夜之中唯一的星光，雖然極為微弱和細小，卻還是能夠給予大陸人民些許溫暖和希望。特別對於大陸黨政高級幹部和高級知識分子來說，周恩來那時幾乎成了正義和公理的化身，成了他們延續生命的最後一線支持。

到了新世紀，對於周恩來的大陸官方評價，絲毫沒有修改，儘管民間出現一些微詞。其實這也完全正常，人是複雜的，中國人更加複雜，在複雜的中國環境裡生活的中國人尤其複雜，而在複雜的中國環境中生活的中國人中的中國政治家，則最為複雜。所以複雜的中國人，對於複雜的中國政治家周恩來，沒有複雜的看法，做不出複雜的評論，那才是天下怪事，才真正的不正常。

我自己家裡三代人，對於周恩來就是一直抱著種種矛盾的心理，跟絕大多數中國大陸高級知識分子相同。我的父親母親都曾見過周恩來，跟周恩來有過多多少少的個人接觸，甚至我自己也曾見過周恩來，只是沒有像父親母親那樣面對面直接說過話。而我的外祖父陶希聖先生同周恩來之間，曾經關係密切，打過幾十年交道，亦友亦敵。我的父親和母親，乃至我們自身，都曾蒙受過周恩來的恩澤，也都曾在希望獲得周恩來幫助的時候，有過痛苦的失望。

上世紀二十年代初，外祖父到上海商務印書館做編輯。當時的上海商務印書館，是中共文化界名人聚集之地，如沈雁冰、胡愈之等人，都在上海商務印書館工作。外祖父獨自一人初到上海，借住中共早期黨員韓覺民的家，跟中共早期領袖惲代英周佛海等來往密切，據母親講，那時候外祖父加入了國民黨，也加入了共產黨。這在當時，非常普遍，國民黨名人周佛海曾參加中共第一次代表大會，毛澤東周恩來葉劍英等，都曾同時兼具國共兩黨黨員的身分。也是在那時，因為惲代英的關係，外祖父結識了周恩來，不過當時周恩來是中共最高元首，外祖父只是普通黨員，頂多只是打個招呼而已。

三年之後，北伐戰爭打響，外祖父應惲代英之邀，到武漢中央軍校任教官兼軍法庭長，銜授中校。期間，外祖父因為親眼見到中共領導的農民運動，過度殘酷，十分憤恨，極力反對，甚至被武漢的中共農運領袖毛澤東逮捕，幸被陳獨秀先生解救，逃得一條性命。所以在蔣介石和汪精衛「清黨」，一次北伐結束的時候，外祖父拒絕跟隨惲代英帶領軍校師生南下湖南，參加毛澤東領導的秋收起義，也逃避跟隨郭沫若領導部隊東進江西，參加朱德、賀龍領導的南昌起義，而是自行脫離共產黨。母親曾對我說，外祖父知道共產黨把脫黨當做叛變對待，格殺勿論，所以她一家當時更名改姓，隱藏了很久，才經九江，回上海。從此之後，外祖父一心一意為國民黨效勞，跟共產黨做對，凡六十年。

一九三一年，外祖父在北京大學法學院做教授，成了中國經濟史學界的名人。一九三七年盧溝橋事變發生，日本對華全面開戰。外祖父跟大批文化教育界泰斗如張伯苓，蔣夢麟，梅貽琦，胡適之等，應邀到江西廬山出席牯嶺茶話會，商討抗日救國大計。茶話會來賓包括各黨派和無黨派，中共從延安派周恩來，林祖涵，秦邦憲到會。他們住在牯嶺，卻沒出席過會議。外祖父作為國民黨代表，專門去中共代表住處，拜訪周恩來。

三十年代初，外祖父在上海和北平領導中國社會史大論戰，轟轟烈烈，經年不息，最後延安派凱豐到北平，會見外祖父，提出休戰，並下令平津所有左派學者閉嘴，這場論戰才告結束。凱豐當時是中共的文化負責人之一，四九年後曾任中共中宣部副部長。在廬山牯嶺的會見中，周恩來重複凱豐對外祖父講過的話：我們多年來反對蔣委員長，今日一轉而擁護蔣委員長領導抗戰，這個彎不容易轉過來。我們在延安費了氣力說服大家，說服北平的教授們也不容易。這個時候，想必周恩來知道了外祖父是何許人也，對外祖父相當尊敬了。

廬山茶話會後，日寇已經佔領北平，外祖父和平津的學者都回不了華北，便到南京。國民政府應戰時需要，建立國防參議會，外祖父是參議之一。周恩來，林祖涵，秦邦憲，也都是參議，不過他們仍舊不參加任何會議。上海南京相繼失守，國府內遷武漢，外祖父回到家鄉，在汪精衛領導下，主持藝文研究會，編刊物做宣傳。

因為黨內同志出賣，中共領袖陳獨秀先生在上海被國民政府逮捕，在監獄關了五年。抗戰爆發，國民政府為團結各方民眾參加抗戰，施行大赦，把陳獨秀先生釋放出來，到了武漢。出獄之後，陳獨秀先生因為拒絕向延安認罪，得不到中共關懷，貧病交加，難以為繼。出於對陳獨秀先生的尊敬，也為報答北伐時期陳獨秀先生的救命之恩，外祖父聘陳獨秀先生為藝文研究會刊物寫稿，並以稿費為名，資助他的生活所需。

於是武漢藝文研究會的周刊，發表出陳獨秀先生文章。當時八路軍駐武漢辦事處首席代表周恩來看到，立刻發表公開講話，指斥陳獨秀接受日本津貼，每月三百元。外祖父聞言，趕緊出面，當眾澄清，駁斥周恩來謠言，說明藝文研究會約陳獨秀先生撰稿，按常規發稿費的前前後後。並且說明，藝文研究會是國民黨的文化機構，並非日本特務機關，所以陳獨秀先生接受藝文研究會稿費，絕非接受日本津貼。這樣外祖父與周恩來展開公開論戰，一時之間，成為熱點，武漢各報為之轟動。據母親講，她那時十幾歲，記得家門口經常聚集大群記者，外祖父回家出門，總要被人阻攔，有時會站在馬路上，跟中共新華社記者發生激烈爭辯。

那年春天，國民黨召開全國代表大會，通過抗戰建國綱領，設立國民參政會。在漢口開會期間，中共參政員陳紹禹約外祖父談話，周恩來也參加。陳周二人提出，希望國民黨尊重少數黨的意見，當時的中國，共產黨是極少數。外祖父回答：中國國民黨是全民的黨，對於各種思想和主張，只要是革命抗戰的，都可兼容並包，黨內與黨外的界限是不明確的。一個黨如過分狹隘，所得不償所失。外祖父並且希望中共參政員能以民主風度，在會議中公開辯論一切問題，不要一味地背後做小動作，更不要造謠誹謗，不擇手段。據外祖父回憶，那個時期在各種會面中，周恩來，陳紹禹，秦邦憲，林祖涵，都採取謙和態度，意在爭取各方人士同情，獲得不少效果，外祖父對他們頗為尊重，只是始終保持著高度懷疑態度，不信任中共的任何言行。

抗戰勝利，國共分裂，戰端重起。美國特使馬歇爾和司徒雷登兩先生，奔波兩黨之間，斡旋調停。爭執焦點是，國民黨要求先解決軍事問題，後解決政治問題。共產黨要求先解決政治問題，後解決軍事問題。司徒雷登大使經與周恩來商談，提出軍事政治兩個問題同時解決，馬歇爾將軍上廬山傳達。蔣介石聽了，表示能夠接受，遂命陳布雷先生寫一信，交外祖父帶下廬山，親自交給司徒雷登大使，希望馬上開始國共和談。

外祖父回到南京，通過行政院，通知美國大使館，安排會見，將蔣介石的信面交司徒雷登大使。外祖父到美國大使館，看到司徒雷登大使坐在屋裡，無事可做，便問：大使先生，你不忙吧？司徒雷登大使說：不忙，我坐在這裡專等一個人。外祖父心裡清楚，司徒雷登大使所等的人，就是中共代表周恩來，便故意又問：你等得來麼？司徒雷登大使說：等不來也要等。外祖父說：現在美國已經明確表示支持共產黨，他何必還要來幫助國民政府。司徒雷登大使說：我明知他不會來，也只好等。

那次所謂的國共和談，雖然外面宣傳熱熱鬧鬧，其實從來沒有真正開始過，中共代表周恩來根本沒有跟美國代表見過面。而後隨著軍事勝利的擴大，中共越來越不需要美國人的幫助，自然更不屑於跟國民黨和談。中共幾十年來一直說，蔣介石如何如何破壞和談，實為謊言。若說破壞和談的罪人，並非國民黨，而恰恰是中共自己。所以到了最後，毛澤東輕蔑地說一聲：別了，司徒雷登，便把美國人和國民黨趕出大陸，成立了中華人民共和國。自此海陸二分，不共戴天。

我家第二代，即父母一輩，與周恩來的交情，以堂伯父沈鈞儒先生為最。伯父是中國民主同盟的領袖，跟周恩來保持了幾十年非常密切的友誼。伯父八十歲生日慶祝會上，周恩來曾讚譽伯父為：中國民主黨派左派的一面旗幟。

抗戰期間，四川重慶是中國臨時首都，中國抗戰的大本營，國民政府駐紮在重慶，包括外祖父。中國各界團體也都聚集此地，包括民盟和伯父。我的父親和母親當時也在重慶的中央大學讀書，跟外祖父和伯父都經常來往。父親和母親訂婚的酒席，也是由伯父代表父親家屬，外祖父代表母親家屬出席，共同登報發啟事。

一九四六年到一九四九年間，父親在上海《新聞報》做記者，被派駐南京任政治要聞記者，後兼該報駐南京記者站主任。當時中共派駐南京的代表處在南京梅園，伯父沈鈞儒的女婿，我的堂姐夫范長江先生任中共代表團新聞發言人，他常約父親見面談話，講解中共政策，再由父親通過報導形式，對外宣傳。期間父親也曾進過梅園幾次，面見周恩來。父親對那段時間的工作，非常驕傲，對我們講了幾十年。他對周恩來的和藹態度和敏捷思維，非常敬佩。父親還祕密告訴我，周恩來曾派人向他透露，有意思動員父親參加中共，可父親當時對政治毫無興趣，所以沒有感覺，更沒有行動。到了一九四九年，天下大變，父親如夢方醒，但後悔已經來不及了。

姐夫范長江先生離開梅園之後，繼續擔任中共代表團新聞發言人的梅益先生，一九四九年後任中國大陸廣播局局長，其後二十年間，不止一次為父親做保，免去父親多次滅頂之災，文革之後再次保舉父親出任外文出版局領導職務。中共眾多高幹對父親的態度，也從側面顯示，當年在梅園，周恩來對父親的為人和工作，確實相當器重和滿意。

四九以後，父親從上海調到北京，參加外文出版社的籌建工作，擔任《人民中國》雜誌的編輯。有一期刊物，發行之後，被印度發現地圖有誤，指責中國有侵略野心。當時的印度總理尼赫魯對中國友好，打電話給周恩來，要求解釋和處置。周恩來深夜找到外文出版社社長劉尊棋先生問話，外文出版社查出那期刊物的責任編輯是我的父親，連夜派人到我家，把父親捉到外文社關押，準備送司法機關處置。最後是社長劉尊棋先生擔了責任，沒有定父親的罪。而該事件的處理，都由周恩來出面，妥善操辦，化解中印關係的緊張。父親被關了兩天，釋放回家，算是逃得一命。

上世紀五六十年代，是中國大陸最封閉的時期，沒有人能夠邁出國門一步，沒有人能夠與海外有任何通訊聯繫。

一九五六年陳布雷的女兒陳璉女士在全國政協全體大會作了一場講話，講話之後，周恩來第一個站起來鼓掌，然後講話全文發表在《人民日報》上。陳璉曾是母親的大學同學和好友，《人民日報》的這個報導和陳璉的講話全文，給母親造成了巨大的震盪，產生出一個在當時看來是膽大妄為的念頭，爭取同海外的外祖父和舅舅們取得聯繫。於是母親給周恩來寫了一封信，請求許可她同外祖父和舅舅們通信。

出乎意料，母親那封信居然沒有被層層秘書卡住，送到周恩來的手上，相信是信中提到外祖父的名字，秘書們曉得事關重大。也或許是外祖父與周恩來幾十年的交情，母親的請求竟然獲得了周恩來的親自批准。

後來很多年，經常有個海瀾叔叔到我家。他個子不高，很和氣，每次一來，母親就把我們打發到祖母房裡，不許吵大人。然後父親母親跟海瀾叔叔在他們小屋裡，關起門來講話。而且母親反覆囑咐我們，有關海瀾叔叔來家的事情，對誰都不准提起。海瀾叔叔也曾幾次送票來，讓母親帶我們去看全國運動會，參觀新建成的人民大會堂，還在人民大會堂裡看剛上演的大型歌舞《東方紅》。當時參加那樣的活動，在北京城裡，像我家這般反動政治背景，絕對沒有可能，所以我們都把參加這些活動當作是政治待遇，很覺得驕傲。

一九四九年以後，全北京城只有一家前門郵局，設有一處國際通信窗口，其他所有郵局都不收任何國際信件，香港臺灣也都算外國。而前門郵局收和發的國際信件，都會先送到公安局和統戰部兩個單位檢查。未經通過的國際信件，一律不發不送，並由公安局備案，對當事人展開調查。那個時代，與國外發生任何聯繫，都有通敵或特務嫌疑，這種情況現在的大陸青年根本無法想像。

中共國務院專門做了安排，母親可以到前門郵局寄出發往香港或美國轉臺灣的信，我曾陪母親去過前門郵局幾次，給海外的外祖父和舅舅們寄包裹。這些事情，我們家裡人絕對不能對外透露半句。前門郵局有個許可對外發寄國際信件的名單，母親在那名單上，所以海外寄給母親的信，和母親寄給海外的信，都不送公安局，全由周恩來辦公室直接處理了。每封海外寄給母親的信，北京郵局收到後，就先送到周恩來辦公室，經專人檢查後，再送到我家。同時母親寫往海外的信，也是將信稿先送周恩來辦公室審查批准，然後由母親抄清之後，送前門郵局發寄。

直到我進了中學，母親才告訴我，這件事情是周恩來親自指示，許可她同海外的外祖父及舅舅們通信，海瀾叔叔是周恩來辦公室的特派員。記得當時我聽了，很覺驚奇，也很佩服母親的勇氣，一個小百姓，居然敢給周恩來寫信。可是在母親眼裡，周恩來不過是外祖父交往過的名人中的一個而已，外祖父交往的高官名人太多了，母親也見過大半，並沒覺得有什麼特別了不起。

在周恩來的親自領導下，我母親也算是為中共的統戰工作了不少年，沒有功勞也有苦勞吧。可是大難臨頭之時，周恩來卻好像根本不認識母親，沒有伸出援助之手，任母親陷入無底深淵。一九五七年毛澤東發動反右運動，母親當時在全國總工會做翻譯，當時的全總主席劉寧一在黨委會上點名宣布：陶希聖的女兒，怎麼可能不是右派。於是母親便被戴上右派分子的帽子，多少年不得翻身。母親對我嘆道：現在算是真懂得魯迅筆下的祥林嫂，捐了門檻，還是不得超生。從那個時候開始，周恩來在我心目中的輝煌形象，開始退色。他最多也不過是個凡人，勢利眼，媚上欺下是免不了的。

文革期間，毛澤東下令，全國所有單位都軍管。駐外文出版局的軍管小組，由防化兵部隊派出。當時中國大陸軍隊內部派系鬥爭激烈，防化兵也不例外，而軍隊內部的分裂和鬥爭，當然也就帶到軍管的各單位。最先派入外文出版局的軍管小組，屬於防化兵的一派，主張平反知識分子。他們把父親從牛棚裡放出來，重新啟用，甚至派他出差一次，採訪報導各省革委會成立，「全國一片紅」的壯舉。時隔不久，軍管小組換人，防化兵中的對立派主掌了外文局。雖然都是戰友，但在毛澤東「階級鬥爭不是請客吃飯」的思想指導下，兩派形同水火，敵我分明，不共戴天。又依據毛澤東語錄：凡是敵人反對的，我們就要支持。凡是敵人支持的，我們就要反對。防化兵新軍管小組要打倒對立面，必須全面否定前任軍管小組的所有工作，其中也包括對高級知識分子的態度。

為了證明前軍管小組的錯誤，新軍管小組製造了多起大冤案，其中之一拿當時坐牛棚的父親開刀，誣陷他協同前軍管小組犯罪，參與謀殺同牛棚難友方先生。方先生是父親重慶中大的低班同學，曾在《上海新聞》報同事，同時調到北京，繼續同事多年。文革開始後，方先生和父親一起被外文局紅衛兵關了牛棚，兩人地鋪緊挨，並肩睡在水泥地上。父親自幼膽小，聽說死人就心跳，一見血就發昏，他怎麼可能參與謀殺，更不可能去參與殺害自己多年的同學和同事。

但在暗無天日的年代，中國大陸沒有講理的地方，軍管小組定了罪，不由分說，將父親等全部逮捕關押，然後多次上報國務院，要求批准定案，將父親等人法辦。軍管小組努力了兩年，得到上級單位外聯部的批准定案，卻一直得不到國務院的確認。後來聽說不知為什麼，周恩來將此案壓在案頭，始終不批。因此父親才沒有被關監獄，或者被殺頭。為這件事，我家很感激周恩來的救命之恩。

一九六六年夏天，北京城裡動亂初起，紅衛兵抄家，母親感覺不安，立刻要我幫忙，把她近十年同海外通信的底稿和抄件，全部裝封。然後要我陪著，拄著拐杖，步行到府右街中南海西門，請門衛把那包材料轉交總理辦公室保存。她怕日後紅衛兵抄家，發現這些信件，我們一家大小都活不成。過了些時，有周恩來辦公室的人來找母親，通知說收到那包材料，她做得對。當時周恩來自己泥菩薩過江，無力保護母親。但是我清楚，其實即使他有能力，也不會出手保護母親，就像反右運動時他不肯保護母親一樣。十年文革，我家遭受的災難，難以筆述。但總算紅衛兵抄家，沒有發現母親跟海外通信的事情，我們全家五口才算得以殘存性命。

至於我家第三代，即我這一代人，作為晚輩，跟周恩來的關係就沒有那麼多故事可講。從小到大，我見過周恩來幾次，但都是在集體場合，算不得跟周恩來有個人接觸，無法跟我的長輩們相提並論。伯父沈鈞儒先生逝世，在北京中山公園公祭，當時我是初中生，在伯父棺木前守靈，看見周恩來和朱德等國家領導人站在幾步之外，為伯父默哀。陝北插隊的時候，周恩來到延安來過一次，我跟一眾前往歡迎，跟他握過一次手，沒講話。

最後值得一提，伯父沈鈞儒先生的長孫，即我的堂侄，結婚了周恩來的姪女為妻。於是沈家與周家結了親家，可算是我們與周恩來最親近的私人關係了。

陸鏗先生五年祭

陸鏗伯伯已經去世十年了，可他的音容笑貌，他的言傳身教，仍舊時常在我的腦際裡浮現迴旋，難以忘懷。

陸伯伯自青年時期開始，就從事新聞事業。二戰期間曾出任中國廣播電臺駐歐洲戰地記者，用他宏大的聲音，把歐洲戰場的戰況，報告給中國人民。陸伯伯很得意的一次，在歐洲戰場見到英國蒙哥馬利元帥。

而陸伯伯與我父母兩系三代人，都曾有過直接的聯繫，可謂世交，頗有緣份。

二戰結束，陸伯伯從歐洲戰場歸來，曾在南京《中央日報》新聞研究班學習，成了我外祖父陶希聖先生的學生。之後陸伯伯到《中央日報》工作，擔任採訪部主任，又成為外祖父的部下。那段時間，外祖父是國民黨中宣部副部長兼《中央日報》總主筆。

陸伯伯以新聞為己任，在《中央日報》撰文批評「四大家族」惡行，很惹蔣介石惱火。於是外祖父便把陸伯伯叫到辦公室，訓斥一番。此事陸伯伯在他的《陸鏗回憶和懺悔錄》中有記錄，也親口對我講述過兩次。陸伯伯還抱怨，那次外祖父找他談話，態度很不好。

可我聽到這樣的故事，覺得很震撼。第一，國民黨的中央機關報，竟然會發表批評國民黨領袖的文章。第二，文章發表之後，不過上司訓斥一番而已，陸伯伯繼續我行我素，既沒撤職，也沒法辦。這種事情，在至今為止三千年中國歷史上，可說是空前絕後，只在那短短民國三十年間能夠出現，如此說來，陸伯伯實在也算幸運。

抗戰勝利之後，國民政府還都南京，我的父親在上海《新聞報》做記者，任該報南京特派員，每日到國民政府跑新聞，因此結交了《中央日報》的陸伯伯。他們等新聞發佈會的時間，天南地北，無話不談，成為「老友」（陸伯伯如是稱）。

他們的友情繼續到陸伯伯上世紀五十年代被關進雲南監獄，然後陸伯伯一九七八年出獄，而父親卻又在牛棚裡受難，所以兩人在大陸相互錯過，未得再見。直到一九九七年，父親到美國同我們子女聚會，住在舊金山我家裡。我送他到德利市陸伯伯家去看望他，兩人才算再次重逢。

那是我第一次親眼見到陸伯伯，花白頭髮，方臉寬肩。他的開朗豪爽，大聲講話，大聲歡笑，乃至龍飛鳳舞的書寫，一目之下，便令人景仰。可那一次，我沒有多少機會跟陸伯伯直接交談。按照家規，長輩在一起談天說地，晚輩們不能隨便插嘴，只能旁聽。雖然那時我在讀教育學博士，自己也成了家，有了孩子，還是只能坐在一邊，聽兩個老人回憶過去的歲月，談論當今的天下。直到好幾年之後，我談起頭一次拜訪他的感受，陸伯伯還會哈哈大笑，把我叫做聽大人講話的「小朋友」。

後來若干年間，我父親又到美國來過許多次，每到舊金山，碰上陸伯伯在家，便會同他聚會。可那時期，陸伯伯很忙，經常在兩岸三地奔波往返。有一陣子，陸伯伯動員我父親搬去洛杉磯，住西來寺，幫助把許家屯先生撰寫的傳記翻譯成英文。但談了幾次，父親終於沒有答應，他還是更願意跟兒孫在一起，多享受幾日天倫之樂。

後來父親年紀大了，不再來美國走動，逢年過節，看望陸伯伯便成了我的職責。搬離舊金山之後，按時向陸伯伯打電話請安問好，陸伯伯每次都必要詢問父親的近況，囑咐我給父親打電話時，代他問候。

陸伯伯寫作出版的每一本書，都會記得送給我，每本書題字都稱沈寧老弟，教我汗顏。他的《陸鏗回憶和懺悔錄》出版之後，我在拜讀期間，同陸伯伯通過好多次電話。那時《世界日報》時不時發表我寫的小說和散文，陸伯伯篇篇都讀，頗為喜歡，曾幾次要我好好讀他書中所寫關鸛鶹的故事，他認為很有寫成電視劇的基礎，希望有朝一日，我可以幫他完成願望。

我的長篇歷史小說《陶盛樓記》在《世界日報》上連載時，陸伯伯幾次打電話來，說是寫得好，他喜歡，期間他每離開美國，一定囑咐親友按日保留《世界日報》，待他回美後補讀。這部書後來在臺灣出版，叫做《嗩吶煙塵》，我特意送陸伯伯一套，表示感謝。陸伯伯非常高興，問我什麼時候寫完下部，並親筆為這個小說下部寫了一篇序。

最後一次見到陸伯伯，是約好到俄亥俄去看望一家報業老朋友。陸伯伯和海倫阿姨從舊金山走，我從丹佛走，我們到芝加哥會合，換乘同一架班機到克利夫蘭。我從丹佛到芝加哥的飛機晚了點，幾乎是最後一人衝進下趟航班的登機口。走入艙房，老遠便看見陸伯伯半躬著身子，從一排排座位靠背後面探出頭來張望。

我忙趕過去請安，抱歉遲到。海倫阿姨笑著對我說：可差點把你陸伯伯急死了，每見一個人上飛機，他就要這麼站起來看，腰也要斷掉了。現在看見你到了，他也可以老實坐一坐。那次，我們在克利夫蘭度過非常快樂的幾天，然後陸伯伯和海倫阿姨便又出發，到東岸馬利蘭去了，我則回到科羅拉多家裡。

那次之後，陸伯伯的身體漸漸衰弱。曾有一段時間，陸伯伯實在沒有精力動筆寫作，便要我勉強捉刀，替他繼續給報刊寫專欄。我們每周電話聯絡，交換要寫的題目和內容，陸伯伯講解他的見解，有幾次他還用快件寄來收集的有關資料。我寫的文字自然無法同陸伯伯相比，每篇寫完，傳真給陸伯伯，他在上面修改，經常是等於重新寫過，然後傳真回來，我逐字逐句在電腦上改好，重新印刷傳給他定稿，他再傳往美國或香港各報刊。

那段時間，同陸伯伯近距離接觸，獲益頗豐。陸伯伯是中國新聞界的老前輩，名記者，一生著作等身，豈知其中一字一句，竟都是如此認真寫出，從無一絲馬虎，後輩人實難望其項背。只可惜，陸伯伯那一代人，已經先後離開，留下白茫茫一片文化荒原，乏善可陳，令人難消斷腕之痛。

記得最後幾次同陸伯伯打電話，每次他別的很少談，總是反覆要求我設法請國內親友幫忙，代他爭得回雲南省親的許可。許久以來，陸伯伯年年努力，始終得不到回國探親的簽證，老人自知餘日不多，心情十分焦慮，逢人便懇求協助。但是我家一介書生，自己尚且如履薄冰，又有什麼辦法幫助陸伯伯。

後來海倫阿姨告知，陸伯伯的老年痴呆症加重，從此不再親自接電話。再後來，也是聽海倫阿姨講，陸伯伯終於得到回國入境許可。那時陸伯伯的記憶已經完全消失，但海倫阿姨仍舊陪他前往雲南，將老人最後一雙足印，踏在故鄉的土地上。

陸伯伯的一生，到底給了我們多少啟示？我至今仍在思索，或許需要我們後輩人終生去體會，永遠受用不盡。

與大師談大師

寫下這個題目，心裡就打鼓，如果被范伯伯看到，一定要狠狠地罵我。他不容忍別人稱他大師，但我相信他夠格做大師。現在中國大陸，許多大學教授都自稱或被他人稱作大師了，范伯伯是學院的院長，而且是清華大學的院長，還不夠大師麼？季羨林先生自己是大師，他稱范先生為「四絕」，說是除詩書畫三絕之外，范先生還加一絕精通西方文化，那「是古人難以望其項背的」。

開始作這篇文章的前一分鐘，在孤狗打出范敬宜三字，查到三萬〇六百個條目，約略瀏覽，幾乎百分之百都意在「歌頌」范敬宜先生為中國大陸最著名的新聞人之一。不錯，范敬宜先生是個新聞人。他做過多年《遼寧日報》的記者和副總編輯，做過兩年外文出版局的局長，做過八年《經濟日報》的總編輯，做過五年《人民日報》的總編輯，做過五年人大科文衛委員會副主任，二〇一〇年在清華大學新聞和傳播學院院長兼新聞學教授任上去世。

但對於我來說，范敬宜先生更是個世交的伯伯。我對於他是不是新聞人，做沒做過《人民日報》總編輯之類，興趣不大。但我非常尊敬范伯伯，因為他是中國最後一代真正能夠名副其實的國學家。我在家裡，很小時就聽說過他的名字。他曾經是我姑父王蘧常先生的學生，國學科班出身，詩書畫都很有造詣。上世紀八十年代初期，范伯伯做國家外文出版局局長的時候，是我父親的上級，當時父親任外文局屬下《中國建設》（現名《今日中國》）的副總編輯。

我寫作《百世門風》的時候，害怕父親不准許，一直沒有給他看過，直到出版社做出樣書，我打電話問父親，此書該向誰請教？他首先說要請范伯伯過目，並立刻給了我范伯伯家的電話。我有些誠惶誠恐，想了幾日，不知是否該去打擾范伯伯。雖然我的長輩裡名人不少，自小從沒把拜見名流當作多了不得的事情，但范伯伯到底是共產黨的正部級，我還真從來沒有接觸過這類高幹。衡山伯父生前是人大副委員長，伯公陶逑曾先生是湖北省副省長，但他們都非共產黨人。

過了幾日，父親電話中問我給范伯伯打電話沒有，然後催促我說，范伯伯很平易近人，打電話去沒有問題。他對我說：你跟姑父講話從來不怕的吧，那麼跟范伯伯講話也是一樣，他們都是國學家，知書達理，很和氣。於是我從美國給北京的范伯伯打了電話，果然如此，父親的話沒錯。范伯伯頭一次跟我講話，就聊了半個多鐘頭，而且立刻答應看看我的那本小書。

我立刻通知出版社的編輯，三天之內把樣書送到范伯伯手裡。過了一星期，我又打電話給范伯伯。他說已經拿到書，而且讀完有關王蘧常先生的一章，他稱姑父是他在無錫國專讀書時的恩師。范伯伯說我寫的故事，有些他曉得，有些他不曉得，所以讀起來覺得有趣。比如在無錫國專，姑父是唯一能夠講流利北方話的教授，范伯伯一直很納悶，讀了我的《百世門風》，才曉得姑父原來出生於天津，難怪他國語講得那麼好。

又過了些時，我再打電話去請安。范伯伯說，他已經讀過全書，感慨很多。他說：現在實在很難說還有多少人懂得國學。他又說，現在中國到處都是大師，阿貓阿狗都敢說是大師，他們知道什麼人才能算大師，他們見過一個大師麼？范伯伯說，唐文治先生是國學大師，眾望所歸，毫無疑問。當時無錫國專的周予同、錢穆、唐蘭諸先生，也都夠大師的資格，但他們沒有一個自稱大師的。王蘧常先生被日本人稱做「當代王羲之」，可是直到逝世，他也不肯聽別人叫他大師，那才真是大師的修養。

我聽他在電話裡講這些話的聲調，想像他怎樣地搖頭，心裡十分感動。我能夠體會，范伯伯作為無錫國專最後一班學生，現在整日處在種種淺薄而浮夸的風氣裡，會多麼難過。敢於自稱或互稱大師，敢於把最最如何掛在嘴邊的人，其實就肯定不是大師，也大概沒有多少學問。記得姑父曾經對我講：只要你真有了一點學問，你就會發現，學問是無限的，無底的，你所知道的那一點，不過九牛一毛，你還敢妄自菲薄麼？我想，那就是為什麼姑父學問那麼淵博，卻終生謙虛謹慎的緣故，他太知道學問的博大精深了。只有沒學問的人，才敢說自己是大師，是世界第一，是世界之最。多少教授一年能出版好幾本「學術」著作，姑父做了一輩子學問，只出版了一本《秦史》。山外有山，天外有天，學問越多，就越懂得惶恐，不敢坐大。

所以當我回到北京，拜見范敬宜伯伯的時候，兩手作揖，稱他為國學家，要拜他為師，學點國學的時候，已經慌得他從沙發上站起來，兩手直搖，連聲說：那可不敢，那可不敢。我循了姑父的例，還沒有冒昧稱他為大師呢。范伯伯是念過無錫國專，受業於許多大師的，我相信現在中國大陸已經沒有幾個像范伯伯那樣受過科班國學訓練，在詩書畫方面均有造詣的人了。但也因此，他曉得學問的深淺，知道大師的資格，萬萬不敢造次。

范伯伯抽著香煙，望著我的眼睛問：你曉得什麼人能做大師麼？我知道范伯伯出身詩書世家，他的外祖父蔡晉鏞老先生，晚清舉人，日本留學，蘇州名校草橋中學的首任校長，中國近代大師如顧頡剛、俞平伯、葉聖陶、吳湖帆諸先生，都曾是他的學生。范伯伯的母親蔡佩秋女士，曾師從章太炎先生。我外祖父曾告訴我：章先生是中國近代第一大師，清末民初幾乎所有大師級的學問家，都出自章先生的門下。所以我深知，別人不知道大師是什麼樣子，范伯伯是一定見過不少的。

我遵循家教，不敢回答范伯伯的問題，靜靜地等著聽他教訓。范伯伯吸一口煙，回憶片刻，悠悠地道來：他剛考進無錫國專的時候，不知怎地，唐文治先生聽說新生裡面有個范敬宜，是宋代文豪范仲淹先生的嫡傳後代，便命人將范敬宜叫來。范伯伯聽說被唐文治先生傳喚，心裡又喜又怕，進了唐先生房間。唐先生是雙目失明的老者，聽見人呼范少爺到，便馬上從座位上站起，彎腰打拱道：文正公的後人來了。范仲淹先生的字是文正，唐文治先生那樣的大學問家，對前輩絕對不會直呼其名，只敢稱其字。見唐先生這一大禮，慌得范伯伯不知如何是好。唐先生然後又叫范伯伯到跟前，伸出雙手，說是要摸摸范伯伯的眉骨，揣摩文正公當是如何的容貌。

講到這裡，范伯伯聲音有些打抖，熄滅了手裡的香煙，嘆道：唐先生那樣，並不是對我如何，我那時不過是個十五歲的新學生。唐先生那麼做，所表現出來的，是對古人前輩的崇拜，是對文化學問的恭敬，真是震撼我的心。你想想看，那樣的人，那樣的修養，那樣的恭敬，才可以叫做是大師。

聽了范伯伯的話，我幾乎落下淚來。因為我自己生不逢時，沒有受過多少正規教育，所以從小一直羞愧難耐，對有學問的前輩們十分景仰，特別愛聽他們講故事，長見識，至少曉得學問家該是怎樣地做人處世，言談舉止。

范伯伯考進無錫國專之前，在所謂正規學校裡只讀過一年書，而且是小學。他自幼多病，幾乎整個童年和少年時期，都是在家裡度過，跟隨母親讀書長大。同時在家裡，姑母教他英文，又從吳門畫派傳人樊伯炎先生習畫，還經吳湖帆大師指點。做詩則曾受南社詩人顧佛影先生親授。如此中西合璧，古今通貫的少年學養，聽來讓我心裡奇痒，羨慕不已。相比之下，近六十餘年的中國大陸，簡直如同蠻荒，談何文化与教育。

在這樣詩書畫環境中長大的孩子，怎麼可能不成為學問家。范伯伯十五歲時，跟隨母親在上海蕩馬路，偶然看到無錫國專招生，起了上學的念頭，獲得母親支持，隨即報名入考，竟然一舉得中。足見母親學問之深，教育之佳，范伯伯天資之優。我就想起中國年複一年的高考，那些將整個青春都葬送在背考題之中的少年，真為他們感到傷心。真像范伯伯那樣，文化素養切實深厚，只要去考，自然就考得上。而如果只會考試而無文化素養，就算考上大學，就算研究院畢業，就算做了教授，就算自稱大師，究其內裡，依然還是文盲一個，可悲可哀。

草草說過幾句自己的童年少年，范伯伯一轉話鋒，興高采烈地講起無錫國專的教授們。他搖著頭說：聽國專那些先生們講課，真是巨大的享受。唐文治先生是校長，那時已高壽八十，可仍然堅持親自進講堂授課。唐先生雙目失明，講古文就是朗朗背誦，聲情並茂，甚至涕淚雙流，學生們滿座皆驚，永世難忘。期中期末，學生們都要當堂命題作詩填詞，有時唐先生親自坐在講臺上，由人唱了學生的名字，站起來應對，心裡像揣個小兔子，誠惶誠恐，吟出一章。唐先生聽過，當即點評，情深意切，在在精辟，讓學生們感激得五體投地。

范伯伯又說，你的姑父王蘧常先生，上課來從來不帶書，手裡只捏兩支粉筆。進了教室，就在黑板上寫字。他本來是大書法家，那滿黑板的字可惜存不下來，否則每一節課的板書，就是書法精品集了。姑父寫過黑板之後，兩眼一閉，搖頭晃腦，不管什麼，經史子集，就如行雲流水，連個個版本裡的小注，都背下來講解，只字不差。國專的其他教授，像周予同、錢穆、朱東潤、王佩諍等等，對於學生的功課，真是兢兢業業，每天批閱，拿毛筆一個字一個字地畫圈點評，從來沒有一天馬虎過。他們都是當時的學界名流，都是大師級的人物，想想看吧，如今中國大陸的所謂大師們，哪一個可同他們相比。

我沒有見過別的大師們，可我幾次到上海，都住在宛平路姑父的房子裡，朝夕之間，見過姑父的言行舉止。我曉得范伯伯的話裡，有些什麼樣的意義。大師的品德，在於勤勉讀書，尊敬學問，寬厚待人，絕無傲氣。難怪范伯伯再三感嘆，現在中國哪裡有幾個大師，都是些淺薄之人搖頭擺尾罷了。

范伯伯講了這許多前輩大師的故事，我仔細想來，其實范伯伯還不僅僅只是崇拜他們的學問，他更為尊崇的，是前輩大師們的人格風範。不狂妄，不自大，勤奮熱情，正直誠實，謙虛謹慎，兢兢業業，都屬於人格的範疇。而顯然的是，只有具備這些品質的人，才會真正的讀書，真正的有學問，真正的有思想，真正的有成就。當然這樣的人，因為其正直誠實，堅持真理，所以往往不見容於世俗社會，甚至經常遭受迫害。就像周予同先生，姑父，范伯伯一樣，清貧度日都難做到，哪裡還會住高樓，坐華車，到處頤指氣使。我相信，那些被萬眾呼為大師，整日裡前呼後擁，不可一世的人，充其量不過假大師而已。

在我看來，真夠大師資格的人，是萬萬不敢自稱為大師的，聽見別人稱他大師也避之唯恐不及，絕不敢堂而皇之地笑著接受了。而且就算是真做了大師，像章太炎先生，或者唐文治先生，自己還是一樣地勤苦讀書，對別人不管是師長還是友朋還是學生，仍然恭恭敬敬，絕不敢有半點得意驕狂，不可一世。

范伯伯給我講了個故事：他一九八四年剛到外文出版局做局長，很快發現一個奇怪現象。局裡很多剛剛被平反恢複工作的年老翻譯和編輯，經常抱怨中飯吃不好，原因是辦公室裡沒有地方熱午飯，大家只能吃冷的。范局長便把總務處長叫到面前，問是怎麼回事？處長說：局裡沒有熱午飯的鍋。范局長感到可笑，諾大一個外文出版局，弄一口鍋給大家熱午飯，能有多難呢？總務處長說，局裡從來沒那規矩，不能辦。又說，不能由著那些人的資產階級生活習慣。范局長聽了大不高興，對那處長說：你今天就去給我買一個大鍋回來，明天開始每天中午給所有的翻譯編輯們熱午飯。那時我已經到美國留學，記得父親來信，還曾專門提到這件事，對於能夠吃到熱午餐而非常感激范局長，把他稱作父母官。

也是在做外文局局長的時候，范伯伯發現外文局幹部，特別是業務幹部們，居住條件差到不堪一提的地步，決定想辦法為職工們解決這個老大難問題。蓋宿舍房屋，當然要錢，外文局是國家事業單位，每一分錢都是國務院批的。他給當時國務院主管財經的副總理姚依林寫了一封信，申請基建資金。經過打聽，獲知姚依林在上海西夏大學讀書的時候，曾經是王蘧常先生的學生。范伯伯高興了，馬上把自己寫給姚依林的信，寄到上海王蘧常先生那裡，請求恩師幫助。姑父接信後，在范伯伯寫給姚依林信頭注了八個字：此生誠實，其言可信。然後從上海把信寄給北京的姚依林，沒過幾天國務院就批給外文局兩百萬元的基建資金，蓋起兩座宿舍樓，解決了許多幹部的住宿問題。

我仔細地想，覺得這件事情，從幾個方面證明了同一個道理。范伯伯對恩師的尊敬，雖然畢業三十年了，仍然有事就向恩師請教，並且相信會獲得恩師的幫助。姑父對學生的關懷，凡學生有事相求，必親自過問盡力解決。姚依林對老師的尊重，他雖貴為副總理，對數十年前教過他的老師，還是不敢怠慢，有信來會親自接親自讀，並聽從老師的指點。在這個意義上，受過正規教育的領導，和沒有受過基本教育的官吏，就是有很大的不同。何以王蘧常先生對姚依林保持了那麼大的影響力呢？范伯伯笑了說：你姑父做老師，那確實是非常迷人的，講課講得好，人品也好，一代宗師，凡他教過一節課，所有學生對他都一定是永遠尊敬愛戴的，姚依林也不會例外。

因為談到外文局，我也向范伯伯講了一個故事，是父親講給我聽的。一九八二年，國門剛剛打開，外文出版局派遣了一個新聞代表團，訪問美國，由當時的局長帶隊，父親也是一個團員。那是十年浩劫之後第一個訪問美國的新聞代表團，甚至是一九四九年之後第一個訪問美國的新聞代表團，因為按照當時的理論和思想，中國的新聞作業跟美國的新聞作業根本對立，沒有任何相互了解的必要。該代表團到達美國第一站舊金山，第二天中國大陸網球運動員胡娜赴美比賽而後滯留不歸。那在當時中國大陸人眼裡，是個了不得的政治事件，北京城裡上上下下一時不知如何是好。最後中國大陸政府決定向美國政府提出抗議，以撤銷中國新聞代表團訪美作為回敬。於是父親和代表團在美國哪裡都沒有去，便回國了。

過了不到一年，胡娜事件被忘記。外文局又組織了一個新聞代表團，作為對上一次的替補，再次訪美，仍然由局長帶隊。這一年外文局長成了范敬宜伯伯，代表團的成員除一人之外，也全部換了新人。那唯一的原團員，就是父親。當時據說是因為父親中文和英文都出色，高規格的新聞代表團需要他來撐面子。可父親私下裡對我說：那一定是范伯伯做主，堅持把父親帶上。這件事，對於當時剛獲得平反不久的父親，具有特別的政治意義。我對范伯伯講這事，他說他不記得了。但是父親記得，而且對我說，人一輩子可能沒有仇人，但一定有恩人，范伯伯就是一個，我們永遠不能忘記。

聽到父親告誡我的話，范伯伯顯得很激動，對我說：也許這是讀書世家相同的家教吧。范伯伯十歲的時候，就記住了母親的一個教訓：無道人之短，無說己之長；施人慎勿念，人施慎勿忘。聽范伯伯這一說，我才懂得，為什麼父親訪美一事，范伯伯記不得了，而父親卻仍然記得。

范伯伯感嘆起來，他所以特別喜歡我的這本《百世門風》，是因為我這樣的年齡，居然懂得尊重家風，延續門風，很不容易。范伯伯說，中國人現在經常喜歡說國風，民風，世風等等，卻幾乎從來不提家風和門風。好像國風和民風，是集體主義觀念，而家風和門風是個人主義意識。但是離開了家風和門風，哪裡來的國風和民風。對自己家風和門風毫無所知的人，他會關心國風和民風麼？連自己的家門和長輩都不知道熱愛的人，他會熱愛祖國和民族麼？

言及此處，范伯伯眯起眼睛，吟出一首詩來：

翠峰高與白雲閒，
吾祖曾居水石間。
千載家風應未墜，
子孫還解愛青山。

那是范伯伯的先祖范仲淹先生的詩，收在《范文正公文集》裡，范伯伯說那是他經常讀的一本書。我看范伯伯動情，便提出請范伯伯為我的小書寫篇評論。其實我心裡是一直有這想法的，但出於家教的緣故，不敢輕易提出。而且知道范伯伯年事已高，又在清華大學做領導並教書，時間精力都有限。不料范伯伯一口答應下來，且因為我回國時間不多，約定一星期內完成。

一星期後，我再次拜見范伯伯，他果然拿出一篇《百世門風》書評，題目就是「子孫應解愛青山」，文正公詩的點題一句。范伯伯同時又將文正公此詩寫了一幅長長的條幅，送給我保存，讓我意外得驚喜不盡。望著范伯伯花白的頭髮，和藹的笑臉，我想起了他的恩師唐文治先生和王蘧常先生，想起了我家許許多多長輩人的音容笑貌言談舉止，想起了父親母親講給我聽的許多歷史名家的故事。這個時候，我才更加清晰地懂得，什麼樣的人，才可以做大師？懂得了，我應該對大師抱持一種怎樣的態度，向大師們學習怎樣地做人，做學問。

代後記

光環下的悲與喜

千禧年夏天，我回北京，到八寶山，把精心製作的一張照片，貼在母親的墓碑上。母親的生日在夏天，一九二一年七月六日。母親的忌日也在夏天，一九七八年八月十四日。那張照片是我剛在臺灣出版的一部書的封面，叫做《嗩吶煙塵》，是以母親家族經歷為線索創作的長篇小說。

我不是一個好兒子，沒有能夠保護好母親，讓她在深重的苦難中含冤去世，我至今不能消除自己的負罪感。我把這部紀念母親的書奉獻到她靈前，乞望母親知道，她沒有白養我這個兒子，她可以安息。

孤獨的孩子

我的童年在南京和上海兩地度過，聽母親說，那時我家衣食不缺，大家都很快樂，有許多照片為證。但在我自己的記憶裡，從懂事開始，就很孤獨。

小學時候，雖然我不清楚自己生於怎樣一個家族，但隱約感覺自家跟別人家不同。學校裡天天唱《社會主義好》，家裡父母親則常拉緊窗簾，放施特勞斯唱片，翩翩起舞。學校要求閱讀《革命烈士詩抄》，家裡書架擺的是《莎士比亞全集》、《基度山伯爵》、《呼嘯山莊》和《簡愛》。母親愛講她的大學畢業論文《苔絲姑娘》，還背誦英文原作給我們聽。學校組織看電影《南征北戰》，母親則描述電影《魂斷藍橋》，甚至記得費雯利的腰只有十九英寸。社會上痛罵蔣介石，狂批陳獨秀胡适，母親則講她見過的蔣介石陳獨秀胡适等等，說他們都是好人。母親講當年被杜月笙和萬墨林救出日寇虎口的驚險，告戒我們：人必須用他自己的品格來判斷，不能以政治立場來界定。

學校把窮困和無知歌頌為革命本色，父母親在家要我們背《唐詩三百首》，寫毛筆字。他們常帶我們拜望二伯伯沈鈞儒先生，或者舅舅陶鼎來先生，農機專家，或者姑父陳遵嬀先生，天文學家，北京天文館首任館長，或者俞大綑教授，父母的大學老師。我們去上海，住姑父王蘧常教授家，國學大師，章草巨匠，日本學界稱為當代王羲之。每次出遊或者訪客，全家都要換穿出客衣服，恭敬守禮。父母親要我們多接觸這樣的親戚和朋友，幼承庭訓，學習文化，學習做人。

我想，我們這樣家族出身的子弟，如果跟其他人家確實有什麼不同，或者成人之後略有作為，其實也就是這麼一點原因。那就是自小在家，接受多一點文化薰陶，學到寬一些思維方式，懂得高一層道德準則。

到了初中，我知道了自己頭頂上壓著家庭背景的大山，永遠無法改變。我的外祖父陶希聖是蔣介石的文膽，毛澤東欽點的國民黨大戰犯。我的母親是五七年劃定的右派分子，中國人民的仇敵。

我便明白了，為什麼我永遠無法與周圍的人群融合。於是我接受事實，我忍受著孤獨，度過慘澹的青春。

我難過嗎？當然，十幾歲的青年，渴望朋友，嚮往愛情，我卻終日孑然一身，怎麼會不難過。但有的時候，在自己的內心深處，又滋生著自尊，或者說是驕傲。

初中時候，慶祝歐戰勝利二十周年，北京辦蘇聯衛國戰爭電影週，中國大陸人把史達林和蘇聯紅軍當作打敗希特勒的英雄。那時父親參加翻譯《第三帝國的興亡》，家裡鋪滿二戰資料。我和弟弟整天翻看，外文看不懂，父親就講解一些。於是我們知道，二戰期間美英法盟軍功勳卓著，諾曼地登陸才是納粹德國滅亡的時刻。

之後再到學校，聽老師同學狂熱地讚揚蘇聯紅軍，我便很看不起。說實在的，要我跟這些人為伍，我還不肯呢。父母對我說：「當人們都說太陽從西邊升起的時候，我們可以不開口，但我們不能跟著重複謊言。」

我的孤獨，來自家族的陰影，我的驕傲，也來自家族的聲譽。我的母親得到周恩來親自批准，在政治形勢最殘酷的時候，繼續同臺灣的外祖父通信。母親常帶我到前門郵局發信或寄包裹，那是當時北京唯一能對外發信之處。也因為周照應，《東方紅》公演第一場，我們都進了人大會堂。全運會開幕式，我們也能到場。

母親的伯父陶述曾先生，我們稱公公，曾任湖北省副省長兼水利廳廳長，全國政協委員，經常到北京公幹或開會，每次都帶我們到處玩，講他和外祖父讀北京大學時的趣聞，講早年北京的故事。也因此，我們小時候進過北京所有的豪華飯店，吃過北京幾乎所有名字號，坐過當時北京所有型號的小轎車，去過北京遠近所有的遊覽地。

每年我們都要到東總布胡同去幾次，拜望二伯伯沈鈞儒先生。我小學六年級時，二伯伯曾派他的吉姆大轎車，接奶奶去聊天，奶奶帶了我去，飽看二伯伯收集的石頭，聽他講許多好玩的事。六三年二伯伯逝世，在中山公園公祭，朱德周恩來董必武彭真陳毅賀龍都來了。我是站在棺木前守靈的孩子之一，距離國家領導人只幾步之遙。

所有這些都是非常難忘的經歷，能夠讓一個十歲男孩感覺驕傲。

我曾經是個孤獨的孩子，周圍的人們不接受我，我也不願意走進周圍的人群。我堅守著自己的尊嚴，保持著自己的驕傲。

失去的藝術夢

名門不是豪門，豪門崇拜的是富貴或權力，現在有人喜歡自稱貴族，說來說去，不過是比比誰更有錢而已。名門家族注重的是文化修養，講究的是琴棋書畫。父親一系，早年都是舉人進士出身，我的一個祖輩沈衛公公，光緒進士，做過翰林，辦過教育，他的學生于右任和張季鸞，都是中國歷史上大名鼎鼎的人物。也是他培養了二伯沈鈞儒先生收集和欣賞石頭的雅趣，聞名天下。

我的外祖父陶希聖先生，精通京劇，他聽過譚鑫培演的戲，請余叔岩吃過飯，跟程硯秋論過古，常得意洋洋對後輩們誇口。外祖父也是書法的好手，他說那是苦練出來的，他讀北京大學預科的時候，每天寫一百個小楷。至於外祖父讀書之多，範圍之廣，學問之深，集文史法政經於一身，學界公認。

外祖父首先是個成功的學者，上海復旦、南京中大、北京北大清華師大，外祖父在幾乎所有大學都任過教。七七事變之後，外祖父為抗日救國，毅然投筆棄教，進入政壇。因為他學問好，受到汪精衛和蔣介石器重，進入決策層，主管國民黨文宣工作，任《中央日報》總主筆，成為蔣的文膽，替蔣寫所有文告和講話，以及蔣署名之《中國之命運》一書。

出身如此家庭，父母都有藝術才能。父親唱歌可以說達到專業水平，母親的素描和油畫都很不錯。我和弟弟從小學習小提琴，妹妹從小拉手風琴。小學四年級我被保送北京市少年宮合唱團，五年級參加學校舞蹈隊，在北京市小學生文藝會演表演小舞劇，獲得全市表演第三名。之後解放軍藝術學院派人來學校，量身高、胳臂、大腿、小腿、脖子、腳、手、肩膀、頭圍、腰圍等，有意收我到軍藝附小，邊讀書邊練功。母親不許去，我只好不去。過了幾年，我才理解，我這樣家族出身的子弟，永遠沒有資格做解放軍。

初中時學校舉辦朗誦比賽，我得第一名。北京人民藝術劇院的舒繡文女士也來了。她當時是中國大陸頭牌話劇女星，主演武則天蔡文姬。賽完之後，舒繡文把我找去耐心講解朗誦和表演的基本技巧，說北京人藝正招學員，鼓勵我報考。舒繡文說，她自己是主考之一，她有信心，只要我按照她的指導，用心琢磨，刻苦練習，一定能夠考取。老師們盯著我填表，要我按時去考。我出校門就把表撕了，根本沒去報名。我知道我這樣出身的人，沒有資格站在舞臺上。

高中時候，我跟從朱光先生學小提琴。朱光老師是中國著名的小提琴演奏家，北京電影樂團首席。有一次聊天，母親說我計畫投考北京大學或清華大學。朱光老師說，兩所大學都有很不錯的學生樂團，我拉小提琴，也許有錄取的優先。朱光老師又說，如果我願意幹專業，他可以推薦我投考北京電影樂團。他就是主考，說話算數。可人算不如天算，朱光老師話音未落，文化大革命爆發，他自己成反動權威，掃大街了。

一九七〇年，為設法離開陝北農村，我到陝西歌劇院報考樂隊。招生老師叫莫里，人挺好，聽我拉了琴，跟我談了話，說聽我嗓子好，問我會不會唱歌。我說會，從小在北京少年宮合唱團，還得過北京市小學生會演舞蹈第三名。莫里老師知道我還會表演，更高興了，讓我唱了一首歌。然後安排我在陝歌受訓，再參加院和團的考試，收我做歌劇演員。他說：「拉琴的還算好找，會唱的萬裡挑一。」我考上了，可是陝歌向外文出版局政審外調，父親關在牛棚裡，我只好回到陝北，抱著我的小提琴，進了地方劇團。

因為同一圈光環

許多人羨慕名門出身，卻很少人曉得，名門的光環經常給子弟帶來不幸。一九五七年母親工作的全國總工會編譯處領導認為本處沒有右派分子，可全總主席劉寧一說：「就憑她父親是陶希聖，陶琴薰也夠格劃右派。」於是母親就成了右派，純粹是名門出身作的孽。所以母親說：「我現在能夠理解祥林嫂，捐了門檻還是不能超生。」

到了文革，我這樣的家庭，命運自然更慘，誰都想得出，不必多寫。妹妹年幼，跟鄰居小孩發生爭吵，那些家長會站在院裡，揮舞拳頭，高呼：「打倒國民黨！我們一定要解放臺灣！」幾次抄家，我家的西裝旗袍，口紅胭脂，鑽石翡翠，字畫盆景，全被席捲一空，最後是書香門第，片紙無存，連《毛選四卷》英文版也當外國書，撕了擦鞋底。

奇怪的是，八一八毛主席第一次接見紅衛兵，宋彬彬給紅司令戴紅袖章那次，我還真在天安門金水橋邊。那是陳毅的公子陳曉魯硬拉著我去的，他那時跟我同在北京男八中讀書，文革時候做校革委會主任，碰巧見到我，便拉了差，幫忙管理外地紅衛兵。

我至今想不出究竟是什麼原因，國共兩黨兩軍的高級領導，乃至其子女之間，其實有許多相通相融之處，並非如同水火。像陳曉魯拉我這麼個狗崽子，到天安門去管理紅衛兵，他並不在乎我的家庭出身，也不怕沾了我的晦氣，大概還覺得我這人不錯，跟他有共同語言。

普通百姓，大不一樣，反倒特別敏感家庭出身的顏色。我到陝北插隊，開始時間，仗著身高體壯，賣力幹活，北京學生和老鄉還都跟我來往，沒有多少隔膜。後來一天，村黨支書從公社開會回來，在地頭上聊天，說在公社看了北京學生檔案，咱們村北京學生裡，可有大人物的子女呀。我一聽，頭就轟一下木了。

支書說，咱隊的沈寧，老爺子可是大人物，陶希聖，知道嗎？老鄉不知道陶希聖是誰？支書自己也不知道，想了半天，說：就是跟胡宗南一夥的。陝北老鄉都知道胡宗南，於是我成了胡宗南匪幫。老鄉對我另眼看待，北京學生也都挪屁股，離我遠點。

一九七七年十月宣布恢複高考，母親說：她不能容忍自己的兒女不讀大學，逼我和弟弟都報了名。我外祖父上世紀二十年代畢業於北京大學，三十年代任北大法學院教授。四十年代初，母親也考上西南聯大，所以我們兄弟都報了北大。

十一月考試，文史地數理化，再加外語。發榜一看，我語文九十七分，史地八十六分，數學七十七分，政治六十四分，比北京大學錄取線高出很多。弟弟成績比我更好些。母親高興極了，以為我們兄弟會成北京大學同學，寫信給外祖父，報告孫輩喜訊。

可是我們都落選了，母親急得吐血。我高考成績好，北大想錄取，發函外調，那時父親還在勞改，外文出版局不回函，北大只好放棄，我們終於未能繼承北大出身的家族傳統。說是文革過去，極左已被打倒，實際上仍然推不倒那一座高牆。

十年之後，父親從牢房裡獲釋，被升為《今日中國》副總編輯，經常接見外賓，多次出國訪問。我的三舅應邀到中國大陸考察水泥工程建設，貴賓待遇，受到楊尚昆主席接見。之後我的大舅、四舅、五舅，相繼訪問中國大陸，甚至一年幾次，備受尊重。

可惜母親沒有堅持活下來，過幾天揚眉吐氣的日子。但是我想，即使母親活到今天，也只會苦笑。這個名門家族，曾經在我們的生活上籠罩過多麼沉重多麼長久的陰影，幾乎讓我們難以為繼。也是這同一個名門家族，現在又向我們投射如此耀眼的光環，讓我們無法承受。有的時候，歷史真會令人哭笑不得。

成為自己

一九八二年二月大學畢業，我在陝西電視臺工作一年半之後，自費到美國留學。在衣阿華大學研究院做助教，讀東亞文化和大眾傳播兩系。那時跟聶華苓先生常來往，我的妻子還幫聶先生照看過她的孫兒。聶先生辦國際筆會，年年要我幫忙做車夫，所以榮幸見到張賢亮和馮驥才兩位先生，還有柏陽先生。

拿到碩士學位後，到教育研究院讀博士。一年後接到聘書，到加利福尼亞舊金山任教，於是輟學博士，舉家搬到美國西岸。教書三年，升任副校長，拿到綠卡，改行做公司，學習美國商業管理。

外祖父想我們，親自找蔣經國總統特批許可，讓我們去臺灣看他，我們沒有去，怕父親在北京因此獲罪。那是一九八六年，還沒有一個大陸人去過臺灣。老人家九十高齡，到美國來看我們。他是想在我們的身上追尋母親的身影，安慰他無盡的思念。

那一個月，跟外祖父朝夕相處，聽外祖父講故事，學外祖父讀書，看外祖父寫字，陪外祖父走路，再次體會母親當年在家的幸福，重溫名門家族的生活情趣，可說是我們生命中最幸福的一段光陰。於是我也才明白，母親為什麼那麼愛她的父親。

外祖父聽我講一口地道的北京話，非常喜歡。外祖父在北大教書的幾年，春風得意，所以特別鍾情北京。他提出要帶我回臺灣，介紹我到電視臺做新聞主播，一定比臺灣播音員棒。舅舅告訴我，外祖父這話說得到做得到。

撤退臺灣之後，蔣介石痛定思痛，決心改造國民黨，成立國民黨重建委員會，任命外祖父為其中一個委員會的主任委員，一時權傾滿朝。後來幾十年，外祖父一直主管國民黨文化宣傳，臺灣所有國營廣播電和電視臺，都經外祖父一手主持創建。他要介紹我去一家電視臺工作，自是舉手之勞。可我沒有答應，我更喜歡美國比較安靜的生活。

彷彿映證外祖父的話，我後來到美國之音廣播電臺做新聞主播。兩年之後，轉到美國聯邦空軍軍官學院做教官。而且在美國這些年，我見到過三位美國總統，雷根總統、福特總統、布希總統，還見過舒爾茨國務卿，好幾位州長和參眾議員，及其他許多政要名流，諾貝爾獎獲得者等。這些都是我以前做夢都想不到的，美國給了我許多機會，也給了我許多榮譽，使我勃發內心的自尊和驕傲，蕩去孤獨和沉默，漸漸走出家族籠罩的陰影。

出身名門，可能會是一種壓力，要繼承名門家族的傳統，並非易事；也可能會是一種動力，推動後輩們努力，不辱沒家族的名望。或許就某種標準而言，作為一個名門後代，我讓人失望。因為我既沒有發大財，也沒有出大名，更沒有做大官，簡直沒有什麼可以炫耀於世。

但我自己覺得滿足，我能夠做我想做的事：寫書，願意怎麼寫就怎麼寫，不必媚俗，也用不著追逐金錢和名氣。我能夠過安穩愉快的生活，豐衣足食，無憂無慮，工作之餘，聽聽音樂，讀讀小說，跟兒女後輩們玩耍，享受天倫之樂。我能夠成為自己，不必仰人鼻息，也用不著對人頤指氣使，保持著自己的尊嚴，欣賞著自己的驕傲。

在這個意義上，我覺得我是成功的，因為我感覺幸福。

血歷史126　PC0748

新銳文創
INDEPENDENT & UNIQUE

沙底拾貝：
還原真實的近現代中國知識分子

作　　者　沈　寧
責任編輯　洪仕翰
圖文排版　周妤靜
封面設計　葉力安

出版策劃　新銳文創
發 行 人　宋政坤
法律顧問　毛國樑　律師
製作發行　秀威資訊科技股份有限公司
114 台北市內湖區瑞光路76巷65號1樓
電話：+886-2-2796-3638　傳真：+886-2-2796-1377
服務信箱：service@showwe.com.tw
http://www.showwe.com.tw
郵政劃撥　19563868　戶名：秀威資訊科技股份有限公司
展售門市　國家書店【松江門市】
104 台北市中山區松江路209號1樓
電話：+886-2-2518-0207　傳真：+886-2-2518-0778
網路訂購　秀威網路書店：https://store.showwe.tw
國家網路書店：https://www.govbooks.com.tw

出版日期　2018年6月　BOD一版
定　　價　540元

Printed in Taiwan

國家圖書館出版品預行編目

沙底拾貝：還原真實的近現代中國知識分子 / 沈寧著. -- 一版. -- 臺北市：新銳文創, 2018.06
面； 公分. -- (血歷史；126)
BOD版
ISBN 978-957-8924-18-5(平裝)

1.民國史 2.人物志

628 107006640

讀者回函卡

感謝您購買本書，為提升服務品質，請填妥以下資料，將讀者回函卡直接寄回或傳真本公司，收到您的寶貴意見後，我們會收藏記錄及檢討，謝謝！如您需要了解本公司最新出版書目、購書優惠或企劃活動，歡迎您上網查詢或下載相關資料：http:// www.showwe.com.tw

您購買的書名：________________________________

出生日期：________年________月________日

學歷：□高中(含)以下　□大專　□研究所(含)以上

職業：□製造業　□金融業　□資訊業　□軍警　□傳播業　□自由業
　　　□服務業　□公務員　□教職　□學生　□家管　□其它_____

購書地點：□網路書店　□實體書店　□書展　□郵購　□贈閱　□其他

您從何得知本書的消息？

□網路書店　□實體書店　□網路搜尋　□電子報　□書訊　□雜誌
□傳播媒體　□親友推薦　□網站推薦　□部落格　□其他__________

您對本書的評價：(請填代號　1.非常滿意　2.滿意　3.尚可　4.再改進)

封面設計____　版面編排____　內容____　文／譯筆____　價格____

讀完書後您覺得：

□很有收穫　□有收穫　□收穫不多　□沒收穫

對我們的建議：________________________________

____

____

____

請貼
郵票

11466
台北市内湖區瑞光路 76 巷 65 號 1 樓
秀威資訊科技股份有限公司 收
BOD 數位出版事業部

（請沿線對折寄回，謝謝！）

姓　　名：＿＿＿＿＿＿＿＿＿＿＿　年齡：＿＿＿＿　性別：□女　□男

郵遞區號：□□□□□

地　　址：＿＿＿＿＿＿＿＿＿＿＿＿＿＿＿＿＿＿＿＿＿＿＿＿

聯絡電話：(日) ＿＿＿＿＿＿＿＿＿＿＿＿ (夜) ＿＿＿＿＿＿＿＿＿＿＿＿

E-mail：＿＿＿＿＿＿＿＿＿＿＿＿＿＿＿＿＿＿＿＿＿＿＿＿